U0362011

"知中国·服务中国"南开智库系列报告

教育部人文社会科学研究重大项目成果

2023

YATAI QUYU JINGJI HEZUO
FAZHAN BAOGAO

亚太区域经济合作发展报告

刘晨阳 ◎ 主编

南开大学出版社
NANKAI UNIVERSITY PRESS

天　津

图书在版编目(CIP)数据

亚太区域经济合作发展报告. 2023 / 刘晨阳主编.
天津：南开大学出版社，2024. 12. ——（"知中国·服务中国"南开智库系列报告）. —ISBN 978-7-310
-06649-0

Ⅰ. F114. 46

中国国家版本馆 CIP 数据核字第 20242LQ973 号

亚太区域经济合作发展报告 2023
YATAI QUYU JINGJI HEZUO FAZHAN BAOGAO 2023

————————————————————

南开大学出版社出版发行

出版人：刘文华

地址：天津市南开区卫津路 94 号　　邮政编码：300071
营销部电话：(022) 23508339　营销部传真：(022) 23508542
https://nkup. nankai. edu. cn

————————————————————

天津泰宇印务有限公司印刷　全国各地新华书店经销
2024 年 12 月第 1 版　　2024 年 12 月第 1 次印刷
260×185 毫米　16 开本　22. 75 印张　3 插页　415 千字

定价：112. 00 元

————————————————————

如遇图书印装质量问题，请与本社营销部联系调换，电话：(022) 23508339

《亚太区域经济合作发展报告 2023》编委会成员

编委会主任：刘晨阳

编委会成员（按姓氏的汉语拼音排序）：

胡昭玲　靳晨鑫　刘晨阳　罗　伟　毛其淋　孟　夏

曲如晓　沈铭辉　盛　斌　涂　红　王　勤　谢娟娟

许家云　杨泽瑞　于　潇　于晓燕　余　振　张靖佳

郑昭阳　朱　丽

本书主编：刘晨阳

内容简介

  《亚太区域经济合作发展报告》为年度研究报告，由南开大学亚太经济合作组织（APEC）研究中心组织撰写。该报告汇集了国内多位著名专家学者的真知灼见，是目前我国研究亚太区域经济合作问题的标志性学术成果之一，同时也为我国相关政府部门开展亚太区域合作方面的实际工作提供了有益参考。

  《亚太区域经济合作发展报告 2023》包括全球及亚太地区经济形势分析、亚太贸易投资及区域经济一体化合作、亚太数字经济和创新增长合作、亚太包容和可持续增长合作等专栏,对国际和地区新形势下亚太区域经济合作的趋势和热点问题进行了深入分析。

目　录

全球及亚太地区经济形势分析

亚太贸易投资及区域经济一体化合作

亚太数字经济和创新增长合作

亚太包容和可持续增长合作

全球及亚太地区经济形势分析

全球经济形势与前景分析

胡昭玲　逯　洋　张静婷*

摘　要： 2022 年全球新冠疫情形势平稳趋好、数字经济蓬勃发展，以及区域经济合作推进等因素为全球经济增长和贸易发展注入动力，然而持续不断的地缘政治冲突叠加疫情期间过度宽松的货币政策导致大宗商品价格上升和通货膨胀高企，各国为了缓解通胀压力纷纷进入加息周期。在利好和不利因素相互交织的影响下，全球经济增长乏力，国际直接投资明显下滑，国际货物贸易和服务贸易增速出现分化，国际金融市场持续动荡。展望未来，俄乌战争持续时间尚未可知，紧缩性货币政策的滞后影响尚不确定，全球经济面临较大的下行风险，国际贸易可能进入低速增长区间。

关键词： 经济增长乏力；通货膨胀高企；地缘政治风险；紧缩性货币政策

一、全球经济形势变化

（一）全球经济增长乏力

2022 年全球经济延续了 2021 年的复苏态势，但疫情后期全球滞胀风险高企、俄乌战争爆发等一系列不利因素掣肘全球经济复苏向好，全球经济增长乏力。根据国际货币基金组织（IMF）发布的数据，2022 年全球国内生产总值（GDP）总量约为 100 万亿美元，经济增长率为 3.41%，相较于 2021 年下降 2.87 个百分点。

在发达经济体中，2022 年美国和欧盟的 GDP 总量分别为 25.5 万亿美元和 16.6 万亿美元，其他经济体均低于 5 万亿美元，日本、英国和加拿大的 GDP 总量依次为 4.23 万

---

　* 胡昭玲，南开大学经济学院教授、博士生导师；逯洋、张静婷，南开大学经济学院博士研究生。

亿美元、3.07 万亿美元和 2.14 万亿美元。从经济增长率来看，主要发达经济体均低于 5%；英国的经济增长率为 4.05%；欧盟和加拿大次之，经济增长率分别为 3.68% 和 3.40%；之后是韩国和美国，经济增长率分别为 2.56% 和 2.07%；日本经济增长率仅为 1.08%。就主要新兴市场和发展中经济体而言[①]，2022 年中国的 GDP 总量为 18.1 万亿美元，位居全球第二；印度、俄罗斯、巴西、墨西哥和南非的 GDP 依次为 3.39 万亿美元、3.07 万亿美元、1.92 万亿美元、1.41 万亿美元和 0.41 万亿美元。除印度的经济增长率超过 5%、达到 6.83% 以外，其他经济体的增长率均低于 5%。墨西哥、中国、巴西的经济增长率在 3% 左右，分别为 3.07%、2.99%、2.90%；南非的经济增长率为 2.04%；而俄罗斯经济呈现负增长，为 -2.05%。

发达经济体，以及新兴市场和发展中经济体占全球 GDP 的份额变化在一定程度上反映了世界经济格局的调整变化。2022 年发达经济体 GDP 占全球的份额为 41.74%，新兴市场和发展中经济体 GDP 占全球的份额达 58.26%。近年来发达经济体 GDP 占全球的份额逐步下降，2022 年相较于 2018 年下降了 1.59 个百分点，而新兴市场和发展中经济体所占份额稳步上升。[②]由此可见，新兴市场和发展中经济体的经济更具活力，其经济地位也在逐步攀升，世界经济"东升西降"的格局调整仍在进行。

（二）国际货物贸易增速放缓

新型冠状肺炎疫情（本书简称"新冠疫情"）后期全球需求低迷，2022 年国际货物贸易在经历了 2021 年的高增长后增速大幅放缓。世界贸易组织（WTO）相关数据显示，2022 年世界货物贸易进出口总额为 50.52 万亿美元，同比增长 13.37%，较上年 26.55% 的增速明显放缓。其中货物贸易出口总额为 24.9 万亿美元，同比增长 11.46%，增速较上年降低 15.15 个百分点；货物贸易进口总额为 25.62 万亿美元，同比增长 13.27%，明显低于上年 26.5% 的增速水平。

就主要发达经济体而言，如图 1 所示，从货物贸易进出口规模来看，2022 年欧盟、美国的进出口总额分别达到 14.61 万亿美元、5.44 万亿美元；日本、韩国、英国和加拿大的贸易规模均低于 2 万亿美元，分别为 1.64 万亿美元、1.41 万亿美元、1.35 万亿美元和 1.18 万亿美元。从货物贸易进出口增速来看，除英国同比增速逆势增长外，其他经济体的增速均出现不同程度的下降。英国进出口同比增速从 2021 年的 12.27% 上升至 2022

---

① 本文中分析的主要新兴市场和发展中经济体包括中国、巴西、印度、南非、墨西哥。

② IMF 世界经济展望数据库（World Economic Outlook Database），https://www.imf.org/en/Publications/WEO/weo-database/2023/April。

年的 16.15%，提高了 3.88 个百分点；欧盟、日本、韩国进出口同比增速分别为 11.06%、7.81%、12.34%，增速下降均超过 10 个百分点，分别下降了 12.68 个百分点、11.63 个百分点和 16.16 个百分点；美国和加拿大进出口同比增速分别为 16.02% 和 16.56%，较上年也分别下降了 6.36 个百分点和 8.12 个百分点。

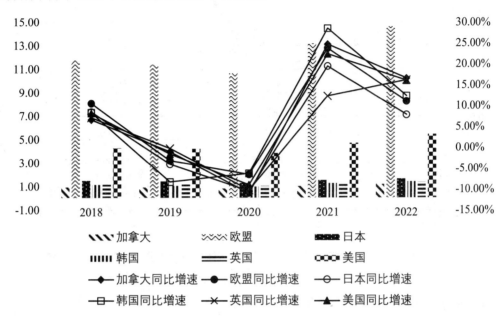

图 1　2018—2022 年主要发达经济体货物贸易进出口规模及同比增速（单位：万亿美元，%）

资料来源：根据 WTO 货物贸易数据库整理绘制，https://data.wto.org/。

　　就主要新兴市场和发展中经济体而言，如图 2 所示，从货物贸易进出口规模来看，2022 年中国的贸易进出口规模依然位居全球第一，达到 6.31 万亿美元；墨西哥、印度的贸易规模次之，分别达到 1.2 万亿美元和 1.18 万亿美元；俄罗斯、巴西和南非的进出口总额依次为 0.77 万亿美元、0.63 万亿美元、0.26 万亿美元。从货物贸易进出口增速来看，除俄罗斯 2022 年进出口同比增速为-3.2%外，其他经济体的进出口增速依然为正，但相较 2021 年均出现较大幅度的下降。2022 年南非、印度、中国进出口同比增速分别为 9.07%、21.51% 和 4.38%，同比增速下降均超过 25 个百分点，分别降低了 30.76 个百分点、27.58 个百分点和 25.45 个百分点；巴西和墨西哥进出口同比增速分别为 21.51% 和 18.41%，较上年也分别下降了 15.77 个百分点和 7.1 个百分点。[①]

---

① WTO 货物贸易数据库，https://data.wto.org/。

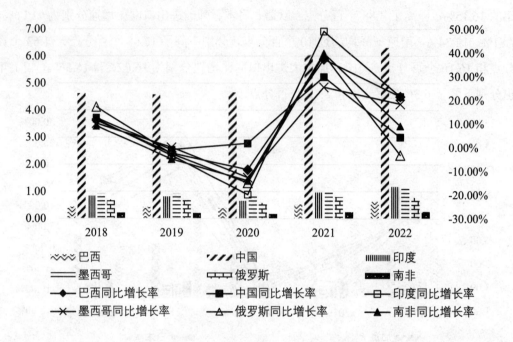

图 2　2018—2022 年主要新兴市场和发展中经济体货物贸易进出口规模及同比增速
（单位：万亿美元，%）

资料来源：根据 WTO 货物贸易数据库整理绘制，https://data.wto.org/。

（三）国际服务贸易发展提速

WTO 相关数据显示，2022 年世界服务贸易进出口总额为 13.79 万亿美元，同比增长 17.93%，增速较 2021 年提高 1.99 个百分点，发展势头良好。其中 2022 年世界服务贸易出口总额为 7.17 万亿美元，同比增长 18.01%，较上年提高 0.78 个百分点；服务贸易进口总额为 6.63 万亿美元，同比增长 17.84%，较上年增加 3.26 个百分点。

就主要发达经济体而言，如图 3 所示，2022 年欧盟、美国的服务贸易进出口规模分别为 4.88 万亿美元、1.61 万亿美元；英国、日本、韩国、加拿大的服务贸易进出口规模均低于 1 万亿美元，分别为 0.8 万亿美元、0.38 万亿美元、0.27 万亿美元和 0.26 万亿美元。2022 年英国、加拿大和美国服务贸易进出口同比增速分别达到 32.77%、24.46%、19.71%，较上年依次提高了 23.89 个百分点、15.61 个百分点、6.94 个百分点。而欧盟、日本和韩国服务贸易进出口同比增速较上年呈现不同程度的下降，其中欧盟和日本进出口同比分别增长 7.68% 和 0.24%，较 2021 年出现 7.63 个百分点和 4.26 个百分点的小幅下降；韩国同比增长 6.42%，增速较上年大幅下降了 20.8 个百分点。

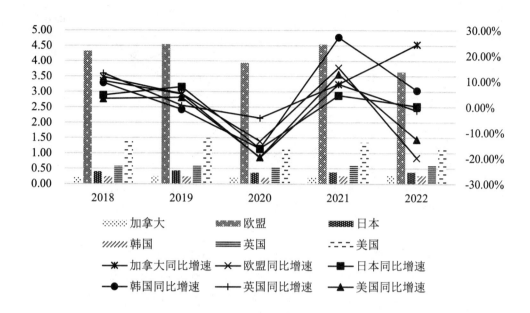

图3　2018—2022年主要发达经济体服务贸易进出口规模及同比增速（单位：万亿美元，%）

资料来源：根据 WTO 服务贸易数据库整理绘制，https://data.wto.org/。

　　就主要新兴市场和发展中经济体而言，如图4所示，2022年主要新兴市场和发展中经济体服务贸易进出口规模均小于1万亿美元，中国、印度、俄罗斯、巴西、墨西哥和南非的服务贸易进出口总额依次为0.89万亿美元、0.58万亿美元、0.124万亿美元、0.119万亿美元、0.09万亿美元和0.03万亿美元。2022年除俄罗斯进出口同比增速为-6.16%外，其他经济体的增速依然为正。其中巴西、南非服务贸易进出口同比增速超过40%，分别达到42.51%和42.29%，较上年分别提高35.66个百分点和28.62个百分点；印度进出口同比增速为32.29%，相较上年增加9.95个百分点；尽管墨西哥服务贸易进出口实现正增长，同比增速为28.87%，但相比2021年降低了17.37个百分点；中国服务贸易进出口同比增速为6.67%，较上年下降19.29个百分点。①

---

① WTO 服务贸易数据库，https://data.wto.org/。

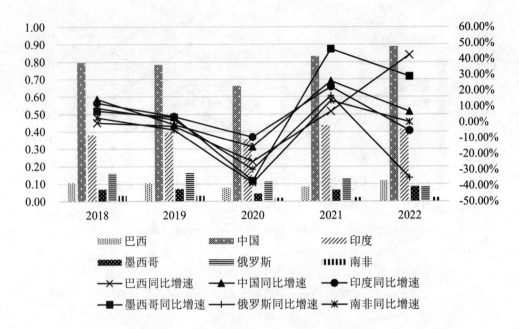

图 4   2018—2022 年主要新兴市场和发展中经济体服务贸易进出口规模及同比增速
（单位：万亿美元，%）

资料来源：根据 WTO 服务贸易数据库整理绘制，https://data.wto.org/。

（四）国际直接投资下行

持续不断的地缘政治冲突及贸易保护主义抬头等因素导致投资者投资意愿降低，2022 年全球国际直接投资（FDI）流量增长未能延续 2021 年的强劲复苏态势，而是呈现下行趋势。2022 年全球 FDI 流入量和流出量分别达到 1.28 万亿美元和 1.45 万亿美元，同比分别下降 13.78% 和 18.04%，并且发达经济体，以及新兴市场和发展中经济体的 FDI 出现分化特征。

就主要发达经济体而言，从 FDI 流入量来看，2022 年欧盟、美国、英国、日本、加拿大、韩国 FDI 流入量依次为 2.3 万亿美元、0.68 万亿美元、0.31 万亿美元、0.21 万亿美元、0.136 万亿美元和 0.135 万亿美元。并且上述经济体的 FDI 流入量均延续了上年的增长态势，同比增速均为正。其中欧盟、日本和韩国 FDI 流入同比增长 7.11%、1.02% 和 6.77%，较上年分别下降 4.72 个百分点、4.23 个百分点和 12.82 个百分点。英国、加拿大和美国 FDI 流入同比增速较上年实现不同程度的提高，英国同比增速提高 57.1 个百分点，达 67.44%；加拿大提高 22.99 个百分点，增速达 30.11%；美国提高 6.41 个百分点，增速达 24.31%。从 FDI 流出量来看，2022 年欧盟、美国、英国、日本、韩国和加拿大

FDI 流出量依次为 2.3 万亿美元、0.68 万亿美元、0.31 万亿美元、0.21 万亿美元、0.135 万亿美元和 0.08 万亿美元。除日本、韩国 FDI 流出同比增速为正，其他主要发达经济体 FDI 流出均呈现负增长。具体而言，日本 FDI 流出同比增长 24.78%，增速较上年提高 21.28 个百分点；韩国 FDI 流出同比增长 10.58%，增速较上年下降 25.64 个百分点；而欧盟、美国、英国和加拿大 FDI 流出分别减少了 3.76%、14.02%、25.56%和 18.86%，增速较上年下降均超过 20 个百分点。

就主要新兴市场和发展中经济体而言，FDI 状况存在较大差异。从 FDI 流入量来看，2022 年中国、巴西、印度、墨西哥、南非和俄罗斯 FDI 流入量依次为 0.18 万亿美元、0.09 万亿美元、0.05 万亿美元、0.04 万亿美元、0.009 万亿美元和-0.01 万亿美元。2022 年印度、墨西哥和巴西 FDI 流入实现正增长，同比增速分别为 11.6%、11.88%和 68.05%；而中国、南非和俄罗斯 FDI 流入量较上年有所下降，增速分别为-47.64%、-78.33%和-148.26%。从 FDI 流出量来看，2022 年印度、中国、巴西、墨西哥、俄罗斯和南非 FDI 流出量依次为 0.15 万亿美元、0.025 万亿美元、0.013 万亿美元、0.012 万亿美元、0.01 万亿美元和 0.002 万亿美元。2022 年南非和巴西 FDI 流出同比增速逆势高升，分别增长了 125 倍和 9 倍以上，这是由于南非上年的 FDI 流出量总额极小，而巴西上年 FDI 流出为负值造成的；中国 FDI 流出同比增长 23.43%；墨西哥、印度和俄罗斯的 FDI 流出较上年均有所下降，增速分别为-16.11%、-16.28%和-83.7%。[①]

（五）全球通货膨胀风险高企

新冠疫情后期，在全球供应链中断、大宗商品价格暴涨、宽松货币政策滞后负向效应，以及愈演愈烈的俄乌冲突等多重因素叠加影响下，全球通货膨胀风险高企。如图 5 所示，2022 年全球通货膨胀率高达 8.73%，较上年提高 4.04 个百分点，是近五年通货膨胀率的最高点。发达经济体在 2019 年、2020 年通货膨胀率有所下降，2020 年处于一个较低的水平，为 0.68%；随后 2021 年、2022 年连续两年迅速上升，2022 年达到 7.27%。新兴市场和发展中经济体的通货膨胀率一直高于发达经济体，近几年稳步上升，从 2018 年的 4.91%上升至 2021 年的 5.87%，2022 年则出现爆发式的飙升，达到 9.81%。

---

① 经济合作与发展组织（OECD）的 FDI 数据库，https://data.oecd.org/。

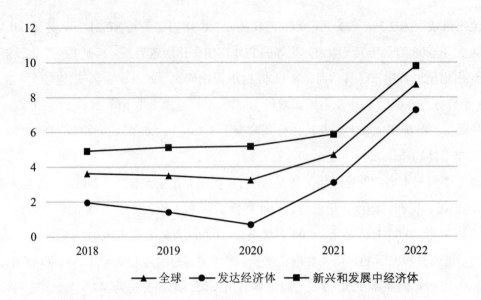

图 5　2018—2022 年全球、发达经济体、新兴市场和发展中经济体通货膨胀率（单位：%）

资料来源：根据 IMF 世界经济展望数据库整理绘制，https://www.imf.org/en/Publications/WEO/weo-database/2023/April。

　　就主要发达经济体而言，2022 年美国和英国的通货膨胀率位于发达经济体的平均水平之上，分别为 7.68% 和 7.41%，较 2020 年分别上升了 6.43 个百分点和 6.56 个百分点；欧盟、加拿大和韩国 2022 年的通货膨胀率分别为 5.82%、5.64% 和 3.96%，较 2020 年分别提高了 5.15 个百分点、4.92 个百分点和 3.42 个百分点；日本在两年间仅上升了 1.02 个百分点，2022 年通货膨胀率为 0.98%。就主要新兴市场和发展中经济体而言，受俄乌冲突的影响，2022 年俄罗斯成为通货膨胀率及上升幅度创双高的国家，其通货膨胀率达到 13.77%，较 2020 年上升了 10.39%；巴西通货膨胀率及增长幅度次之，分别为 9.28% 和 6.07%；再次为墨西哥和印度，通货膨胀率分别为 7.90% 和 6.67%，较 2020 年分别上升了 4.5% 和 0.5%；中国通货膨胀率近五年一直稳定在 2% 左右，2022 年通货膨胀率为 1.88%，较 2021 年的 0.85% 提高了 1.03 个百分点。

　　在全球主要大宗商品价格方面，2022 年延续了上年的攀升态势。如图 6 所示，天然气、煤炭和原油价格指数均出现大幅上升。2022 年天然气价格指数飙升至 633.91，同比增长 146.97%；其次是煤炭价格指数，为 558.47，同比增长率达 179.32%；原油价格指数为 249.48，同比增长率为 54.64%。但根据 IMF 的预测，2022 年可能成为全球大宗商品价格指数的高点，2023年、2024年天然气、煤炭、原油价格指数可能呈现下降的态势。①

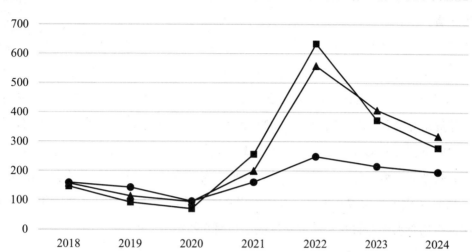

图6　2018—2024年原油、天然气和煤炭价格指数及预测（2016年=100）

资料来源：根据IMF世界经济展望数据库整理绘制，https://www.imf.org/en/Publications/WEO/weo-database/2023/April。

（六）全球金融市场持续震荡

高通胀压力、发达经济体相继实施紧缩性货币政策，以及英国养老金危机、美国硅谷银行破产等一系列金融风险事件频发，导致全球金融市场持续震荡。2022年发达经济体国债利率呈现出不同程度的波动趋势，受美联储强力加息的影响，美国国债收益率曲线经历熊平转牛平两个阶段，并且曲线深度倒挂（即长期利率水平低于中短期利率水平），尤其十年期与两年期国债利差倒挂最深，达近四十年以来之最；在欧元大幅度贬值引致欧央行连续加息的影响下，欧元区公债收益率曲线整体呈现熊平态势；日本受美欧强加息的双重影响，其国债收益率曲线全年基本保持熊陡态势。而新兴市场和发展中经济体不仅受到美欧持续紧缩政策的影响，而且遭受资本外流、债务危机和货币贬值等多重压力，从而导致国债收益率波动加剧。其中印度和巴西国债收益率曲线整体表现出熊平态势；受政策利率大幅度调整的影响，俄罗斯国债收益率曲线经历了熊平-牛陡-稳定三个阶段；受恶性通胀及国内降息抗通胀政策的影响，土耳其国债收益率曲线经历了熊陡-牛

---

① IMF世界经济展望数据库（World Economic Outlook Database），https://www.imf.org/en/Publications/WEO/weo-database/2023/April。

平–牛陡三个阶段；受较为宽松货币政策的影响，中国国债收益率曲线整体在历史低位呈现小幅震荡。[①]

就汇率波动情况来看，2022 年美元对全球主要货币的汇率均为升值，尤其在 2022 年前三季度表现最为明显，日元、欧元、韩元、英镑同比分别贬值 15.36%、11.07%、10.87% 和 9.17%，人民币同比贬值 2.05%，仅俄罗斯卢布、乌拉圭比索、巴西雷亚尔、秘鲁新索尔等 7 种货币对美元出现小幅升值。2022 年全年人民币对美元贬值幅度超 9.23%，是自 2015 年"8·11"汇改以来人民币中间价的最大贬值幅度。尽管人民币汇率全年收跌，但呈现出双向波动态势。自 2022 年 11 月末以来，人民币对美元汇率开始走强，出现大幅反弹，并于 12 月初收复 7.0 关口，表现出极强的韧性，预计 2023 年人民币汇率将继续保持在合理均衡水平上的基本稳定并呈现温和回升的态势。[②]

（七）全球就业市场持续恢复

受新冠疫情、产业链供应链中断等影响，2020 年全球劳动力市场就业状况急剧恶化，2020 年世界失业率高达 6.9%。随着各国疫情防控的有效推进以及积极财政政策和宽松货币政策的实施，2021 年、2022 年全球失业率逐渐下降，分别至 6.2%、5.8%。相对于中等收入和低收入水平的国家，高收入水平国家更快地从新冠疫情冲击中恢复，2022 年失业率降至 4.5%；中高收入水平、中低收入水平和低收入水平国家的劳动力市场也呈现不同程度的回温，2022 年失业率有所下降，分别为 6%、6.2% 和 5.8%。

就主要发达经济体而言，如图 7 所示，2020 年美国和加拿大的失业率分别达到 8.09% 和 9.73%，同比增速分别为 4.41% 和 4.03%；欧盟、英国、日本的失业率同比增速均在 1% 以内，失业率分别为 7%、4.55%、2.78%。2021 年主要发达经济体的失业率有所回落，2022 年除欧盟和加拿大的失业率仍分别处于 6.1% 和 5.28% 的较高水平，美国、英国、日本的失业率均回归至 2%～4% 的低位，失业率分别为 3.64%、3.7%、2.56%。

---

① "牛平"指整体收益率曲线出现下行趋势，但短期利率下降较少、长期利率下降较多，从而导致收益率曲线的整体斜率变平缓；"牛陡"指整体收益率曲线出现下行趋势，但长期利率下降较少、短期利率下降较多，从而导致收益率曲线的整体斜率变陡峭；"熊平"指整体收益率曲线出现上行趋势，但长期利率上涨较少、短期利率上涨较多，从而导致收益率曲线的整体斜率变平缓；"熊陡"指整体收益率曲线出现上行趋势，但短期利率上涨较少、长期利率上涨较多，从而导致收益率曲线的整体斜率变陡峭。

② 国际清算银行，https://www.bis.org//。

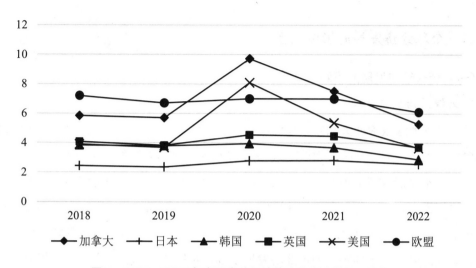

图 7　2018—2022 年主要发达经济体失业率（单位：%）

资料来源：国际劳工组织统计局，https://ilostat.ilo.org/data/#。

就主要新兴市场和发展中经济体而言，如图 8 所示，2020 年南非的失业率高达29.18%，2021 年继续上升至 34.3%，2022 年略有降低，但仍高达 33.5%；巴西 2020 年的失业率为 14.2%，2021 年、2022 年出现明显下降，分别降至 11.1%、7.9%；而俄罗斯、墨西哥 2020 年的失业率分别为 5.78%、4.41%，2022 年较 2021 年出现小幅下降，分别降至 3.94%、3.27%；中国近三年的失业率较为稳定，2020 年为 4.24%，2021 年为 3.96%，2022 年又小幅上升到 4.2%。①

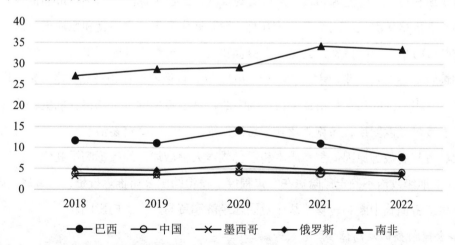

图 8　2018—2022 年主要新兴市场和发展中经济体失业率（单位：%）

资料来源：国际劳工组织统计局，https://ilostat.ilo.org/data/#。

① 国际劳工组织统计局，https://ilostat.ilo.org/data/#。

二、全球经济发展的影响因素

（一）全球经济发展的不利因素

1. 地缘政治风险持续

当今世界地缘政治冲突频发，欧洲、亚洲、非洲、中东等地区冲突事件四起。2022年初爆发的俄乌冲突已延续至 2023 年，双方并未表示出停火谈判的意愿，很可能演变为持久战，这不仅使得俄美关系日趋紧张，也使得欧洲和北约成员国之间的关系恶化。亚洲地区的阿富汗、巴基斯坦等国家不断遭受恐怖袭击，如 2022 年 8 月阿富汗喀布尔清真寺爆炸案、2022 年 9 月俄罗斯驻阿富汗大使馆爆炸案、2023 年 1 月巴基斯坦白沙瓦清真寺自杀式爆炸袭击事件等，使得经济发展受到严重影响。非洲埃塞俄比亚提格雷地区的冲突在 2020 年升级为战争，直到 2022 年夏才采取谈判行动，引发了大规模平民流离失所。此外，中东地区的纳戈尔诺-卡拉巴赫冲突、以色列-巴勒斯坦冲突、也门战争、苏丹冲突、萨赫勒地区的暴力极端主义冲突等事件也在不断上演。①

地缘政治冲突、内战、恐怖袭击等事件笼罩世界各地，对全球经济发展、贸易增长、粮食和能源市场稳定等产生了诸多负面影响。第一，战争及恐怖袭击事件等导致投资者和消费者对世界经济产生悲观预期，引致国际投资减少和消费收缩，这可能拖累全球经济复苏进程，严重制约经济稳定发展，甚至导致全球经济衰退。第二，受俄乌战争的影响，俄罗斯和乌克兰的能源和粮食出口受到限制，致使全球能源和粮食市场供求失衡，能源和粮食价格暴涨且居高不下。一方面，俄罗斯作为第二大粮食和原油出口国，在面对西方制裁时采取反制措施，大幅减少粮食和石油、天然气等能源出口，导致全球能源价格和粮食价格大幅上涨。另一方面，在 2022 年 6 月俄罗斯占领乌克兰港口后，作为全球重要粮食出口国的乌克兰粮食出口遭到阻断，进一步加剧了全球粮食危机。第三，俄乌战争直接导致俄罗斯、乌克兰及其贸易伙伴国之间的国际贸易活动减少，并且由于金融制裁、贸易制裁等原因，贸易成本和运营成本大幅增加，间接影响了其贸易活动的开展。此外，地缘政治不确定风险也在一定程度上使得跨国公司推迟投资决策或减少投资，产业链供应链面临中断和转移，从而对国际经济和贸易产生负向影响。

2. 全球债务仍处高位

各国为应对新冠疫情采取的纾困性政策导致 2022 年全球债务仍处高位，而与此同

---

① 全球冲突追踪网站，https://www.cfr.org/global-conflict-tracker。

时，各国为抑制通货膨胀高涨实施的紧缩性货币政策致使债务危机爆发的风险加剧。全球债务水平在 2020 年达到高峰，2021 年、2022 年有所下降，但仍处于较高水平。2022 年全球一般政府债务总额占 GDP 的比重为 92.1%，较上年下降 3.4 个百分点。发达经济体整体负债水平高于新兴市场和发展中经济体，但各国情况具有较大差异。发达经济体一般政府债务总额占 GDP 的比重同比下降 4.9 个百分点，但仍高达 112.5%；新兴市场和发展中经济体则较上年上升 0.3 个百分点，为 64.6%。

在主要发达经济体中，日本仍然是负债水平最高的国家，2022 年日本一般政府债务总额占 GDP 的比重不降反升，达到 261.3%；欧元区、英国、美国、加拿大的相应比例分别下降 4%、5.5%、4.7%、8.5%，但负债水平依然较高，除欧元区为 90.9% 以外，美国、英国、加拿大均超过 100%，分别为 121.7%、102.6%、106.6%。在主要新兴市场和发展中经济体中，中国和南非一般政府债务总额占 GDP 的比重同比分别上升 5.3% 和 2%，达到 77.1% 和 71%；俄罗斯也有小幅上升，但总体负债水平较低，为 19.6%；印度、墨西哥和巴西的相应比重同比分别下降 1.6%、2.7% 和 4.8%，达到 83.1%、56% 和 85.9%。①

3. 货币政策转向紧缩

俄乌战争、能源供应中断，以及新冠疫情期间的纾困政策等导致通货膨胀不断飙升，为了应对通货膨胀高企的压力，2022 年年底美联储和欧洲央行进入激进的货币紧缩周期。虽然收紧的货币政策在一定程度上缓解了通货膨胀，但是也引发了全球深度衰退的巨大风险。

截至 2023 年年初，美联储和欧洲央行分别将基准利率上调 425 个基点和 250 个基点。欧洲央行在 2022 年 10 月加息 75 个基点后，12 月又加息 50 个基点，随后通货膨胀得到有效缓解，欧元区通货膨胀率从 11 月的 10.1% 降至 12 月的 9.2%。但是美国和欧元区的核心通胀率仍然处于高位，同时高频率和大幅度的加息政策导致需求低迷、投资不足和政府债务攀升等风险，进而可能引发经济衰退和金融危机。第一，加息直接导致消费者实际收入缩水、家庭储蓄减少和债务增加，限制和降低了消费者的消费能力和意愿，消费需求低迷，经济持续增长难以为继。同时不可忽略货币紧缩政策对房地产市场中抵押贷款的负向影响，尤其是可变利率抵押贷款对货币紧缩政策更为敏感，房地产市场面临较高风险。第二，更高的利率导致公司借债成本上升，加大中小企业破产风险。新冠疫情期间，中小企业遭受重创，当前仍处于较为脆弱的恢复期，持续提高利率不仅提升

---

① IMF 财政监测报告数据库，https://www.imf.org/。

了中小企业的运营成本，而且加大了偿债风险，不利于刺激商业投资，打击了投资者的投资信心。2022 年第三季度欧元区破产申报数量环比上升 19.2 个百分点，达到 2020 年以来的最高水平。第三，美联储和欧洲央行实施收紧的货币政策，其他发达和新兴经济体纷纷效仿，紧缩的货币政策导致主权风险息差扩大，使得各国政府面临主权债务上升和再融资成本提高的双重风险。[①]

（二）全球经济发展的利好因素

1. 新冠疫情大流行结束

2019 年年底新冠疫情在全球肆虐，2022 年进入跌宕反复时期，2023 年终于迎来新冠疫情在全球大流行的终止。随着疫情防控政策和措施的解除，各国加快了边境和人员管制放松的进程，这将有力地推动世界经济复苏、国际贸易扩张和国际投资增加。

具体而言，第一，新冠疫情大流行的终止使得生产和消费回归常态化，并推动各国经济步入稳定轨道。第二，疫情终结能够有效加快货物贸易和服务贸易发展。一方面，各国边境管制放松有利于加快供应链中断后的恢复进程，有助于产业链恢复正常运转，并将促进货物贸易进出口的稳定。另一方面，航班恢复和人员管制放松为物流、旅游等服务贸易的发展提供动力，将有效推动服务贸易的快速发展。第三，后疫情时代大型跨国公司需要加快调整国际布局并进行资源整合，以提升其在国际市场上的地位和影响力，构建新的产业链供应链体系，从而推动全球国际直接投资的上升。

2. 数字经济蓬勃发展

新冠疫情推动了 5G、云计算、人工智能等数字化技术迅速发展，后疫情时代各国越来越重视数字经济的发展。根据中国信息通信研究院（CAICT）的测算，2021 年 47 个国家数字经济增加值规模为 38.1 万亿美元，同比增长 15.6%，数字经济已成为世界经济发展的稳定器和加速器。高收入水平国家在数字经济发展方面具有明显的领先优势，2021 年其数字经济规模为 28.6 万亿美元，占 GDP 的比重为 52%；中等收入水平国家数字经济规模为 8.6 万亿美元，在 GDP 中占比为 34.4%；低收入水平国家数字经济规模较低，为 0.9 万亿美元，在 GDP 中占比为 18.5%。[②]

产业数字化和数字产业化是数字经济与实体经济融合的重要表现形态，重塑着传统

[①] 经济学人智库（EIU）发布的 2023 年货币政策报告，https://www.eiu.com/n/campaigns/global-monetary-policy-outlook-2023/#mktoForm_anchor。

[②] 根据 2022 年中国信息通信研究院发布的《全球数字经济白皮书》数据整理所得，http://www.caict.ac.cn/kxyj/qwfb/bps/202212/t20221207_412453.htm。

的贸易模式。根据 2022 年 CAICT 发布的《全球数字经济白皮书》，2021 年产业数字化占数字经济的比重高达 85%，成为数字经济发展的重要引擎，高于数字产业化 15% 的占比。在三大产业中，第三产业数字经济占行业增加值的比重为 45.3%，成为引领产业数字化转型的领头雁；第二产业次之，相应比重为 24.3%；第一产业占比较低，为 8.6%。数字经济的发展离不开数字技术的支持，尤其是数据传输技术。2G 移动网络可以实现低速的数据业务，3G 移动网络可以支持较高速的数据传输，LTE 移动网络（长期演进技术）是 3G 的演进，WiMAX（全球微波接入互操作性）移动网络是一种新兴的宽带无线接入技术，有着传输速率高的特征。根据国际电信联盟（ITU）公布的世界移动网络人口覆盖率可知，2022 年 2G 和 3G 移动网络的覆盖率分别高达 97% 和 95%，基本实现全覆盖；LTE、WiMAX 移动网络的覆盖率从 2018 年的 80% 上升至 2022 年的 88%，为数字经济的蓬勃发展奠定了良好基础。①

3. 区域经贸合作释放潜力

区域贸易协定旨在通过降低关税、减少市场准入壁垒、放松投资限制等措施，促进成员经济体之间的贸易往来和投资流量增加。近年来，区域贸易协定的数量快速增长，涵盖的领域不断扩大，有效地促进了区域贸易潜力的释放，成为驱动区域经济贸易发展的重要引擎。

以全球三大区域贸易协定为例，《区域全面经济伙伴关系协定》（RCEP）作为全球最大的自贸协定，仅用一年半的时间实现"全员"生效，对于亚太地区经贸发展起到重要的推动作用。RCEP 注重在"灵活性"和"高标准"之间权衡，要求区域内 90% 以上的货物贸易实现零关税，倡导实施原产地累积规则，以"正面引导+负面清单"的模式做出高水平投资自由化承诺，并且支持和鼓励中小企业参与跨国投资活动，这些均有助于降低贸易成本，推动区域内产业的优势互补，进而构建产业链供应链融合的生态体系。《美墨加协定》（USMCA）基于《北美自由贸易协定》（NAFTA）的框架，充分借鉴了《跨太平洋伙伴关系协定》（TPP）等区域协定的规则条款，进一步在数字贸易、知识产权、劳工标准、环境保护、中小企业等多个领域做出细致的规定，从而为扩大贸易和投资提供了坚实的基础，有助于提高成员经济体之间经贸互通的便利化程度。《全面与进步跨太平洋伙伴关系协定》（CPTPP）更是提出零关税、零补贴、零壁垒的"三零"标准，高标准条款涉及金融、教育、医疗、知识产权监管、互联网规则和数字经济等多方面，这对于

---

① 国际电信联盟（ITU），https://datahub.itu.int/data/?e=701&c=&i=100095。

更高程度开放服务和投资市场、优化区域内营商环境，以及强化成员经济体之间经贸关系起到助推作用，对区域内贸易流量和投资流量的双向提升起着积极的促进作用。

三、全球经济发展前景展望

（一）全球经济保持低速增长

尽管全球新冠疫情宣告终结、数字经济蓬勃发展和区域经济合作不断推进等利好因素有助于提振经济，但是地缘政治冲突频发、全球债务高筑、滞胀风险高企及金融市场持续震荡等不利因素掣肘世界经济复苏，加大了经济下行风险，预计世界经济将进入低速增长阶段。

根据 IMF 的预测，2023 年全球经济增长率将从 2022 年的 3.41%降至 2.83%，2024—2028 年将有所上升，估计处于 3%～3.2%的增长区间，但仍低于 2000-2019 年 3.8%的年均水平。将近九成的发达经济体可能会遭遇经济减速，预计 2023 年、2024 年发达经济体将分别实现 1.26%、1.35%的经济增长率，2025 年后有望上升至 1.8%左右。相比之下，新兴市场和发展中经济体的经济增速将有小幅回升，经济增长率将高于发达经济体甚至世界经济总体的增长率，预计 2023 年为 3.93%，2024—2028 年将处于 3.8%～4.2%的增长区间。就具体国家而言，预计 2023 年美国的经济增长率为 1.4%；欧元区仅为 0.7%，英国甚至可能出现-0.6%的经济负增长；而在新兴市场和发展中经济体中，预计中国 2023 年能够实现 5.2%的经济增长率，印度、巴西、俄罗斯的经济增长率将分别为 6.1%、1.2%、0.3%。据估计，2023 年亚洲主要新兴市场和发展中经济体对世界经济增长的贡献占比将达到四分之三，新兴市场和发展中经济体在拉动世界经济增长中发挥着日益重要的作用。①

（二）国际货物贸易高速增长难以为继

国际货物贸易在经历了 2020 年大幅下跌、2021 年强劲反弹之后，2022 年并未延续上年的高增长态势，而是回归低速增长。总体而言，虽然疫情大流行终结、数字经济飞速发展，以及区域经济一体化平稳推进等积极因素将有利于推动国际货物贸易的恢复和增长，但是全球范围内仍存在地缘政治冲突的不确定性、紧缩性货币政策、持续性高通胀等多重阻力。预计未来货物贸易高速增长将难以为继，可能进入低速增长区间。

第一，俄乌战争直接导致俄乌两国企业被迫停工停产、商业活动低迷、贸易濒临停

---

① IMF 世界经济展望数据库，https://www.imf.org/en/Publications/WEO/weo-database/2023/April。

滞，而且俄乌冲突切断了欧洲国家从俄罗斯获取廉价能源的来源，欧洲制造业企业的生产成本上涨，国际贸易竞争力大大削弱。第二，逆全球化和贸易保护主义兴起，提升了全球产业链的生产成本，增加了全球产业链受阻或中断的风险，威胁到国际贸易的稳定发展。第三，虽然疫情大流行终止，但其后遗症还依然存在，突出表现为疫情期间超级量化宽松政策引致的高通胀等问题依然存在，以原油能源产品和粮食为代表的大宗商品价格居高不下，提高了原材料、交通运输等成本和产品价格，降低了国际贸易流量，不利于全球贸易的恢复。

（三）大国博弈趋向"负和"

俄乌地缘政治冲突折射出大国之间的博弈，并影响着国际政治格局的走向。乌克兰曾是苏联第二大加盟共和国，地处俄罗斯和欧洲之间，既有丰富的自然资源、人力资源和雄厚的技术实力，又是欧亚大陆重要的交通枢纽，具有重要的地缘政治资源和地理战略优势。美国正是基于乌克兰地缘政治优势的考量，在背后提供军事援助支持乌克兰进行战争。事实上，俄乌战争是美国维持其世界霸权地位的手段，以此达到重创俄罗斯、牵制欧盟、威胁中国等目的。俄乌战争尚未结束，但是已经产生了深远的影响，不仅使得俄乌两国面临经济停滞、贸易崩溃和债务坍塌等巨大风险，也切断了欧洲能源获取的来源，导致欧洲各国"被迫"卷入这场战争，重创了欧洲各国的经济发展。此外，俄乌战争引致大宗商品价格攀升和通货膨胀高涨，叠加美国等西方国家频繁的金融制裁和贸易管制措施，使得世界各国面临经济衰退、债务高筑和金融危机等重大风险。这场以俄乌战争为棋子的大国博弈不再是零和博弈，而是逐渐趋向"负和"。

与此同时，疫情后期一系列"去全球化"的大国博弈无疑对世界各国的经济发展产生了重大负向影响。西方一些国家政府以应对气候变化为名限制发展中国家化石燃料的使用，积极推动实施制造业回流政策，并敦促跨国公司开展"友岸外包"，支持其将更多业务转向"友好国家"。美国甚至极力推动构建将中国排除在外的"印太经济框架"（IPEF）等同盟，推动实施《2022 年芯片与科学法案》等以限制中美正常的科技合作。这种非市场化行为的产业链调整会导致成本上升、贸易扭曲和福利下降，增加世界经济的脆弱性和不确定性。

（四）全球就业平稳发展

全球供应链恢复、数字经济发展和区域经贸合作稳步推进为全球就业市场的恢复和发展奠定了良好基础，但也需要警惕地缘政治冲突、债务高筑、紧缩性货币政策等不利因素的负面影响。

根据国际劳工组织（ILO）的预测，未来两年世界失业率将基本维持在 5.8%，波动幅度不会太大。预计 2023 年中高收入水平国家和低收入水平国家的失业率将进一步降低，分别降至 5.8%和 5.7%；中低收入水平国家的失业率与 2022 年持平，为 6.2%；而高收入国家的失业率将出现小幅上升，达 4.9%。预计 2024 年多数国家将基本维持 2023 年的失业率水平不变，仅高收入国家的失业率较 2023 年上升 0.1 个百分点。就区域间劳动力市场的比较而言，预计 2023 年非洲和阿拉伯国家的就业增长率将达到 3%或更高水平，由于达到劳动年龄人口的不断增加，这两个区域的失业率将出现小幅下降；亚洲和太平洋地区，以及拉丁美洲和加勒比地区的就业增长率预计在 1%左右；相比之下，北美地区的失业率将有所上升；而欧洲和中亚地区因受俄乌冲突的负面影响，2023 年劳动力市场预计将出现萎缩。①总体而言，全球就业发展趋势存在显著差异，就业增长率和失业率呈现小幅波动，但整体保持着平稳发展态势。

参考文献

[1] Economist Intelligence Unit. Global Monetary Policy in 2023[R]. London: Economist Intelligence Unit, 2023.

[2] International Monetary Fund. World Economic Outlook: A Rocky Recovery[R]. Washington: International Monetary Fund, 2023.

[3] International Monetary Fund. Fiscal Monitor: On the Path to Policy Normalization[R]. Washington: International Monetary Fund, 2023.

[4] International Labour Organization. World Employment and Social Outlook Trends 2023[R]. Geneva: International Labour Organization, 2023.

[5] United Nations. World Economic Situation and Prospects[R]. New York: United Nations, 2023.

[6] World Bank. Global Economic Prospects[R]. Washington: World Bank, 2023.

---

① 国际劳工组织统计局，https://ilostat.ilo.org/data/#。

中国宏观经济形势回顾与展望

曲如晓　李　雪*

摘　要：2022 年全球疫情起伏反复，世界经济复苏分化加剧，我国宏观经济有序恢复，稳中向好。经济结构持续优化，科技实力不断进步，经济发展新动能增强。居民消费价格温和上涨，工业生产者出厂价格指数高位回落。就业有序恢复，重点人群就业形势有所改善。居民收入稳定增长，行业与地区间工资差距明显。居民消费逐步恢复，必需类商品销售稳定，绿色、健康消费需求持续扩大，国货成为新消费热点。制造业投资持续发力，房地产开发投资低迷，基础设施投资提速，高技术产业投资快速增长。进出口低位企稳，一般贸易比重上升，进出口商品结构持续优化，海外市场多元化扩展，外贸内生动力增强。对外投资规模稳步增长，对外投资结构不断优化，与共建"一带一路"国家投资合作持续推进，境外经贸合作区建设提质升级。利用外资规模快速增长，吸收外资质量提升，外资来源地结构稳定，东中西部引资全面增长。未来中国经济的增长潜力巨大，发展前景良好。

关键词：宏观经济形势；国内需求；对外经济；供给侧结构性改革

一、总体经济形势回顾与展望

（一）经济增长与产业结构

1. 宏观经济实现正增长

面对新冠疫情、世界经济深度衰退等多重严重冲击的复杂局面，我国宏观经济顶住

---

* 曲如晓，北京师范大学经济与工商管理学院教授、博士生导师；李雪，中共河南省委党校讲师。

了持续加大的下行压力，逆势增长。2022 年国内生产总值达 121.02 万亿元，增长 3.0%（见图 1）。经济高质量发展取得成效，世界第二大经济体的地位得到巩固、提升。据国家统计局估计，中国 GDP 占全球的比重为 18%，中国经济对世界经济增长贡献率持续上升，是拉动世界经济复苏的主引擎之一。

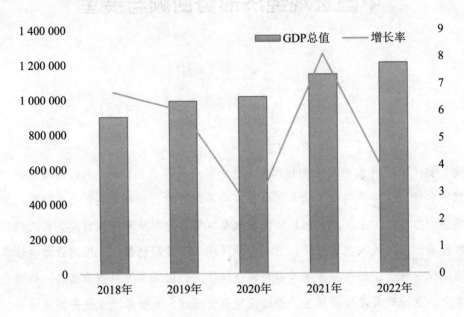

图 1 2018—2022 年国内生产总值与增速（单位：亿元，%）

资料来源：国家统计局. 2023 年国民经济和社会发展统计公报[EB/OL]. [2023-05-12]. http://www.stats.gov.cn/sj/zxfb/202302/t20230228_1919011.html?eqid=e78431d6000126e200000003642e2952.

2. 经济结构持续优化

从三次产业分布来看，2022 年第一、二、三产业增加值分别为 8.8 万亿、48.3 万亿、63.9 万亿元，较 2020 年分别增长 4.1%、3.8%、2.3%，占比分别为 7.3%、39.9%、52.8%。在 2018—2022 年第三产业增加值占比达 52% 以上，第一产业增加值占比与 2021 年持平，第二产业增加值占比进一步上升至 39.9%。其中高技术制造业增加值增长 7.4%，信息技术服务等生产性服务业较快发展，产业链韧性提升。产业结构持续优化，转型升级步伐加快，如图 2 所示。

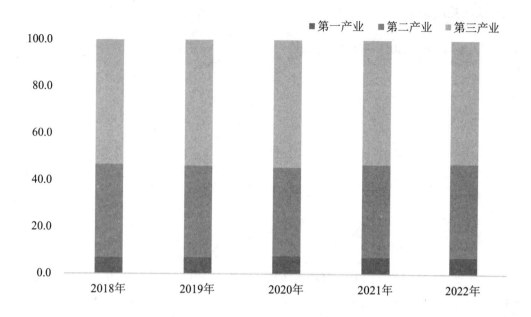

图2 2018—2022年国内三次产业占比（单位：%）

资料来源：国家统计局. 2023年国民经济和社会发展统计公报[EB/OL]. [2021-05-12]. http://www.stats.gov.cn/sj/zxfb/202302/t20230228_1919011.html?eqid=e78431d6000126e200000003642e2952.

3. 科技实力不断进步，经济发展新动能增强

2022年研究与试验发展（R&D）经费支出30 870亿元，较2021年增长10.4%，占GDP比重的2.55%。截至2022年年末，正在运行的国家重点实验室533个，纳入新序列管理的国家工程研究中心191个，国家企业技术中心1601家，大众创业万众创新示范基地212家。国家科技成果转化引导基金累计设立36支子基金，资金总规模624亿元。国家级科技企业孵化器1425家，国家备案众创空间2441家。我国公民具备科学素质的比例达到12.93%。世界知识产权组织报告显示，2022年我国创新指数在全球排名第11位，连续10年稳步提升，稳居中等收入经济体之首。

（二）物价形势回顾与展望

1. 居民消费价格指数（CPI）温和上涨

2022年全国CPI上涨2.0%，涨幅比2021年扩大1.1个百分点。其中月度同比涨幅呈先扩后落走势，1～9月CPI月度同比呈上升趋势，从1月的0.9%逐步增至9月的年内最高点2.8%。之后呈下降趋势，降至11月的1.6%，并在12月临近春节时期，小幅增长至1.85%。月度环比的增幅正负波动剧烈，全年有一半月份处于正增长，3个月份处

于负增长（见图3）。

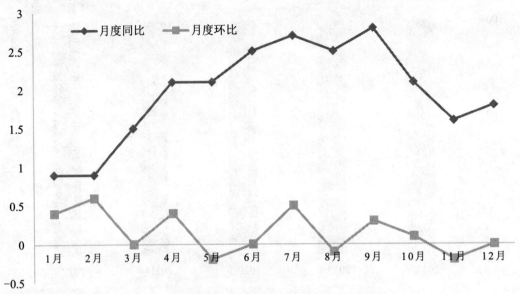

图3　2022 年 CPI 月度涨跌幅度图（单位：%）

资料来源：国家统计局. 2022 年国民经济和社会发展统计公报[EB/OL]. [2023-06-15]. http://www.stats.gov.cn/sj/zxfb/ 202302/t20230228_1919011.html?eqid=e78431d6000126e200000003642e2952.

从 CPI 的构成上来看，核心 CPI 走势平稳。其中交通和通信类消费品价格涨幅最高，为 5.2%，是推动 CPI 上涨的主要因素。受国际粮价持续高位影响，食品烟酒类价格波动较大，涨幅达 2.4%。其中猪肉价格自 3 月份起触底回升，10 月份同比上涨 51.8%，11 月份和 12 月份涨幅有所回落，全年平均下降 6.8%，降幅比 2021 年收窄 23.5 个百分点，影响 CPI 下降约 0.11 个百分点；在猪肉价格上行带动下，禽肉价格也逐步上涨，全年平均上涨 4.0%；因上年同期基数较低，鲜果和鸡蛋价格分别上涨 12.9%和 7.5%，合计影响 CPI 上涨约 0.28 个百分点；国内食用植物油、面粉和豆类价格分别上涨 6.9%、6.2%和 4.6%，合计影响 CPI 上涨约 0.08 个百分点。衣着类、居住类、生活用品及服务类、医疗保健类 CPI 涨幅缓慢回升，分别为 0.5%、0.7%、1.2%、0.6%（见表1）。

表1　2022 年各类消费价格增幅　　　　　　　　　　　　　　　单位：%

类别	增幅
食品烟酒类	2.4
衣着类	0.5
居住类	0.7

续表

类别	增幅
生活用品及服务类	1.2
交通和通信类	5.2
教育文化和娱乐类	1.8
医疗保健类	0.6
其他用品和服务类	1.6

资料来源：国家统计局. 2022 年国民经济和社会发展统计公报[EB/OL]. [2023-06-15]. http://www.stats.gov.cn/sj/zxfb/202302/t20230228_1919011.html?eqid=e78431d6000126e200000003642e2952.

2. 工业生产者出厂价格指数（PPI）涨幅回落

2022 年 PPI 整体表现为高位回落走势。全年 PPI 上涨 4.1%，涨幅比上年回落 4.0 个百分点。受国际大宗商品价格走高和对比基数走低影响，2022 年 1—10 月，PPI 同比涨幅由 9.1% 降至 -1.3%，之后在 11 月、12 月小幅回升。PPI 环比涨幅在 3 月升至年内最高点 1.1% 后，逐步下降至 8 月的 -1.2%，之后在 9—12 月小幅波动（见图 4）。

就 PPI 的构成来看，生产资料与生活资料价格涨幅差值逐步缩小。2022 年生产资料价格上涨 4.9%，涨幅比上年回落 5.8 个百分点；生活资料价格上涨 1.5%，涨幅比上年高 1.1 个百分点。生产资料价格涨幅高于生活资料 3.4 个百分点，差值比上年缩小 6.9 个百分点，在一定程度上减轻了中下游行业面临的成本压力。生产资料中，采掘工业价格上涨 16.5%，原材料工业价格上涨 10.3%，加工工业价格上涨 1.5%，涨幅比上年分别回落 17.9、5.5 和 5.1 个百分点。生活资料中，食品价格上涨 2.7%，一般日用品价格上涨 1.6%，涨幅比上年分别扩大 1.3 和 1.1 个百分点；衣着价格由上年下降 0.2% 转为上涨 1.8%，耐用消费品价格由上年下降 0.6% 转为上涨 0.1%。

从主要行业出厂价格的变化幅度来看，输入性价格传导导致国内相关行业出现价格波动。2022 年国际原油、天然气、铜等大宗商品价格先后高位回落，下半年与进口大宗商品价格关联程度较高的石油、有色金属等相关行业价格月度同比明显走低。6—12 月，石油和天然气开采业价格同比涨幅由 54.4% 回落至 14.4%，石油、煤炭及其他燃料加工业由 34.7% 回落至 10.1%；8 月份，有色金属冶炼和压延加工业价格由涨转降，至 12 月份已连续下降 5 个月。从全年看，相关行业价格涨幅也不同程度回落，2022 年，石油和天然气开采业价格上涨 35.9%，石油、煤炭及其他燃料加工业价格上涨 23.6%，有色金属冶炼和压延加工业价格上涨 5.4%，涨幅比上年分别回落 2.8、4.6 和 17.3 个百分点。

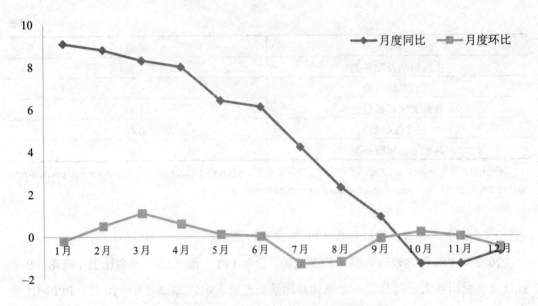

图 4　2022 年 PPI 月度涨跌幅度（单位：%）

资料来源：国家统计局. 统计数据[DB/OL]. [2023-06-15]. http://www.stats.gov.cn/tjsj/zxfb/202001/t20200109_1721985. html.

　　未来物价指数的变化还存在较多的不确定因素。一方面，国内需求回暖可能会拉高消费价格，CPI 可能保持温和上涨态势。同时受全球流动性收紧、全球经济下行压力加大等影响，PPI 预计将由输入性通胀向输入性通缩转变。经初步测算，预计 2023 年 CPI 涨幅略有扩大，整体涨幅可能略高于 2%，CPI 翘尾因素平均涨幅可能低于 0.4%，呈全年前高后低态势。2023 年 PPI 可能小幅负增长，PPI 翘尾因素平均值低于-1.2%，将显著压低 PPI 中枢水平，使全年呈先降后升态势。

（三）就业与居民收入形势回顾与展望

1. 就业形势总体保持稳定

　　随着国民经济持续恢复，就业优先政策实施，2022 年就业形势总体保持稳定，全年城镇调查失业率均值为 5.6%。1—2 月就业形势总体平稳。受疫情影响，3—4 月全国城镇调查失业率分别升至 5.8%、6.1%。随着稳经济一揽子政策出台落地，就业形势有所改善，5 月起调查失业率连续回落，并在 8 月降至 5.3%。之后，受疫情冲击与世界经济下行等因素影响，城镇调查失业率有所升高，11 月升至 5.7%。12 月，随着疫情防控措施优化调整，复工复产、复商复市推进，12 月城镇调查失业率相应下降，达到 5.5%（见图 5）。

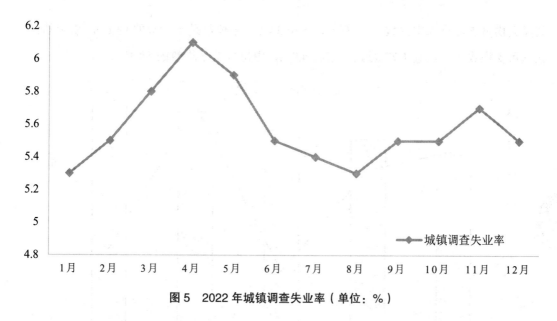

图 5　2022 年城镇调查失业率（单位：%）

资料来源：国家统计局.统计数据[DB/OL]. [2023-06-15]. http://www.stats.gov.cn/tjsj/zxfb/202001/t20200109_1721985.html.

就重点人群而言，青年劳动力就业形势有所改善。2022 年第二季度以来，在疫情和毕业季的双重影响下，16～24 岁城镇青年劳动力调查失业率逐月上升，7 月升至 19.9% 的年内高点。党中央、国务院高度关注青年就业工作，先后出台了深化离校未就业高校毕业生服务攻坚行动，持续实施青年专项技能培训计划、百万就业见习岗位募集计划等政策措施。8 月以后，高校毕业生逐步走向工作岗位，青年调查失业率逐步回落。12 月，16～24 岁城镇青年劳动力调查失业率为 16.7%，比 7 月份最高点下降 3.2 个百分点。

2. 居民收入稳定增长

2022 年，全国居民人均可支配收入 36 883 元，比上年名义增长 5.0%，扣除价格因素，实际增长 2.9%，与经济增长基本同步（见图 6）。保就业、促就业等政策持续见效，推动了居民各项收入增速的回升。其中 2022 年全国居民人均工资性收入、人均经营净收入、人均财产净收入、人均转移净收入分别为 2.06 万元、0.62 万元、0.32 万元、0.69 万元，分别增长 4.9%、4.8%、4.9%、5.5%，占可支配收入的比重分别为 55.8%、16.7%、8.7%、18.7%。

城乡居民收入相对差距进一步缩小。农村居民收入增长持续快于城镇居民。2022 年城镇居民人均可支配收入 4.93 万元，增长 3.9%，扣除价格因素，实际增长 1.9%；农村居民人均可支配收入 2.01 万元，增长 6.3%，扣除价格因素，实际增长 4.2%。其中城镇居民人均可支配收入中位数 4.51 万元，增长 3.7%，中位数是平均数的 91.6%；农村居民人均可支配收入中位数 1.77 万元，增长 4.9%，中位数是平均数的 88.1%。

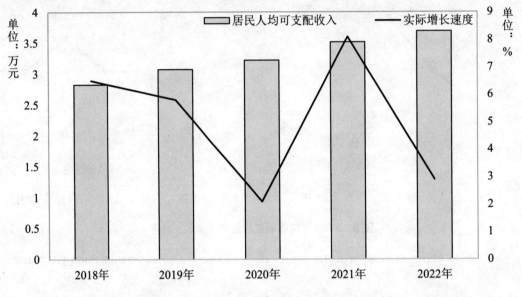

图 6　2018—2022 年全国人均可支配收入情况

资料来源：国家统计局. 全国人均可支配收入年度数据[DB/OL]. [2022-05-15]. http://data.stats.gov.cn/easyquery.htm?cn=C01.

3. 行业间、地区间工资水平差距明显

信息传输、软件和信息技术服务业，金融业，科学研究和技术服务业是 2022 年就业人员年平均工资水平位居前三位的行业。在城镇非私营单位中，工资水平排在后三位的行业为住宿和餐饮业，农林牧渔业，居民服务、修理和其他服务业；在私营单位中，排在后三位的为农林牧渔业，水利、环境和公共设施管理业及住宿和餐饮业。城镇非私营单位工资水平行业高低倍差达到 4.08，城镇私营单位工资水平行业高低倍差为 2.91。

分地区看，无论是在城镇非私营单位还是私营单位中，2022 年工资水平都是东部最高，东北最低。从城镇非私营单位看，东部、中部、西部和东北地区年平均工资分别为 13.3 万元、9.0 万元、10.1 万元和 9.0 万元，分别增长 7.1%、5.8%、6.1% 和 7.6%。以东部为 1，2022 年东部、中部、西部和东北地区平均工资之比为 1∶0.68∶0.76∶0.68，2021年为 1∶0.69∶0.77∶0.67，东部与东北地区差距缩小 0.01，与中部、西部地区的差距有所扩大。从城镇私营单位来看，东部、中部、西部、东北地区年平均工资分别为 7.3 万元、5.3 万元、5.6 万元和 5.0 万元，增速分别为 4.7%、1.5%、2.8% 和 3.7%。以东部为 1，

2022 年东部、中部、西部和东北地区平均工资水平之比为 1∶0.73∶0.76∶0.68，2021 年为 1∶0.76∶0.78∶0.69，东部地区与其他地区差距有所拉大。

随着经济运行整体好转，2023 年的就业形势将持续回暖，保持稳定。"十四五"规划纲要指出，要进一步提高农民土地增值收益分享比例，完善上市公司分红制度，创新更多适应家庭财富管理需求的金融产品，扩宽技术工人上升渠道，提高技能型人才待遇水平和地位，实施高素质农民培育计划，等等，这些举措对于增加城乡居民财产性收入、扩大中等收入群体具有重要作用。宏观调控力度的增强，将有助于实现居民收入的增长与经济增长同步，劳动报酬的提高与劳动生产率提高同步。

二、国内需求形势回顾

（一）消费需求

2022 年社会消费品零售总额达 43.97 万亿元，与 2021 年持平，总体下降 0.2%，疫情多发、频发对消费市场恢复扰动影响较大。

1. 居民消费逐步恢复

受疫情扰动影响，居民消费恢复缓慢。2022 年，全国居民人均消费支出 2.45 万元，比上年名义增长 1.8%，扣除价格因素影响，实际下降 0.2%。分城乡看，城镇居民人均消费支出 3.04 万元，比上年名义增长 0.3%，扣除价格因素影响，实际下降 1.7%；农村居民人均消费支出 1.66 万元，比上年名义增长 4.5%，扣除价格因素影响，实际增长 2.5%，依旧高于全国和城镇增速，复苏势头快于城镇居民（见表 2）。乡村市场体系逐步完善，加之农村居民收入持续增长，包含镇区和乡村地区的县乡消费市场得到发展。2022 年城镇与农村居民人均消费支出差额为 0.59 万元，城乡消费支出差距较 2020 年收窄。

表 2　2020—2022 年我国居民消费人均支出及增速　　　单位：元，%

年份	人均消费支出			较上年同比增速		
	全国	城镇	农村	全国	城镇	农村
2020	21 210	27 007	13 713	-1.6	-3.8	2.9
2021	24 100	30 307	15 916	12.6	11.1	15.3
2022	24 538	30 391	16 632	-0.2	-1.7	2.5

资料来源：国家统计局. 2022 年国民经济和社会发展统计公报[EB/OL]. [2023-06-15]. http://www.stats.gov.cn/tjsj/zxfb/202102/t20210227_1814154.html.

2. 必需类商品增长稳定

2022 年食品烟酒、居住及交通和通信消费支出三项传统支出占比为 60.02%。受疫情等多重因素影响，居民消费能力下降，消费信心受阻，消费降级趋势明显，升级类消费支出趋于收缩，必需类商品销售总体良好，对稳定消费市场发挥了积极作用。其中食品烟酒、居住消费支出占比较 2021 年分别上升 0.7、0.6 个百分点。衣着、交通和通信、医疗保健等支出占比缩小。其中教育文化娱乐占比大幅下降，缩小了 0.7 个百分点（见图7）。

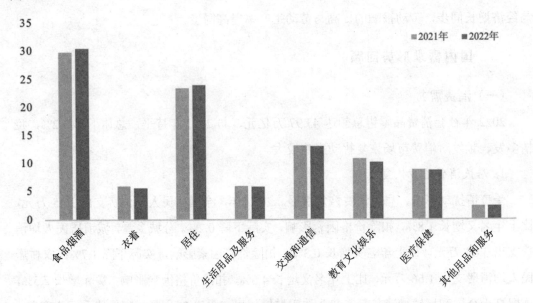

图 7　2021—2022 年居民人均消费各项支出占比（单位：%）

资料来源：国家统计局. 居民收支情况 [DB/OL]. [2023-05-29]. http://data.stats.gov.cn/easyquery.htm?cn=C01.

2022 年居民各项消费支出逐步恢复。其中食品烟酒消费支出、居住消费支出较 2021 年增长分别 4.2%、4.3%，恢复速度较快。其中 2022 年限额以上单位粮油食品类、饮料类零售额较 2021 年分别增长 8.7%、5.3%，增速比限额以上单位商品零售额分别高 6.8、3.4 个百分点。教育文化娱乐消费支出、衣着消费支出降幅较大，分别为-5.0%、-3.8%。其他支出增幅波动较小（见表 3）。

表3　2020—2022年居民消费各项支出增速　　　　　单位：%

居民消费支出类别	2021年	2022年
食品烟酒消费支出	12.2	4.2
衣着消费支出	14.6	−3.8
居住消费支出	8.2	4.3
生活用品及服务消费支出	13.0	0.6
交通和通信消费支出	14.3	1.2
教育文化娱乐消费支出	27.9	−5.0
医疗保健消费支出	14.8	0.2
其他用品和服务消费支出	23.2	4.6

资料来源：国家统计局. 2022年居民收支情况 [DB/OL]. [2022-05-29]. http://data.stats.gov.cn/easyquery.htm?cn=C01.

3. 绿色、健康消费需求持续扩大

随着"双碳"目标的持续推进和居民消费结构升级，居民对品质化消费、绿色消费的需求逐步增加，绿色商品广受欢迎。2022年限额以上单位书报杂志类和文化办公用品类零售额分别增长 6.4%和 4.4%，增速明显高于商品零售平均水平。新能源汽车销售呈高速增长态势，据中国汽车流通协会统计，2022 年新能源乘用车零售约 567 万辆，较2021 年增长 90%。与此同时，疫情倒逼人们增强健康意识，健康消费正成为大众消费的新选择和带动消费恢复的新动力，营养消费、特医食品、医疗器械、消费医疗等相关行业市场正呈现稳步上升的趋势。据京东消费及产业发展研究院披露，在京东渠道中，营养保健及滋补品消费增长显著。例如，保健茶饮成交额同比增长 250%；益生菌、矿物质、钙、肠胃养护等产品成交额增速也较快，其中叶黄素、维生素 C 等产品同比增长超过 140%。居家慢病管理、健康监测等产品需求则出现爆发式增长，2022 年家庭失能护理品类同比提升 320%，家用智能指尖血糖仪成交额同比增长 678%。此外，重疾早筛、遗传/慢病检测等服务成交额同比增长均超过 80%。

4. 国货成为消费新热点

近年来，随着大批拥有高质量发展能力、自主创新能力的中国品牌取得快速成长，消费者对国货认可度持续提高，国货正成为消费新热点。国货品牌在手机、家电、数码等智能产品销售领域已呈现出领先优势，在快时尚、美妆、个人护理、潮玩、母婴等新兴领域的份额也持续提高。如在天猫"双 11"首轮促销活动中，开售仅 1 个小时，102个成交额过亿元的品牌中，国货品牌占比过半。其中年轻消费者占据着主导力量。据京东《2022 年轻人国货消费趋势报告》显示，在形成一定销售规模的品牌中，"95"后国货用户数占比同比提升了 11%，购买国产商品与进口商品的用户数之比从 2021 年的 1.3 提高到 2022 年的 1.7。

　　尽管受新冠疫情冲击，出现居民消费信心不足、就业压力上升、收入增速放缓、区域流动受限等阻碍居民消费潜力释放的不利因素，但在总体上，宏观经济保持平稳运行，就业与居民可支配收入形势基本稳定，为消费需求的增长提供了稳固基础。不仅如此，随着数字经济与实体经济的深度融合，也为提升居民消费潜力提供了有力支撑。

　　（1）就业与居民收入形势稳定。新冠疫情和中美贸易摩擦使部分企业陷入生产困境，用工规模缩减。党中央和国务院适时推出了多项"稳就业"和"惠民生"政策，并将"稳就业"工作置于"六稳"工作之首。在政策托底的大背景下，并未出现大规模的失业风险。就业与居民收入形势稳定，对于提振居民消费信心具有重要作用。

　　（2）供给侧结构性改革继续深化。大批拥有高质量发展能力、自主创新能力的中国品牌快速成长，国内企业的中高端供给逐渐增加，无效和低端供给开始减少，资源利用效率提升，对国货商品的关注度与好感度日渐提升，逐渐形成的国货消费习惯促进了境外消费的有序回流。

　　（3）消费业态方式不断革新。新一代信息技术革命和数字经济的快速发展，催生了如区块链、大数据、人工智能、云计算、物联网、网络信息安全等一系列新的产业群。数字信息产业逐渐渗透到生产、分配、流通等各环节，开始创造新的消费增长点。当前，随着数字经济与实体经济的融合向生产领域扩展，传统企业与线上企业各取所长，融合形成以消费者为核心全渠道服务模式的新型消费系统，大大提高了居民消费的便利化程度，增加了居民消费的可选择性，为繁荣国内消费市场增添了新动力。

　　（4）促消费的政策持续发力。疫情以来，《扩大内需战略规划纲要（2022—2035 年）》《"十四五"扩大内需战略实施方案》等政策相继出台，对促消费、扩内需作出了系统部署。中央经济工作会议将着力扩大内需作为 2023 年经济工作的首要任务，并把恢复和扩大消费放在优先位置。促消费政策的大力推动，将进一步稳定消费者信心，提升居民消费能力，促进居民消费快速恢复。

　　（二）国内固定资产投资

　　面对世界经济严重衰退、产业链供应链循环受阻、大宗商品市场动荡的复杂局面，在"稳投资"工作的推动下，2022 年全社会固定资产投资达到 57.21 万亿元，保持正增长态势，较 2021 年增长 5.1%。其中中部地区投资复苏势头强劲，较 2021 年增长 8.9%，东部地区、西部地区、东北地区固定资产投资额则分别较 2021 年增长 3.6%、4.7%、1.2%。

1. 制造业投资持续发力

随着企业生产秩序的恢复，制造业投资持续发力，投资规模持续扩大，整体实现正增长，成为稳定投资增长的重要支撑。2022 年，制造业投资较 2021 年增长 9.1%，高于整体增速 4.0 个百分点。其中电气机械和器材制造业投资增长 42.6%，酒、饮料和精制茶制造业投资增长 27.2%，纺织服装、服饰业投资增长 25.3%，化学纤维制造业投资增长 21.4%，均实现较为快速的增长。

2. 房地产开发投资低迷

受疫情影响，房地产开发投资低迷，景气指数逐渐走低。2022 年 12 月房地产开发景气指数下降至 94.35。全年房地产开发投资额为 13.29 万亿元，较 2021 年下降 10.0%。其中住宅、办公楼、商业营业用房投资额分别是 10.06 万亿元、0.53 万亿元、1.06 万亿元，较 2021 年分别下降 9.5%、11.4%、14.4%。商品房销售面积为 135 837 万平方米，较 2021 年下降 24.3%。其中住宅销售面积下降 26.8%，办公楼和商业营业用房销售面积分别下降 3.3%、8.9%。

3. 基础设施投资提速

尽管国内外形势复杂、严峻，但在各级政府积极推动、大项目引领带动、专项债和政策性开发性金融工具的合力作用下，基础设施建设投资提速明显，展现出超强韧性。2022 年基础设施投资增速连续 8 个月加快，较 2021 年增长 9.4%，大幅提高 9.0 个百分点。其中水利管理业投资增长 13.6%，公共设施管理业投资增长 10.1%，信息传输业投资增长 9.3%。

4. 高技术产业投资逆势增长

疫情期间，高技术产业投资连续三年保持快速增长趋势，并逐渐发挥引领作用，2022 年高技术产业投资较 2021 年增长 18.9%，增速提高 1.8 个百分点。2022 年高技术制造业投资较 2021 年增长 22.2%，增速与上年持平。其中医疗仪器设备及仪器仪表制造业投资增长 27.6%，电子及通信设备制造业投资增长 27.2%，计算机及办公设备制造业投资增长 12.8%。2022 年高技术服务业投资较 2021 年增长 12.1%，增速提高 4.2 个百分点。其中科技成果转化服务业投资增长 26.4%，研发设计服务业投资增长 19.8%，电子商务服务业投资增长 16.8%。

尽管近年来投资转型升级步伐加快，我国产业和地区投资结构调整取得一定进展，但世界经济增长乏力，投资增长的下行趋势凸显，而稳投资又是促进短期需求和稳定长期发展的关键。受多重因素影响，2022 年投资增长的"动力"与"阻碍"参半，就有利条件而言：

（1）稳经济一揽子政策和接续措施落地见效。2023 年政府工作报告中指出，中央将彻底完成营改增任务、取消营业税，将增值税收入占比最高、涉及行业广泛的税率从 17%降至 13%，阶段性将小规模纳税人增值税起征点从月销售额 3 万元提高到 15 万元、小微企业所得税实际最低税负率从 10%降至 2.5%；同时将制造业贷款余额从 16.3 万亿元增加到 27.4 万亿元，普惠小微贷款余额从 8.2 万亿元增加到 23.8 万亿元，年均增长 24%，贷款平均利率较五年前下降 1.5 个百分点。随着企业赋税负担的减轻和融资难问题的逐渐缓解，对实体经济的有效支持将改善企业投资预期，提升市场活力。

（2）新兴业态为企业投资提供新契机。在居民消费升级的促进下，旅游、文化、体育、教育培训等产业快速成长，改善供给质量、提供高端供给已经成为近年来的投资热点。新兴领域，如愈发受到重视的人工智能、区块链等应用领域，蕴含着巨大的投资潜力，开始引领投资浪潮。

（3）投资环境优化。随着近年来"放管服"改革的纵深推进，国内的营商环境得到有效改善。中国贸促会发布的《2021 年度中国营商环境研究报告》指出，2022 年受访企业对全国营商环境评价为 4.38 分，超九成受访企业对中国营商环境评价为"满意"及以上水平。投资审批效率的提高，对持续优化企业投资环境、提高企业投资激励、增强经济发展内生动力具有重要作用。

但同时也应看到，现阶段宏观环境的不确定性增强，投资的下行压力加大。在外部环境方面，全球产业链供应链布局深刻调整，跨境人流、物流受限，形势严峻。在内部环境方面，国内劳工成本上升，消费需求锐减，对中小企业和民营企业的打击严重。以上因素都会造成市场主体投资信心不足，不利于企业投资预期的改善，由此导致未来投资额下滑。

三、对外经济回顾与展望

2022 年新冠疫情持续流行，世界经济缓慢复苏，国际产业链供应链布局深刻调整，单边主义、贸易保护主义加剧，对外经济发展的外部环境愈发错综复杂。但与此同时，国内经济秩序的稳定恢复、外贸企业竞争新优势的不断增强，以及跨境电商等新业态的蓬勃发展，都为对外经济改善向好的运行态势提供了良好支撑，未来对外经济发展的风险与机遇并存。

（一）对外贸易

在新冠疫情冲击、世界经济复苏不稳定不平衡、国际产业链供应链布局深刻调整的背景下，2022 年我国的外贸发展逆势增长，好于预期，高质量发展取得突出成效。国家统计局数据显示，2022 年货物进出口总额为 42.07 万亿元，较 2021 年增长 7.7%。其中出口 23.97 万亿元，增长 10.5%；进口 18.1 万亿元，增长 4.3%。2022 年服务进出口总额 5.98 万亿元，较 2021 年增长 12.9%。其中服务出口 2.85 万亿元，增长 12.1%；服务进口 3.13 万亿元，增长 13.5%。服务进出口逆差 0.28 万亿元。

1. 进出口总值低位企稳

在进口方面，2022 年同比增长与累计增长在大部分月份实现正增长，并呈现前高后低趋势。月度同比在 3 月降至 -0.1% 后，波动上升，在 10 月再次出现负增长，并在 11 月降至年内最低点 -10.6%。月度累计增长的变化趋势相对平稳。累计增长在 1 月达到 19.8% 后，逐月下降至 12 月的 1.1%（见图 8）。

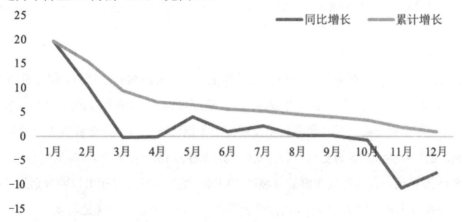

图 8　2022 年进口总值的月度增长（单位：%）

资料来源：国家统计局. 进出口贸易年度数据[DB/OL]. [2022-05-31]. http://data.stats.gov.cn/easyquery.htm?cn=C01.

在出口方面，2022 年月度累计增长也呈现前高后低走势，在 1 月达到年内最高点 24.1% 后，逐月下降至 12 月的 7%。1—5 月，出口月度同比增长呈 W 形走势，最高点为 1 月的 24.1%，最低点为 4 月的 3.9%。7—8 月小幅上升至 18%，之后呈逐月下降趋势，在 10—12 月出现负增长（见图 9）。

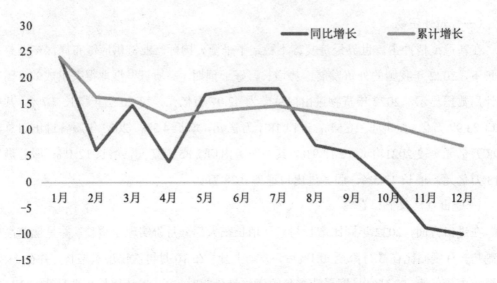

图 9　2022 年出口总值的月度增长（单位：%）

资料来源：国家统计局. 进出口贸易月度数据[DB/OL]. [2022-05-31]. http://data.stats.gov.cn/easyquery.htm?cn=C01.

2. 一般贸易比重上升

贸易方式方面，一般贸易进出口占比持续上升。贸易结构有序调整，优化升级不断。2022 年我国一般贸易进出口总额为 26.81 万亿元，占当年货物贸易总额的 63.7%，较 2021 年提升了 2.1 个百分点，对外贸易自主发展能力不断增强。其中一般贸易进口额为 11.56 万亿元，出口额为 15.25 万亿元，较 2021 年分别增长 15.4%、6.7%。加工贸易进出口总额为 8.45 万亿元，占当年货物贸易总额的 20.1%。加工贸易进口和出口额分别为 5.40 万亿元、3.06 万亿元，较 2021 年同期分别上升 1.1、−3.2 个百分点（见表 4）。

表 4　2022 年进出口不同贸易方式总额　　　　　　　　单位：亿元，%

贸易方式	出口		进口	
	金额	增长	金额	增长
一般贸易	152 468	15.4	115 624	6.7
加工贸易	53 952	1.1	30 574	−3.2

资料来源：国家统计局. 进出口贸易年度数据[DB/OL]. [2022-05-31]. http://data.stats.gov.cn/easyquery.htm?cn=C01.

3. 贸易结构升级

出口产品结构方面，2022 年我国机电产品出口额 13.70 万亿元，增长 7%，占出口总值的 57.15%。其中太阳能电池、锂电池和汽车出口分别增长 67.8%、86.7%和 82.2%。出口新动能快速增长，2022 年我国高新技术产品出口额 6.34 万亿元，增长 0.3%，占出口总额的 26.45%。出口产品呈现结构优化、质量提升、高附加值的趋势，出口产品的竞争力显著增强。

进口产品结构方面，2022 年我国高新技术产品进口额 5.09 万亿元，占比 28.1%。原油、天然气和煤炭等能源产品合计进口额 3.19 万亿元，增长 40.9%，占进口总值的 17.6%。其中农产品进口额 1.57 万亿元，增长 10.8%，占进口总值的 8.7%。

4. 国际市场布局多元化扩展

国际市场布局更加均衡，我国与共建"一带一路"国家和地区、东盟、非洲和拉美贸易增长。2022 年，我国与共建"一带一路"国家和地区贸易继续保持快速增长，进出口增长 19.4%，占我国外贸总值的 32.9%，较上年提升 3.2 个百分点。我国对东盟、非洲和拉美进出口额分别为 6.52 万亿元、1.88 万亿元和 3.24 万亿元。对 RCEP 其他成员经济体进出口额为 12.95 万亿元，比 2021 年增长 7.5%。

5. 外贸新动能增强

民营企业作为外贸主力军的作用进一步凸显。2022 年，民营企业进出口规模所占比重达到 50.9%，较上年提高了 2.3 个百分点，年度占比首次超过一半，对我国外贸增长贡献率达到 80.8%。民营企业外贸第一大主体地位继续巩固，外贸"稳定器"作用持续发挥。

与此同时，跨境电商和数字贸易等新业态增长快，贸易新动能显著增强。2022 年，中国跨境电子商务综合试验区两次扩围，数量达到 165 个，覆盖 31 个省份，跨境电商进出口规模 5 年增长近 10 倍。2022 年我国跨境电商进出口 2.11 万亿元，增长 9.8%。其中出口 1.55 万亿元，增长 11.7%；进口 0.56 万亿元，增长 4.9%。

新冠疫情在全世界范围内的蔓延，加剧了世界经济复苏的不确定性。当前国际贸易格局深度调整，全球价值链重构，我国外贸发展环境错综复杂。就有利条件来看：

（1）国内经济迅速恢复，呈现向好态势。2022 年国内宏观经济稳定复苏，经济结构持续优化，支撑经济发展的新旧动能加快转换，经济发展质量稳步提升，为外贸发展奠定了坚实基础。

（2）国际贸易布局进一步扩展。在巩固美、欧、日等传统市场的同时，随着我国与共建"一带一路"国家及非洲、拉丁美洲等新兴国家经贸往来的持续推进，对外贸易格局呈现出遍布全球、多点开花的新局面。

（3）进出口企业发展韧性增强。在新冠疫情的冲击下，外贸企业积极寻求突破，传统外贸企业开始借助大数据精准开拓营销工具、B2B 平台、线上展会等渠道，开展客户开发、推广及引流，加快数字化转型。与此同时，还持续加大了研发投入，逐步提升出口产品的技术含量和附加值，不断向价值链上游攀升。并且愈发注重供应链管理、品牌打造、专业服务、品质控制和售后服务等综合能力的提升，努力打造新的核心竞争力。

（4）外贸政策环境优化。国务院出台了多轮稳外贸政策措施，2023 年国务院办公厅发布《关于推动外贸稳规模优结构的意见》涵盖 "强化贸易促进拓展市场""稳定和扩大重点产品进出口规模""加大财政金融支持力度""加快对外贸易创新发展""优化外贸发展环境""加强组织实施" 六大方面，具有较强的针对性和操作性，有助于稳住外贸规模、优化外贸结构、推动实现进出口促稳提质。

（5）多双边经贸关系取得重要突破。2022 年 1 月 RCEP 正式生效。中国还申请加入了《全面与进步跨太平洋伙伴关系协定》（CPTPP）和《数字经济伙伴关系协定》（DEPA），构建面向全球的高标准自贸区网络，积极参与世贸组织改革，推动数字经济、绿色低碳等新兴领域国际经贸规则制定。

但同时新冠疫情的发展和近年来发达国家对外政策的变化，也将导致我国贸易发展面临的不稳定、不确定因素增多，下行压力加大，具体表现如下：

（1）全球疫情形势变化频繁。世界各国国内疫情形势差别较大，并且随着病毒迅速变异，全球疫情有所反弹，各国仍然采取多项贸易保护措施，多国人员和商品跨境流动受限，威胁着世界经济贸易稳定复苏基础。

（2）宽松货币政策的刺激效果减退。为了有效提振本国经济，多国提出了促进经济复苏的宽松货币政策。但目前大多数国家的利率水平已降至零利率甚至负利率，经济增长却仍然难以恢复，下行压力持续加大，成为阻碍世界经济稳定增长、我国外贸发展的风险性因素。

（3）贸易壁垒增加，国际贸易规则面临重塑。随着 "逆全球化" 思潮涌动和贸易保护主义的抬头，世贸组织成员纷纷实施提高关税、限制数量、增加进口环节税收、加严海关监管等贸易限制措施。世界贸易环境的动荡使国际贸易规则面临重塑，多边贸易体制改革方向尚不清晰。美国等少数发达经济体的对外贸易政策可能发生重大改变，采取实质性退出的方式重塑现有的贸易框架和规则，对外贸易发展的不确定性进一步增强。

（4）全球产业链供应链布局重构。新冠疫情的冲击将加速全球产业链供应链重构。随着世界各国的内顾倾向加剧，愈发趋向单边主义和贸易保护主义，全球产业链供应链布局开始向区域化、本土化、短链化的趋势过渡，由此将带来新一轮的挑战和竞争。

（二）对外直接投资

面对错综复杂的国内外形势，我国企业在政府对外投资方式政策的引导下，积极主动"走出去"，逐渐成长为新兴经济体跨国公司的代表，对外投资有序发展，对外投资大国的地位进一步巩固。

1. 对外投资规模持续增长，对外投资结构不断优化

2022 年对外非金融类直接投资额为 7859 亿元，较 2021 年增长 7.2%，折 1169 亿美元，增长 2.8%。对外承包工程新签合同额为 10425 亿元，增长 4.3%，折 1550 亿美元，与 2021 年基本持平。地方企业对外投资额为 939.2 亿美元，较 2021 年增长 13.1%，占总额的 80.4%。其中东部地区对外投资同比增长 10.3%，占地方投资的 81.6%，广东、浙江和上海居于地方对外投资的前三位。

对外投资结构不断优化。2022 年批发与零售业，电力、热力、燃气及水生产和供应业等行业对外投资较 2021 年分别增长 19.5%、17.4%，实现了较为快速增长。从产业流向来看，2022 年对外投资主要流向了租赁和商务服务业、制造业、批发与零售业等行业，占比分别为 33.2%、18.5%、18.1%，总计 69.8%（见表 5）。

表 5　2022 年各行业对外非金融类直接投资额及其增速　　单位：亿美元，%

行业名称	金额	增长率	占比
农林牧渔业	8.3	2.8	0.7
采矿业	50.1	−26.5	4.3
制造业	216	0.6	18.5
电力、热力、燃气及水生产和供应业	35.2	17.4	3.0
建筑业	64	−28	5.5
交通运输、仓储和邮政业	45.6	−10.6	3.9
信息传输、软件和信息技术服务业	54.9	−27.1	4.7
批发与零售业	211	19.5	18.1
房地产业	24.2	−2.8	2.1
租赁和商务服务业	387.6	5.8	33.2

资料来源：国家统计局. 2022 年国民经济和社会发展统计公报[EB/OL]. [2023-06-01]. http://www.stats.gov.cn/sj/zxfb/202302/t20230228_1919011.html?eqid=e78431d6000126e200000003642e2952.

2. 与共建"一带一路"国家投资合作稳步推进

2022 年我国对共建"一带一路" 57 个国家非金融类直接投资额为 210 亿美元，增长 3.3%，占同期总额的 17.9%，与 2021 年基本持平，展现出共建"一带一路"合作的活力与韧性。主要投向新加坡、印度尼西亚、马来西亚、越南、孟加拉国、阿拉伯联合酋长国、老挝、泰国、哈萨克斯坦和柬埔寨等国家。在共建"一带一路"国家新签承包工程合同额 1296.2 亿美元，完成营业额 849.4 亿美元，分别占同期总额的 51.2%和 54.8%，中老铁路、匈塞铁路等重点项目建设运营稳步推进，一批"小而美"的农业、医疗、减贫等民生项目也相继落地。

3. 境外经贸合作区建设提质升级

境外经贸合作区是中国企业集群"走出去"的重要平台，也是高质量共建"一带一路"的重要内容。截至 2022 年末，我国企业在共建"一带一路"国家建设的合作区已累计投资 3979 亿元，为当地创造了 42.1 万个就业岗位。境外经贸合作区的高质量发展，不仅扩大了我国优势产业在海外的集聚效应，也进一步降低了中国企业"走出去"的风险与成本，成为中国企业"走出去"的重要名片。

虽然近年来我国对外投资规模稳居世界前列，但与发达国家相比还存在很大差距，国内的跨国企业仍处于成长阶段，国际运营能力还有待提升，未来我国对外直接投资的发展风险与机遇并存。一方面，受新冠疫情和"逆全球化"影响，跨境人流、物流受到极大限制，欧美国家加强了对关键基础设施、关键技术、敏感数据等领域的外商投资审查，将对我国对外投资活动产生不利影响。但另一方面，我国在多双边经贸关系发展中取得重大突破，成功签署 RCEP，并如期完成中欧投资协定谈判。加之共建"一带一路"、境外经贸合作区、第三方市场合作、多元化融资体系、高标准自贸区网络等对外开放与合作平台蓬勃发展，这对于持续优化企业"走出去"环境，促进集群式海外投资，释放企业的对外投资潜力具有强大的助力作用。

（三）外商直接投资

随着外资准入范围持续扩大和投资便利化水平的快速提升，完备的产业链供应链、广阔的市场机遇、优化的营商环境使我国成为跨国公司的主要投资目的地之一。2022 年出台实施《中华人民共和国外商投资法》，累计推动清理与外商投资法不符的行政法规和文件五百多部。全国版外资准入负面清单从 2017 年的 93 项降到 2022 年的 31 项，外商直接投资规模稳中向好、再创新高。

1. 利用投资规模逆势增长

2022 年我国实际使用外商直接投资金额 1.23 万亿元，较 2021 年增长 6.3%。全年外商直接投资（不含银行、证券、保险领域）新设立企业 38 497 家。其中农林牧渔业、制造业外商直接投资额增速较快，达到了 40%以上。从外资的产业流向来看，2022 年外商直接投资主要流向了制造业，租赁和商务服务业，信息传输、软件和信息技术服务业等行业，占比分别为 26.3%、17.4%、12.6%，总计 56.3%（见表 6）。

表 6　2022 年外商直接投资（不含银行、证券、保险领域）及其增速　单位：亿元，%

行业名称	实际使用金额	增长率	占比
农林牧渔业	80	44.6	0.6
制造业	3237	46.1	26.3
电力、热力、燃气及水生产和供应业	276	10.8	2.2
交通运输、仓储和邮政业	347	-1.1	2.8
信息传输、软件和信息技术服务业	1548	15	12.6
批发与零售业	961	-12.5	7.8
房地产业	914	-41.8	7.4
租赁和商务服务业	2148	-2.1	17.4

资料来源：国家统计局. 2022 年国民经济和社会发展统计公报[EB/OL]. [2023-06-01]. http://www.stats.gov.cn/sj/zxfb/202302/t20230228_1919011.html?eqid=e78431d6000126e200000003642e2952.

2. 吸收外资质量提升

制造业引资大幅提升，2022 年制造业实际使用外资 3237 亿元人民币，同比增长 46.1%。尤其是得益于外资准入限制的全面放开，汽车制造业引资大幅增长 263.8%。计算机通信制造、医药制造领域引资分别增长 67.3% 和 57.9%。与此同时，高技术产业成为重要的增长点。高技术产业实际使用外资 4449.5 亿元人民币，增长 28.3%，带动吸收外资的质量进一步提升。其中高技术制造业、高技术服务业引资分别增长 49.6% 和 21.9%。科技成果转化服务、研发与设计服务等领域引资也实现了快速增长，增幅分别达到了 35% 和 26.4%。

3. 外资来源地结构基本稳定

随着共建"一带一路"的持续推进和 RCEP 生效，主要来源地投资普遍增长，来源地结构保持稳定。韩国、德国、英国和日本对华投资分别增长 64.2%、52.9%、40.7% 和 16.1%。分区域看，欧盟、共建"一带一路"国家、东盟对华投资分别增长 92.2%、17.2% 和 8.2%。

4. 东、中、西部引资全面增长

2022 年东、中、西部地区实际使用外资分别增长 4.7%、21.9% 和 14.1%。东部省份中，江苏的引进外资接近 2000 亿元，广东、上海、山东、浙江、北京引资规模也都超过了 1 亿元。中西部省份中，山西、河南、广西、湖南、陕西分别增长 229.6%、119.8%、

49.1%、41.3% 和 33.6%，中西部地区的引资潜力得到了进一步释放。

利用外资的稳中向好彰显了我国经济高质量发展和高水平对外开放成效，但考虑到复杂多变的国际政治经济格局和全球新冠疫情的持续演变，未来吸引外资仍面临着巨大挑战。一方面，单边主义的上升使各国对跨境投资的审查更加苛刻，全球产业链供应链的深度重塑也使跨国投资趋向于近岸化、本土化、区域化，造成各国引资竞争更加激烈。另一方面，中国土地、资源等要素供求关系趋紧，成本不断增加，传统比较优势弱化，也将对我国吸引外资产生不利影响。但也应注意到，我国主要经济指标持续向好，超大的规模市场、完备的工业体系、丰富的人才资源、持续优化的营商环境等构成的引资综合优势在不断强化，都将对优质外资产生更大的吸引力。同时稳外资是我国政府"六稳"工作的重要内容，2023 年商务部将进一步缩减外资准入负面清单、开展"投资中国年"招商引资活动、深入实施外商投资法及其实施条例等，政策利好也将持续释放吸引外资潜力。

参考文献

[1] 国家统计局. 2022 年国民经济和社会发展统计公报[EB/OL]. [2023-05-13]. http://www.stats.gov.cn/sj/zxfb/202302/t20230203_1901709.html.

[2] 国家统计局. 就业优先政策持续发力、就业形势总体稳定 [EB/OL]. [2023-05-13]. http://www.stats.gov.cn/sj/sjjd/202302/t20230202_1896743.html.

[3] 国家统计局. 就业人员工资水平保持增长 [EB/OL]. [2023-05-13]. http://www.stats.gov.cn/sj/sjjd/202305/t20230509_1939288.html.

[4] 国家统计局. 2022 年 CPI 温和上涨，PPI 涨幅回落[EB/OL]. [2023-05-13]. http://www.stats.gov.cn/sj/sjjd/202302/t20230202_1896745.html.

[5] 国家统计局. 2022 年居民收入与消费支出情况 [EB/OL]. [2023-05-13]. http://www.stats.gov.cn/xxgk/sjfb/zxfb2020/202301/t20230117_1892129.html.

[6] 国家统计局. 居民收入稳定增长 居民消费支出继续恢复[EB/OL]. [2023-05-31]. http://www.stats.gov.cn/xxgk/jd/sjjd2020/202204/t20220419_1829868.html.

[7] 国家统计局. 消费市场恢复略有放缓 新型消费仍保持较好发展态势 [EB/OL]. [2023-05-31]. http://www.stats.gov.cn/sj/sjjd/202302/t20230202_1896741.html.

[8] 国家统计局. 2022 年全国房地产开发投资下降 10% [EB/OL]. [2023-05-31]. http://www.stats.gov.cn/sj/zxfb/202302/t20230203_1901712.html.

[9]　国家统计局. 2022 年全国固定资产投资（不含农户）增长 5.1% [EB/OL]. [2023-05-31]. http://www.stats.gov.cn/sj/zxfb/202302/t20230203_1901711.html.

[10]　国家统计局. 政策效应持续显现　投资保持平稳增长　[EB/OL]. [2023-05-31]. http://www.stats.gov.cn/xxgk/jd/sjjd2020/202301/t20230118_1892283.html.

[11]　李清彬，姜雪，姚晓明，等. 2022 年消费形势分析与 2023 年展望[J]. 中国物价，2023（1）：20-22.

[12]　商务部. 2022 年我国对"一带一路"沿线国家投资合作情况[EB/OL]. [2023-06-01]. http://hzs.mofcom.gov.cn/article/date/202302/20230203384453.shtml.

[13]　邬琼. 阶段性上涨压力犹存　稳物价有待进一步夯实[J]. 发展研究，2022（12）：42-46.

[14]　张茉楠. 去年中国吸引外资状况暨今年前景展望[J]. 中国经济报告，2023（1）：73-81.

[15]　中国季度宏观经济模型（CQMM）课题组. 2022—2023 年中国宏观经济再预测[J]. 厦门大学学报（哲学社会科学版），2022（11）：80-89.

[16]　中国社科院经济研究所. 2022 年中国外贸形势分析与 2023 年展望[J]. 中国物价，2023（1）：7-10.

[17]　中国宏观经济研究院市场与价格研究所形势课题组. 2022 年价格形势分析与 2023 年展望[J]. 中国物价，2023（1）：11-13.

[18]　中国宏观经济研究院固定资产投资形势课题组. 2022 年固定资产投资形势分析与 2023 年展望[J]. 中国物价，2023（1）：17-19.

[19]　中央人民政府. 2023 年政府工作报告[EB/OL]. [2023-06-15]. https://www.gov.cn/zhuanti/2023lhzfgzbg/index.htm.

[20]　邹蕴涵. 加快消费场景创新[N]. 经济日报，2023-02-15.

美国经济形势与中国的对策

摘　要：2022 年，随着疫情进入常态化，对经济社会发展的负面影响逐渐减弱，美国的经济活动开始开放和活跃，大规模财政刺激引致居民消费和企业投资需求激增，就业岗位达到近五十年来最高位，家庭财富增加，经济总量显著抬升。然而受美联储大规模加息的影响，美国物价水平继续攀升，通胀居高不下，对经济增长和居民生活造成了严重的负面影响，降低了未来的经济增长预期。本文首先对 2022 年以来美国经济的基本情况进行回顾，并对美国 2023 年的经济复苏前景作出基本判断。总体而言，2023 年美国经济衰退的可能性较大，但同时通胀水平过高、金融市场动荡、国际政治经济环境恶化等多方面的宏观经济因素或将促使美国经济增长前景承压。自特朗普政府以来，中美关系大幅下行，被迫陷入较为激烈的竞争甚至对抗之中。作为世界上最大的两个经济体，中美关系的走势给国际体系稳定带来了直接的负面影响，亦不利于中美两国各自的发展。对此中国需积极应对，以务实态度发挥大国作用，秉持开放合作态度，增强双边互信，谋求经济发展稳定环境，促进中国及世界经济的增长。

关键词：美国经济形势；中美关系；拜登经济政策；中国应对方案

2021 年，在美国政府大规模的经济刺激和新冠疫苗接种的普及推进下，美国经济重启，生产生活及经济秩序逐步恢复，美国全年 GDP 同比增长 5.7%。2022 年初，俄乌战争造成全球能源和食品价格大幅上涨，加之疫情负面影响持续、美联储接连加息，使得美国通胀高企。2022 年，美国财政政策和货币政策的首要目标是恢复供需平衡，抗击通

---

* 毛其淋，南开大学国际经济研究所教授、博士生导师；钟一鸣，南开大学国际经济研究所博士生。

货膨胀，让经济重回平稳增长的轨道。本文首先对 2022 年以来美国的各项宏观经济指标进行解读，在此基础上结合 2023 年第一季度的美国经济数据对其日后的经济发展前景进行预判。美国居高不下的通胀水平、易放难收的货币政策和对华不利的经贸政策都为中国未来的经济发展带来了巨大的不确定性和风险，本文据此进一步提出中国的应对策略及措施，试图为未来中国经济的发展方向及中美关系的处理等问题建言献策。

一、2022 年美国宏观经济指标分析

为应对疫情和挽救经济，特朗普推出多轮经济强刺激措施，拜登上台后，于 2021 年 3 月签署《美国救援计划法案》。上述经济刺激的投入总规模高达 5.6 万亿美元，帮助美国经济实现了强劲的反弹。但进入 2022 年以来，各种措施逐步到期终止，支撑美国个人消费的"超额储蓄"锐减，美国经济蹒跚复苏且动力不足。

表 1 展示了 2008—2022 年美国经济的基本状况。2008－2009 年金融危机期间，美国经济严重衰退，GDP 增长率、个人消费支出增长率、出口增长率和进口增长率均有所下降，失业率在 2009 年一度上升到 9.3%。此后短期内少数指标受政策影响快速修复，并伴有波动下降，经济整体上趋于缓慢复苏。2020 年，新冠疫情大暴发重创美国经济，美国 GDP 下跌 3.5%，创 1946 年以来最大年度跌幅。2021 年，美国政府大规模的财政刺激政策和大范围的疫苗接种有力地推动了经济复苏，使得美国 GDP 同比增长 5.7%，创 1984 年以来的最高值。2022 年，美国 GDP 增长率较 2021 年明显下降（为 0.9%）。其中个人消费支出继续保持增长，增长率为 1.8%；受美联储连续大幅加息影响，企业融资成本增加，私人投资受到抑制，增长率呈现负值（为-4.0%）；对外贸易稳步增长，出口和进口的增长率分别为 5.2% 和 1.8%；政府消费与投资小幅度增长，增长率为 0.8%。除此之外，美国就业市场改善，失业率下降至 3.6%，创下 2008 年金融危机后最低水平；美联储用增发货币的方式为美国财政透支买单，美联储基准利率攀升至 1.69%，引发通胀水平上升，居民消费价格指数（CPI）高达 6.5%。

接下来，本文从多个维度详细分析美国 2022 年以来的经济发展状况。

表 1　美国主要经济指标（2008—2022 年）　　　　　　　　单位：%

年份	GDP增长率	个人消费支出增长率	私人投资增长率	出口增长率	进口增长率	政府消费与投资增长率	CPI	失业率	美联储基准利率
2008	-2.5	-1.5	-15.3	-2.0	-5.5	2.6	0.1	5.8	1.92
2009	0.1	-0.2	-9.2	1.4	-5.1	3.1	2.7	9.3	0.16
2010	2.8	2.8	12.1	10.6	11.5	-1.5	1.5	9.6	0.18
2011	1.5	1.0	10.4	4.7	3.3	-3.4	3.0	8.9	0.10
2012	1.6	1.5	4.0	3.0	0.5	-2.1	1.7	8.1	0.14
2013	2.5	1.9	9.3	5.2	2.9	-2.4	1.5	7.4	0.11
2014	2.6	3.5	5.3	2.4	6.5	0.3	0.8	6.2	0.09
2015	1.9	2.6	2.3	-1.5	3.3	2.2	0.7	5.3	0.13
2016	2.0	2.3	1.8	1.3	2.2	1.6	2.1	4.9	0.39
2017	2.8	2.8	4.6	6.2	5.3	0.1	2.1	4.4	1.00
2018	2.3	2.5	4.8	0.2	3.3	1.6	1.9	3.9	1.83
2019	2.6	2.2	0.1	0.8	-2.0	4.0	2.3	3.7	2.16
2020	-1.5	-1.4	2.4	-10.0	0.4	1.0	1.4	8.1	0.37
2021	5.7	7.2	8.6	6.5	10.1	0.5	7.0	5.3	0.08
2022	0.9	1.8	-4.0	5.2	1.8	0.8	6.5	3.6	1.69

资料来源：Advisors C O E. Economic Report of the President 2023 [J]. Claitors Pub Division, 2023.

（一）产出与经济增长

表 2 展示了美国相关经济指标的环比变化率。2022 年第一季度，美国全社会完成的名义 GDP 为 59 847 亿美元，同比增长 4.3%，环比年化下降 1.6%。其中占美国 GDP 近七成的居民个人消费并未明显走软，环比增长 1.3%，仍是支撑 2022 年第一季度经济发展的重要因素，提振经济增长 0.91 个百分点；而住宅固定资产投资和出口环比负增长，成为 GDP 的主要拖累因素之一。2022 年第二季度，美国经济持续萎缩，实际 GDP 下降 0.6%，主要源于商品消费、库存和住宅投资的下降，三者合计对实际 GDP 造成 3.8% 的拖累。其中库存下降的原因有二：一是在消费放缓的背景下，企业纷纷选择主动去库存；二是疫情的持续影响导致供应中断，而利率的提高不仅抬升了企业的融资成本，同时导致住宅销售的大幅下滑，由此引致了住宅投资的下降。GDP 在 2022 年第一、二连续两个季度环比负增长，已达到"技术性衰退"的标准。2022 年第三季度，美国 GDP 在上半年连续两个季度萎缩的情况下出现反弹，实现当年首次正增长。尽管经济面临高通胀和美联储快速加息的威胁，但作为经济的主要引擎，消费支出表现出一定韧性。2022 年

第四季度，美国 GDP 年化增长率为 2.7%，略逊于第三季度，表现为温和增长。具体来看，个人消费支出增长 1.4%，低于第三季度数据，拉动当季经济增长 0.93 个百分点；反映企业投资状况的非住宅类固定资产投资增长 3.3%，增幅较第三季度明显收窄；住宅类固定资产投资暴跌 25.9%，该数据已经连续七个季度下滑。此外，净出口提振当季经济增长 0.26 个百分点；私人投资拉动当季经济增长 3.7 个百分点。

表 2　美国相关经济指标环比变化率　　　　　单位：%

指标	2020 年	2021 年	2022 年第一季度	2022 年第二季度	2022 年第三季度	2022 年第四季度
实际 GDP	−1.5	5.7	−1.6	−0.6	3.2	2.7
个人消费支出	−1.4	7.2	1.3	2.0	2.3	1.4
私人投资	2.4	8.6	5.4	−14.1	−9.6	3.7
固定资产投资	1.0	3.7	4.8	−5.0	−3.5	−4.6
非住宅固定资产投资	−3.5	5.0	7.9	0.1	6.2	3.3
住宅固定资产投资	16.4	−0.3	−3.1	−17.8	−27.1	−25.9
出口	−10.0	6.5	−4.6	13.8	14.6	−1.6
进口	0.4	10.1	18.4	2.2	−7.3	−4.2
政府消费支出与投资	1.0	0.5	−2.3	−1.6	3.7	3.6
联邦政府	5.4	0.4	−5.3	−3.4	3.7	5.9
州和地方政府	−1.6	0.6	−0.4	−0.6	3.7	2.3
GDP 构成对经济增长的贡献（百分点）						
个人消费支出	−2.01	5.54	0.91	1.38	1.54	0.93
私人投资	−0.95	1.55	0.98	−2.83	−1.80	0.66
固定资产投资	−0.40	1.30	0.83	−0.92	−0.62	−0.81
非住宅固定资产投资	−0.67	0.83	0.98	0.01	0.80	0.43
住宅固定资产投资	0.28	0.47	−0.15	−0.93	−1.42	−1.24
出口	−1.54	0.64	−0.53	1.51	1.65	−0.19
商品出口	−0.76	0.52	−0.58	1.18	1.38	−0.62
服务出口	−0.78	0.12	0.06	0.33	0.26	0.43
进口	1.28	−1.89	−2.60	−0.35	1.21	0.65
商品进口	0.67	−1.61	−2.38	0.05	1.19	0.71
服务进口	0.61	−0.28	−0.22	−0.41	0.02	−0.06
政府消费支出与投资	0.45	0.11	−0.40	−0.29	0.65	0.63
联邦政府	0.41	0.17	−0.36	−0.22	0.24	0.37
州和地方政府	0.04	−0.06	−0.04	−0.06	0.41	0.25

资料来源：Advisors C O E. Economic Report of the President 2023 [J]. Claitors Pub Division, 2023.

（二）就业形势强劲

图 1 展示了 2000 年 1 月至 2023 年 3 月美国失业率的变化情况。从中可以看出，受 2008 年全球金融危机的影响，美国失业率自 2007 年开始呈逐步上升的趋势，且在 2010 年达到顶峰，自此之后开始逐渐下降。2020 年，新冠疫情重创美国经济，美国的就业状况急转直下，失业率指数在 2020 年 4 月飙升至 14.7%，为 20 世纪 30 年代经济大萧条以来的最高值。随着经济重启，低薪岗位逐步回归市场，暂时休假的工人重新开始工作，失业率迅速下降。

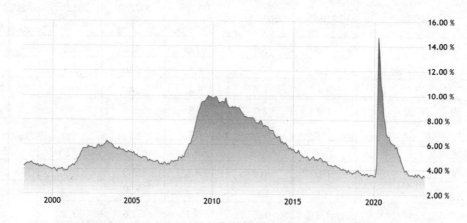

图 1   2000 年 1 月至 2023 年 3 月美国失业率变化情况（单位：%）

资料来源：美国劳工统计局（BLS）公布数据。

图 2 展示了 2022 年 1 月至 2023 年 3 月美国失业率的变化情况。美国失业率总体上呈现波动下降的变化趋势，在 2022 年整年中持续在 3.5%～4.0% 区间内徘徊，远低于自然失业率（4.4%）。2023 年 1 月，美国失业率进一步回落至 3.4%，为 1969 年以来最低水平。此轮的低失业率包含着一定程度的周期性原因：美国企业盈利在 2021—2022 年期间显著反弹，因此现阶段企业倾向于实施偏强的招人计划，以及偏弱的裁员计划。此外，服务业在疫情期间受约束更大，复苏过程靠后，2023 年仍然有一些滞后复苏的服务业部门在创造新增就业。

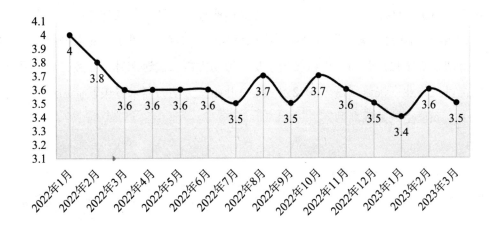

图 2　2022 年 1 月至 2023 年 3 月美国失业率变化情况（单位：%）

资料来源：美国劳工统计局（BLS）公布数据。

　　劳动参与率由劳动力和非劳动力的相对变化决定，反映了劳动力市场中的供给情况。图 3 展示了 2022 年 1 月至 2023 年 3 月美国劳动参与率的变化情况。疫情暴发前，美国的劳动参与率为 63.3%。疫情后，市场上的劳动人口减少，导致劳动参与率下降 3.2 个百分点，回落至 60.1%。此后劳动力人口逐渐修复，劳动参与率在 2022 年 1—9 月在 62.2% 附近波动；2022 年 10 月开始，劳动力参与率逐年上升，于 2023 年 3 月达到 62.6%，与疫情前相比还有 0.7 个百分点的差距。劳动参与率的修复进程仅至七成，与疫情开始前相比还存在继续提升的空间。

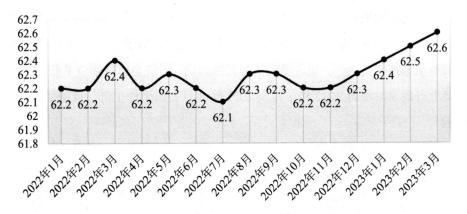

图 3　2022 年 1 月至 2023 年 3 月美国劳动参与率变化情况（单位：%）

资料来源：美国劳工统计局（BLS）公布数据。

　　图 4 展示了 2022 年 1 月至 2023 年 2 月美国职位空缺数量的变化情况，从中可以看到，2022 年 1—10 月，美国职位空缺数量始终保持在 1000 万以上。随着疫情冲击的消退和经济回归正常化，劳动力供给缓慢修复，劳动力需求快速上升，导致劳动力需求超过供给，以及失业率快速回落。2022 年 11 月开始，劳动力需求在美联储加息的作用下趋于减少，职位空缺数逐渐回落。

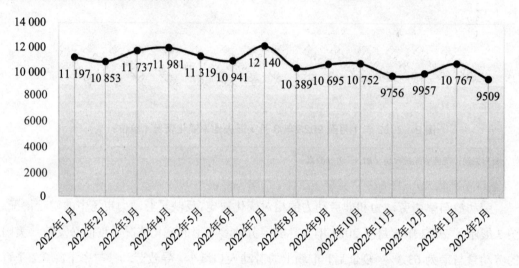

图 4　2022 年 1 月至 2023 年 2 月美国职位空缺数量变化情况（单位：千个）

资料来源：美国劳工统计局（BLS）公布数据。

　　一方面，疫情反复打乱经济的正常秩序，部分劳动力难以返回工作岗位；另一方面，疫情期间过于充足的失业补助使得人们的就业意愿下降，许多人不愿意重返工作岗位。劳动力供给远小于需求，难以满足企业的用人需求，这不仅阻碍了正常生产秩序的恢复，而且不可避免地使工资上升。加之受通货膨胀的影响，工资会追赶物价上升，形成工资-物价螺旋上升现象，使得 2022 年 1 月至 2023 年 3 月美国平均工资呈持续增长态势（如图 5 所示）。

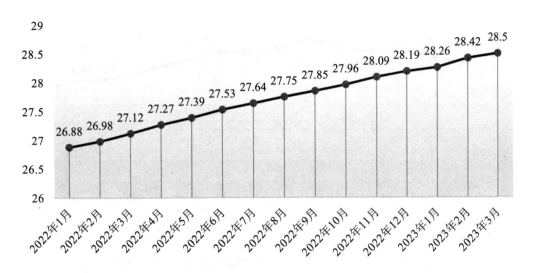

图5　2022年1月至2023年3月美国平均工资变化情况（单位：美元/小时）

资料来源：美国劳工统计局（BLS）公布数据。

（三）通货压力持续高企

2021年，美国通货膨胀率持续攀升，达到1982年以来的最高水平。2022年，通胀仍然是贯穿美国经济最重要的关键词。美国通胀不断攀升并长期维持在历史高位，扰乱了民众正常生活和经济秩序。图6绘制了2022年1月至2023年2月美国通货膨胀率的变化情况。2022年上半年，美国通货膨胀率始终在高位徘徊。为了抑制数十年不遇的高通胀，美国联邦储备委员会自2022年3月起大规模激进加息。2022年下半年，美国通货膨胀率逐月下降，直至2023年2月下降到6%。然而这些治理通胀的成果可能是暂时的，通货膨胀压力持续高企，实现通胀率2%的政策目标道阻且长。

在CPI方面（如图7所示），2022年上半年，美国CPI飙升，从汽油到肉、蛋、奶等生活常备食品，美国物价全面上涨，由2022年1月的281.148持续攀升至2022年6月的296.311。2022年下半年，随着美联储不断加息、供应链瓶颈问题逐步好转，CPI环比涨幅趋缓，但同比仍上涨明显。此外，在剔除波动较大的食品和能源价格后，核心CPI环比上涨0.3%，同比上涨6.3%。尤其是居住成本居高不下且涨幅持续扩大，表明价格压力已经从商品领域扩散至住房、医疗等劳动密集型服务领域，美国的通胀问题仍十分严重。

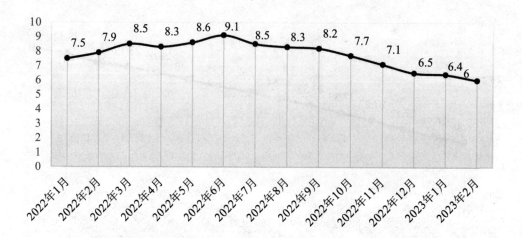

图6　2022 年 1 月至 2023 年 2 月美国通货膨胀率（单位：%）

资料来源：美国劳工统计局（BLS）公布数据。

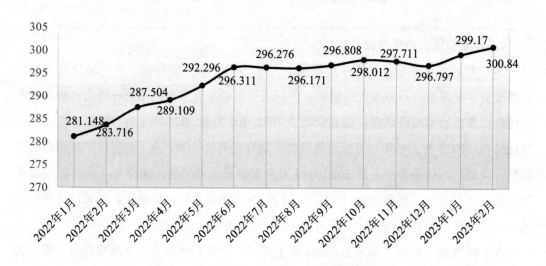

图7　2022 年 1 月至 2023 年 2 月美国 CPI 变化情况（单位：%）

资料来源：美国劳工统计局（BLS）公布数据。

（四）进出口贸易大幅增长

强劲的需求增长和供应链压力的缓解支撑了 2022 年第一季度商品进口的大幅增长。随着美元走强，这些因素在 2022 年后第二、三、四季度中也维持了较高的进口水平。图 8 将进口消费品分为家庭用消费品（如服装、手机、鞋类、家具、家用电器等）与其他消费品（如药品、艺术品、宝石钻石等）两类，绘制了两类消费品 2018—2022 年实际进口额的变化趋势。从中可以看到，2022 年第一季度的进口激增主要是靠家庭用消费品推动的，反映出过去疫情的大肆蔓延导致消费支出更多地从服务转向商品，而商品比服务更依赖进口，因此这种消费的转变不成比例地增加了相应的进口需求。此外，远程工作的持续存在和家庭以外休闲支出的减少增加了人们对电脑和家居装修产品等家庭用消费品的需求，而这些商品在美国尤其依赖进口。

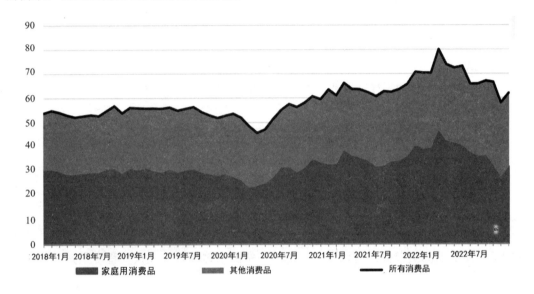

图 8　2018—2022 年美国消费品实际进口额（单位：十亿）

资料来源：Advisors C O E. Economic Report of the President 2023 [J]. Claitors Pub Division, 2023.

　　在第一季度，港口拥堵的缓解，以及企业为应对全球市场不确定性而进行的高库存投资进一步提振了进口。随着全球疫情进入常态化阶段，消费支出开始转向服务业，供应链积压得到清理，库存重建继续进行，家庭用消费品的进口从第一季度的峰值下降。然而在整个上半年，家庭用消费品的进口水平仍远高于疫情开始前的水平。2022 年下半年，随着利率的上升，消费需求开始受到抑制，家庭用消费品进口下降的幅度更大。

　　资本品的实际进口也在 2022 年创下了历史新高（如图 9 所示），比 2021 年创下的纪录高出 10%。与家庭用消费品一样，随着港口拥堵的缓解，资本品进口在第一季度激增。而与家庭用消费品不同的是，供应限制的缓解和强劲的商业需求使得对各种电气设备、工业机械、运输设备，以及信息和通信技术设备的进口持续增加，资本品进口在 2022 年整年不断上升，且始终远远高于疫情开始前的水平。

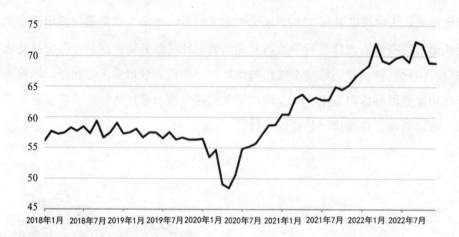

图 9　2018—2022 年美国资本品实际进口额（单位：十亿）

资料来源：Advisors C O E. Economic Report of the President 2023 [J]. Claitors Pub Division, 2023.

在出口方面，地缘政治冲突和全球需求增长造就了美国 2022 年创纪录的商品出口。2022 年，美国商品实际出口比 2019 年疫情前高出了 2.6%。图 10 展示了 2018—2022 年美国消费品的实际出口额，可以看到，实际消费品出口的增长在很大程度上是由药品出口推动的。

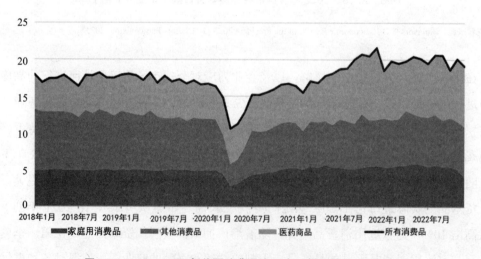

图 10　2018—2022 年美国消费品实际出口额（单位：十亿）

资料来源：Advisors C O E. Economic Report of the President 2023 [J]. Claitors Pub Division, 2023.

2022 年,俄乌冲突对全球大宗商品市场产生了重大影响,同时也影响了美国的出口。与其他贸易商品相比,石油等大宗商品,以及许多金属、矿产和农产品在各来源国相对标准化,买家可以很容易地跨来源国进行替代,因此许多国家,尤其是欧洲国家都希望美国可以取代俄罗斯成为原油和天然气供应的来源。图 11 展示了 2021—2022 年美国原油出口的分布情况,可以直观地看到,2022 年美国对北美洲其他国家、欧盟及英国、中国及其他亚太国家的原油出口数量都大幅提升。

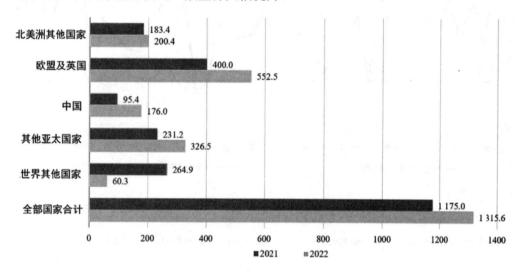

图 11 2021—2022 年美国原油出口的分布情况(单位:十亿桶)

资料来源:Advisors C O E. Economic Report of the President 2023 [J]. Claitors Pub Division, 2023.

(五)双向投资增长与不确定性并存

尽管国际直接投资(FDI)有时会给国家安全带来风险,但研究发现,FDI 的流入和流出有助于促进一国经济增长、提升经济抵御外部冲击。2022 年,全球双向投资从新冠疫情期间的急剧萎缩中持续复苏。美国 FDI 在 2022 年前三个季度表现出强劲增长,与 2021 年同期相比,2022 年前三季度实际 FDI 总额增长 9%;2022 年第一季度 FDI 达到过去五年来的第二高水平,同比增长超过 15%,与上一季度相比增长超过 40%。

全球经济状况的不确定性和经济政策环境的变化,都可能会减少或逆转投资流动。当不确定性很高、投资者难以确定情况何时可能正常化时,企业可能会决定推迟或暂停投资决策。继 2022 年第一季度资金的强劲流动之后,全球通胀加剧、金融环境收紧,以及受俄乌冲突的综合影响,导致个人、公司和政府的投资都有所放缓。在 2022 年上半年,美国不仅是全球最大的 FDI 流入国,同时也是最大的 FDI 来源国。图 12 和图 13 分别展示了 2012—2022 年美国实际 FDI 流入来源国和流出目的地的分布情况，可以发现流入（和流出）美国的 FDI 主要来自（和流向）七国集团等发达经济体。

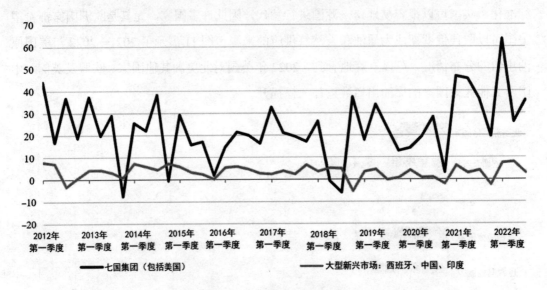

图 12　2012—2022 年美国实际 FDI 流入来源国的分布情况（单位：十亿）

资料来源：Advisors C O E. Economic Report of the President 2023 [J]. Claitors Pub Division, 2023.

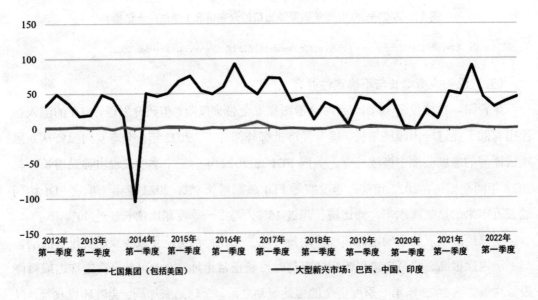

图 13　2012—2022 年美国实际 FDI 流出目的地的分布情况（单位：十亿）

资料来源：Advisors C O E. Economic Report of the President 2023 [J]. Claitors Pub Division, 2023.

（六）房地产行业衰退

2020—2021 年，美国房地产市场在新冠疫情冲击后快速复苏，并进一步演化为 2008 年次贷危机以来最盛的"地产繁荣"。然而 2022 年以来，美联储为了遏制通胀而采取了历史性的大力度紧缩，房地产市场首当其冲受到冲击，住房销售、市场景气等指标降温程度甚至堪比 2008 年次贷危机时期的水平，与 2020—2021 年美国房地产市场的火热局面形成鲜明对比。从景气程度看，美国房屋销售和购买预期骤然降温。2022 年 1—12 月期间，美国成屋销售数量呈现逐月下降的趋势，由 2022 年 1 月的销售约 63 万套成屋递减到 2022 年 12 月的约 40 万套（如图 14 所示）。美国联邦住宅贷款抵押公司 2022 年 10 月的调查数据显示，认为"当前是购房好时机"的消费者占比从疫情后最高水平（61%）下降至 16%，消费者的购房信心指数也已跌至十多年来最低水平（56.7）。

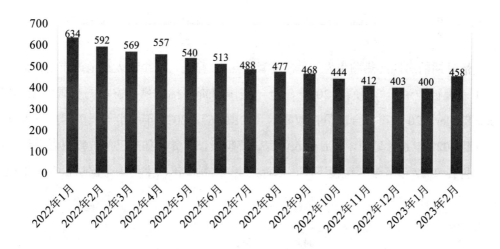

图 14　2022 年 1 月至 2023 年 2 月美国成屋销售数量（单位：千套）

资料来源：Trading Economics, https://zh.tradingeconomics.com/united-states/existing-home-sales.

在供给侧方面，图 15 展示了 2022 年 1 月至 2023 年 2 月美国成屋总库存的变化情况。美国成屋市场销售规模占美国地产总销售的约九成，因此相对于新建住房，成屋市场对整个房地产市场更为重要。2022 年 1—7 月，即便美国房屋总库存呈现逐年增加的趋势，但这部分库存可供销售的月数仍处于历史低位水平，以 2022 年 6 月为例，126 万套成屋库存可供房地产市场销售 3 个月，为 1999 年以来历史水平的 7.8% 分位数。2022 年 8 月开始，成屋库存大幅下降，房屋供给更显紧张。

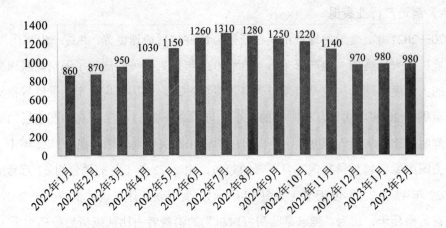

图 15   2022 年 1 月至 2023 年 2 月美国成屋总库存（单位：千套）

资料来源：Trading Economics, https://zh.tradingeconomics.com/united-states/total-housing-inventory.

　　疫情时期的房地产热潮引发了"投资者狂热"，普通人纷纷涌入房地产市场，希望打造一个"爱彼迎帝国"，使得 2021 年全年美国房价呈持续攀升态势。美国凯斯-席勒（Case-Shiller）20 城市综合房价指数显示（如图 16），2022 年上半年，美国房价继续上升，直至 2022 年 6 月见顶，此后进入住房修正阶段，投资者狂热已经被投资者恐慌所取代，房价在 2022 年下半年缓慢下降，这标志着自 2012 年以来美国全国房价首次出现下跌。

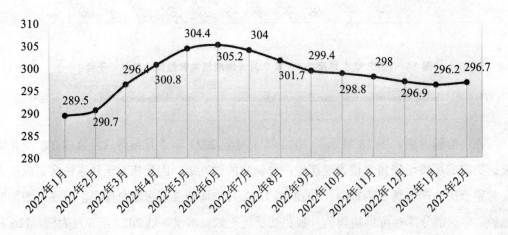

图 16   2022 年 1 月至 2023 年 1 月 Case-Shiller 20 城市房价指数

资料来源：https://sc.macromicro.me/charts/35/house-index.

（七）制造业采购经理人指数（PMI）进入收缩区间

美国 PMI 是由美国供应管理协会（ISM）每月对制造业采购经理人进行问卷调查、汇总结果整理出的反映美国整体制造业状况、就业及物价表现的重要指标。图 17 绘制了 2022 年 1 月至 2023 年 3 月美国制造业 PMI 的变化趋势。整体来看，美国制造业 PMI 表现出明显的下降趋势，2022 年 11 月开始落至 50 枯荣线以下，2022 年 12 月制造业 PMI 已降至新冠疫情开始以来的最低水平，反映出美国经济下行压力加大。

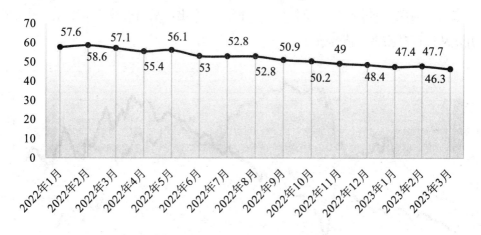

图 17　2022 年 1 月至 2023 年 3 月美国制造业 PMI

资料来源：https://ycharts.com/indicators/us_pmi.

分项来看，2022 年 12 月，美国制造业新订单指数录得 45.2，较上月（47.2）下滑 2 个百分点；新出口订单指数录得 46.2，较上月下降 2.2 个百分点；库存订单指数录得 41.4，较上月略回升 1.4 个百分点，但仍处于收缩区间；生产指数录得 48.5，较上月下降 3 个百分点，跌入收缩区间；PMI 录得 39.4，较上月下降 3.6 个百分点，是 12 月降幅最高的分项，已经回落至 2020 年 4 月以来的最低水平。由此可见，美国内外需求已加速放缓，制造、批发、零售三大环节的库存增速均已开始见顶回落，去库存压力加大，经济下行周期加速。

（八）金融市场开始降温

图 18 展示了 2019—2022 年美国股票和债券价格的变化情况。可以看到，美国股市从 2020 年新冠疫情引起的大幅下跌中迅速恢复，并在 2021 年年底达到新的峰值。2022 年年初，随着通胀水平的急剧上升，美联储为了给经济降温而开始提高联邦基金利率，

使得股价下跌。在债券方面，10 年期美国国债价格在 2022 年年初接近历史高位，但在年底却大幅走低，这主要是由于市场对未来通胀路径的预期向上修正，以及市场参与者对联邦基金利率路径的预期相应修正。

从 2000 年到 2020 年新冠疫情开始，股票价格与长期债券的价格变化总是相反的，在二十年里，美联储降低联邦基金利率，带来负向需求冲击，使得债券价格上升。然而 2022 年美联储提高联邦基金利率，却导致股票和债券价格同时下跌。对此可能的解释是，疫情带来的负面供应冲击抬高了价格水平，降低了产出，从而引致股价下跌，并导致利率上升，从而同时损害了债券价格。

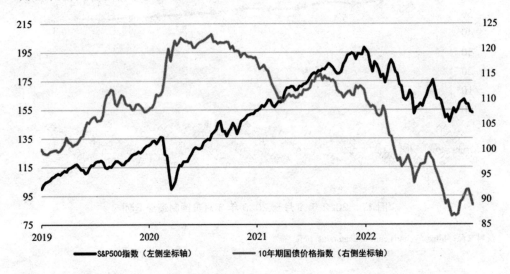

图 18　2019—2022 年美国股票和债券的价格（以 2019 年为基期）

资料来源：https://ycharts.com/indicators/us_pmi.

二、对 2023 年美国经济运行状况的基本判断

（一）经济衰退可能性大

根据世界银行发布的《全球经济展望》报告预测，2023 年美国经济增速将降至 0.5%，这将是自 1970 年以来除官方认定的衰退期以外美国经济增长表现最差的一年。从经济增长动能的角度分析，2023 年美国经济走势将是消费、投资和出口三者共同作用的结果。

美国为内需大国，消费占 GDP 的比重近七成。2022 年美国消费看似强劲，实则是通过"吃老本"及扩大负债的方式进行的，这种方式难以为继。2022 年 10 月，美国个

人可支配收入增速仅 2.8%，当月储蓄率降至 2.3%，后者已低于 2008 年次贷危机前水平。另外，美联储数据显示，12 月美国循环信贷（主要反映信用卡债务）增长了 72 亿美元，大幅增长 7.3%；2022 年第四季度，美国家庭债务增加了 3940 亿美元，创下了 20 年来的最大增幅。以上数据说明美国消费者的家庭债务情况有较为明显的恶化，在 2023 年美国消费可能转弱。此外，受美联储加息影响，投资增速放缓。美联储如果继续加息，必然会损害美国国内消费，打击国内投资者投资意愿。随着美联储凌厉的加息政策开始传导至实体经济，内需还将进一步收缩，使得消费和投资进一步下降。出口方面，2022 年，由于俄乌冲突爆发，俄罗斯石油出口欧洲受阻，美国能源对欧出口大增，但这一特殊因素对推动美国经济增长的可持续性存疑。

（二）短期通胀韧性仍较强

近两年多来，高通胀一直是美国民众的沉重负担，并对美国经济构成了严重的威胁。自 2022 年 3 月以来，美联储连续十次加息。加息政策不仅使民众和企业的借贷成本高涨，还导致三大银行倒闭，经济进一步疲软。但在频繁、高强度的加息下，2022 年下半年，美国通货膨胀率逐月下降。

然而在我们看来，美国仍面临着严重的通胀压力，短期通胀韧性仍较强。2023 年第一季度，美联储较为关注的个人消费支出价格指数（PCE）环比折年率为 4.2%，高于 2022 年第四季度的 3.7%；剔除了食品和通胀的核心 PCE 环比折年率由 2022 年第四季度的 4.4% 上升至 4.9%，超过市场预期（4.7%）。2023 年 4 月，美国 CPI 同比上涨 4.9%，核心 CPI 较上月上涨 0.4%，涨幅与上月持平，这样的增长速度远高于美联储的目标。

2023 年可能导致美国通胀超预期上行的原因主要有以下三个方面：第一，汽车价格可能超预期上行。在 2021 年年初财政政策的刺激下，美国汽车等耐用品消费一度呈现爆发式增长，并从 2021 年下半年开始逐渐冷却。然而实际上，美国汽车消费需求并未完全透支。2023 年，随着国际供应链继续修复，加上各电动汽车企业打响价格战，美国汽车消费企稳回升。2023 年第一季度，美国机动车和零部件消费同比增长 4.4%，在连续六个季度负增长后实现正增长。此外，2023 年 1—3 月美国国内汽车销量同比增速分别为 5.8%、7.5% 和 9.2%，连续三个月增速加快。美国商务部数据显示，截至 2023 年 3 月，汽车制造商存货量同比增速下降至 1.5%，这一数字在疫情前的 2018—2019 年维持在 10% 左右，表明未来汽车供给压力可能上升。因此在 2023 年，美国汽车销售数量和价格均可能超预期上升。第二，房租回落可能再度滞后。历史数据显示，美国房价同比增速变化领先于 CPI 住房租金同比增速变化 9 个月至 2 年不等。本轮美国房价同比增速在

2022 年中期触顶回落，因而市场预期 2023 年下半年美国住房租金同比增速放缓。但是房价与租金的相关性并不稳定。考虑到当前美国房屋空置率处于历史最低水平，住房供给紧张可能阻碍住房租金回落。如果 CPI 住房租金环比增速仍持续保持 0.5％以上，那么美国 CPI 环比很难下降到 0.3％以下，CPI 同比便有反弹风险。第三，能源价格可能受供给扰动而超预期反弹。根据国际能源署（IEA）预测，受中国需求复苏影响，2023 年全球石油需求将增加 200 万桶/日，全球能源需求强劲。此外，欧洲能源风险或在下一轮冬季回升。据 IEA 报告，2023 年欧盟天然气供需缺口仍有 270 亿立方米。石油输出国组织（OPEC）2022 年 11 月预测，若液化天然气进口不足或遭遇"冷冬"，欧洲天然气储备可能处于警戒线水平之下。一旦欧洲能源风险再起，原油、天然气等国际能源品价格可能反弹。

（三）就业市场全面恢复仍需时日

美国劳动力市场强劲同时源于供给受限和需求旺盛，未来数年中供给端难有明显改善，劳动力市场的变化主要取决于需求端。

一方面，美国劳动力市场的供给短期内难以产生大幅的改善。2022 年以来，美国的劳动参与率基本维持在 62.3％左右，低于疫情前约 1 个百分点。美国劳动参与率的下降主要受到结构性因素的限制，如提前退休、儿童保育的成本增加、交通费用增加，以及移民减少。其中美国 55 岁及以上人群的劳动参与率较疫情前下降了约 1.6 个百分点，提前退休是美国劳动参与率下降的主要原因，这也意味着未来数年内美国劳动供给受限问题难以得到显著改善。除此之外，在经历了疫情冲击后，人们的就业观念和职业兴趣发生了较长期的转变，越来越多的人倾向于选择时间灵活、病毒感染风险较小、更高薪的职业，如媒体与通信、软件开发、IT 相关的职业，而对食品准备与服务、儿童保育、个人护理等行业的兴趣减弱。职业兴趣的转变增加了人们就业时供求不匹配的摩擦，从而降低了劳动参与率。

另一方面，美国劳动力市场的需求仍将继续减少。在疫情期间，美国政府实施了巨额的纾困政策，而家庭支出因为社交距离而严重缩减，导致个人储蓄率飙升，美联储预计美国家庭在 2020—2021 年夏季间积累了约 2.3 万亿美元的超额储蓄。随着超额储蓄逐渐被消费掉，消费需求将明显减少，使得劳动力市场的需求也随之减少。尤其是如果企业利润开始明显下降，会导致劳动力市场的需求加速减少。

未来数月美国劳动力市场需求减少可能主要表现为职位空缺数的下降，当职位空缺数下行空间不足时，失业率可能加速上升。2022 年 11 月美国职位空缺数仍高达 1092.5

万人，较疫情前高出约 300 万人。这意味着美国劳动力市场的需求依旧旺盛，即便面临产出需求放缓，企业的首要选择仍然是留住员工和增加招聘，而不是选择裁员，因此未来数月失业率有望继续保持在低位。但是随着职位空缺数不断被消耗，失业率将趋于上升，且考虑到疫情增加了工人与工作岗位之间的匹配难度，未等到职位空缺率降至疫情前水平，失业率即会明显上升。

（四）美元指数步入强势升值周期

2022 年以来，全球流动性开始进入收紧周期，经济增长动能放缓，使得外围投资机会减少，风险偏好回落；加之俄乌冲突爆发，地缘局势持续动荡，欧洲及周边国家安全风险上升，国际油价走高推动全球通胀不断上升，各国之间以贸易、能源供给为主的制裁加剧全球经济下行风险，资金避险情绪加剧，美元的融资货币属性转弱而避险货币属性凸显。与此同时，美国经济动能虽然减弱，但就业恢复相对乐观，失业率不断下降，宽松的财政和货币政策双重刺激、多重供给冲击、房租和工资持续上涨，以及工资-物价通胀螺旋进一步推高通胀，使得美联储加快收紧货币政策，连续加息十次，美国与多数发达国家债券利差扩大，促使短期资本回流，推动美元指数上涨，进入强势升值周期。

图 19 展示了 2022 年 1 月至 2023 年 5 月美元指数（DXY）的变化趋势。2022 年 1—10 月，美元指数震荡走强，截至 2022 年 10 月，美元汇率指数一度突破 114，较年初升值 16.9%，创 20 年以来新高。此后美元指数逐步回落，2023 年第一季度，美元指数总体在 101～106 的区间内波动。2023 年 1 月 2 日至 4 月 18 日，美元指数从 103.77 下跌至 101.74，贬值了 2%。

我们预测，短期内美元强势周期仍将持续，原因主要有两方面：一是美联储加息的鹰派态度短期内不会转变。2023 年 5 月 3 日美国的货币政策会议后，美联储宣布再次加息 25 个基点，这是美联储 2022 年 3 月以来第十次加息，累计加息幅度已达 500 个基点，专家预测美国未来加息速度仍会远超全球其他主要经济体。高利率对国际资本的吸引力在短期内不会改变，将引致资本流入美国。二是俄乌冲突相关地缘政治风险依然存在，且并未出现缓和迹象，短期内仍将增加全球资本避险需求。俄乌冲突不仅会直接威胁到欧洲的安全，如果俄罗斯加大天然气断供力度，欧洲将面临更大、更深程度的衰退风险，全球也将面临能源和商品价格的全线上涨压力。随着俄乌冲突进一步升级，已有的世界经济格局重新洗牌，导致更多的经济制裁和贸易壁垒，以及国家间极端、排外情绪蔓延，逆全球化浪潮持续上升。在此背景下，美元在短期内仍然是最好的"避风港"。

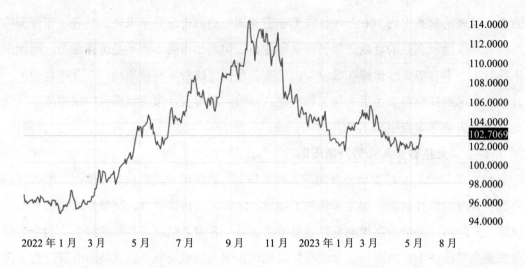

图 19　2022 年 1 月—2023 年 5 月美元指数走势图

资料来源：华尔街见闻官网。

（五）资本市场风险持续

2022 年，美国资本市场中股票价格和债券价格均呈现下跌的态势。2023 年，美国资本市场仍将承受一系列风险：第一，银行倒闭及系统性金融脆弱的风险。2023 年 3 月，全球金融体系受到大西洋两岸频繁、剧烈动荡的影响。在美国，挤兑导致多家银行倒闭。在欧洲，美国的主要竞争对手瑞银集团（UBS）在政府的支持下收购了陷入困境的瑞士信贷。这些银行的倒闭，以及由此引发的市场恐慌，引发了首席经济学家们对系统性金融脆弱性的担忧。第二，公司利润下滑的风险。经济增长的放慢叠加利息成本的上升，可能会导致美国公司的盈利估值出现大幅度下滑。同时随着通胀速度的下降，企业的名义销售增长速度和利润率也会相应下降。此外，利率的上升导致企业回购股票的利息成本和信用风险大幅度上升，企业的股票回购将会受到负面影响，并将进一步导致企业每股盈利增长速度的下降。在这一系列的传导作用下，标普 500 每股收益的估值将面临下降的风险。第三，信用风险和金融风险。随着高利率和经济衰退风险上升，投资者和消费者的坏账比例等出现上升，将给银行带来巨大的负面影响，严重损害银行的盈利情况，甚至影响自有资本比例，在严重的情况下甚至会影响金融市场和银行业的稳定。而且终极利率越高，信用风险增长的速度就越快。

三、中国的应对方案

自特朗普政府上台以来，中美关系大幅下行，被迫陷入较为激烈的竞争，甚至对抗之中。作为世界上最大的两个经济体，中美关系的走势给国际体系的稳定带来了直接的负面影响，亦不利于中美两国各自的发展。对此中国需积极应对，以务实态度发挥大国作用，秉持开放合作态度，增强双边互信，谋求经济发展稳定环境，促进中国及世界经济的增长。

（一）推进中美战略互信，积极合作，实现双赢

中美在双边及全球事务中具有广泛的共同利益，应加强重点领域合作，将合作潜力转化为发展动力。一是加强经贸合作。中美经贸关系相互嵌入、互为支撑，具有强大的韧性和潜力。中国应进一步推进更大范围、更宽领域、更深层次的对外开放，这将为包括美国在内的全球工商界创造更大的发展机遇。可将中美在"一带一路"框架下的合作纳入全面经济对话中，拓展新的合作机制与平台。二是加强能源合作。中美两国在清洁能源和气候变化领域均具有较大影响力，在共同举办清洁能源论坛、开展能源领域人才交流等方面有很好的合作基础。未来，中美两国应充分发挥各自优势，加强在区域及多边组织中的沟通协调，深化在能源转型、气候变化以及油气等领域的交流与合作。同时，进一步推动地方政府、科研机构、大学、智库之间的交流，共同为全球绿色低碳转型提供科技支撑，携手推动能源转型。三是加强科技合作。建立政府主导的科技合作机制，广泛开展科技"第二轨道"外交，形成中美双方民间多层次、多渠道和多方式的科技合作交流局面，重视国际组织与非政府组织在开展科技外交中的作用。

（二）坚定维护自由贸易和多边贸易，反对贸易保护

特朗普对美国贸易逆差认识上的偏差已使得美国对外贸易政策倾向于保护主义。据统计，特朗普政府累计实施了超过 3900 项制裁措施，相当于平均每天增加 3 项。拜登政府延续了特朗普政府的贸易政策，还宣布将联邦政府采购的"美国货"中美国制造零部件的比重提高至 75%，这是 70 年来"买美国货"政策的最大变化。这些做法具有鲜明的贸易保护主义色彩，严重伤害了全球贸易信心。在此情况下，中国应更加坚定地支持WTO，坚决维护自由贸易和多边贸易，反对贸易保护。第一，中国应坚决维护非歧视、开放等多边贸易体制的核心价值，努力为国际贸易创造稳定和可预见的竞争环境。第二，为保障发展中成员的发展利益、纠正 WTO 规则中的"发展赤字"、解决发展中成员在融入经济全球化方面的困难贡献力量，帮助实现联合国 2030 年可持续发展目标。第三，中

国坚决遵循协商一致的决策机制，在相互尊重、平等对话、普遍参与的基础上，共同确定改革的具体议题、工作时间表和最终结果。

（三）优化中国营商投资环境，降低国际资本流动风险

美元加息与缩表令全球资本市场牵一发而动全身，势必引发全球资本流动发生逆转。中国需正视美国货币对全球资本流向的影响。长远来看，中国应加强自身投资环境建设，不断改善中国国内投资软、硬环境建设，加强投资便利化制度建设。通过丰富投资机会、降低投资成本、提升投资收益，充分发挥中国经济增长引擎的优势，吸引世界各国加大在中国的投资力度，提升投资质量，分享中国改革开放与经济发展的红利。短期来看，中国须正确认识资本流动对中国经济可能产生的冲击，对短期资本外流及可能引发的汇率波动作好应对准备。汇率不仅体现两国货币的相对价格，反映国家整体经济实力，更事关外贸发展，攸关产业根基、就业与社会稳定。制定和实施主动性、适应性的金融政策，降低美元波动对中国经济的影响。

（四）抵御外部金融风险，塑造新型国际金融安全观

新冠疫情加剧了全球金融风险的积累，弱化了国际金融监管。在新旧国际金融风险相互交织的背景下，国际金融安全不仅没有得到有效改善，甚至有恶化的趋势。对此需要从国家层面完善对金融安全的战略规划，根据不同风险类型制定和优化应对策略，并在国际层面倡导新型金融安全观和金融合作，从而维护国家金融安全与国际金融稳定。一方面，加快《中华人民共和国金融稳定法》的落地实施进程，并通过配套法律制度建设加强对外部金融风险，特别是金融"安全化"和"武器化"风险的关注，从而完善国家金融安全战略体系构建的总纲领。另一方面，针对经济层面的国际金融风险，根据微观、中观和宏观国际金融风险的具体生成机制，构建多元化风险防控策略，防止外部金融风险向内部金融风险转变。微观层面，需深度参与国际金融监管规则的制定和改革，推动建立更加健全的国际金融监管框架；中观层面，可基于既有的多边和双边经济对话平台，与世界主要经济体就中观国际金融风险治理展开长效沟通，促进各国在宏观经济政策协调和经济结构调整等问题上形成稳定的对话和合作机制；宏观层面，继续审慎推进人民币国际化战略和上海、香港等国际金融中心建设，利用自身的金融资源优势推动国际金融改制和建制，促进国际货币和信贷体系向更为多元化和更加平衡的方向发展。

（五）警惕输入性通胀，防范外需紧缩风险

美国通胀持续走高，会给中国带来较大的外溢影响，加大中国的输入性通胀压力，从而引发汇率、资本流动等波动，影响经济金融稳定。为应对全球通胀风险挑战，中国必须更好地发挥制度优势，以深化改革激发新发展活力，应对外部不利冲击。第一，作为多数大宗商品的最大进口国，中国要加强对国际大宗商品价格波动的监测预警，做好应对大宗商品价格快速上涨的政策储备，一旦面临问题，及时推出相关政策，最大程度地降低国际大宗商品价格震荡对中国经济金融的负向冲击。第二，争取大宗商品定价权，推动大宗商品使用人民币计价结算，建设大宗商品国际交易平台，逐步搭建起现货、期货、场外市场相结合体系，形成全球大宗商品交易枢纽；充分利用中国制度优势，在大宗商品价格处于低谷时增加境外直接投资。第三，发挥财政政策作用，切实贯彻落实减税降费政策，实施新的结构性减税举措，把减税政策及时落实到位，以对冲大宗商品价格上涨带来的负面冲击，弱化输入型通胀带来的不利影响。

参考文献

[1] Abraham K, M Kearney. Examining the Decline in the U.S. Employment-to-Population Ratio: A Review of the Evidence[J]. Journal of Economic Literature, 2020, 58(3): 585-643.

[2] Aladangady A, D Cho, L Feiveson, E Pinto. Excess Savings during the COVID-19 Pandemic[EB/OL]. Board of Governors of the Federal Reserve System. https://www.federalreserve.gov/econres/notes/feds-notes/excess-savings-duringthe-covid-19-pandemic-20221021.html.

[3] Autor D, D Dorn, G Hanson, et al. Trade Adjustment: Worker-Level Evidence[J]. Quarterly Journal of Economics 2014, 129(4): 1799-1806.

[4] Banerjee R, V Boctor, A Mehrotra, et al. Fiscal Deficits and Inflation Risks: The Role of Fiscal and Monetary Regimes[J]. Working Paper, Bank for International Settlements, 2022.

[5] Barkin T. Is a Labor Challenge Coming?. Speech to Virginia Economic Summit and Forum on International Trade, December 2 [EB/OL]. https://www.richmondfed.org/press_room/speeches/thomas_i_barkin/2022/barkin_speech_20221202.

[6] Biden J. Joe Biden: My Plan for Fighting Inflation[EB/OL]. Wall Street Journal, 2022. 5. https://www.wsj.com/articles/my-plan-for-fighting-inflation-joe-biden-gas-priceseconomy-unemployment-jobs-covid-11653940654?mod=opinion_major_pos5.

[7] Chetty R, J Friedman M Stepner Opportunity Insights Team. The Economic Impacts of COVID-19: Evidence from a New Public Database Built Using Private Sector Data. NBER Working Paper 27431. Cambridge, MA: National Bureau of Economic Research.

[8] Chivvis C, E Kapstein. U.S. Strategy and Economic Statecraft: Understanding the Trade-Offs[J]. Carnegie Endowment for International Peace, 2022.

[9] Cutler D, J Poterba, L Sheiner et. al. An Aging Society: Opportunity or Challenge[J]. Brookings Papers on Economic Activity, 1990, 1: 1-73.

[10] Eriksson K, K Russ, J Shambaugh et al. Reprint: Trade Shocks and the Shifting Landscape of U.S. Manufacturing[J]. Journal of International Money and Finance, 2021: 114.

[11] Favilukis J, G Li. The Great Resignation Was Caused by the COVID-19 Housing Boom[EB/OL]. 2023. Social Science Research Network. https://ssrn.com/abstract=4335860.

[12] Forsythe E, L Kahn, F Lange, et. al. Where Have All the Workers Gone? Recalls, Retirements, and Reallocation in the COVID Recovery[J]. NBER Working Paper 30387. Cambridge, MA: National Bureau of Economic Research.

[13] FRED (Federal Reserve Economic Data). Gross Private Domestic Investment (GPDI). 2022. Federal Reserve Bank of St. Louis. https://fred.stlouisfed.org/series/GPDI.

[14] Furman J, W Powell. What Is the Best Measure of Labor Market Tightness?[J]. Peterson Institute for International Economics, 2021.

[15] Garcia K, B Cowan. The Impact of U.S. School Closures on Labor Market Outcomes during the COVID-19 Pandemic[J]. NBER Working Paper 29641. Cambridge, MA: National Bureau of Economic Research, 2022.

[16] IMF (International Monetary Fund). World Economic Outlook, April 2022: War Sets Back the Global Recovery[EB/OL]. 2022a. https://www.imf.org/en/Publications/WEO/Issues/2022/04/19/world-economic-outlook-april-2022#Global-Trade-and-ValueChains-in-the-Pandemic.

[17] Maestas N, K Mullen, D Powell. The Effect of Population Aging on Economic Growth, the Labor Force, and Productivity[J]. NBER Working Paper 22452. Cambridge, MA: National Bureau of Economic Research, 2022.

[18] Miranda-Agrippino S, G Ricco. The Transmission of Monetary Policy Shocks[J]. American Economic Journal: Macroeconomics, 2021, 5(3): 74-107.

[19] Mollenkopf D, S Peinkofer, Y Chu. Supply Chain Transparency: Consumer Reactions to Incongruent Signals[J]. Journal of Operations Management, 2022, 68(4): 306-327.

[20] Yellen J. Inflation Dynamics and Monetary Policy[J]. Transcript of Philip Gamble Memorial Lecture, University of Massachusetts, Amherst, 2015.

2022 年日本经济发展形势及对亚太经济合作的影响

于　潇　王辰元[*]

摘　要： 受疫情、俄乌冲突及美联储加息影响，2022 年日本经济复苏态势不稳，通货膨胀率持续走高，劳动力市场趋紧，对外贸易逆差超过数据可比最高值，日元出现持续剧烈贬值。日本进一步经济复苏将面临内需疲软、劳动力短缺、政府债务水平上升、国际产业竞争力下降、中美博弈长期化等问题。为解决经济复苏难题、实现日本国际地位上升，新首相岸田文雄出台了"新资本主义"及"新时代现实主义外交"构想及配套政策。在亚太地区的政策实践上，日本表现出迎合美国制衡中国、拉近与东盟国家关系、在能源转型中引领亚洲的态度。在东北亚地区重启与韩国的安保对话，对中日韩自由贸易协定（FTA）谈判造成不利影响。中日经贸合作关系出现下滑趋势。中国应推动亚太地区的经济合作稳定，以经贸往来合作作为压舱石，防止中日及亚太地区的政治关系出现质变性恶化。

关键词： 日本经济；日本经济展望；RECP；FOIP；中日韩 FTA

一、2021 年日本经济形势分析

在新冠疫情对世界经济造成巨大冲击的背景下，2022 年传播力更强的奥密克戎变异毒株的全球肆虐进一步增加了日本及世界经济面对的压力。2022 年初俄乌冲突爆发导致全球能源短缺、金融市场动荡和对全球供应链的打击，更是为日本及全球经济复苏蒙上了阴影。根据 2023 年 3 月 9 日日本内阁府公布的数据，2022 年日本实际 GDP 同比增长

---

[*] 于潇，吉林大学东北亚研究中心副主任、教授、博士生导师；王辰元，吉林大学东北亚研究院博士研究生。

1%，相较去年增速放缓，并低于全球及发达国家平均水平。2022 年日本国内消费有所增加，但是高涨的通胀水平降低了消费者信心指数，不利于内需恢复。失业率处于较低水平，劳动力市场面对人才不足的困境。2022 年日本进出口贸易额均有所增加，但贸易赤字超过有记录以来的最高值。汇率方面，2022 年日元受美联储加息影响大幅贬值，2022年后半段汇率有所回升，但波动较大。

（一）经济复苏态势仍不稳固

2022 年，受疫情及俄乌冲突的影响，日本经济虽整体呈复苏态势，但波动性较大。根据 2023 年 3 月 9 日日本内阁府公布的最新数据，2022 年日本完成的实际 GDP 总额为546.7 万亿日元，相较去年增长了 1%，实现连续两年 GDP 增长。但相较于 2021 年 2.1%的增长率，经济增速有所放缓。同时根据国际货币基金组织（IMF）所公布的数据，2022年全球平均 GDP 增长水平为 3.4%，发达国家的平均增长水平为 2.7%。相较于二者，日本的 GDP 增长水平仍稍显滞后。

从 2022 各季度来看，经过季节调整后四个季度的 GDP 环比增速分别为-0.5%、1.2%、-0.3% 和 0%（见图 1）。可见，2022 年各季度间经济增长率起伏波动较大，仅第二季度实现环比正增长，且未能实现连续。总体而言，日本经济复苏态势尚不稳固，仍未步入稳步复苏轨道。

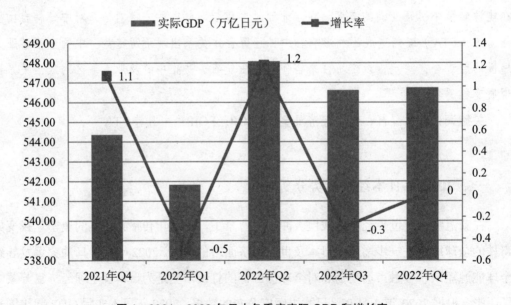

图 1　2021—2022 年日本各季度实际 GDP 和增长率

资料来源：日本内阁府，https://www.esri.cao.go.jp/jp/sna/data/data_list/sokuhou/files/2022/qe224_2/gdemenuja.html。

注：实际 GDP 为剔除商品和服务价格变动因素的季节调整值，增长率为环比增长率。

2022 年，日本私人消费环比增长 2.1%，私人住宅投资降低了 4.6%，私人部门设备投资增长 1.8%，公共投资降低了 7%，出口总额增长 4.9%，进口总额增长 7.9%。由于进口总额远高于出口总额，因此 2022 年日本净出口总额由正转负，贸易逆差达 18.27 万亿日元。由此可见，2022 年日本经济恢复主要仰赖国内需求，特别是私人消费需求。

（二）国内需求增长动能偏弱

根据日本经济产业省的报告，2022 年日本零售额相较上年增长了 2.6%，达到了 154.4 万亿日元。大部分零售项目的销售额都相较上年有所上升，增长最多的是医药与化妆品，达到 15.9 个百分点，这可能与疫情有关。增长最少的是机动车零售，只增长了 0.4%，相较于上年 2.5% 的上涨幅度有较大回落。机械器具和无店铺零售相较上年有所降低，分别降低了 3.7 个百分点和 3.1 个百分点。

受俄乌冲突导致的国际能源价格攀升影响，2022 年日本通货膨胀率持续走高，年度核心通货膨胀率（核心 CPI）达到 2.3%。其中 2022 年 12 月的核心 CPI 达到 4.0%，为自 1991 年 1 月以来最高值，并持续走高至 2023 年 1 月的 4.2%，达到 1982 年以来的最高值（见图 2）。根据日本厚生劳动省《劳动统计调查》公布的数据，受到通货膨胀的影响，尽管基本工资与加班费等合计的现金工资总额在 2022 年全年都持续同比增长，但考虑

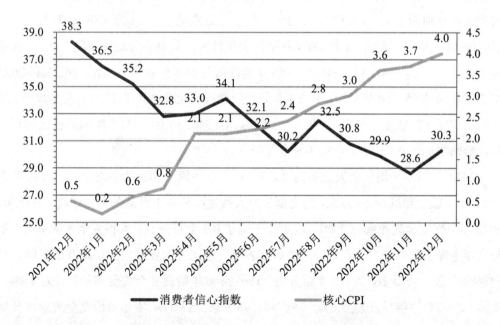

图 2　2022 年日本核心 CPI 及消费者信心指数

资料来源：日本总务省统计局，https://www.stat.go.jp/data/cpi/sokuhou/nen/index-z.html；https://www.e-stat.go.jp/stat-search/files?page=1&toukei=00100405&tstat=000001014549。

物价上升因素后，实际工资自 2022 年 4 月起，直至最新公布的 2023 年 2 月数据，连续 11 个月同比下滑。2022 年的实际工资相较上年同比下降了 1%。出于以上原因，日本的消费者信心指数不断走低，从 2022 年 1 月的 36.5 跌落至 12 月的 30.3，远远低于同期 48.8 的荣枯线。工资涨幅低于物价涨幅、消费者信心指数走低等因素，都会对日本国内消费市场的进一步发展产生不利影响。

（三）劳动力市场持续趋紧

根据日本总务省统计局最新数据显示，2022 年日本平均劳动力人口数为 6911 万，较上年减少了 6 万，为 2020 年首次下降以来，第三年连续下降。平均劳动力人口比率为 62.5%，较上年增长了 0.4 个百分点，实现连续两年劳动力人口比率上升。2022 年日本平均就业人数为 6713 万人，相较上年增长了 10 万人，实现连续两年就业人数增加。平均就业率为 60.9%，较上年增长了 0.5 个百分点，连续两年平均就业率增长的同时，已经超过疫情前 60.6% 的平均就业率，为 1997 年以来平均就业率的最高值。

分性别看，2022 年男性就业人数为 3690 万人，较上年减少了 10 万人；女性就业人数为 3023 万人，较上年增加了 22 万人。其中男性正规就业人数为 2339 万人，较上年减少了 14 万人；非正规就业人数为 669 万人，较上年增加了 14 万人；女性正规、非正规就业人数分别为 1249 万人和 1432 万人，较上年分别增长了 16 万人和 10 万人。分年龄看，除 15～24 岁年龄段 46.6% 的就业率较上年持平，其余各劳动年龄段 2022 年就业率均有所上升，25～34、35～44、45～55 年龄段的就业率分别为 86.6%、86.2% 和 86.6%，增长最多的是 55～64 年龄段，增长 1.1 个百分点后就业率达到了 78.1%。分季度看，2022 年四个季度平均就业率分别为 60.2%、61.1%、61.3%、61.0%，与上年同期相比均有所上升，分别增加了 0.1、0.5、0.5、0.5 个百分点。

2022 年日本平均完全失业率为 2.6%，较上年下降了 0.2 个百分点，完全失业人数 179 万人，较上年减少 16 万人，为完全失业人数连续两年上升后的首次逆转。分性别看，2022 年男性完全失业率为 2.8%，较上年下降了 0.3 个百分点；女性完全失业率为 2.4%，较上年下降了 0.1 个百分点。分年龄看，各年龄段完全失业率较上年均有所下降，45～54 岁年龄段下降最多，为 0.3 个百分点；15～24 岁年龄段完全失业率最高，为 4.4%，其次是 25～34 岁年龄段为 3.6%，35～44、45～54、55～64 岁年龄段完全失业率分别为 2.4%、2.1% 和 2.5%。分季度看，2022 年四个季度完全失业率分别为 2.7%、2.7%、2.6% 和 2.4%，相较上年分别下降了 0.1、0.3、0.2 和 0.2%（见图 3）。

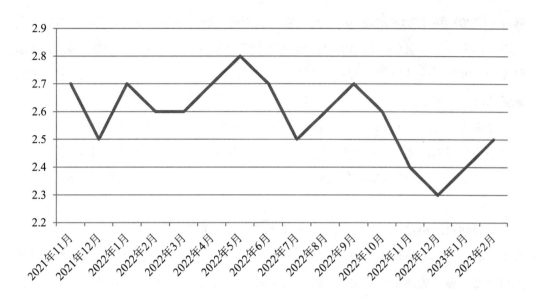

图 3　2021—2023 年日本完全失业率

资料来源：日本总务省统计局，https://www.stat.go.jp/data/roudou/sokuhou/tsuki/pdf/gaiyou.pdf。

根据日本厚生劳动省的数据，2022 年日本有效求人倍率为 1.28 倍，相较上年的 1.13 倍上升了 0.15 个百分点，连续两年倍率上升。有效求人倍率是职位空缺与求职者之间的比值，倍率大于 1，意味着职位空缺多于求职人数。虽然 2022 年的有效求人倍率还未达到 2019 年的 1.55 倍，但月度数据自 2022 年 5 月起持续上升至 12 月，由 1.15 倍上升至 1.45 倍。随着经济活动的复苏，日本可能面临劳动力市场进一步趋紧的困境。

（四）对外贸易逆差扩大

根据日本财务省的最新数据，2022 年日本贸易赤字总额达到 217 508 亿日元，同比上涨 289.3%，不但连续两年出现贸易赤字，同时成为自 1950 年数据可比以来贸易逆差最高值。截至最新数据的 2023 年 3 月，日本已经连续 20 个月出现贸易逆差。2022 年日本对外出口额为 992 261 亿日元，较上年增长 15.5%，实现连续两年出口值增长。而受到俄乌冲突、日元贬值、能源价格飙升、国际大宗商品价格高位运行等因素影响，2022 年日本进口额为 1 209 770 亿日元，较上年增长 32.3%，同样连续两年增长。对外进出口额都为 1950 年数据可比以来的最高值。分季度看，2022 年四个季度进口额分别增长了 14.5%、15.9%、23.2% 和 18.7%，出口额分别上涨了 35.0%、40.6%、47.3% 和 34.0%。

分品类看，2022 年日本占出口额最多的商品分别是汽车（13.8%）、半导体等电子元器件（5.7%）和钢铁（4.8%）。矿物燃料相比上年出口额增加了 83.9%，音响及放映设备、汽车、二手汽车、航空、船舶出口额也大幅上涨，分别增加了 53.5%、28.0%、44.3%、37.3%和 20.7%。除此之外，受疫情影响，医疗用品出口额也增长了 24.2%。进口额占比最多的品类是矿物性燃料，占进口总额的 29.1%，其中原油、液化天然气及煤炭占比最多，分别占 2022 年日本总进口额的 11.3%、7.4%和 7.1%。同时矿物性燃料也是进口额同比增长最多的品类，相较上年增长了 77.0%。其中原油、液化天然气及煤炭相较上年分别增长了 70.8%、77.6%和 139.5%。除此之外，半导体等电子元部件进口额也同比增长了 36.5%。

分国别看，2022 年日本出口贸易最多的三个国家是美国、中国、韩国，出口额分别为 187 030 亿、185 140 亿和 70 804 亿日元，分别较上年增长了 21.3%、1.3%和 15.9%。出口额增加最多的国家是爱尔兰，相较上年增长了 107.1%。与伊朗和俄罗斯之间的出口交易减少，分别减少了 19.0%和 39.8%。日本在 2022 年进口贸易最多的三个国家是中国、澳大利亚和美国，进口额分别为 253 328 亿、122 536 亿和 120 492 亿日元，分别较上年增长了 19.6%、80.5%和 26.8%。进口额增长最多的国家是阿曼苏丹国，相较上年增长了 87.6%。同俄罗斯之间的进口交易减少，同比减少了 6.3%。在进出口差额上，2022 年日本与中国之间的贸易逆差最大，进口额比出口额高 68 149 亿日元；与美国之间的贸易顺差最大，为 66 537 亿日元。除此之外，从地域范围看，日本与亚洲国家之间的进出口总额均为最高，出口额占出口总额的一半以上，贸易整体呈现顺差。

（五）日元波动剧烈

2022 年 3 月，日元陷入持续剧烈贬值。根据日本银行的数据，美元兑日元汇率由 3 月初的 1 美元兑换 115.50 日元，一路上升至 10 月末，达到 1 美元兑换 148.01 日元，日元贬值幅度高达 28%。随着日本政府的出手干预，11 月以后日元贬值速度开始放缓，但仍处于剧烈波动之中。2022 年 12 月末，美元兑日元汇率为 1 美元兑换 132.14 日元，相较于 1 月末 1 美元兑换 115.43 日元的汇率，日元还是处于贬值状态。除此之外，根据最新的 2023 年第一季度数据，各月末美元兑日元的汇率分别为 1 美元兑换 130.15 日元、136.76 日元和 133.1 日元，汇率波动幅度仍然较大（见图 4）。

日元 2022 年的大幅度贬值、剧烈波动是受日元货币属性、日美基准利率差异，以及日本货币政策等因素综合反应导致的结果。一方面，日元的货币属性与日美间的基础利率差，造成了 2022 年日元的大幅贬值。由于日本的地缘属性和高外汇储备，以及长期执行的低利率政策，使得日元在国际上被普遍作为避险货币使用，即当全球经济动荡或金融危机等发生，别国货币可能降息或贬值时，可通过别国货币资产转变为日元，以避免资产损失。这一过程会提高日元的需求量，进而推动日元货币升值。而在经济上行期，投资者会将手持的日元资产转换为其他高息货币进行投资套利，导致日元贬值。因此在 2020 年全球经济下行时期，日元曾一度升值。但随着俄乌冲突的爆发，国际能源价格高涨，以美国为首的欧美各发达国家陷入严重的通货膨胀。为遏制通胀，2022 年 3 月，以美联储为首，欧洲央行、英国央行相继开始收紧货币政策，提高利息。在日本仍采取负短期利率、零长期利率这一宽松货币政策的情况下，美国加息拉大了日美之间的基准利率差异，日元遭到大量抛售，继而出现严重贬值。

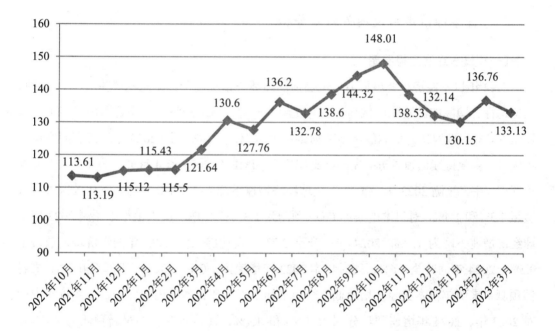

图 4　2021—2023 年日元对美元汇率

资料来源：日本银行，https://www.stat-search.boj.or.jp/ssi/mtshtml/fm08_m_1.html。

注：东京国际银行行市月末 17 时时点数据。

另一方面，2022 年日本货币政策的转向促使日元汇率开始剧烈波动。自 1998 年起日本便进入量化宽松周期，2012 年安倍晋三第二次上台执政后，日本进一步推行将 2% 通货膨胀率作为目标的"量化和质化的宽松货币政策"。日本央行通过每年对不同期限的国债、指数基金与信托基金等进行购买，达到维持利率低水平、增加民众日元持有规模，进而刺激经济增长以实现通胀目标。这种宽松的货币政策在一定程度上刺激了日本经济的发展，但也使得日本央行背上了高额的资产负债，远远超过日本的外汇储备规模。随着日元在 2022 年因美国加息持续贬值，9 月 22 日，日本央行开始操作卖出美元和买入日元，这是自 1998 年来日本政府首次通过干预外汇支撑日元，此次干预在短期改变了日元走势。10 月，日本央行再次出手干预，日元再次短暂波动，两次参与消耗了日本大量的外汇储备。在面对日元过度贬值及外汇储备危机等压力，2022 年 12 月 20 日，日本十年来首次对大规模宽松货币政策进行了调整，将十年期国债收益率目标上限由 0.25%增至 0.5%。政策宣布后，日元大幅回升，但利息上调也进一步增加了央行的资产负债压力，对日本未来的经济形势及货币政策走向产生影响。

二、日本经济走势及内外政策分析

（一）日本经济走势展望

2022 年日本经济小幅度回升，但当前国际环境错综复杂，新冠疫情冲击、全球通胀高位运行、国际能源紧张、俄乌冲突等交织在一起，日本经济下一步仍需面对多重风险及压力。主流机构认为日本经济走势前景不太乐观，但大多预测 2023 年经济有望继续小幅增长，实现持续低速复苏。在国际组织方面，IMF 在 2023 年 4 月最新公布的《世界经济展望》中，预测 2023 年、2024 年全球经济增速下降为 2.8%和 3.0%，发达国家大幅放缓至 1.3%和 1.4%，对日本的实际 GDP 预测为 1.3%和 1.0%。世界银行则预测 2023 年全球经济增速下降为 1.7%，2024 年回升至 2.7%；发达国家在 2023 年的经济增速放缓至 0.5%，2024 年回升至 1.6%，同时日本 2023 年增速为 1.0%，2024 年下降至 0.7%。二者都预测未来两年日本的经济增速低于全球平均水平。在日本国内方面，日本经济研究所对 2023 年、2024 年增速预计分别为 1.5%和 1.1%，而日本银行的最新预测为 1.4%和 1.2%，二者的经济增长预测都略高于国际组织对日本的预测。但不论是国际还是日本国内，都预计日本 2024 年经济增速放缓，且大概率低于发达国家平均经济增长水平。

未来两年经济预测结果不乐观的主要原因在于，日本仍有多重课题有待解决。第一，进口成本增加导致内需增长面临乏力。受俄乌冲突及全球气候变化的影响，全球能源、粮食价格大幅上涨，这对于能源、小麦及谷物主要依靠进口的日本来说，进口成本大幅增加。成本增加导致日本企业的收益降低，国内通胀水平飙升，工资涨幅不及物价涨幅，变相减少了家庭收入。家庭收入的减少迫使家庭支出慎重化、个人消费减少，使得企业收益进一步下降，而企业收益下降会推动企业减少设备投资，再次打击内需增长。一系列连锁反应可能会导致日本国内消费市场萎缩，内需持续疲软，进而阻碍日本的经济复苏进程。①

第二，少子化、老龄化、人口负增长现象严重，劳动力缺口增加。根据日本总务省 2023 年 4 月发布的最新数据，日本总人口 1.24 亿，相较上年减少了 60 万人，同比下降 0.48%；15 岁以下人口 1435 万人，同比减少 30 万人，连续 42 年下降。2023 年日本 15 岁以下人口占总人口的 11.5%，而 65 岁以上人口占总人口的 29.1%。老龄化现象严重一方面增加了日本政府医疗、社保方面的财政负担，另一方面也拉低了日本的内需，阻碍了企业的生产恢复。而生育率的持续下降扩大了日本的劳动力缺口，在新冠疫情全球蔓延、外籍劳动者赴日难度上升的背景下，这一问题被进一步放大。在这种环境下，企业的用人成本增加，对中小企业的经营造成沉重负担，不利于日本的经济恢复。

第三，政府债务水平上升，在全球金融市场波动中对货币汇率干预空间缩小。全球通胀下以美国为首的欧美发达国家相继加息，对日元汇率造成巨大打击。过度贬值压力迫使日本政府采取卖出美元储备、买入日元和提升国债预期收入等方式对汇率进行调整。对日本政府而言，央行每加息 1 个百分点，政府要支付的利息每年会增加大约 10 万亿元。②根据日本财务省的最新数据，2023 年日本包括国债在内的国家债务将超过 1279 万亿日元，达到 GDP 的 224 倍。而 2023 年日本财政预算额为 114.3 万亿日元，同比增长 8.0%，远超 2022 年的 GDP 增长速度。其中国债预算高达 25.25 万亿日元，占总预算的 22.1%。这些都意味着日本债务问题严峻，如果全球金融市场再次剧烈波动，需要谨慎通过政策干预货币汇率，避免引起负债崩溃、造成经济崩盘。

第四，高新技术产业竞争加剧后，产业竞争力与供应链稳定性受到挑战。自 20 世纪 50 年代起，日本便几次进行产业改革，形成当前以高新技术产业发展为核心，工业与服务业支撑经济发展的产业结构体系。这种高度加工贸易型产业结构的建立有效避免了日本自然资源匮乏的弱势，但也造成了日本产业链供应链对外国贸易市场的高度依赖，维持重点行业的国际竞争力成为日本对外贸易的重要课题。近年国际高新技术产业发展迅速，日本的技术优势被追赶，产业竞争力受到削弱。以日本核心产业之一的汽车制造业为例，随着电动新能源汽车技术的进步，日本在传统燃油汽车上的优势渐失，地位受到撼动。此外，全球能源及原材料成本上涨导致日本供应链混乱，以汽车产业为首的制造业复苏乏力，进一步打击了日本在国际上的产业竞争力。如果不能尽快恢复产业竞争力和稳定供应量，将对日本的出口贸易和经济恢复产生不利影响。

---

① 张勇，常思纯，高洪. 2023 年日本形势展望[J]. 东北亚学刊，2023（1）：18-30，146.
② 颜泽洋. 日元汇率波动新态势[J]. 现代国际关系，2023（1）：99-115，52.

第五，中美博弈呈长期趋势，区域合作政策受到制约。2017 年，时任美国总统的特朗普发布《国家安全战略报告》，随后在政治、经济、安全等多个领域对华开展竞争。新冠疫情、俄乌冲突等加剧了全球政治动荡，中美两国在秩序重建前博弈长期化的趋势也愈发明显。在美国的推动下，东亚汇集了世界主要政治力量，地区政治经济局势复杂。1951 年《旧金山对日和约》签订后，日本和美国建立了同盟关系，并逐步发展成为美国在东亚地区最重要的盟友。在这种背景下，日本在东亚地区的政治经济合作政策不可避免地受到美国态度的影响，特别是新冠疫情暴发、中美贸易摩擦加剧以后，日本向美国靠拢的倾向明显，这一倾向影响了中日两国乃至东亚地区的政治经济合作，对东亚地区包括日本的经济发展造成了影响。

（二）日本对内经济政策措施

2021 年 10 月 8 日，日本首相岸田文雄在第 205 次国会上发表首次施政演说，第一次提出"新资本主义"政策构想，并于 2022 年 1 月在《文艺春秋》发表了题为《我的"新资本主义"宏图》的文章。在文章里，岸田文雄表示要摒弃过去"安倍经济学"所奉行的反对国家干预、认为市场应自由竞争的新自由主义路线，并进一步阐释了他的"新资本主义"政策构想：重视国民的收入分配，缩小贫富差距，实现"增长和分配的良性循环"。为实现这一政策构想，岸田内阁提出了一系列的配套政策。

第一，强化人力资本投资。一是要提高工资水平，增加国民可支配收入，促进消费和经济增长；进一步增加护理、育儿等特殊服务领域的收入，扩宽特殊服务领域的职业发展空间，建设完善安心社会。二是要强化技能培训，提高劳动生产效率，推动劳动力向新兴产业转移；搭建在线教育平台，形成在线平台体系；鼓励各类主体发展在线教育，实施线上培训。三是要促进劳动力流动，政府鼓励企业员工在业余时间兼职兼业，缓解人力资源不足问题。四是要优化雇佣制度，增加企业年金保险与健康保险的覆盖面积；扩展女性和年轻群体的职业上升空间；要求企业公开男女员工、正式与非正式员工间的薪酬差距，缩减待遇差异。

第二，加强科技创新投资。一是优化高等教育体制，培养大学管理人才，创建大学、研究所法人化制度，推动行政管理与学术决策分离；注重高新技术领域人力资源培养，提高博士后、女性研究员待遇；增设研发基金、竞争性基金，鼓励前沿科技领域研究的开发与深入。二是强化高新技术投资，政府识别、判断技术领域，设置税收优惠、资金补助等奖励方式，鼓励企业对指定领域的投入研发；对于与日本国家利益高度相关的关键技术领域，如量子信息、人工智能等，在 2025 年前建设形成可投入使用的技术供应链；在内阁增设科学技术顾问，发挥政治在技术发展和国际先进技术合作领域的引领作用，加强政府对产业的引导。三是推进先进技术成果的转化应用，在 2025 年大阪世界博览会展示日本科技成果，面向世界讲述日本叙事。

第三，加大对初创企业的培育。一是增加政府对初创企业的支持力度，增大公共采购制度中对初创企业的扶持。二是改进和完善风险投资体系，减小创业者创业失败要承受的成本，将偏保守的、以融资为主的投资模式调整为风险型投资模式；在培育国内风险投资基金的同时，进一步重视对海外风险投资的吸引；延长产业创新投资机构的运用期限，缓解投资期限导致的启动投资受限问题。三是改革企业管理和资金管理制度，调整破产清算、首次公开募股等方面的管理规定，在合理范围内增加行业集中度，发挥市场竞争优势；推进企业完善信息公开制度，优化企业与投资者间的沟通渠道；调整个人养老金账户（iDeCo）和个人储蓄账户（NISA）关于额度、免税时间等方面的规定，推动日本非金融部门和个人储蓄向投资转化，增加投资市场活力。

第四，推动绿色与数字化转型。一是政府主导做好长期系统规划，日本政府提出了"绿色转型投资 10 年路线图"，展示了所涉及的各项政策措施，为企业规划实施投资提供依据；增设绿色转型债券，引导家庭和个人企业参与投资活动。二是加快相关产业建设，帮助建设二氧化碳等清洁能源等领域需要的设施，推动原料回收技术发展，降低使用成本；加强住房和建筑节能管理；加快新能源汽车研发。在新能源汽车研发方面，2023 年，日本进一步加大了氢能源技术的推广力度，在《经济安全保障推进法》中将电池指定为稳定供应重点项目之一，并对日本电池产业进行了拨款。三是参与国际合作，促进亚洲国家脱碳社会转型，建设亚洲脱碳合作体系；参与以美国为首的发达国家在清洁能源领域的科技创新合作等。①

除了岸田文雄的"新资本主义"理念及配套政策措施，日本的防疫政策与货币政策调整，对未来一段时间日本的经济发展也可能产生影响。在防疫政策方面，日本自 2020 年起因新冠疫情强化入境管理，2021 年 3 月设置单日入境人数，11 月短暂禁止外籍人员入境。2022 年 3 月起，日本政府开始逐渐放开单日入境人数，10 月 11 日日本取消单日入境人数限制并重启旅游补贴计划，2022 年 10 月跨境访日的游客人数环比上涨 240%。加上日本政府宣布 2023 年 5 月起，下调新冠的传染病分类至"5 类"，与季节性流感同级，与入境政策放开相结合，旅游、餐饮等方面的消费有望获得较大提高，对日本经济

---

① 庞德良，李匡哲. 岸田文雄"新资本主义"政策的逻辑与前景[J]. 现代日本经济，2023，42（1）：4-28.

恢复有利。在货币政策方面，2022 年 12 月日本央行上调国债收益率目标，被当作日本或将收紧货币政策的重要信号。货币政策收紧，一方面有助于缓解日本当前高通货膨胀率、高贸易逆差和低汇率问题；另一方面也可能冲击消费和金融市场，对经济恢复造成阻碍。虽然在 2023 年 3 月的货币政策会议上，日本央行决定继续维持现有的宽松货币政策，但随着与"量化与质化超宽松货币政策"开始执行的同一时间，2013 年起上任的央行行长黑田东彦在 2023 年 4 月任期届满，未来一段时间日本仍存在调整货币政策的可能。

（三）日本对外经济安全政策

在对外政策方面，岸田文雄在 2022 年 1 月的例行国会演讲中提出"新时代现实主义外交"，并描述了支撑其的"三大支柱"。其中暗含了日本在当前国际变局中对自身国家利益的追求，有助于分析日本未来在经济安全合作方面的动向。

第一支柱为坚持自由、民主等"普世价值观"。这一外交理念继承自日本前首相安倍晋三在 2013 年所阐释的对东南亚外交五原则之一的"价值观外交"。"普世"二字出自西方基督教，"普世价值观"的标准也是由以美国为首的西方国家所界定的。日本强调"普世价值"，以及与"有共同价值观的国家"加强合作，意味着日本仍将在美国构建的框架下参与国际事务，担任美国对东亚、印太布局的重要同盟。

第二支柱为积极应对气候变化等全球性课题。日本自 20 世纪 70 年代经济高速发展以来，一直积极参与国际事务，希望提高国际地位，提升日本在国际上的话语权，消除二战带来的不利影响。岸田文雄上任以来，不但在气候治理方面积极参与，提出共建"亚洲零排放共同体"构想，还积极推动联合国改革、建立"无核武世界"等国际事务进程，这些都表现出日本在参与国际事务、提高自身国际影响力上的野心。

第三支柱为坚决守护国民性命与生活。自冷战以来，日本便是美国在远东地区的重要军事同盟。为保证自身的安全，以及加强在日美同盟关系中与美国的"对称性"，日本一直致力于提升自身军事力量。为加强防卫能力，日本不断上涨国防预算、参与美国所构建的各种安全防卫体系，对亚洲地区局势的稳定造成了不利影响。①

除了岸田文雄的"新时代现实主义外交"以外，日本还着重调整了经济安全战略。自由民主党发布的"新国际秩序创造战略本部"政策报告中，将经济安全战略定义为"从经济安全方面确保《国家安全保障战略》所定义的国家利益"，表示为此要从经济层面保证日本的独立、生存，以及繁荣。日本在《外交蓝皮书》中强调了新兴技术对于国家安

---

① 朱海燕.日本"岸田外交"与中日关系的前景[J].东北亚论坛，2022，31（5）：28-43，127.

全的影响，还表示经济依存关系在国家间的互动中可能会被利用。为此，日本将要"进一步注重提升国际战略地位，对国际社会不可缺少的产业进行强化，掌握相关价值链与供应链的核心，以确保实现长期、可持续的繁荣"。为实现这一目的，日本修改了外汇与外贸的相关法令，以加强对安全有重要影响的外资的管控，同时对 6 类 23 种芯片制造设备的出口进行了限制。

三、日本政策实践对亚太经济合作的影响

（一）对亚太地区经济合作的影响

作为全球第三大经济体，日本对亚太地区的经济合作有着重要的影响。当前日本在亚太地区的政策实践主要包含四部分：一是以四方安全对话推动"自由开放的印度-太平洋"（FOIP）构想向现实发展，二是加强与北约之间的合作，三是推进《区域全面经济伙伴关系协定》（RCEP）的落实与升级，四是希望引领亚洲零碳排放进程。

在推动 FOIP 构想方面，2023 年 3 月 21 日，日本首相岸田文雄访问印度时宣布，将通过私人贷款及日元贷款向印太地区投资 750 亿美元，以推动 FOIP 构想的实现。FOIP 构想于 2016 年由日本前首相安倍晋三提出，目的是提升日本在印太地区的地位与作用，建立有利于日本的印太地区秩序，加深与美国的同盟关系并制衡中国。日本将美日印澳"四方安全对话"（QUAD）作为 FOIP 构想的框架中心，在 2022 年 5 月日本东京的 QUAD 首脑峰会上，四国再次就共同实现 FOIP 构想发表了声明。[①] 由于印度奉行"不结盟政策"，FOIP 构想的军事色彩相对较淡，合作中心放在经济与先进技术领域。为进一步提升对印太地区的经济影响力，2022 年 5 月美国宣布启动"印太经济框架"（IPEF），初始的 13 个成员经济体包含美日印澳四国，以及韩国、新西兰等，不包括中国。美国同时还声明了 IPEF 的四个关键支柱：一是贸易、劳工和数字标准，二是供应链弹性，三是清洁能源和脱碳，四是税收和反腐败。IPEF 中并未涉及关税减让与市场准入，而是更侧重于遏制中国与地缘博弈。由于亚太地区各国之间的相互依存度较高，这种经济政治化行为可能会破坏亚太区域的产业链、供应链和价值链的稳定，造成亚太区域的经济合作碎片化，不利于亚太区域经济的长期稳定发展。而日本虽然对 IPEF 表现出了积极态度，但日本外相林芳正在 2023 年 1 月表示，希望美国重返"全面与进步跨太平洋伙伴关系协定"（CPTPP）。相较于 IPEF，在美国退出后由日本主导的 CPTPP 标准更高，区域内贸易自

---

① 蔡亮．"泛安全化"视域下日本对华政策研究[J]．日本学刊，2022（6）：1-23，149．

由化程度更大，更有利于日本推动 FOIP 构想、扩大日本在亚太地区的话语权和影响力。

在加强与北约之间的合作方面，2022 年 4 月，日本外务大臣出席北约外长会议；2022 年 6 月，岸田文雄参加北约峰会；2023 年 1 月，北约秘书长访问日本协商乌克兰与印太地区局势，进一步深化了日本与北约的合作。近年来，由于国际形势的变化，欧洲大国，以及整个北约都加大了对亚太地区，特别是中国的关注，战略重心向亚太地区转移。美国拜登政府上台后，一边积极修复与北约、欧盟诸国之间的关系，一边推动其在亚太地区的盟友加强与北约之间的互动，使得北约同日本、韩国，以及澳大利亚之间的联系与合作变得更加密切。[①]日本也以此为契机加深了同北约之间的合作，特别是在安保与军事方面的合作。2022 年 1 月，日本与意大利就安保磋商机制达成共识，2022 年 5月，日本与英国签署了允许在对方领土内部署军队的《互惠准入协定》，同时日本还与法国、英国和德国相继展开了军事演习或访问。这些都表明日本与北约之间的互动不断增强，与韩国、澳大利亚和新西兰等亚太国家一起参与美国和北约构筑起的防卫框架，实现美国"全球联网"的可能。亚太地区本身处于复杂的地缘政治与经济格局变化之中，美国与北约各国的插手会进一步动摇亚太地区的秩序，造成亚太各国之间互信更加困难，不利于亚太地区各国家的经济合作与共同发展。

在推进 RCEP 落实方面，2022 年 1 月 1 日 RCEP 开始生效。RCEP 的生效意味着这一世界最大的自由贸易区开始发力，亚太地区的区域经济一体化开始迈向更高水平。根据日本财务省的数据，2022 年日本对 RCEP 其他成员经济体的进出口额均有不同程度的上升，亚太地区的进出口额均占 2022 年日本总进出口额的一半以上，且亚洲地区整体呈现贸易顺差，对于 2022 年贸易逆差创历史新高的日本来说影响尤为关键。对日本而言，RCEP 不但可以振兴经济，还可以提高 FTA 的覆盖率，同时增进和主导 RCEP 与东盟之间的关系。特别是美国退出"跨太平洋伙伴关系协定"（TPP）后，RCEP 对于日本的重要性进一步提升。特别是 RCEP 中原产地规则累积制度，即在其他成员经济体采购原材料可以通过积累进行免税，对于高度依赖原材料进口的日本来说，这一制度有助于提高日本生产链、供应链的稳定性。2023 年 4 月，日本第三次下调协定项下的进口货物关税，进一步释放了日本 RCEP 关税红利。在升级方面，RCEP 规定协议生效后，每 5 年进行一次更新与补全，以匹配当前国际政治发展状况。条款升级是日本在 RCEP 中谋求更大主动权的机会，日本学界已经就升级相关问题展开研究，此前由于日本的反对，减缓了

---

① 韩召颖，李伟. 拜登政府欧洲和印太地区联盟战略分析[J]. 当代美国评论，2023，7（1）：24-42，127.

RCEP 的签署推进，在条款升级中日本或将积极布局。①

在引领亚洲零碳排放进程方面，能源在日本的国家安全中地位相当重要，作为能源进口大国，日本的能源政策立场为"S+3E"，即在保证安全性（Safety）的前提下，保障供给（Energy Security），增进经济效率（Economic Efficiency），提高环保要求（Environment）。②随着清洁能源技术的发展，以及俄乌冲突对全球能源供应链带来的冲击，全球能源转型加速。在能源转型中抢占清洁能源领域的控制权，成为缓解日本当前能源自给率低、进口依赖度高这一现状的关键。日本在氢能源的生产、运输和存贮，蓄电池开发，可再生原料等技术领域一直持有一定技术优势，因此日本可以通过对发展中国家提供能源技术援助和技术出口的方式，提升日本在清洁能源领域的影响力，继而在国际能源市场中取得优势地位。同时亚洲发展中国家数目较多，与日本经济合作密切、进出口地位关键的东盟十国中，有九国都为发展中国家，对其进行能源技术援助还可以进一步拉进日本与东盟之间的关系，有助于日本价值链、生产链的发展，也有助于日本进一步推进 FOIP 构想实现。2021 年 10 月，日本首相岸田文雄在第 26 届联合国气候变化大会的演讲中表示，日本将通过亚洲开发银行（ADB），在此前承诺过的 600 亿美元基础上，最高再追加 100 亿美元援助亚洲实现"脱碳"。2023 年 3 月 4 日，由日本、澳大利亚，以及除缅甸外的东盟各国成员，在日本东京举行了"亚洲零排放共同体会议"首次部长会议。

（二）对东北亚地区经济合作的影响

东北亚地区是亚洲经济、文化最发达的地区，也是地缘政治最复杂、大国力量交汇冲突最明显的地区。东北亚地区经济合作的核心在于中、日、韩三国之间的合作，三国分别为世界第二、第三和第十大经济体，同时互为彼此重要的贸易伙伴。2022 年，中韩分别为日本第二、第三大贸易出口国。根据日本财务省的数据，2022 年日本对中国出口 185 140 亿日元、对韩国出口 70 804 亿日元，共占亚洲出口额的 46.40%、总出口额的 25.79%。日韩同样分别为中国第二、第三大贸易出口国，根据中国海关总署的统计数据，2022 年中国对日本出口 1 729 亿美元，对韩国出口 1 626 亿美元，共占亚洲出口额的 19.72%、总出口额的 9.34%。而中国是韩国的第一大贸易出口国，2022 年韩国对中国出口 1 996 亿美元。2002 年，中日韩三国领导人峰会上，中日韩 FTA 被首次提出，自 2012 年正式开始谈判以来，三方已经经历了十六轮谈判，但中日韩 FTA 至今仍未签署。

① 张永涛. RCEP 升级中的日本因素与中国应对策略[J]. 现代日本经济，2022（3）：39-50.
② 王一晨，白如纯. 地缘能权视角下的日本能源外交——以对非洲合作为例[J]. 现代日本经济，2023，42（1）：71-82.

2022 年 1 月 1 日，RCEP 对中国、日本等十国正式生效，2 月 1 日对韩国生效。通过 RCEP，中日韩三国的经贸合作取得制度性突破。协议签署后，日本对中国关税取消率从 8%上涨到 86%、对韩国上涨到 81%，中国对日本关税取消率同样上涨到 86%，韩国对日本关税取消率上涨到 83%。关税降低、海关程序简化，极大降低了三国间的交易成本，增加了三国间的进出口贸易受益，促进了三国间的进出口交易，同时也推进了三国间的产业配置优化，增进了三国间的产业链融合。在 RCEP 之前，除了中韩 FTA，中日、日韩之间均未签署过双边 FTA 协定。RCEP 的签署生效不但是三国经贸间的重要突破，也为三国就中日韩 FTA 的谈判积累了经验与范式，中日韩 FTA 条款可以在 RCEP 现有框架协议下进一步深化与细化。并且由日本在 RCEP 下对中、韩承诺的最终零关税税目低于其在 CPTPP 下的承诺水平，中国对韩国的 RCEP 框架承诺水平也低于在中韩 FTA 框架下的水平，这意味着三国可以在 RCEP 的基础上，制定更优的中日韩 FTA 互惠协定条件。[①]

但这并不意味着中日韩 FTA 的签署就此进展顺利。历史问题在中日韩三国之间由来已久，对三国进一步的经贸合作造成妨碍。同时随着中美之间的矛盾冲突持续化、剧烈化，同为美国盟友的日本、韩国也出现配合美国、围堵中国的趋势。2023 年 3 月 16 日，韩国总统尹锡悦在日本同日本首相岸田文雄会晤，这是 2011 年以来韩国总统首次在出席国际会议之外访日，双方就重启两国领导人互访的"穿梭外交"达成共识，同时日本宣布取消对韩国的半导体技术出口限制。4 月 17 日，日韩两国重启 2018 年以来受两国关系恶化而中断的"日韩安全保障对话"，双方就"强化日韩和日美韩合作"交换了意见，同时针对进一步发展安保合作达成一致。这些都表明日韩两国或将配合美国在经济、技术与安全领域对中国进行围堵，这种行为会破坏中国同日韩两国的政治互信，对三国与整个东北亚地区的经济贸易合作产生不利影响。

（三）对中日经济合作的影响

中日两国一衣带水，受两国间复杂的地缘、历史、安全等问题的影响，中日之间的政治关系波动较大，常常出现"趋冷"或"回暖"迹象。2020 年以后，菅义伟、岸田文雄两届政府在中日安全问题上的一系列强硬举措，使两国政治关系出现新一轮"政冷"趋势。相较于政治关系的"冷暖波动"，中日两国的经济合作更为紧密。自 2007 年起，中国一直是日本最大的贸易伙伴国，2022 年，中国是日本第二大出口国和第一大进口国，

---

① 谭红梅，王琳. RCEP 下中日韩经贸合作机遇、挑战及对策[J]. 经济纵横，2022（2）：69-76.

而日本是中国第三大贸易伙伴、第二大出口目的地和第二大进口来源地。中国从日本进口的商品主要为技术密集型制造业产品，包括塑料制品、半导体及制作装置等；日本从中国进口的商品由过去的劳动密集型产品逐步转向资本、技术密集型产品，主要包括计算机类、通信类及服装产品等。两国形成日本负责提供高科技零部件、中国负责加工组装的互补型分工产业链。自 2018 年起，中日两国双边贸易总额连续五年超过 3000 亿美元，2022 年中日两国的双边贸易总额达到 3574 亿美元。贸易总额高、产业链互补使中日之间贸易与经济合作潜力极大。

但近年中日两国贸易额增长较为缓慢，2022 年日本对中国出口额仅增长 1.3%、进口额增长 19.6%，对美国出口额增长 21.3%、进口额增长 26.8%。可以看出中日之间贸易增长幅度，特别是日本对中国出口额增长幅度较小，其重要原因在于日本企业受到政治因素影响，在对华贸易上趋于保守。2021 年 5 月 24 日，日本经济产业省开展专项会议，强调日本应强化与美国等友好国家间的经济合作，对于日本企业与非友好国家间的经济合作应加强审核。政策转向促使日本企业更谨慎地与中国企业合作，阻碍了中日经贸合作关系的进一步发展。2023 年 5 月 23 日，日本经济产业省公布了外汇法法令修正案，对芯片制造设备的出口施加限制。日本这一政策一方面是为了保护国内的高新技术，保证日本芯片产业在国际上的产业竞争力；另一方面也是为了配合美国对中国的半导体出口限制，打压中国芯片相关的供应链，影响中国有关产业链的发展。这一举措不但影响了中日之间经贸、产业之间的合作关系，也对中日之间的政治互信造成进一步的破坏，不利于中日，乃至亚太地区的经济贸易合作关系发展。

由于中日之间一直未签订 FTA 协定，双方更高水平的经贸合作很大程度上依托于区域经济合作的发展。而随着中国经济快速发展成世界第二大经济体，全球政治经济影响力渐渐攀升，日本逐渐开始担忧丧失对区域经济的主导权。中国此前申请加入由日本主导的 CPTPP 遭拒，日本推动 FOIP 体现出了日本希望增加在亚太地区的影响力、取得地区主导权的想法，以及为实现这一目的不惜将中国排斥出区域经济合作的政策实践。日韩重启安保对话并与美国建立三方情报共享机制，意味着日韩迎合美国在亚太的布局，对中国进行围堵的可能性大大增加。因此中日韩 FTA 谈判在短时间内可能难以取得进一步成果。同时日本还调整了对中国台湾的战略。在 2022 年版日本《国家安全保障战略》中，日本将中国大陆定义为"前所未有的最大战略挑战"。在实际行动上，一方面，日本进一步强化了在东海方面的军事部署，使中国在东海地区的安全压力增加；另一方面，日本还效仿美国，积极派出国会议员访问中国台湾，向台湾当局示好，对中国海峡两岸关系造成不利影响。除此之外，日本在美日印澳四方安全会谈、日澳首脑会谈中，反复表示对台湾问题的高度关切。①这些表明了日本正试图借助地缘优势及中美对峙关系，发展与台海的关系，干涉中国内政。综合来看，中日之间的经贸往来与合作在未来一段时间存在下滑的风险。

四、结语

2022 年日本的经济复苏受到了新冠疫情、俄乌冲突下的全球能源供应链动荡，以及美联储加息等多重因素影响。在此背景下，虽然日本的实际 GDP、内需和进出口贸易额都较上年有所增加，但是通货膨胀率的急剧上升、对外贸易逆差的数据可比最高值、劳动力不足，以及日元汇率的波动，又为 2022 年的日本经济复苏蒙上了阴影。作为日本连续执政时间最长的首相，已故的安倍晋三在 2013—2020 年执政期间的内外政策一直影响着日本的经济发展与对外合作。2021 年 10 月岸田文雄上任后，在对内经济政策方面，表现出推翻安倍经济政策的一面，他提出"新资本主义"构想及配套政策，表示要重视国民的收入分配、缩小贫富差距等，对解决日本经济发展所面临的一系列难题、促进日本经济发展起到一定作用。在对外政策方面，岸田文雄又表现出继承安倍外交政策的一面，他所提出的"新时代现实主义外交"表现出的态度是继续担任美国在印太布局中的重要同盟，进一步增加日本在国际事务中的参与，提高日本的国际影响力，继续强军对周边地区释放强硬信号。作为亚洲第二大经济体，日本的对外政策影响了亚太地区的区域经济合作稳定。虽然 RCEP 的生效促进了亚太地区的区域经济合作，对亚洲零碳排放的支持也有助于亚太地区的能源、经济发展，但是日本对于 FOIP 构想、日韩重启安保对话、限制芯片出口、拒绝中国加入 CPTPP、阻碍中日合作等举措，又对亚太地区的区域经济合作发展造成了阻碍。作为全球第二大经济体，中国一直致力促进亚太地区的经济发展，推动亚太地区的经济合作。在当前中美博弈持续化，日本趋向美国影响中日经贸往来的背景下，中国应确保与周边国家合作，保障亚太地区的经济合作稳定，以经贸往来合作作为压舱石，防止中日及亚太地区的政治关系出现质变性恶化。

参考文献

[1] 蔡亮."泛安全化"视域下日本对华政策研究[J]. 日本学刊，2022（6）.

---

① 房迪. 日本国家安全战略中的涉台战略调整[J]. 东北亚学刊，2023（3）：41-54，147.

[2] 房迪. 日本国家安全战略中的涉台战略调整[J]. 东北亚学刊，2023（3）.

[3] 庞德良，李匡哲. 岸田文雄"新资本主义"政策的逻辑与前景[J]. 现代日本经济，2023，42（1）.

[4] 谭红梅，王琳. RCEP 下中日韩经贸合作机遇、挑战及对策[J]. 经济纵横，2022（2）.

[5] 王一晨，白如纯. 地缘能权视角下的日本能源外交——以对非洲合作为例[J]. 现代日本经济，2023，42（1）.

[6] 颜泽洋. 日元汇率波动新态势[J]. 现代国际关系，2023（1）.

[7] 张勇，常思纯，高洪. 2023 年日本形势展望[J]. 东北亚学刊，2023（1）.

[8] 朱海燕. 日本"岸田外交"与中日关系的前景[J]. 东北亚论坛，2022，31（5）.

东盟国家经济形势的分析与展望

王　勤*

摘　要：在全球疫情和经济动荡叠加的背景下，2022年世界经济缓慢复苏，而东盟国家经济仍保持了持续上行的态势，一些国家经济增速超出官方预期。为加快国内经济复苏，东盟国家适时调整了宏观经济政策，实行了扩张性财政政策，提高利率以减缓通胀压力，加大基础设施建设，推动产业转型升级，促进中小企业融入全球价值链。近年来，东盟国家纷纷推出数字经济转型战略与政策，推进产业数字化和数字产业化，为国内经济复苏提供了新动能。2023年，世界经济增长仍处于下行通道，东盟国家经济有望保持持续复苏的态势，但也存在不稳定和不确定性因素。

关键词：东盟国家；经济复苏；数字化转型

在全球疫情和经济动荡的背景下，2022年东盟国家经济逆势上行，保持了持续复苏的态势，疫情防控政策的放松加快了经济复苏的进程。为了应对世界经济与地缘政治形势的急剧变化，东盟国家实施了积极的宏观经济政策，调整货币政策以减缓通胀压力，推进产业数字化转型，加快中小企业融入全球价值链。2023年，世界经济复苏乏力，发达国家和新兴市场国家经济增长处于下行通道，但东盟国家经济仍将保持持续复苏的态势，也将面临来自国内外的一系列挑战。

一、世界经济动荡下东盟国家逆势上行

21世纪跨入第三个十年之际，新冠疫情的全球蔓延导致世界经济陷入全面衰退，东

---

* 王勤，经济学博士，厦门大学东南亚研究中心原主任、厦门大学国际关系学院/南洋研究院原副院长，教授，博士生导师。

盟国家经济增速也急转直下，出现了自 1997 年亚洲金融危机后最严重的衰退，2020 年大多数国家经济出现负增长。2021 年，除文莱和缅甸外，东盟其他国家经济均开始呈现复苏的迹象。2022 年，在全球疫情延宕和经济动荡叠加下，东盟国家经济仍保持了持续复苏的态势，一些国家经济增速超出官方预期。

据东盟国家统计，2021 年，文莱经济增长率为-1.6%、柬埔寨为 3.0%、印尼为 3.7%、老挝为 2.1%、马来西亚为 3.1%、缅甸为-17.9%、菲律宾为 5.7%、新加坡为 8.9%、泰国为 1.6%、东帝汶为 2.2%、越南为 2.6%（见表 1）。2022 年，东盟主要国家经济保持了持续复苏的势头，印尼前四季度的经济增长率分别为 5.01%、5.44%、5.72% 和 5.01%，全年为 5.3%；马来西亚分别为 5%、8.9%、14.2% 和 7%，全年为 8.7%；菲律宾分别为 8.2%、7.5%、7.6% 和 7.2%，全年为 7.6%；新加坡分别为 3.7%、4.8%、4.1% 和 2.1%，全年为 3.6%；泰国分别为 2.2%、2.5%、4.6% 和 1.4%，全年为 2.6%；越南分别为 5.03%、7.72%、13.67% 和 5.92%，全年为 8.0%。

2022 年，东盟主要国家宏观经济总体保持稳定的局面，国内经济逐渐复苏，失业率趋于下降，财政赤字相对减缓，国际收支状况有所改善。但是在全球通货膨胀加剧和美国货币政策转向的背景下，东盟国家的通货膨胀率明显上升，汇率波动加大，一些国家货币短期内大幅度贬值。从需求结构看，东盟主要国家的私人消费和政府消费均扭转负增长，固定资本形成有所扩大，进出口贸易增长较快，多数国家进出口贸易均取得较快发展，成为一些国家经济复苏的重要外部动力；从供给结构看，各国农业、工业和服务业呈现出复苏景象，尤其是制造业在国外需求扩大的带动下强劲增长，推动了国内经济触底反弹，东盟国家旅游及其相关行业开始逐步恢复。

表 1　2005—2023 年东盟国家实际国内生产总值增长率　　单位：%

国家	2005—2014	2015	2016	2017	2018	2019	2020	2021	2022	2023
文 莱	0.4	-0.4	-2.5	1.3	0.1	3.9	1.1	-1.6	-1.5	3.3
柬埔寨	7.5	7.0	6.9	7.0	7.5	7.1	-3.1	3.0	5.0	5.8
印 尼	5.9	4.9	5.0	5.1	5.2	5.0	-2.1	3.7	5.3	5.0
老 挝	7.8	7.3	7.0	6.9	6.3	4.7	-0.4	2.1	2.3	4.0
马来西亚	4.9	5.0	4.4	5.8	4.8	4.4	-5.5	3.1	8.7	4.5
缅 甸	8.4	7.5	6.4	5.8	6.4	6.8	3.2	-17.9	2.0	2.6
菲律宾	5.4	6.3	7.1	6.9	6.3	6.1	-9.5	5.7	7.6	6.0
新加坡	6.1	3.0	3.6	4.5	3.6	1.3	-3.9	8.9	3.6	1.5
泰 国	3.5	3.1	3.4	4.2	4.2	2.1	-6.2	1.6	2.6	3.4
越 南	6.3	7.0	6.7	6.9	7.5	7.4	2.9	2.6	8.0	5.8

资料来源：根据 IMF World Economic Outlook April 2023 数据编制。

注：2005—2014 年为年平均增长率；2023 年为预测数。

　　印尼是东盟国土面积最大和人口最多的国家，也是东盟唯一一个国内生产总值（GDP）超过万亿美元的国家。2022 年印尼经济保持强劲复苏，经济增速创下近九年来的新高。其中国内外需求持续增长，经济复苏提振私人消费需求，国内固定资本形成扩大，商品和服务出口保持着 10%以上的高速增长；有 7 个产业部门的增长率高于 GDP 增长率，制造业、农业、采矿业占 GDP 的比重分别为 18.3%、12.4%和 12.2%。全年印尼的财政赤字率回归目标区间，经常项目顺差扩大，失业率和贫困率出现双降。不过在全球经济"滞胀"的冲击下，印尼经济出现了物价快速上涨、资本大量外流、本币持续贬值，导致印尼经济走势的不确定性增大。2020 年印尼首次进入上中等收入国家的行列，但次年世界银行又重新将受疫情冲击的印尼列入下中等收入国家。2022 年，印尼经济持续复苏，并实现了连续六个季度经济增长率超过 5%。2023 年 7 月，世界银行再度将印尼列入上中等收入国家。[①]

　　马来西亚是 2022 年东盟国家经济增速最快的国家，国内生产总值增长率为 8.7%，这是 22 年来其最快的经济增速，也超过政府预期的 6.5%～7%的年度经济增长目标。马来西亚经济快速增长主要受到内部需求扩大、劳动力市场向好和旅游业复苏，以及全球市场对电子产品需求旺盛等因素影响。从 2022 年 4 月起马来西亚经济开始反弹，第三季度经济增长率超过两位数，第四季度开始个人消费回暖，带动内需持续扩大，全年服务业增长 10.9%，制造业增长 8.1%。同时马来西亚进出口总额为 2.85 万亿林吉特，增长 27.8%，连续第二年超过两万亿林吉特大关。其中出口 1.55 万亿林吉特，增长 25%；进口 1.3 万亿林吉特，增长 31.3%。马来西亚经济部部长拉菲兹指出，若能保持 4%～5%的经济增长率，林吉特与美元汇率相对稳定，马来西亚最早可在 2026 年跻身高收入国家行列。[②] 不过在全球经济复苏乏力和美国持续加息等因素影响下，马来西亚经济经历了通货膨胀抬头、本币走弱的多重挑战。

　　越南经济增速居东盟国家的第二位，2022 年 GDP 增长 8.02%，超过了政府预定的6%～6.5%目标，也创下 1997 年以来经济增长率的最高纪录。其中农林渔业增长 3.36%，对经济增长的贡献率为 5.11%；工业和建筑业增长 7.78%，对经济增长的贡献率为38.24%；服务业增长 9.99%，贡献率为 56.55%。越南宏观经济保持了相对稳定，全年居民消费价格指数（CPI）为 3.15%，失业率为 2.2%。越南进出口贸易首次突破 7000 亿美

---

　　① World Bank Analytical Classifications. https://datahelpdesk.worldbank.org/knowledgebase/articles/378834-how-does-the-world-bank-classify-countries.

　　② 拉菲兹. 若经济增长介于 4%～5%，我国有望在 2026 年跻身高收入国[N]. 马新社，2023-02-15.

元，达 7325 亿美元，其中出口 3718 亿美元，进口 3606 亿美元，连续第七年实现贸易顺差。当年越南吸引 FDI 277 亿美元，增长 13%，是近四年来的最高水平。越南官方统计数据显示，2022 年 GDP 总量突破 4000 亿美元大关，达到 4090 亿美元，人均 GDP 达到 4110 美元，政府预计到 2030 年越南将进入上中等收入国家的行列。

菲律宾 2022 年经济增长率为 7.6%，超过政府预期的 6.5%～7.5% 的增长目标，也创下自 1976 年以来最高的经济增速。其中工业和服务业分别增长 6.7% 和 9.2%，是拉动经济增长的两大动力，私人消费和政府支出增幅明显（分别增长 8.3% 和 5%），进口和出口贸易表现强劲（分别增长 13.1% 和 10.7%），但是菲律宾通货膨胀率居高不下，内债和外债均呈两位数增长，债务总额攀升至 13.4 万亿比索，贫困人口比重升至 21.6%。长期以来，菲律宾一直徘徊在下中等收入国家的行列中，政府原先预定在 2020 年跻身上中等收入国家，但因三年疫情而成为泡影。世界银行最新公布的 2022 年菲律宾人均国民总收入（GNI）为 3950 美元，距离上中等收入国家分类标准的 4256 美元仍有一步之遥，菲律宾政府预期有望在 2025 年成为上中等收入国家。①

在经历了建国以来最严重的经济衰退后，2021 年新加坡经济出现强劲反弹，2022 年经济复苏的进程有所减缓，全年经济增长率为 3.6%，当年国内生产总值为 6435 亿新元（约 4670 亿美元），人均收入为 95 789 新元（约 8.27 万美元），消费者物价指数为 6.1%，失业率为 2.1%。2022 年，制造业增长 2.5%，大大低于 2021 年增速，其中电子行业增长 2.6%，化工和生物医药行业均出现负增长，运输设备行业快速增长归因于航空航天、海洋和近海工程（M&OE）行业的扩张，建筑业也出现下滑。② 由于放松疫情防控，入境旅客增多，航空业逐渐恢复，酒店住宿、餐饮服务等营业收入均大幅回升。同时新加坡的进出口贸易保持了较快的增长势头，货物进出口贸易达 1.356 万亿新元，增长 17.7%。其中出口为 7090 亿新元，增长 15.6%；进口为 6550 亿新元，增长 20.1%。

泰国的经济复苏相对缓慢，2022 年年经济增长率为 2.6%。从需求方面看，私人消费增长 6.3%，公共消费零增长，私人投资增长 5.1%，公共投资增长 -4.95%，出口增长 5.5%，进口增长 15.3%；从供给方面看，农业、林业和渔业增长 2.5%，制造业增长 0.4%，住宿和餐饮服务业增长 39.3%，批发零售贸易业增长 3.1%，运输和仓储业增长 7.1%，建筑业下降 2.7%，接待国外游客达 1115.3 万人次，增长 2506.6%，旅游收入为 1.207 万亿泰铢，

---

① 到 2025 年菲律宾将成为中等偏上收入国家[N]. 菲律宾商报，2023-07-20.
② Ministry of Trade and Industry (2023). Economic Survey of Singapore 2022.

增长 217.0%。① 2022 年，泰国国内生产总值为 17.4 万亿泰铢（约 4950 亿美元），人均 GDP 为 248 635.3 泰铢（约 7089.7 美元）。由于国际能源和大宗商品价格大幅上涨，引发泰国通货膨胀急剧攀升，年通货膨胀率达 6.1%，创下 24 年的新高。同时泰国年末家庭债务规模为 14.97 万亿泰铢，家庭债务占 GDP 比率达到 89.3%，处于近 16 年来的新高。

二、各国加快促进经济复苏的措施

面对世界经济"滞胀"和地缘政治形势的急剧变化，东盟国家适时调整了宏观经济政策，各国实行了扩张性财政政策，提高利率以减缓通胀压力，加大基础设施建设，推动产业转型升级，促进中小企业融入全球价值链，推进区域经济整合，从而加快国内经济复苏的进程。

（一）实行扩张性财政政策，加速疫情下国内经济的复苏

面对全球疫情变化和国内经济衰退，东盟国家积极实施扩张性财政政策，扩大财政支出，加大疫情防控的投入，援助受疫情影响的部门、行业和中小企业，以加速促进国内经济的复苏。

为了加快国内经济复苏，印尼成立国家新冠疫情防控和经济复苏委员会，政府加大了疫情防控的投入，为工商业和中小微企业提供税收优惠和政策扶持。2020—2022 年，印尼连续实行赤字预算政策，三年的财政预算案开支分别为 2595.5 万亿盾、2786.4 万亿盾和 3105.4 万亿盾，预算赤字分别为 947.7 万亿盾、775.1 万亿盾和 598 万亿盾；② 新加坡连续出台五个经济援助配套计划，连续实施赤字预算政策，纾困资金近千亿新元，财政赤字高达 649 亿新元，相当于国内生产总值的 13.9%，其中政府动用了 520 亿新元国家储备金，相当于 1996—2019 年的财政盈余的总额；2022 年 7 月，泰国内阁批准新一轮总值为 274 亿泰铢的经济刺激配套，向全国约 2650 万名符合条件者发放共计 212 亿泰铢、向 1334 万名领有国家福利卡的低收入民众发放共计 53 亿泰铢、向 223 万名特殊需求者发放共计 8.92 亿泰铢的援助；到 2022 年年底，越南直接用于疫情防控、政策落实和社会保障的资金达 230 万亿越南盾③。越南将缴纳企业所得税、个人所得税、增值税和土地租金的期限延长至 2023 年。2023 年将增值税税率下调 2%，商品和服务的增值税

---

① NESDC Economic Report: Thai Economic Performance in Q4 and 2022 and Outlook for 2023. https://www.nesdc.go.th/nesdb_en/article_attach/02%20Economic%20Report%202022-Q4.pdf.

② 三年来政府成功控制大流行病　同时也成功保护了社会大众和经济基础[N]. 印尼国际日报，2022-12-03.

③ 越南第十五届国会第五次会议：监督新冠肺炎疫情预防和控制资源的动员管理和使用[N]. 越通社，2023-05-29.

由 10%降至 8%。①

（二）大幅提高政策利率，减缓国内通货膨胀的压力

由于国际油价和其他大宗商品价格上扬，引发东盟国家通货膨胀率急剧上升，2022年印尼的通货膨胀率达 5.51%，马来西亚为 3.3%，菲律宾为 5.8%，新加坡为 6.1%，泰国为 6.1%。同时美国货币政策的转向，引发东盟国家金融市场的波动，各国货币一度加速贬值，如马来西亚林吉特兑美元汇率曾下跌 12%，创下 24 年来新低；菲律宾比索兑美元汇率曾降至历史新低；泰铢兑美元汇率也降至 2015 年以来的最低水平；越南盾兑美元汇率也下跌 7%，并引发资金外流。据印尼央行统计，截至 2022 年 9 月 22 日，在印尼政府证券（SBN）市场中外流的外国资金达 148.11 万亿印尼盾。② 菲律宾央行数据显示，2022 年 1—8 月菲律宾外国资本投资流出额为 81.34 亿美元。③

在全球通货膨胀加剧和美国连续 11 次加息的压力下，保持物价和货币稳定成为东盟国家宏观经济稳定的核心任务，为此主要国家纷纷提高政策利率。2022 年 8 月，印尼中央银行将基准利率提高 25 个基点，由 3.5%增加到 3.75%，这是印尼 17 个月以来首次上调利率，后印尼央行又增大加息力度，9 月、10 月、11 月三次将基准利率分别提高50 个基点至 5.25%，12 月和 2023 年 1 月再分别提高 25 个基点至 5.75%；马来西亚 5月、7 月、9 月和 11 月分别上调政策利率 25 个基点，升至 2.75%，一年内四次加息也创下该国先例，2023 年 5 月再次宣布加息 25 个基点，将政策利率调升至 3%；菲律宾在 5月和 6 月两次上调基准利率 25 个基点后，7 月上调基准利率 75 个基点至 3.25%，8 月和9 月两次上调基准利率 50 个基点至 4.25%，11 月上调基准利率 75 个基点至 5%，12 月和 2023 年 2 月又分别上调基准利率 50 个基点至 6%，2023 年 3 月菲律宾再上调 25 个基点至 6.25%；自 2021 年 10 月以来，新加坡金融管理局连续五次收紧货币政策，让新元加速升值，以降低国内核心通胀率；泰国 2022 年 8 月上调基准利率 25 个基点至 0.75%，这是四年来泰国央行的首次加息，9 月和 11 月，2023 年 1 月、3 月和 5 月泰国又五次分别上调基准利率 25 个基点，使得基准利率升至 2%；2022 年 9 月，越南国家银行将基准利率上调 1%，10 月再将基准利率上调 100 个基点，其中再融资利率从 5%升至 6%，贴现率从 3.5%升至 4.5%，商业银行存款利率上限提高 50～100 个基点。不过自 2023 年 3月起越南货币政策已开始转向，国家银行在 3 月（两次）、5 月和 6 月共四次下调利率。

① 政府对税费进行减免及延期将助推经济的增长[N]. 越通社，2023-05-20.
② 世行警告：外国资金将逃离印度尼西亚[N]. 印尼国际日报，2022-09-29.
③ 8 月外国投资连续第 4 个月净外流[N]. 菲律宾世界日报，2022-09-30.

（三）加大基础设施建设，推动国内产业转型升级

为了加快国内经济复苏，东盟国家加大了基础设施投资建设，一些重点基础设施建设项目取得新进展。2016—2022 年，印尼加快了国内基础设施建设，已完成国家战略项目（PSN）153 个，总值 1040 万亿印尼盾，包括水库、机场、收费公路、火车站、港口、冶炼厂、饮用水供应等项目。① 2014—2022 年，印尼国道从 4.643 2 万公里增至 4.781 7 万公里，省县区公路从 46.428 0 公里增至 50.134 4 公里，高速公路从 913 公里增至 2499 公里，水库从 15 座增至 42 座，灌溉能力从 11 万公顷增至 30.3 万公顷。② 在菲律宾政府的"建设、改善、提高"（Build、Better、More）基础设施建设计划的推动下，2023 年政府预算的基础设施投资为 1.3 万亿比索，包括公路 787 亿比索、防洪设施 2832 亿比索、地方基础设施 141 亿比索、建筑 481 亿比索、铁路 401 亿比索。近年来，菲律宾政府的基础设施建设支出占 GDP 的 5%～6%，远高于 10～20 年前的 2%。③ 2023 年，泰国政府加大了能源、交通、公用事业的投资比重，其中投资额最大的十大建设项目为中泰曼谷-呵叻铁路、捷运紫线项目道潘-叻武拉纳段、输配电系统开发项目二期、拉玛三-道卡农-曼谷西部外环路高速公路、班派-玛哈色拉堪-黎逸-莫达汉-那空拍侬铁路、政府中心扩建、配电系统改扩建计划、登猜-清莱-清孔铁路、第九次总体水厂改造、Mae Moh 发电厂更换电机等。④

随着新一轮工业革命浪潮的兴起，数字技术和智能制造驱动产业转型与升级，改变现有价值链的生产分工和利润分配，提升了中游制造环节的生产效率和定制化水平。美、日、韩等国鼓励制造业回流，在抢占产业制高点的同时解决本土制造业空心化等问题，而新兴经济体也利用新技术和新产业，促进传统产业的转型，推动价值链升级，试图摆脱价值链的"低端锁定"。近年来，作为高度外向型的经济体，东盟国家纷纷出台了"工业 4.0"战略与数字化转型政策，确立了"工业 4.0"战略及数字化转型的主导行业和领域，以加快融入全球价值链和区域生产网络。印尼优先促进电子、汽车、纺织服装、食品和饮料、石化工业的数字化转型，马来西亚政府拟于 2023 年 8 月推出"2030 年新工业总体计划"，新加坡制定的"产业转型蓝图 2025"更新了原有 23 个产业转型蓝图的目标和措施，泰国确定新一代汽车制造、智能电子、未来食品加工、农业和生物技术、高

---

① PUPR 今年将完成 30 个国家战略项目，价值达 288 万亿印尼盾[N]. 印尼国际日报，2023-07-15.
② 十年以来我国基础设施突飞猛进[N]. 印尼国际日报，2023-05-21.
③ 经济学家：基建支出将超过政府目标[N]. 菲律宾商报，2023-05-19.
④ 明年政府 10 大投资项目将划拨预算 839 亿铢[N]. 泰国星暹日报，2022-11-28.

端旅游、生物能源与生物化工、数字经济、工业机器人、航空物流和医疗卫生产业等转型领域，越南政府也公布了2030年第四次工业革命国家战略和2025年国家数字化转型计划。

（四）把握全球价值链重构的契机，推动中小企业融入全球价值链

2008年国际金融危机后，全球价值链进入重构阶段，美、日、韩等国家实施了鼓励本国跨国公司回归本土或从中国转向东盟国家的措施，面对西方国家的政策转向，东盟国家把握全球价值链重构的契机，积极调整外资政策，一些国家根据跨国公司全球价值链的具体环节和区位选择，立足本地的产业优势、配套优势和部分领域先发优势，有针对性地制定吸引跨国公司价值链和产业链的政策，引进行业领先的跨国公司全球价值链和区域生产网络，引导当地企业，尤其是中小企业参与跨国公司的产业链和供应链，成为中间产品（半成品和零部件）的供应商。近年来，越南积极调整外资政策，大力吸引跨国公司的价值链投资，加快国内企业融入全球价值链和区域生产网络。2008年，越南引进韩国三星公司到越南北宁省投资设厂，现三星公司在越南共有6个生产厂和1个研发中心，涉足手机、电视、芯片、显示器等领域，投资额超过200亿美元，员工人数达14万人，2022年公司出口额为655亿美元，三星公司已成为越南规模最大的外资企业。

由于大多东盟国家尚未建立起完整的工业体系，辅助工业发展滞后，中小企业竞争力弱，阻碍了国内产业和企业融入全球价值链和区域生产网络。近年来，东盟国家采取了一系列政策措施，鼓励和扶持国内辅助工业发展，增强中小企业能力建设。2017年1月，越南政府出台辅助工业发展计划，提出力争到2020年能向越南境内跨国公司和组装企业提供零部件的配套企业从300多家增至1000家，到2030年为2000家。由于辅助工业欠发达，越南加工制造业过度依赖于进口的原辅料、零配件供应源，尤其是电子、纺织服装、皮革、鞋类和箱包、汽车生产及组装等产业，国产化率较低。越南设立了加工业、制造业和支持产业数据库系统，政府提出要在全国范围内建设技术支持中心，为工业生产企业或从事相关工业服务领域的企业提供全面协助。

（五）推进RCEP的落地实施，加入"印太经济框架"

2020年11月，RCEP正式签署。RCEP对标国际高水平自贸规则，既涵盖货物贸易、服务贸易和投资，也纳入了知识产权、电子商务、竞争、政府采购、中小企业、经济技术合作等领域，形成了区域内更加开放、自由和透明的经贸规则，是一个高标准和高质量的区域自贸协定。2021年4月，新加坡率先完成国内批准程序，随后文莱、柬埔寨、老挝、泰国和越南等也完成国内程序，2022年1月该协定对这些国家正式生效。随着马来西亚、缅甸、印尼和菲律宾通过国内程序，该协定分别于 2022 年 3 月 18 日、5 月 1 日及 2023 年 1 月 2 日、6 月 2 日起对这些国家生效。第 54 届东盟经济部长会议发表声明称，RCEP 可为该地区疫后恢复进程作出贡献，并创建更坚实的区域供应链。

2022 年 5 月，美国正式启动"印太经济框架"（IPEF），确定公平和弹性贸易（Fair and Resilient Trade）、供应链（Supply Chains）、清洁经济（Clean Economy）、公平经济（Fair Economy）为四大支柱，并将东盟国家的文莱、印尼、马来西亚、菲律宾、新加坡、泰国和越南作为 IPEF 创始国。IPEF 其他成员是东盟国家重要的经贸伙伴，2021 年双边贸易为 1.69 万亿美元，占东盟进出口贸易总额的 50.6%，其中出口额为 9121.4 亿美元，占总出口的 50.6%；进口额为 7778.9 亿美元，占总进口的 47.8%。在东盟十大商品贸易中，对 IPEF 国家出口、进口比重占 50% 的商品均为 5 种。在东盟区外十大进出口贸易伙伴中，IPEF 其他成员占六个，分别为美国、日本、韩国、印度、澳大利亚和新西兰。2019—2021 年，美国连续三年是东盟国家引进 FDI 的最大来源国。目前，东盟七国与 IPEF 其他成员签署了 29 个多边或双边自贸协定。尽管"印太经济框架"的具体实施方案尚未全部出台，但东盟成员已开始调整其发展战略和产业政策，以应对加入 IPEF 所带来的机遇与挑战。

三、东盟国家数字化转型助推经济复苏

近年，东盟国家纷纷推出数字经济转型战略与政策，注重数字基础设施的建设，推进移动互联网建设与普及，加快引进第五代移动通信技术（5G），兴建大数据中心，规划人工智能方案，创建智慧城市，推广电子商务和数字金融，加速迈向数字经济时代，为各国经济持续复苏提供了新动能。

（一）东盟国家数字经济快速发展

在全球疫情下，东盟国家的数字经济悄然兴起，主要国家的数字经济规模呈现两位数增长，2022 年，东盟主要国家（印尼、马来西亚、菲律宾、新加坡、泰国和越南）的数字经济规模为 1940 亿美元，电子商务、交通与食品、在线旅游、在线媒体和数字金融成为数字经济增长的重要领域。[①] 目前，东盟国家估值超过 10 亿美元的科技企业有 23 家，其中 11 家受益于电商和数字金融，并跻身独角兽企业行列。2021 年，新加坡的欢

---

① Google，Temasek，Bain & Company (2022). Economy SEA 2022: Through the waves，towards a sea of opportunity. https://www.temasek.com.sg/en/news-and-resources/subscribe/google-temasek-e-conomy-sea-2022.

聚集团（JOYY）、冬海集团（Sea）进入全球 100 家最大数字跨国公司榜单。① 印尼是东盟国家中最大的数字经济体，2020 年数字经济增加值约 440 亿美元，对该国 GDP 的贡献率为 4%，使用互联网用户达 1.712 亿人，约 2600 万家中小企业上线，现有独角兽企业（资产超出 10 亿美元的网上企业）4 家，十角兽企业（资产超出 100 亿美元的网上企业）1 家。② 越南数字经济发展较为迅速，数字经济规模不断扩大，2022 年数字经济对 GDP 的贡献率约为 14.26%。③

后疫情时代，东盟国家数字经济仍将为各国未来发展注入新动力。到 2025 年，预计东盟主要国家数字经济规模将超过 3300 亿美元，2030 年将达到 1 万亿美元。其中 2022—2025 年，印尼数字经济规模将从 770 亿美元增至 1300 亿美元，年增长率为 19%；马来西亚从 210 亿美元增至 340 亿美元，年增长率为 17%；菲律宾从 200 亿美元增至 350 亿美元，年增长率为 20%；新加坡从 180 亿美元增至 280 亿美元，年增长率为 17%；泰国从 350 亿美元增至 530 亿美元，年增长率为 15%；越南从 230 亿美元增至 490 亿美元，年增长率为 31%。④

（二）东盟国家数字基础设施建设方兴未艾

随着 5G 迅速发展，东盟国家 5G 用户市场潜力巨大。菲律宾是较早开通 5G 网络的东盟国家，环球电信（Globe Telecom）和菲律宾长途电话公司（PLDT. Inc.）两大国内电信运营商均使用华为技术，菲律宾第三大电信运营商 DITO 与华为等公司启动 5G 基站项目的建设；2020 年 3 月，泰国率先发布 5G 业务，由泰国电信运营商分别与华为、中兴通讯公司合作开展 5G 业务；2020 年 6 月，新加坡颁发两个全国 5G 许可证，新加坡电信公司选择爱立信，星和电信（StarHub）与第一通（M1）两家电信公司选择诺基亚建立 5G 基站，计划到 2022 年年底和 2025 年年底实现 5G 网络分别覆盖国土面积一半和全覆盖；2021 年 3 月，马来西亚政府成立国家数码公司（DNB），它与爱立信公司签署合约，争取 2024 年将 5G 网络覆盖全国八成人口；2021 年 5 月，印尼国有移动运营商流动电信公司（Telkomsel）推出 5G 服务，计划将 5G 网络扩展到爪哇岛的 6 个省会城市、5 个优先旅游目的地和 1 个工业区；越南 5G 网络建设主要与爱立信和诺基亚两家公司

---

① UNCTAD (2022). Investment Trends Monitor: Digital MNEs are Growing at Breakneck Speed. p8.

② 2030 年印尼有望成为全球第九大数字经济国[N]. 印尼国际日报，2020-02-17；印尼数字经济能增长 8 倍[N]. 印尼国际日报，2021-06-12.

③ 2022 年数字经济全国 GDP 贡献率约为 14.26%[N]. 越通社，2023-01-15.

④ Google，Temasek，Bain & Company，Economy SEA Report 2022: Through the Waves，Towards a Sea of Opportunity. https://www.temasek.com.sg/en/news-and-resources/subscribe/google-temasek-e-conomy-sea-2022.

合作，分别在河内和胡志明市建设 5G 基站。

东盟国家大力兴建大数据中心，以应对数字化转型的迫切需求。据高纬环球（Cushman & Wakefield）数据中心的研究报告预测，2019—2024 年，东盟国家主机托管数据中心市场年均增长率为 12.9%，新加坡是仅次于冰岛和挪威的世界最具竞争力的数据中心市场。① 2015 年，新加坡电信公司出资 2.85 亿美元打造该国最大的数据中心，以巩固其区域云计算和云创新的中心地位。马来西亚制订了国家光纤化和连接计划（NFCP），吸引国外大数据运营商到当地开设数据中心，如新加坡吉宝、中国阿里云、微软等。印尼最大的国有电信网络运营商流动电信公司（Telkomsel）及其子公司在当地建设和运营 11 个数据中心，普林斯顿数字集团收购 XLAxiata 印尼数据中心的多数股权，亚马逊网络服务公司开通运营云计算，中国阿里云 2018 年首次设立数据中心后进行了大规模扩建。② 目前，越南数据中心共 30 个，其中北部占 46%，南部占 35%，中部占 18%，并跻身世界十大数据中心新兴市场之列。③

各国纷纷制定和实施人工智能发展规划，兴建人工智能产业园。2017 年和 2019 年，新加坡两度发布人工智能战略，推进智能市镇及邻里、交通物流、教育、医疗保健、安全与保安领域采用人工智能科技。2020 年，印尼公布了 2020—2045 年人工智能发展蓝图，将人工智能的重点聚焦在教育与研究、医疗服务、行政体制改革、粮食安全、机动性和智慧城市等领域。2022 年，马来西亚出台国家机器人技术路线图（NRR），旨在将机器人的使用强度从 2019 年每万名工人 55 台机器人增至 2030 年的 195 台。越南公布了《至 2030 年人工智能研究、开发和应用的国家战略》，将人工智能作为推动国家数字化转型的关键技术之一。此外，马来西亚 G3 全球公司与中国港湾工程公司共建马来西亚的首个人工智能产业园，泰国投资 100 亿泰铢建设首个数字创新园。

经过智慧城市网络的三年建设，东盟智慧城市规划与建设均取得较快的进展。新加坡的第一个智慧国家十年计划既定目标均提前实现，第二个十年计划进展顺利。泰国制定了二十年内建设 100 个智慧城市的目标，政府成立了国家智慧城市委员会，泰国首都曼谷、普吉岛、清迈和孔敬的智慧城市建设已全面展开。2018 年 8 月，越南政府公布了 2018—2025 年越南发展可持续智慧城市总体规划，以及 2030 年发展方向，2025 年前推

---

① 我国连续第三年是亚洲最具竞争力数据中心[N]. 新加坡联合早报，2019-08-19.

② Research and Markets. Indonesia Data Center Colocation Services Market Report 2020. https://www.globenewswire.com/news-release/2021/01/04/2152452/0/en/Indonesia-Data-Center-Colocation-Services-Market-Report-2020.

③ 越南数据中心发展趋势向好[N]. 越通社，2023-01-03.

进智慧城市试点，到 2030 年在河内、胡志明市、岘港和芹苴建成智慧城市网络中心。2019 年 10 月，由越南 BRG 集团与日本住友集团合作的河内市东英县首个智慧城市项目正式动工，这是越南最大的智慧城市项目，总投资达 42 亿美元，占地 272 公顷，计划 2028 年全部竣工。

（三）新冠疫情下电子商务蓬勃发展

近年来，东盟国家选择网上购货的人数骤增，尤其是新冠疫情加速了电子商务的发展，消费者通过不同电商平台交叉购物，对不同品牌持开放态度，更好的商品质量、更优惠的价格、更快的配送服务是引发网络消费者购买的三大要素，电子钱包受欢迎程度逐步提升，而其他支付方式则开始走下坡路。目前，各国电商企业星罗棋布，但总体处于起步阶段，市场占有情况也较为分散。2022 年，东盟主要国家新增的互联网用户 2000 万人次，总用户数突破 4.6 亿人次，电子商务交易额为 1310 亿美元，增长 16%。到 2025 年，东盟国家电子商务交易额将达 2110 亿美元。[①] 其中 2022 年印尼电子商务交易额为 227.8 万亿印尼盾，增长 22.1%；到 2025 年，印尼电子商务交易额将达 1900 万亿印尼盾，企业对企业的交易额为 763 万亿印尼盾，在线旅游为 575 万亿印尼盾，卫生技术为 471.6 万亿印尼盾，网约服务和金融科技均为 401 万亿印尼盾。[②] 2021 年开始，泰国政府实施电子商务发展第一阶段行动计划（2021—2022 年），2022 年国内电子商务交易额为 4500 亿泰铢；2022 年 4 月，政府出台电子商务发展第二阶段行动计划（2023—2027 年），预计到 2027 年电子商务交易额将达 7.1 万亿泰铢，年均增长 10%，该行动计划聚焦电子商务的人力资源开发、支持电子商务发展环境和体系建设、增强电子商务交易信心和安全度、打造国内和跨境的电子商务平台等。[③] 2022 年，越南零售电子商务市场规模约 164 亿美元，占全国社会消费品零售和服务收入总额的 7.5%，74.8%的互联网用户使用网上购物，人均消费支出为 260～285 美元。目前，越南的电子商务市场由四大平台主导，营业收入约 57.5 亿美元。[④]

（四）东盟国家数字金融逐渐兴起

2019 年 8 月，新加坡金融管理局宣布正式开放数字银行牌照申请，发放 5 张数字银行执照，其中包括 2 张全面数字银行执照和 3 张批发数字银行执照。12 月，新加坡金融

---

① Google，Temasek，Bain & Company (2022). Economy SEA 2022: Through the Waves，Towards a Sea of Opportunity. https://www.temasek.com.sg/en/news-and-resources/subscribe/google-temasek-e-conomy-sea-2022.

② 2022 年印尼电商交易额达到 227.8 万亿印尼盾[N]. 印尼国际日报，2023-03-09.

③ 电商委定五年目标：总产值 7.1 万亿[N]. 泰国中华日报，2023-02-05.

④ 越南电子商务继续实现爆发式增长[N]. 越通社，2023-02-07.

管理局宣布 Grab-Singtel 财团和 SEA 集团获得了全面数字银行执照，蚂蚁金服和绿地金融获得了批发数字银行执照，这标志着新加坡步入数字金融时代。继新加坡之后，马来西亚政府将颁发 5 个数字银行牌照，由此成为第二个设立数字银行的东盟国家。2019 年 3 月，马来西亚中央银行首次发布了数字银行框架，次年 3 月又发布了数字银行框架的更新版征求意见稿。2019 年 10 月 25 日，马来西亚首家数字银行中国建设银行纳闽分行在马来西亚纳闽开业，该分行获得了马来西亚首张数字银行牌照。2020 年 11 月，菲律宾央行批准将数字银行确认为新的银行类别。2022 年 8 月，菲律宾宣布 6 家数字银行获准全面运营。2021 年 10 月，印尼金融服务管理局（OJK）推出银行业数字化转型蓝图，提供数据、技术、风险管理、协作和制度安排五个要素的指导方针。2022 年 1 月，越南政府出台了《至 2025 年和远景展望到 2030 年越南银行业数字化转型规划》，提出进一步完善银行间电子支付系统，提供安全便捷的数字化产品和服务。泰国计划 2024 年发出 3 张数字银行执照，2023 年第一季度开放申请，2025 年投入运营，为此央行颁布了数字银行准入的七项指标。

总之，东盟国家数字经济快速发展，数字产业将成为驱动经济增长和产业转型的新引擎。数字技术推进传统产业转型升级，为国内产业结构的转型升级赋予新动能，激发智能制造、新能源汽车、电子商务、数字金融、智慧旅游等新兴产业发展；数字基础设施涵盖了 5G 互联网、数据中心、人工智能和工业互联网等建设，它将促使国内投资需求迅速增长；数字产业发展促成新的商业模式和消费方式，加速构建数字化商品流通体系，形成新业态和新模式，促进新型消费蓬勃发展；东盟智慧城市的规划建设，将为数字技术在城市规划与管理领域的应用提供了广阔的空间；各国大力推进政府数字化转型，建立数字国家数据中心，推行电子政务系统跨部门一站式服务，创建数字公共服务平台等，增大了国内数字市场的公共部门需求。不过东盟国家数字经济发展仍面临着数字基础设施相对落后、技术条件准备不足、科技投入和专业人才缺乏、数字鸿沟拉大等诸多问题。

四、2023 年东盟经济发展的前景

在世界经济动荡的背景下，国际经济组织下调了 2023 年世界经济增长速度，东盟国家也纷纷降低了经济增长预期。由于世界进入变革动荡期，全球经济仍未摆脱"滞胀"的困境，主要发达国家经济增速下行，国内经济复苏乏力，地缘政治格局急剧变化，引发全球价值链的断裂，东盟国家经济面临的不稳定和不确定因素大增，这些国家经济持

续复苏的前景仍不容过于乐观。

2023 年 5 月，世界卫生组织宣布新冠疫情不再构成国际关注的突发公共卫生事件，意味着疫情变化对世界经济的影响趋于减缓。但是由于俄乌冲突持续升级，世界经济动荡加剧，西方国家对俄制裁使得能源和粮食等供应短缺，国际市场上大宗商品价格大幅上涨，引发全球性通货膨胀，让世界经济复苏进程雪上加霜，西方国家经济陷入"滞胀"的困境。为了应对国内通货膨胀，欧美国家连续收紧货币政策，2022 年 3 月美联储宣布提高利率后连续 11 次加息共 525 个基点，欧洲央行自 2022 年 7 月以来连续九次加息共425 个基点，一些新兴市场与发展中国家也被迫跟进。美国收紧货币政策，导致其他国家货币的贬值，吸引短期国际游资回流美国，对新兴市场国家的金融市场造成严重冲击。作为高度外向型经济体，东南亚国家的复苏进程已明显受到世界经济下行的冲击，各国经济增长的动力减弱，通胀压力增大，货币汇率下行，金融市场波动加剧，资产的大幅重新定价引发这些新兴市场的资本外流，增加偿债负担，汇率和利率波动增加企业成本。

国际经济机构调低了 2023 年全球经济增长预期，也调低了东盟国家经济增速。据国际货币基金组织（IMF）预测，2023 年世界经济年度增长率为 3%，发达经济体为 1.5%，新兴市场和发展中经济体为 4%，亚洲新兴发展中国家为 5.3%，东盟五国为 4.6%，[①] 文莱为 3.3%，柬埔寨为 5.8%，印尼为 5.0%，老挝为 4.0%，马来西亚为 4.5%，缅甸为 2.6%，菲律宾为 6.0%，新加坡为 1.5%，泰国为 3.4%，越南为 6.2%。[②] 世界银行预测，2023 年世界经济年度增长率为 1.7%，发达经济体为 0.5%，新兴市场和发展中经济体为 3.4%，柬埔寨为 5.2%，印尼为 4.8%，老挝为 3.8%，马来西亚为 4%，缅甸为 3%，菲律宾为 5.4%，泰国为 3.6%，越南为 5.8%。[③] 亚洲开发银行预测，2023 年东盟国家的经济增长率为 4.7%，文莱为 2.5%，柬埔寨为 5.5%，印尼为 4.8%，老挝为 4.0%，马来西亚为 4.7%，缅甸为 2.8%，菲律宾为 6.0%，新加坡为 2.0%，泰国为 3.3%，越南为 6.5%。[④]

当前，新冠疫情对东盟国家的经济冲击已呈减弱趋势，美联储放缓加息也使各国以加息抵抗通胀的举措似乎已接近尾声，这些均有利于东盟国家经济保持持续复苏的态势，

---

① IMF (2023). World Economic Outlook Update July 2023: Near-Term Resilience, Persistent Challenges. https://www.imf.org/en/Publications/WEO/Issues/2023/07/10/world-economic-outlook-update-july-2023.

② IMF (2023). World Economic Outlook Apr 2023: Rocky Recovery. https://www.imf.org/en/Publications/WEO/Issues/2023/04/11/world-economic-outlook-april-2023.

③ World Bank (2023). Global Economic Prospects June 2023, January 2023. https://openknowledge.worldbank.org/bitstream/handle/10986/38030/GEP-January-2023.pdf.

④ ADB (2023). Asian Development Outlook April 2023. https://www.adb.org/sites/default/files/publication/863591/asian-development-outlook-april-2023.pdf.

通货膨胀率也将趋于下降。据东盟主要国家统计，2023 年第一季度，印尼的经济增长率为 5.03%，预计全年为 4.5%～5.3%；马来西亚为 5.6%，预计全年为 4.0%～5.0%；菲律宾为 6.4%，预计全年为 6.5%～7.5%；新加坡为 0.1%，预计全年为 0.5%～2.5%；泰国为 2.7%，预计全年为 3%～4%；越南为 3.32%，预计全年为 7.5%～8.0%。同时各国的通货膨胀率将有所降低，预计印尼全年的通货膨胀率为 2%～4%，马来西亚为 3.1%～3.3%，菲律宾为 5%～7%，新加坡为 5.5%～6.5%，泰国为 1%～3%。因此在 IMF 预计 2023 年占全球 GDP1/3 的国家将面临经济衰退的背景下，东盟国家仍将是世界经济增长的亮点地区。

参考文献

[1]　ADB (2023). Asian Development Outlook April 2023. Manila：Asian Development Bank.

[2]　ASEAN Secretariat (2020). ASEAN Comprehensive Recovery Framework and its Implementation Plan. https://asean.org/asean-comprehensive-recovery-framework-implementation-Plan.

[3]　ASEAN Secretariat (2021). Consolidated Strategy on the Fourth Industrial Revolution for ASEAN. https://asean.org/book/consolidated-strategy-on-the-fourth-industrial-revolution-for-asean.

[4]　ASEAN Secretariat (2021). ASEAN Digital Masterplan 2025.Jakarta: ASEAN Secretariat.

[5]　ASEAN Secretariat (2022). ASEAN Statistical Yearbook. Jakarta: ASEAN Secretariat.

[6]　IMF (2023). World Economic Outlook Apr 2023: Rocky Recovery. Washington, D.C.: IMF.

[7]　IMF (2023). World Economic Outlook for Asia and Pacific May 2023: Recovery Unabashed amid Uncertainty. Washington, D.C.: IMF.

[8]　IMF (2023). World Economic Outlook Update July 2023: Near-Term Resilience, Persistent Challenges. Washington, D.C.: IMF.

[9]　Jørgen Ørstrøm Møller (2020). Asia's Transformation: From Economic Globalization to Regionalization. Singapore: ISEAS-Yusof Ishak Institute.

[10] Lurong Chen and Fukunari Kimura (2022). E-commerce Connectivity in ASEAN. Jakarta: Economic Research Institute for ASEAN and East Asia.

[11] World Bank (2023). East Asia and Pacific Economic Update, April 2023: Reviving Growth. Washington, DC: World Bank.

[12] World Bank (2023). Global Economic Prospects June 2023. Washington, DC: World Bank.

[13] 王勤. 东南亚蓝皮书：东南亚地区发展报告（2021—2022）[M]. 北京：社会科学文献出版社，2022.

亚太贸易投资及区域经济一体化合作

"印太经济框架"对亚太区域经济一体化进程的影响

刘均胜*

摘　要： 2022 年 5 月 23 日美国总统拜登正式宣布启动"印太经济框架"（IPEF），其在规模上比目前最大的"区域全面经济伙伴关系协定"（RCEP）还要大，而这两大贸易安排都与亚太区域经济一体化进程密切相关。IPEF 是"一项 21 世纪的经济安排"，首批 14 个成员遍及北美洲、大洋洲、东北亚、东南亚和南亚。面对逆全球化、中美大国博弈、新冠疫情三重叠加的冲击，作为经济最为活跃的地区，亚太被视为拉动世界经济的引擎。在过去的 30 多年，发轫于亚太经济合作组织（APEC）的亚太区域合作、一体化是成就亚太最为活跃经济的基础性因素之一。良好的区域一体化构架不但有利于减少商品和生产要素流动的交易成本，还有利于稳定市场预期，从而在长期内促进经济增长。相反，"碎片化"和"制度过剩"的区域一体化架构则加剧市场的封闭和分割，相互对立或重叠的规则会提高交易成本，"意大利面碗"现象就是证明。鉴于此，IPEF 一旦落实将给亚太区域一体化带来怎样的影响，成为值得关心和研究的热点问题。

关键词： 印太经济框架；区域经济一体化；APEC

一、IPEF 的主要内容和特点

IPEF 是为了服务于"印太战略"，作为其经济支柱而推出的。① 从长远看，美国希望通过 IPEF 来重塑国际政治经济秩序。

---

　* 刘均胜，中国社会科学院亚太与全球战略研究院副研究员。感谢中国社会科学院亚太与全球战略研究院沈铭辉研究员在本文写作过程中提供的帮助。

　① 张超. "印太经济框架"的分析及中国的应对[J]. 印度洋经济体研究，2022（4）.

（一）IPEF 的主要内容

2021 年 10 月美国总统拜登在东亚峰会上首次提出 IPEF，其内容是在后续不断完善、充实的，体现在 2022 年美国"印太战略"《关于印度-太平洋繁荣经济框架的声明》、"事实清单""启动 IPEF 媒体吹风会"，以及第一次部长会议宣言等一系列文件中。

IPEF 倡导构建互联经济（connected economy）、韧性经济（resilient economy）、清洁经济（clean economy）和公平经济（fair economy），分别对应数字贸易规则、解决区域供应链韧性、清洁能源与碳排放，以及加强税收与反腐败四大支柱领域（见表 1）。

在数字贸易规则部分，目的是将"高标准、包容性、自由和公平"的贸易方式贯穿各个子议题，为美国企业打造所谓的"公平竞争"的区域秩序，其中的重点是数字经济、劳工和环境标准。

对于数字经济，IPEF 主张用高标准和开放原则管理数据本地化和跨境数据流动。这样一方面通过盟友之间的合作确保数字经济的发展，如促进中小企业参与电子商务、解决网络隐私和人工智能使用规范等问题；另一方面针对中国打造封闭的数字经济联盟。关于前者，在第一次部长会议期间，IPEF 就启动了"技能提高倡议"，计划未来十年美国的亚马逊、微软等 14 家公司分别给文莱、斐济、印度、印度尼西亚、马来西亚、菲律宾、泰国和越南等国的女性提供至少 50 万个培训和教育机会等。[1]后者主要是美国将以《美墨加三国协议》中的数字经济章节和《美日数字贸易协定》为蓝本制定数字规则，从而获得数字治理的国际话语权。为了组建所谓的"民主国家技术联盟"，2021 年拜登政府与除中国以外的印太地区主要经济体讨论签订数字贸易协议，美国商会也提出同澳大利亚、加拿大、英国、东盟等"志同道合"的国家和地区签署类似的协议。[2]通过将数字经济纳入 IPEF，在"数字经济联盟"的加持下，美国可塑造符合自身利益的数字与科技政策，以确保在高科技方面领先。

对于劳工和环境标准，IPEF 以"公平贸易"的名义要求其他国家在商品生产上向美国看齐。美国等发达国家认为，低标准的劳工和环境是一些发展中国家竞争力间接提升的主要原因。美国的民主党一直以来主张把劳工和环境标准纳入美国的对外贸易政策，拜登上台后提出了"以工人为中心"的贸易政策，将严格劳工和环境标准纳入 IPEF，这

---

① U.S. Department of Commerce. Commerce Department Launches the Indo-Pacific Economic Framework for Prosperity (IPEF) Upskilling Initiative. Sept.8, 2022. https://www.commerce.gov/news/press-releases/2022/09/commerce-department-launches-indo-pacific-economic-framework-prosperity/.

② Eric Martin. Business Lobby Urges Bidden to Negotiate Digital Trade Agreement. https://www.bloomberg.com/nes/articles/2022-02-09/business-lobby-urges-bidden-to-negotiate-digital-trade-agreement.

意味着，未来不符合劳工和环境标准的商品将无法获得 IPEF 的市场准入。

表 1　IPEF 的主要内容

支柱名称	涵盖主题	谈判目标
互联经济	劳工、环境和气候、数字经济、农业、透明度与良好监管实践、竞争政策、贸易便利化	增强美国与其他地区成员之间的全面接触与合作； 建立高标准的数字经济规则，包括数据跨境流动标准和数据本地化标准； 解决数字经济中的主要问题，确保中小企业从地区电子商务行业中获益； 解决网络隐私及对人工智能歧视、不道德使用问题； 建立强有力的劳工和环境标准及企业责任条款，以贸易促竞争
韧性经济	供应链韧性	寻求成员之间首创的供应链承诺，以更好地预测和防止供应链中断，增强美国经济韧性，防止价格飙升导致美国家庭成本上升； 建立供应链预警系统，测绘关键矿产供应链分布，提高关键部门的可追溯性，推进生产的多样化布局
清洁经济	基础设施、清洁能源、脱碳	在清洁能源、脱碳和促进高薪工作的基础设施等方面寻求各成员的首创承诺； 在可再生能源、脱碳、能源效率标准、甲烷排放新举措等方面达成一系列具体合作目标，加速应对气候危机
公平经济	税收、反腐	寻求各成员在制定和执行有效税收、反洗钱、反贿赂制度等方面的承诺； 在交换税务信息、根据联合国标准促成贿赂的刑事定罪、有效实施受益所有权建议等方面达成合作，加强反腐工作力度

资料来源：蒋芳菲. 拜登政府"印太经济框架"及其影响[J]. 美国问题研究，2022（2）.

美国将印太作为重塑全球供应链体系的重点地区，因此解决供应链韧性成为 IPEF 的重中之重。解决供应链韧性包括提高供应链的透明度、多样性、安全性、可持续性和整合性。其目的是协调危机应对机制，尽可能地消除外部扰动，确保关键原材料和关键技术的获取。需要注意的是，供应链的"安全性"受到美国特朗普政府的格外重视，成为美国供应链法律政策体系的优先目标。新冠疫情的冲击进一步强化了供应链在国家安全中的地位，2021 年拜登一上任就签署了美国供应链行政令，责成相关机构全面审查美国全球供应链和关键行业的潜在脆弱性。在美国以"安全"名义加大对供应链控制的过程中，拜登政府将中国界定为"威胁"其供应链的核心风险来源。[①]为了促进全球供应链的

---

① 李巍. 与中国竞争：拜登政府的印太经济外交[J]. 中国人民大学国家发展与战略研究院政策简报，2022（12）；杨文静，孙立鹏，李铮，等. 拜登百日新政评析[J]. 现代国际关系，2021（5）.

多样化以减少对中国的依赖，美国于 2021 年出台了《战略竞争法案》。而且在现实中，2022 年美国与韩国、日本和中国台湾地区组建"芯片四方联盟"（Chip 4）。在 IPEF 框架下，未来美国可能会联合其盟友进一步将中国排挤出全球高科技供应链之外。

在清洁经济方面，美国希望借助 IPEF 号召日本、印度、澳大利亚等盟友投入更多资金、技术和劳动力，推动亚太地区清洁能源转型和基础设施建设，从而将美国的清洁经济模式扩展到亚太地区。[①] IPEF 清洁经济是对"印太战略"气候议题相关内容的延续。拜登总统上任后，美国重返《巴黎协定》，并将气候议题提升到国家安全与外交的中心地位。"印太战略"作为美国气候框架的重要实施机制，有助于美国获得对气候权力秩序的主导。作为促进经济增长的新型驱动力，清洁能源和脱碳能创造就业机会。更重要的是，这方面规则的制定与气候问题"武器化"有关，如碳排放税会限制国家间的生产能力的发挥和商品出口的额度。

关于税收和反腐败，这是为了遏制印太地区的逃税和腐败，以促进所谓的"公平"竞争。客观上，实行税收和反腐败有利于提高政策的透明度和政府的办事效率，从而改善营商环境。需注意的是，税收针对跨国公司的避税问题，这样有利于资本、利润从世界各地回流美国；反腐败的滥用则会助长美国的"长臂管辖"，以此名义打击其他国家的企业和个人。

（二）IPEF 的特点

IPEF 是美国贸易政策新思维的产物，具有如下特点：

一是更重视规则谈判而非市场准入。传统的自贸协定主要围绕货物贸易、服务贸易的关税、非关税壁垒减让，关心的是市场准入问题。相比之下，拜登政府多次重申 IPEF 不是传统的自由贸易协定，各成员经济体不会就市场准入进行磋商。IPEF 关注盟友之间的战略性产业合作，通过协商，为数字经济、供应链、新能源等制定高标准规则。用高标准规则替代关税重新定义市场准入条件，这将直接影响跨国公司的投资和贸易布局。此外，传统自贸协定因涉及市场准入需经国内立法机构批准，一般过程冗繁；IPEF 绕过立法审批，能以行政协定的方式快速推进。

二是以分模块而非一揽子的方式推进谈判。传统自贸协定谈判，各方在不同议题之间进行权衡性的讨价还价，最后达成一揽子协定。相比之下，IPEF 框架下的四个领域都可作为单独模块，每一模块均有各自相应的原则和具体目标。成员经济体可以根据自己

---

① 杜兰. 印太经济框架的动向及其对华的影响[J]. 当代美国评论，2022（3）.

的实际情况选择一个或多个模块参与谈判。对于具体谈判议题，IPEF 不追求参与经济体的广泛性，更强调联盟的高标准和排他性。

三是带有浓厚的地缘政治色彩而非基于经济理性。传统自贸协定尽管也带有一定的政治、战略色彩，但更多的是基于经济理性，而且普遍受 WTO 关于自贸协定规则的约束。相比之下，IPEF 的成员加入程序、议程设定，以及机制设计等都由美国决定。美国将"是否支持美国的价值观和规则"作为受邀加入成员的标准，从而将经济问题意识形态化和政治化。IPEF 首批成员中的澳大利亚、日本、菲律宾、韩国和泰国，都是美国"志同道合"的盟友。对于东盟成员，美国根据价值观和经济发达程度采取区别对待的态度。中国作为亚太地区重要的经济体，美国并没有邀请其参加。对此外界普遍认为，美国推出 IPEF 的目的就是要在经济领域强化"对华包围圈"。

二、IPEF 产生的背景和战略意图

IPEF 作为美国贸易政策新思维的产物，具有不同以往自由贸易协定的内容特点，这些并不是凭空产生的，而是有着深刻的时代背景和主导国的战略意图。

（一）反全球化背景下的美国对外政策

当前的反全球化可以追溯到 2008 年的全球金融危机，随后愈演愈烈，英国脱欧和美国特朗普退出"跨太平洋伙伴关系协定"（TPP）是反全球化的标志性事件。英国和美国分别是一战前和二战后经济全球化的领导者，现在则分别回归传统保守主义和"孤立主义"，这或将改变 20 世纪 80 年代以来世界经济所形成的两大趋势——经济全球化和区域一体化。

当反全球化发生在世界经济下行时期时，经济发展不但难以掩盖经济全球化带来的问题，而且经济增长本身就成为问题。2008 年全球金融危机后，美国虽然采取了多种手段对经济进行干预，但经济增长步履维艰，失业增多等现象日趋严重，财政赤字高居不下，社会两极分化严重。[①]由于新兴经济体是全球化的最大受益者，为了转移经济社会矛盾，美国等发达国家将经济增长乏力的原因归于发展中国家的"非市场经济行为"，并进而瘫痪以 WTO 为核心的多边贸易体系。以 WTO（前身为 GATT）为核心的多边贸易体制是二战后国际秩序方面最为重要的制度安排之一，确保了战后国际贸易的高速发展和

---

① 李丹. 去全球化：表现、原因与中国的应对之策[J]. 中国人民大学学报，2017（3）.

经济全球化的深化。①在 WTO 的特殊差别待遇规则下，发展中国家在多边贸易谈判中占有额外优势，可以利用"豁免规则"规避 WTO 义务。而且随着 WTO 规模不断扩大，发展中国家可以利用投票优势打破过去美国等发达国家主导下的决策结构。此外，全球价值链兴起导致传统贸易规则难以适应新的经济发展形势，可"协商一致原则"导致 WTO 在纳入新议题、自身改革方面久拖不决。

为了限制新兴市场国家以贸易优惠"搭便车"和绕开不利于自身的现有多边机制，美国开始追求基于"价值观同盟"形成俱乐部排他式的、灵活的、非对等的国际经贸体系，以实现自身政策目标与利益诉求，包括确保掌握规则制定权、就特定议题寻求协调与解决、贯彻和推进"美国优先"理念等。②

当然，美国这样的对外政策也不是一蹴而就的。2008 年全球金融危机导致反全球化出现，当时的奥巴马政府提出了"重返亚洲"战略，推动 TPP 谈判。TPP 表面上是为了建立一个"全面的、下一代区域合作协定"，"致力于贸易和投资的自由化，解决传统和新贸易议题，以及应对 21 世纪挑战"③。但实质上反映了美欧等发达经济体要从规则上制约发展中经济体的"不公平竞争"。以美国为代表的发达国家认为，新兴经济体靠低标准的劳动、环境、知识产权，以及政府保护等破坏了国际贸易和投资的公平竞争环境。到特朗普时期，美国更偏好以双边谈判和单边主义取代多边、区域层面的贸易自由化。这样的好处是，可以发挥双边谈判中美国所占据的不对称优势，更有针对性地将国有企业、环境保护、劳工标准等引入谈判，便于监督协定的执行。但不利之处是，这种实用主义做法削弱了美国与盟友之间的关系。随着美国综合实力的下降，美国更难以左右国际政治经济秩序。当下拜登政府的对外策略，不同于奥巴马政府时期的"以自贸协定拼经济"，而是综合运用政治、经济、安全、科技、金融等手段多管齐下；也不同于特朗普政府时期的"单打独斗"，而是加强盟伴关系和价值观贸易。正是在这样的对外策略下，IPEF 具有了不同于全球化时期自贸协定的内容和特点。

（二）IPEF 的战略意图

IPEF 是在反全球化背景下推出的区域性贸易框架，其制度设计带有明显的战略

---

① 美国主导下创立的关贸总协定（GATT）、世界银行和国际货币基金三大多边组织，奠定了战后国际经济秩序。在国际关系研究领域，多边是相对于单边、诸边、区域来说的。参见秦亚青. 多边主义研究：理论与方法[J]. 世界经济与政治，2001（10）；刘建飞. 简析多边主义的历史演变[J]. 国际政治研究，2006（1）.

② Paul T. Globalization, Deglobalization and Reglobalization: Adapting Liberal International Order[J]. International Affairs, 2021, 97 (5).

③ USTR. Outlines of the Trans-Pacific Partnership Agreement. http://www.ustr.gov.

意图。

一是夯实"印太战略"的经济基础。"印太战略"是当前美国最重要的区域国际战略，目的是在印太地区构筑针对中国的统一战线和联盟，以便在地缘方面加大同中国的竞争力度和取得优势。相对于在政治上对美日印澳"四方安全对话"（QUAD）的升级和军事上对美英澳三边安全伙伴关系（AUKUS）的强化，"印太战略"在经济上存在短板和缺乏相应的资源投入。实际上，任何重大的国际战略都需要匹配相应的经济安排。缺乏经济基础的国际战略，不可避免地会滑向空洞的政治倡议。拜登上台后，更加强调经济工具的运用和国际合作中的经济内容。通过推出 IPEF，拜登政府不但可以在经济方面进一步完善"印太战略"，而且可以强化美国在印太经济体系中的领导地位。IPEF 可以为美国同印太国家之间的产业外交、技术外交、贸易外交和基建外交提供平台，有利于在产业链、高科技、数字贸易和全球基础设施建设方面同中国竞争合作伙伴、标准制定、市场份额等。

IPEF 还有助于减少区域内国家对"印太战略"的安全化、军事化担忧。"印太战略"出台后，地区安全框架被进一步强化。QUAD 的议题从单纯的军事安全领域扩大到安全、政治和经济等多个领域，其级别从部长级对话升级到首脑级对话，其成员也以"四加"（QUAD plus）方式扩大到更多的国家和地区。AUKUS 将原来的双边同盟关系提升为三边伙伴关系，加强了在印太地区的军事部署力量。此外，美国还利用"印太战略"加大对区域安全性问题的干预范围和力度，如 2022 年美国《印太战略》就提出，美国同盟友要"加强印太地区的安全，利用一切实力工具来阻止侵略和反制胁迫行为"。在过去的几十年中，印太区域内的国家形成了军事上靠美国、经济上靠中国的模式。美国借"印太战略"过于强调地区安全性，渲染"中国威胁"，并强迫一些国家在中美之间选边站，这无疑会增加区域内国家的担忧。通过 IPEF，美国一方面可以相对弱化"印太战略"的军事安全色彩，减少区域内国家对安全化的担心；另一方面可以用经济手段拉拢不愿意选边站的国家，增强"印太战略"的吸引力。

二是恢复对亚太区域合作主导权的争夺。随着世界经济重心向亚太地区转移，亚太地区在全球政治、经济上的地位不断上升。为了保持霸主地位，美国非常重视亚太地区，一直以来采取经济上密切同亚太地区经济体之间的联系、政治上操弄"离岸平衡手"的策略。美国的一个担心就是在"太平洋中间划线"，从而将其同东亚分开。APEC 的发起和建立、美日之间在建立亚洲货币基金上的分歧、"重返亚洲"战略、推动 TPP 谈判、插手中日韩谈判等，无不反映了美国对亚太地区经济主导权的持续争夺。[1]不过到了特朗普政府时期，由于国内保护主义和孤立主义的泛起，美国退出了其一手主导谈判的 TPP，导致美国在亚太地区主导问题权上出现暂时倒退。

TPP 在日本的努力下被更名为"全面与进步跨太平洋伙伴关系协定"（CPTPP），并于 2018 年年底在日本、加拿大、澳大利亚、新西兰、墨西哥和新加坡六国先期正式生效。虽然 CPTPP 相对于 TPP 在内容和标准上有一定的缩水，但仍被认为是当今世界最高标准的自由贸易协定。CPTPP 还引发了亚太地区经济格局的深刻变化，加速了"区域全面经济伙伴关系协定"（RCEP）的谈判，后者在 2022 年正式生效。

RCEP 的总人口达 22.7 亿，约占世界人口总量的 30%；总 GDP 达 26.2 万亿美元，接近全球 GDP 总量的 33%；总出口额达 5.2 万亿美元，约占全球贸易总额的 28%。从横向比较上看，RCEP 覆盖的区域人口是 CPTPP 的 4.5 倍、欧盟的 5 倍以上，制造业产出约占全球的 50%，是国际直接投资（FDI）的重要目的地和来源地，也是全球投资增长的主要源泉和制造业的动力源之一。[2]从经济效应上看，RCEP 显著促进地区经济增长及贸易、投资和社会福利的提高。根据彼得森国际经济研究所的估计，到 2030 年 RCEP 每年将使全球 GDP 增加 1860 亿美元，并为成员经济体带来 0.2%的经济增长。从覆盖范围上看，RCEP 包括了东南亚和东北亚的经济体，而此前东北亚的中日韩之间是没有自由贸易协定（FTA）的，可以说 RCEP 的出现使东亚真正从整个区域上实现了合作。

由于 RCEP 相对于 CPTPP 的优势，RCEP 的生效可能使美国在该地区的经济影响力进一步受到制约。对于特朗普政府退出 TPP，美国智库就给予了广泛的批评，认为美国在亚太地区缺乏经济支柱会导致其在该地区的影响力大幅度降低。[3]RCEP 更是加重了美国被边缘化和排挤出亚洲的危机感。对此拜登执政后开始反思究竟以何种方式填补退出 TPP 后所留下的战略空白。2022 年 1 月，美国国家安全委员会印太事务协调员库尔特·坎贝尔（Kurt Campbell）在卡内基国际和平基金会研讨会上的讲话就强调，美国不仅要全面且富有战略性地深度参与亚太地区军事及外交事务，而且需要在商业互动和投资方面持开放、积极的态度。

尽管日本表示愿意作为 CPTPP"守门人"等待美国的重返，但美国国内经济形势和

---

① 张鹏. 中日韩三遍关系探析：三边与双边互动的视角[J]. 领导科学论坛，2018（17）.

② UNCTAD. RCEP Agreement a Potential Boost for Investment in Sustainable Post-Covid Recovery. Global Investment Trends Monitor, Nov.2020. https://unctad.org/system/files/official-document/diaeiainf2020d5_en_0.pdf.

③ David Dollar and Jonathan Stromseth. The US Must Urgently Rethink Its Economic Policies in Asia. Brookings Institution, Feb.17, 2021. https://www.brookings.edu/blog/order-from-chaos/2021/02/17/us-must-urgently-rethink-its-economic-policies-in-asia/.

两党对于自贸协定的态度决定了美国难以返回 CPTPP。因为关税减让和开放市场会伤害美国国内经济和劳工权益，招致民间更大的反对声音，为此美国两党都非常谨慎，担心返回 CPTPP 的提案难以在国会通过。而且美国即便加入 CPTPP，也只能是以参与者而非主导者的身份加入，这显然与其希望获得经济主导权的目标相距甚远。因此美国只能重新提出 IPEF 这个新的经济框架来应对"美国在印太地区经济领导地位和信誉受到的威胁"[①]。

三是服务于遏制中国的大国竞争策略。冷战结束以来，美国一直在全球范围内防范新的挑战者。2000 年后中国经济呈现快速增长势头，在亚洲超过日本，成为仅次于美国的世界第二大经济体。由此美国开始针对中国，并于 2009 年制定了"重返亚太"战略，标志着对华态度由接触转为遏制。[②]为了防范在东亚形成围绕中国的合作格局，美国推动构建 TPP，用时任总统奥巴马的话说，其目的是"不允许中国书写全球经济规则"[③]。在反全球化浪潮下，美国国内保守主义和孤立主义盛行，2017 年上台的特朗普政府与中国连续进行了四轮贸易战。2021 年拜登总统上任后，宣称"重返亚太"战略是应对中国挑战的必要之举，要加强同日韩澳等传统盟国的关系，深化与印度和印度尼西亚等国的"战略伙伴"关系。在对外政策上，拜登政府将中国视为"首要的战略竞争对手""21 世纪最大的地缘政治考验"，宣称要与中国展开"战略性、长期性、极端性"竞争，集中一切力量应对中国带来的"威胁"，而印太地区是中美博弈的最重要区域。

促使拜登政府推出 IPEF 的直接原因是中国对这个快速增长的地区所施加贸易政策的影响力。[④]鉴于"东升西降"背景下美国实力的下降，IPEF 成为美国借助盟友伙伴力量打压中国在亚太地区经济影响力的一种地缘政治和经济手段。通过构筑区域合作新架构，美国希望在中国周边地区重新打造一个"排华经济圈"。在 IPEF 的组成成员方面，美国刻意拉拢印度和部分东盟国家，为此在制度设计上不惜允许这些成员参与部分支柱领域，而且还一再降低准入门槛和修改内容条款。而对于倡导经济合作和具有经济影响力的中国，IPEF 却采取了排斥态度，反映了其真实意图就是为了遏制和孤立中国。

除了盟伴合作，美国还利用重塑供应链来"规锁"中国的高科技产业升级和高质量

---

① Joshua P Meltzer. The High Stakes Indo-Pacific Economic Framework. https://www.eastasiaforum.org/2022/04/09/the-high-stakesindo-pacific-economic-framework/.

② 李向阳. 跨太平洋伙伴关系协定：中国崛起过程中的重大挑战[J]. 国际经济评论，2012（2）：17-27.

③ http://news.sohu.com/20151005/n422610694.shtml.

④ Tanaka, Miya. Biden's Indo-Pacific Economic Framework May Shape Race with China in 2022. The Japan Times. https://www.japantimes.co.jp/news/2021/12/26/asia-pacific/biden-indo-pacific-economy.

增长。反全球化、新冠疫情和俄乌冲突使各国充分意识到保障供应链稳定和安全的重要性。IPEF 体现了美国在保证供应链稳定上的泛安全化做法和价值观贸易，通过排他性合作，实现与中国供应链的"脱钩"。这样美国一方面以保证同中国供应链"脱钩"后的安全和稳定为借口，来加强与 IPEF 成员经济体的合作；另一方面把"脱钩"后从中国转移的产业需求和市场分享给成员经济体，以增强 IPEF 的吸引力。此外，在 IPEF 的制度设计和议题上，很多都是围绕攸关中美战略竞争走向的关键战略性产业合作和一些明显针对中国共建"一带一路"的排他性制度安排。

四是为了打造国际经贸规则的样板。作为大国，制定和主导国际经济规则贯穿美国对外政策的始终。随着实力的下降，美国更加重视通过制定国际经济规则来维护自身的利益。美国利用自己同谈判国的不对称优势不断在自贸区中引入超 WTO 规则，然后再利用区域贸易集团的谈判力量将这些规则推广到全球多边贸易规则中。这样做的好处是，不但可以提升美国在全球多边体系和区域合作体系中的地位，更重要的是可以利用"制度的非中性"来设计和推广有利于自身经济发展的规则。

奥巴马政府推动 TPP 时的一个重点就是宣称这是一个"全面、高质量的 21 世纪 FTA"，涵盖"下一代"贸易规则。CPTPP 尽管继承了 TPP 大部分规则和议题，但冻结了 22 项美国主推的议题，如此缩水也是拜登政府不愿意重返 CPTPP 的一个原因。IPEF 关于价值链、数字经济、环保与劳工等现有自贸区和多边体系没有的新议题和高标准，从某种意义上构成了今后贸易协定的样板，有利于美国占据国际经贸规则制定的高地。

借助 IPEF 在全球价值链等议题上的优势，美国可以对以 WTO 为核心的多边体系改革施加更多的影响力。全球生产价值链的出现使传统贸易规则难以适应新的经济发展形势。传统贸易规则针对的是"边境上"最终商品的交换，而全球价值链背景下是大量的中间商品和与之相关的服务的"边境后"交换。基于全球生产链的大量劳务、技术、信息和资本流动，这内在地要求"边境后"规则的协调和统一。由于 WTO 在全球价值链议题上难以取得进展，更高标准自贸区不断出现，这给 WTO 带来前所未有的压力。据研究，截至 2015 年，在涉及 189 个经济体的 279 个区域贸易安排中，共有 52 个超出 WTO 多哈回合内容的议题。其中 14 个议题虽在 WTO 谈判授权范围内，但在法律执行上更具约束力，被称为"WTO+"条款；38 个议题超出了 WTO 谈判授权或管辖范围，涉及竞争政策、数据保护、创新、监管、劳动等，即所谓的"WTO−"条款。[①]如果 WTO

---

① http://data.worldbank.org/deep-trade-agreements.

在这方面继续停滞不前，则其吸引力下降，在 IPEF 扩大的趋势下会有被替代的危险。反之，由于 IPEF 相对于其他高标准自贸区在制度框架、议题设定和成员规模上的优势，作为该框架主导国的美国可以在 WTO 改革等方面获得更多的话语权。

高标准的 IPEF 还有利于重振美国制造业，实现"以工人为中心的贸易"的目标。在反全球化的背景下，美国中产阶级陷入收入增长停滞、家庭财富缩水的困境，经济和社会不平等问题不断恶化。从特朗普政府到拜登政府都将上述问题归因于美国企业在国际市场上遭遇了"不公平"贸易行为。为此拜登政府强调贸易谈判要重视美国中产阶级的利益，通过提高环境保护、劳工权利及知识产权保护等方面的标准，更好地应对"不公平"的贸易行为，特别是"不利于美国中小企业"的行为。美国的对外政策要奉行"中产阶级外交"，因为只有不断提高中产阶级的收入才能稳定美国社会，获得国内民众的支持。拜登甚至强调，如果缺乏有利于美国中产阶级保护的条款，美国将不会加入任何贸易协定，劳工和环保工作也要纳入到新协定的谈判中。在这样的对外政策指导下，IPEF 通过新议题和高标准在很大程度上确保了美国政府和企业所一直追求的公平贸易、加强知识产权保护、环境保护、劳工权利及打击腐败的主张，从而在规则和标准上提高了新兴市场国家商品进入美国市场的门槛，相对地增强了美国制造业的国际竞争力。

三、IPEF 对亚太区域一体化进程的影响

从 IPEF 的内容和特点看，它不同于亚太地区现有的自贸协定。更为重要的是，IPEF 背后的目的和理念迥异于亚太基于市场开放融合的一体化实践。因此 IPEF 的建立很大可能给亚太地区的一体化进程带来重大和不确定性的影响。

（一）不利于亚太区域认同

从历史和文化的角度看，区域认同对于一体化具有重要意义。"亚太"作为区域性的概念可以追溯到 20 世纪六七十年代，经过几十年的区域合作和一体化实践，亚太、东亚等概念才逐渐为世人所接受，并产生区域认同，为更深入的一体化打下基础。相比之下，IPEF 的"印太"概念从起源到现在都只是一种空间想象的地缘建构，其政治目的在于塑造阵营，区分敌我。美国对"印太"的话语和观念构建目的是创造一个有利于美国及其盟友但排除中国等竞争对手的新体系，本质上是由"中国恐惧"所驱动的地缘政治想象的产物。[1]这种地缘政治想象的概念不仅难以产生区域认同，而且还会与亚太概念发生冲

---

① 赵菩，李巍. 霸权护持：美国"印太"战略的升级[J]. 东北亚论坛，2022（4）.

突和混淆，从而不利于好不容易培育出的亚太区域认同。

（二）对亚太一体化构架的分化和瓦解

从地区一体化的理论和实践来看，地区一体化制度构架之间存在着竞争性的关系，如替代、分化和合并等。近年来，在逆全球化浪潮加剧、贸易保护主义抬头的情况下，亚太地区经济一体化进程却取得了里程碑意义上的突破，如 CPTPP 和 RCEP 相继生效和实施，APEC 成员对覆盖整个区域的亚太自由贸易区（FTAAP）已达成共识并进入启动建设阶段。[①] 在这种情况下，IPEF 的出现必然会加剧构架之间的竞争，从而对已有的一体化框架造成冲击。这方面的主要表现是，IPEF 倡导的高标准规则和新议题可能会降低亚太一体化构架的吸引力；吸引更多的亚太成员经济体加入，则会冲击已有框架的地位和降低其凝聚力；一定时期内在一个地区存在多个框架则会分散该地区成员经济体的注意力和谈判资源等。

（三）加剧亚太一体化进程中的主导权之争

从浅层次的区域合作走向深层次的区域一体化，主导权是一个难以回避的问题。区域一体化中的主导权主要体现在成员加入条件、议题和议程的设定等制度设计的核心要素。对于获得主导权的国家来说，它能够干预，甚至主导制度设计的核心要素，从而能够影响制度的构建和发展进程，推动制度收益分配向于己有利的方向发展。此外，大国通过主导区域制度规则，还能够增强其在国际制度规则设计中的地位和话语权。长期以来，美国通过扮演"离岸平衡手"来干预亚太的区域合作，目的就是要同亚太地区的大国争夺主导权。在奥巴马政府时期，美国争夺亚太一体化主导权所采取的策略是建立高标准的自贸区，如推动构建 TPP，用奥巴马的话说就是"不允许中国书写全球经济规则"。特朗普政府时期，美国采取单边主义，主要通过贸易战直接对中国进行遏制。到了拜登政府时期，美国采取政治、安全、经济、科技等多管齐下，以"小多边"盟友的方式展开对亚太一体化主导权的争夺，IPEF 就是具体体现。拜登赢得美国大选后表示，不会对亚太地区的一体化态势置之不理，重申美国在制定游戏规则中"必须"占据主导地位。就任后，拜登宣称"重返亚太战略"是应对中国挑战的必要之举，要加强同日韩澳等传统盟国的关系，深化与印度和印度尼西亚等国的"战略伙伴"关系。

（四）导致区域生产价值链的撕裂或脱钩

亚太区域一体化背后是三十多年来不断加深的网络化生产价值链。从"雁形模式"

---

① APEC. Lima Declaration on FTAAP. Annex A to 2016 Leaders' Declaration. https://www.apec.org/meeting-papers/leaders-declarations/2016/2016_aelm/2016_annex-a.

到东亚生产网络，再到亚太生产价值链，亚太一体化得以不断发展、深化。亚太生产价值链体现了市场逻辑，是跨国公司基于比较优势，利用区内成员经济体的投资开放、关税减让、贸易便利化安排而形成的最优生产布局。而 IPEF 着重从地缘政治出发，忽视市场逻辑，通过提高标准和建立芯片联盟等打造"小院高墙"，试图将中国排除在成员经济体的生产价值链之外。IPEF 的供应链韧性议题是为了重塑亚太生产价值链，反映了从特朗普到拜登在亚太生产价值链上的"去中国化"政策和"选择性脱钩"。未来一旦重塑成功，这将导致亚太区域生产价值链的撕裂或脱钩，形成两个平行且有联系的区域价值链，即以美国及欧洲为最终消费市场的区域价值链和以中国为最终消费市场的区域价值链。①

（五）扭曲亚太一体化的目标和理念

亚太一体化作为一种进程，其宗旨和目标可以说是"通过合作，谋求本地区的可持续和均衡发展，缩小成员间的经济差距，改善人民福利，增强 APEC 的大家庭精神"②。APEC 所追求的贸易、投资的自由化和便利化，2008 年全球金融危机后亚太地区出现的以平衡、包容、创新、可持续为特征的高质量增长观③，以及"后茂物时代"布特拉加亚愿景所设定的开放、活力、韧性、和平的亚太共同体④，都是该宗旨和目标的体现。IPEF 的出现则有扭曲亚太一体化的宗旨和目标的危险。不谈市场开放而是片面追求高标准规则，这实际上提高了市场准入的门槛，给贸易保护主义提供更多的借口，有违亚太地区"开放的地区主义"理念；解决供应链问题，目的是重塑亚太生产价值链，实行"去中国化"和"选择性脱钩"，这是从地缘政治和战略而不是以市场经济逻辑来推动一体化；将中国排除在 IPEF 外，这是强化国家相对利益的竞争，而非促进地区绝对利益的增长，违背了 APEC 大家庭精神，同亚太共同体目标背道而驰。

四、建议和对策

由于有过美国特朗普政府宣布退出导致 TPP 功亏一篑的历史，人们对于 IPEF 能否最终落实，以及拜登政府之后政策能否继续，存在很大的怀疑。不过在百年大变局的背

　① 李向阳. 后疫情时期亚洲地区全球价值链的重塑与中日经济合作的前景[J]. 日本学刊，2021（3）.

　② APEC. Declaration on an Asia-Pacific Cooperation Framework for Strengthening Economic Cooperation and Development[J]. 8th APEC Ministerial Meeting, 1996.

　③ APEC. The APEC Leaders' Growth Strategy. http://www.apec.org/Meeting-Papers/Leaders-Declarations/2010/2010-aelm/growth-strategy.aspx.

　④ APEC. APEC Putrajaya Vision 2040. https://www.apec.org/Meeting-Papers/Leaders-Declarations/2020/2020_aelm/ Annex-A.

景下，美国对中国的认知从特朗普政府时期的"紧迫的挑战"上升到拜登时期"紧迫的威胁"，以及拜登对特朗普"印太战略"的继承和升级，这表明中美大国博弈具有长期性和复杂性。IPEF 作为"印太战略"的经济支柱，从而也有很大的可能得到落实和延续。因此要对 IPEF 给予足够的重视和研究。

（一）在多边、区域和双边等不同层次场合通过扩大亚太的话语权来增强地区认同

对于"印太"要认清其实质，它只不过是一种空间想象的地缘建构概念，并不具有地理、历史和文化上的合理性。美国推出"印太战略"、IPEF，不过是为介入亚太地区提供合理性，而且这样的概念能否真正站得住脚都值得怀疑。所谓"名不正，则言不顺，言不顺，则事不成"，东亚地区在历史上受儒家文化影响，对此有深刻的理解。相比之下，东亚、东南亚、东北亚、亚太等概念已经为世人所熟知，即使缺乏一体化意义上的地区认同，在实际过程中也可以通过利益认同来不断地构建。在多边场合，如涉及 WTO 改革、新冠疫情等，近几届 APEC 峰会宣言都代表亚太地区的经济体集体发声，今后可以更进一步地加强。在区域层次，如"10+3"、"10+1"、东亚峰会等也是重要的宣传场合，IPEF 就是拜登总统在参加东亚峰会时向外界宣布的。此外，增强地区认同、加强人文交流和民间经济往来也是重要的渠道。东亚、东北亚、东南亚这些毗邻的地区具有地理、语言、文化上的优势，这些都是"印太"所不能比拟的。

（二）坚持在亚太现有制度构架的基础上推进一体化进程

在 IPEF 出现前，亚太地区在一体化进程上已经取得里程碑意义上的突破。在美国退出后，TPP 更名为 CPTPP，于 2018 年 1 月达成最终文本协议，并于年底在日本、加拿大、澳大利亚、新西兰、墨西哥和新加坡六国正式生效。2020 年 11 月，经过 8 年 31 轮谈判，RCEP 正式签署，并于 2022 年 1 月 1 日正式生效。RCEP 是世界上人口最多、规模最大和潜力最高的自贸区。2006 年 APEC 将 FTAAP 列为整合地区经济的一个长期目标。2014 年中国倡议 APEC 批准了《APEC 推动实现 FTAAP 北京路线图》。2016 年 APEC 发表了《亚太自贸区利马宣言》，标志着 FTAAP 建设迈出了实质性的一步。根据 2010 年 APEC《通往 FTAAP 的道路》，将在东南亚国家联盟（ASEAN）+3、ASEAN+6 和 TPP 等现有合作框架的基础上，建立一个全面的 FTAAP 以深化亚太地区一体化。①如今，亚太一体化的两大基础架构已经具备，整体雏形开始显现。

针对来自 IPEF 对现有制度框架的分化和瓦解，坚持建设 CPTPP、RCEP 和 FTAAP

---

① APEC. Pathways to FTAAP. Annex to 2010 Leaders' Declaration. https://www.apec.org/meeting-papers/leaders-declarations/2010/2010_aelm/pathways-to-ftaap.

以推进亚太一体化进程合乎内在理性，相比之下，IPEF 存在诸多局限。IPEF 缺乏市场准入激励机制，拜登政府的谈判筹码有限。在政府内部，由于党派极化，两党对 IPEF 存在分歧，而且商界和民众也抱有怀疑态度。新冠疫情的冲击导致通胀高企和贫富差距加大，加之其他国内矛盾，拜登政府并没有充裕的政治、经济资源去推动 IPEF。对于其成员来说，数字经济、脱碳、劳工和环境保护等方面的高标准，考虑到东盟发展中国家和印度的意愿或能力，具体政策细节上的谈判将难度很大。而且由于 IPEF 的地缘政治色彩，东盟大部分国家不愿卷入中美大国博弈，尤其是对华依赖度较高的国家。

（三）要一如既往地支持东盟在亚太一体化过程中发挥主导作用

IPEF 的出现，将中国排除在外，同时冲击东盟的中心地位，这将导致亚太一体化的主导权问题再次出现和尖锐化。对于主导权之争，主要有三种解决方式：欧盟模式，就是法德两国共同分享主导权；北美自由贸易区（NAFTA）模式，美国独享主导权；"小马拉大车"模式，中日相互妥协，让相对弱小的东盟主导东亚合作。无论是相对于东亚内部的中日韩，还是外部的美国，东盟在经济总量、政治影响和安全力量上都处于相对悬殊的地位。因此对于中美日三国来说，让东盟出面主导亚太一体化可能更为容易接受，而且东盟也有这样的意愿和能力。面对区内外大国，东盟长期以来奉行"大国平衡战略"，致力于在大国博弈中谋求自身利益，在大国协调方面具有更多的经验。基于此，亚太一体化在路径上更适合以东盟为中心，在不断巩固的基础上扩大一体化的同心圆，从"10+3"到 RCEP，乃至最后逐步推进 FTAAP。

当下东盟小国集体主导的协调能力也面临着挑战，主要是如何处理好中日相互协调的问题。2020 年 9 月上台的日本首相菅义伟宣称，日本外交不会放弃"日美同盟"基轴，将继续配合美国在全球推行所谓的"价值观外交"，加大对"印太战略"的投入以平抑中国影响。对于 2020 年 11 月签署 RCEP 后中国表示考虑加入 CPTPP，日本的回应是"CPTPP 要求成员经济体必须具有非常高水准的市场开放，中国恐怕很难达标"。鉴于日美同盟背景下日本在经济、政治、安全等方面一贯受制于美国战略，中美之争可能会引发中日之争。

为了充分发挥东盟的大国协调作用，中国除了在 RCEP 框架下，还要在多边、双边层次上深化同东盟之间的关系，如建立和升级中国同东盟国家之间的双边 FTA，通过这样的 FTA 可以采取更灵活的方式来覆盖 RCEP 之外的领域。同时中国要积极推动中日韩合作，通过多层次的经济融合和利益绑定来弱化中日主导权之争。

（四）主动参与亚太全球生产供应链的重塑

IPEF 主要通过倡导高标准的规则谈判和构建高技术领域联盟将中国排除在外，这样就造成亚太全球生产供应链的撕裂，从而实现美国主导亚太一体化进程的目的。考虑到数字经济的发展、新冠疫情的冲击，中国应主动参与亚太全球生产供应链的重塑，而不是被动地应对来自美国的大国博弈挑战。在区域层面，中国应推动 RCEP 的标准升级和拓展新领域，同时积极申请加入 CPTPP，以形成 RCEP 和 CPTPP 的良性互动。根据世贸规则，自贸区存在合理性的一个重要原因就是，建立更高标准的自贸区可以推动全球或地区的贸易自由化。数字经济的飞速发展内在需要形成更高开放标准的地区制度构架。RCEP 比照之前东亚地区的 FTA 标准有所提高，但要参与生产价值链基础上的下一代贸易规则制定，还需要在标准升级上做更进一步的努力。CPTPP 是在 TPP 基础上建立的，其协议内容有所减少，标准上相对降低。CPTPP 冻结了 TPP 协议的 22 项条款，保留程度达到 95%。研究表明，IPEF 的内容和标准介于 TPP 和 CPTPP 之间，就是说超越了CPTPP，但又达不到 TPP 的水平。[①]对于 CPTPP，美国退出后，它相对于 TPP 在市场份额、经济体量、贸易和投资规模，以及全球影响力上都显著下降。如经济体量从占全球的 40%下降到 13%，对外贸易规模下降为 TPP 的 57%，吸引外资和对外投资规模分别下降为 TPP 的 37%和 46%。[②] 从标准和规模上考虑，加上以 RCEP 作为基础，中国加入CPTPP 具有可行性，如此一来可以在很大程度上削弱 IPEF 带来的负面效应。

除了参与区域层面的合作外，"一带一路"也是中国主动塑造亚太全球价值链的重要抓手。通过共建、共享、共治，逐步提高共建"一带一路"的质量标准，如共同制定数字贸易、国际投资、反腐败、绿色生产、基础设施建设等领域的国际标准等。还要加强"一带一路"议程和规则设置能力，利用落实"一带一路"合作与全球发展倡议的契机，同亚太各国对接以增强对亚太全球价值链的引领和塑造能力。

以重塑亚太全球价值链为契机倒逼国内改革。通过制度型开放，加快构建以国内大循环为主体、国内国际双循环相互促进的新发展格局，这有助于培育东亚区内最终产品的消费市场。区内最终产品的消费市场的建立是重塑亚太全球价值链的关键环节，它能极大地增强中国和周边地区的发展自主性和凝聚力。东亚区内最终产品消费市场需要有良好的市场基础设施和完善的制度设施。中国可以从自身比较优势出发，积极提供力所能及的区域公共产品，这对东亚区域最终产品的消费市场的建立具有重要意义。

---

① 王卓. 介于 TPP 和 CPTPP 之间的印太经济框架：美国的另起炉灶、日本的追随与中国的应对[J]. 东北亚经济研究，2022（5）.

② 蔡彤娟，郭晓静. TPP 到 CPTT：中国面临的新挑战和对策[J]. 区域与全球发展，2019（2）.

参考文献

[1] 蔡彤娟，郭晓静. TPP 到 CPTTP：中国面临的新挑战和对策. 区域与全球发展，2019（2）：5-16.

[2] 杜兰. 印太经济框架的动向及其对华的影响. 当代美国评论，2022（3）：87-105.

[3] 蒋芳菲. 拜登政府 "印太经济框架及其影响". 美国问题研究，2022（2）：33-49.

[4] 李丹. 去全球化：表现、原因与中国的应对之策. 中国人民大学学报，2017（3）：99-108.

[5] 李巍. 与中国竞争：拜登政府的印太经济外交. 中国人民大学国家发展与战略研究院政策简报，2022（12）：1-2.

[6] 李向阳. 跨太平洋伙伴关系协定：中国崛起过程中的重大挑战. 国际经济评论，2012（2）：17-27.

[7] 李向阳. 后疫情时期亚洲地区全球价值链的重塑与中日经济合作的前景. 日本学刊，2021（3）：10-15.

[8] 王卓. 介于 TPP 和 CPTPP 之间的印太经济框架：美国的另起炉灶、日本的追随与中国的应对. 东北亚经济研究，2022（5）：103-119.

[9] 张超. "印太经济框架" 的分析及中国的应对. 印度洋经济体研究，2022（4）：114-160.

[10] 张鹏. 中日韩三边关系探析：三边与双边互动的视角. 领导科学论坛，2018（17）：54-62.

[11] 赵菩，李巍. "霸权护持：美国 '印太' 战略的升级". 东北亚论坛，2022（4）：24-43.

[12] APEC. Declaration on an Asia-Pacific Cooperation Framework for Strengthening Economic Cooperation and Development. 8th APEC Ministerial Meeting 1996. https://worldjpn.net/documents/texts/APEC/19961123.D3E.html

[13] APEC, The APEC Leaders' Growth Strategy, http://www.apec.org/Meeting-Papers/Leaders-Declarations/2010/2010-aelm/growth-strategy.aspx.

[14] APEC, "Lima Declaration on FTAAP", Annex A to 2016 Leaders' Declaration, https://www.apec.org/meeting-papers/leaders-declarations/2016/2016_aelm/2016_annex-a

[15] APEC. APEC Putrajaya Vision 2040. https://www.apec.org/Meeting-Papers/Leaders-Declarations/2020/2020_aelm/ Annex-A

[16] Joshua P Meltzer, The High Stakes Indo-Pacific Economic Framework, https://www.eastasiaforum.org/2022/04/09/the-high-stakesindo-pacific-economic-framework/

[17] Tanaka, Miya. Biden's Indo-Pacific Economic Framework May Shape Race with China in 2022. The Japan Times. https://www.japantimes.co.jp/news/2021/12/26/asia-pacific/biden-indo-pacific-economy.

[18] U.S. Department of Commerce. Commerce Department Launches the Indo-Pacific Economic Framework for Prosperity (IPEF) Upskilling Initiative. Sept.8, 2022. https://www.commerce.gov/news/press-releases/2022/09/commerce-department-launches-indo-pacific-economic-framework-prosperity/

[19] Eric Martin. Business Lobby Urges Bidden to Negotiate Digital Trade Agreement", https://www.bloomberg.com/nes/articles/2022-02-09/business-lobby-urges-bidden-to-negotiate-digital-trade-agreement.

[20] Paul T. Globalization, Deglobalization and Reglobalization: Adapting Liberal International Order. International Affairs, 2021, 97 (5): 1599-1620.

[21] David Dollar and Jonathan Stromseth. The US Must Urgently Rethink Its Economic Policies in Asia. Brookings Institution, Feb.17,2021. https://www.brookings.edu/blog/order-from-chaos/2021/02/17/us-must-urgently-rethink-its-economic-policies-in-asia/

"印太经济框架"贸易议题的动向及其对 APEC 合作的影响

杨泽瑞*

摘　要："印太经济框架"（IPEF）是美国"印太战略"在经济贸易领域的抓手。自美国总统拜登于 2021 年 10 月在东亚峰会上正式提出以来，IPEF 进程一直在快速推进。虽然美国号称 IPEF 包括"联通的经济、韧性的经济、清洁的经济和公平的经济"四大支柱，不是传统意义上的自由贸易协定，但 IPEF 经济贸易议题的内容却越来越具体，趋势性的新动向也日趋呈现。

一年多来，IPEF 进展迅速，供应链支柱已完成谈判，贸易（联通的经济）支柱和清洁经济支柱、公平经济支柱谈判顺利，完全有可能在 2023 年年底完成谈判。

IPEF 的出现是划时代的大事，必将根本性地改变 20 世纪 60 年代以来兴起的亚太合作进程，对以亚太经济合作组织（APEC）为主渠道的亚太合作产生不利影响。

应对美国"印太战略"和"印太经济框架"的关键，其实是在新时代如何对待改革开放的问题。深化改革、扩大开放，打造一个良好的区域合作环境，是我国进一步发展的关键，也是我国在 21 世纪中叶成为中等发达国家的关键。

关键词：印太战略；印太经济框架；贸易议题；APEC

作为美国"印太战略"在经济贸易领域的抓手，"印度-太平洋经济框架"（Indo-Pacific Economic Framework，IPEF）自美国总统拜登于 2021 年 10 月在东亚峰会上正式提出以来，其进程一直在快速推进。IPEF 的出现是划时代的大事，必将根本性地改变 20 世纪 60 年代以来兴起的亚太合作进程，对以 APEC 为主渠道的亚太合作产生不利影响。

---

* 杨泽瑞，中国太平洋经济合作全国委员会委员。

本文研究 IPEF 的发展历程，分析 IPEF 贸易议题的动向，比较 IPEF 贸易议题与"跨太平洋伙伴关系协定"（TPP）、"区域全面经济伙伴关系协定"（RCEP）和 APEC 议题的异同，讨论 IPEF 对 APEC 合作及地区合作的影响，并提出应对 IPEF 挑战的初步思考。

需要说明的是，由于 IPEF 发展进程尚处于初期，其未来发展仍有极大的变数。虽然从这一两年 IPEF 发展态势来看，其进程有些内容可以肯定、有些内容又可以否定，但当前的"肯定"和"否定"都不会是绝对的。亚太地区合作的历史表明，现实的发展总会超越各种理论与预测。因此本文的分析与预测是基于当前 IPEF 的发展态势，是有时限性和局限性的。

一、"印太经济框架"进程在加速

2021 年 10 月，拜登总统以视频方式出席东亚峰会时，首次提出"印太经济框架"概念。拜登总统称，美国对印太地区的愿景是一个开放的、联通的、繁荣的、有韧性的和安全的地区，该框架将围绕贸易便利化、数字经济和技术标准、供应链弹性、脱碳和清洁能源、基础设施、劳工及其他共同感兴趣的领域制定标准。[①]美国贸易代表戴琪（Katherine Tai）明确指出，IPEF 是独立于中国的安排。美国副贸易代表莎拉·比安奇（Sarah Bianchi）表示，美国能够实现大规模的、有实效性的经济框架。[②]

IPEF 无疑是美国"印太战略"在经济贸易领域的重头戏。自 2017 年 1 月特朗普总统上任伊始，美国发动了针对中国的贸易战。拜登总统 2021 年 1 月上台后，愈演愈烈的中美贸易战不仅没有停止，反而演化成全方位的博弈。美国试图与中国"脱钩"，两国关系恶化导致地区合作日趋艰难。

2022 年 2 月 12 日，拜登政府提出了美国第二份《印太战略报告》（*Indo-Pacific Strategy of the United States*），阐述了美国"印太战略"的五大支柱——自由开放、集体能力、共享繁荣、增进安全和建立韧性。[③]该报告提出了未来 12~24 个月"印太战略"的行动方案，包括：①向印太地区投入更多资源，如强化在东南亚和太平洋岛国的外交存在，以及增强该地区的海上执法力量等；②在 2022 年上半年发起"印太经济框架"；③强化军事威慑，包括尽快落实美英澳三边安全伙伴关系（AUKUS）；④支持东盟中心地位；⑤

---

① https://www.whitehouse.gov/briefing-room/statements-releases/2021/10/27/readout-of-president-bidens-participation-in-the-east-asia-summit/.

② 凤山太成. 美国主导对抗中国的框架最早 5 月启动. https://cn.nikkei.com/politicsaeconomy/economic-policy/48186-2022-04-08-10-12-25.html.

③ https://www.whitehouse.gov/wp-content/uploads/2022/02/U.S.-Indo-Pacific-Strategy.pdf.

支持印度的地区领导地位，突出印度作为地区安全提供者的新角色；⑥推动美日印澳"四方安全对话"机制（QUAD），将其打造成印太地区的首要集团；⑦拓展美日韩三国合作；⑧与盟友一道共同推进太平洋岛国开发；⑨支持印太地区良治与问责；⑩在印太地区构建可信的、安全的数字基础设施网络等。跟特朗普政府 2019 年 6 月 1 日推出的美国第一份《印太战略报告》相比，拜登政府的这份报告在目标、手段、路径等方面更加具体，也更有操作性。①可以看出，美国这两年在亚太地区的行动基本上是在落实报告里的规划。共和党特朗普政府继承了民主党奥巴马政府后期的对华政策调整，而民主党拜登政府又继承和发展了特朗普政府的"印太战略"，并在国家战略、军事安全、经济贸易三个层面日益具体化。两党对华政策的延续表明"印太战略"不会随着美国政府人事更替而变化。

2022 年 5 月 22 日，拜登总统在东京正式启动了"印太经济框架"，创始成员包括美国、印度、日本、韩国、文莱、印度尼西亚、马来西亚、菲律宾、新加坡、泰国、越南、澳大利亚、新西兰、斐济 14 国。领导人发布的共同声明称，IPEF 由贸易，供应链，清洁能源、脱碳和基础设施，税收和反腐败四部分构成，将在各领域签订政府间协定。IPEF 成员占世界经济总量的 40%，在未来可能会吸收更多的印太国家。②但印度出于自身原因宣布将不参与 IPEF 在贸易支柱方面的谈判。

2022 年 7 月 13 日至 14 日，IPEF 在新加坡举行了首次高级官员和专家会议，各国就框架设想的实质性内容进行了讨论，并决定在未来几个月继续保持密切接触。7 月 26 日，美国政府主办了一场 IPEF 部长级视频会议，由美国贸易代表戴琪和商务部部长雷蒙多主持，讨论的议题包括贸易、供应链、清洁能源、基础设施、税收和反腐败等。

2022 年 9 月，IPEF 在美国洛杉矶举行第一次部长级会议，并就四个支柱谈判的框架达成一致。2022 年 12 月，IPEF 在澳大利亚布里斯班举行了第一轮正式谈判。2023 年 2 月，IPEF 在印度新德里举行了第二至第四支柱的特别谈判。3 月，IPEF 在印尼巴厘岛举行了第二轮谈判。5 月 8 日至 15 日，IPEF 在新加坡举行了第三轮谈判。5 月 27 日，IPEF 在美国底特律再一次举行了部长级会议，宣布供应链支柱的谈判已经基本结束，一、

---

① 陈积敏. 拜登政府"印太战略"报告评析[EB/OL]. [2022-04-22]. http://cn.chinausfocus.com/foreign-policy/20220314/42553.html.

② https://ustr.gov/about-us/policy-offices/press-office/press-releases/2022/may/statement-indo-pacific-economic-framework-prosperity. 2023-04-30.

三、四支柱的谈判取得重大进展。①

2023 年 4 月 18 日，美国贸易代表戴琪表示，IPEF 谈判在 2023 年会加速进行，各项谈判进展迅速，最快 2023 年会完成谈判。②美国的目标是在 2023 年 11 月 APEC 领导人非正式会议前，基本完成 IPEF 的谈判。

在正式谈判加紧推进的同时，IPEF 的扩员行动也在进行。据媒体报道，加拿大很可能在 2023 年正式加入 IPEF，成为 IPEF 启动后的第一个新成员。

与 1989 年 9 月开始的 APEC 进程、2010 年 3 月扩员后的 TPP 进程和 2013 年 5 月开始的 RCEP 进程相比，IPEF 进程明显要快得多。可以看出，IPEF 进程没有一般国际机制、国际协议谈判的"预热、加速、冲刺"等逐步升温过程，而是从一开始就是"冲刺"。美国对 IPEF 急于求成之心溢于言表。"印太经济框架"进程如表 1 所示。

那么 IPEF 有可能在 2023 年 11 月 APEC 领导人会议前完成谈判吗？个人觉得还是很有可能的——因为 IPEF 协议是个原则性、战略性、约束力"并非致命"的协定，成员之间无需经过锱铢必较的谈判。

表 1　"印太经济框架"进程

参与国家	美国、印度、日本、韩国、文莱、印尼、马来西亚、菲律宾、新加坡、泰国、越南、澳大利亚、新西兰、斐济	
目的	提高印太经济体的韧性、可持续性、包容性、经济增长速度、公平和竞争力；促进印太地区的合作、稳定和繁荣	
协议内容：四大支柱	联通的经济，韧性的经济，清洁的经济，公平的经济	
进程	2021 年 10 月	拜登总统在东亚峰会上提出概念
	2022 年 5 月	拜登总统在东京正式启动
	2022 年 9 月	在美国洛杉矶召开第一次部长级会议
	2022 年 12 月	在澳大利亚布里斯班举行第一轮谈判
	2023 年 2 月	在印度新德里举行第二至第四支柱的特别谈判
	2023 年 3 月	在印尼巴厘岛举行第二轮谈判
	2023 年 5 月	在新加坡举行第三轮谈判
	2023 年 5 月	在底特律召开第二次部长级会议 完成第二支柱——供应链支柱的谈判
	2023 年 11 月	在旧金山 APEC 领导人非正式会议前完成谈判（目标）

资料来源：作者根据相关资料制表。

---

① https://www.mti.gov.sg/Newsroom/Press-Releases/2023/05/Minister-Gan-Kim-Yong-attends-the-Indo-Pacific-Economic-Framework-for-Prosperity-Ministerial-Meeting.

② USTR's Tai: Indo-Pacific trade talks could see results this year. https://www.reuters.com/markets/ustrs-tai-indo-pacific-trade-talks-could-see-results-this-year-2023-04-20/.

二、"印太经济框架"贸易议题的动向

为什么拜登政府发起的是"印太经济框架"而不是"印太经济协定"呢？美国总统国家安全顾问沙利文对此解释说，"印太经济框架"是 21 世纪的经济安排以应对 21 世纪的经济挑战，旨在从制定数字经济规则到确保安全和有韧性的供应链，再到帮助基础设施和清洁能源转型，提高透明度、公平税收和反腐败的标准。沙利文没有明说的是，在特朗普政府于 2017 年 1 月退出 TPP 之后，拜登政府已不可能从国会得到授权开始新一轮的经济贸易协定谈判。

关于 IPEF 四个支柱的目标和内容，2022 年 5 月 23 日 IPEF 正式启动时发布的领导人声明称：

贸易：寻求建立高标准、包容性、自由和公平的贸易环境，并在贸易和技术政策方面制定新的和创造性的方法，以推进一系列广泛的目标。这些目标包括为经济活动和投资提供动力，促进可持续和包容性的经济增长，并使工人和消费者受益。我们的努力包括但不限于在数字经济方面的合作。

供应链：致力于提高供应链的透明度、多样性、安全性和可持续性，使其更具韧性和一体性。寻求协调危机应对措施；扩大合作以更好地减轻"断链"的影响，从而更好地确保工商业的连续性；提高物流效率和支持行动；确保获得关键原材料和加工材料、半导体、关键矿物和清洁能源技术。

清洁能源、脱碳和基础设施：根据《巴黎协定》目标，为保障人民的生计，计划加快清洁能源技术的开发和利用，以实现经济的脱碳和增强对气候影响的抵御能力。这涉及深化技术合作、调动资金（包括优惠融资），寻求通过支持可持续和持久基础设施发展，以及提供技术援助来提高竞争力和加强互联互通的方法。

税收和反腐败：致力于通过现有的多边义务、标准和协议，在印太地区制定和执行有效和稳健的税收、反洗钱和反贿赂机制来促进公平竞争、遏制逃税和腐败。这涉及分享专业知识和寻求方法，支持推进负责任的和透明的系统所需的能力建设。[①]

经过一年多的摸索，美国对"印太经济框架"四大支柱的解释越来越具体：

联通的经济（Connected Economy）指的是在国际贸易领域加强合作，制定国际经贸规则，包括数字跨境流动与数字本地化标准，应对在线隐私、歧视，以及对人工智能的

[①] https://ustr.gov/about-us/policy-offices/press-office/press-releases/2022/may/statement-indo-pacific-economic-framework-prosperity.

不道德运用；寻求建立强劲的劳工和环境标准，以及制定公司责任条款等。

韧性的经济（Resilient Economy）指的是提升供应链的韧性，降低因供应链断裂而造成的物价飞涨和民众生活成本增加，措施包括建立供应链预警机制，确保对关键原材料和加工材料、半导体、至关重要的矿物和清洁能源技术的获取；改善关键领域的可追溯性；合作推进生产的多样化布局，确保物流体系的便利性、畅通性与高效性。

清洁的经济（Clean Economy）主要指的是为应对气候变化而采取的行动，如在可再生能源、除碳、能效标准、遏制甲烷排放的新措施等方面加强合作；加速清洁能源技术的开发和部署；加快绿色、可持续基础设施建设，创造高薪工作机会等。

公平的经济（Fair Economy）主要指的是为维持良好竞争环境而采取的措施，如加强税收、反洗钱、反贿赂机制建设，包括交换税务信息，根据联合国标准将贿赂定为刑事犯罪及打击腐败以促进公平竞争，等等。

虽然用词时有不同、内部逻辑关系也有交叉，但 IPEF 强调的四大支柱——贸易，供应链，清洁能源、脱碳和基础设施，税收和反腐败——是始终没变的。在贸易议题方面，美方特别强调了劳工、环境和气候变化、数字经济、农业、监管透明度、竞争规则和贸易便利化等子领域。

IPEF 启动时，美国提出了 IPEF 的总体性原则和目标，但同时表示，IPEF 在四个支柱领域参与的国家、谈判推进的速度和策略、执行的力度都不同。可以看出，拜登政府倾向于采用灵活磋商等非正式的执行机制，而不是建立一个类似于 TPP 那样的正式协定。IPEF 注重的是长期的"规则"和"标准"的设定，从而便利贸易和投资、加强各国经济的融合和一体化。这是 IPEF 与 TPP 等传统自由贸易协定的最大区别。

在 IPEF 第一支柱"联通的经济"方面，多轮的会议与谈判使贸易议题领域的内容越来越具体（见表2）。①

2022 年 5 月 23 日，IPEF 正式启动时，领导人的声明只是原则性地表示"寻求建立高标准、包容性、自由和公平的贸易环境，并在贸易和技术政策方面制定新的和创造性的方法，以推进一系列广泛的目标"。

2022 年 9 月 9 日，IPEF 贸易部长会议公布了贸易议题未来谈判的内容，包括劳工、环境、数字经济、贸易便利化、农业、竞争政策、透明度和良好规制实践、包容性、技

---

① https://ustr.gov/ipef.

术援助与经济合作,以努力推进"有弹性、可持续性和包容性"的贸易政策目标的实现。①

2022 年 12 月,IPEF 第一轮谈判时,美国贸易代表办公室提出了第一支柱贸易议题的贸易便利化、农业、服务业国内监管、透明度和良好规制实践的谈判文本;美国商务部提出了第二支柱(供应链)和第四支柱(公平经济)的谈判文本,并提出了第三支柱(清洁经济)的概念文件。谈判期间,美方与 IPEF 伙伴国还就贸易议题的劳工、环境、数字经济、竞争政策和包容性等子议题进行了详细的概念讨论。

2023 年 2 月,在印度新德里举行的 IPEF 特别谈判时,美国商务部提出了第三支柱(清洁经济)的谈判文本。

2023 年 3 月,IPEF 第二轮谈判在印度尼西亚巴厘岛举行,这是美国在 2023 年全年积极推进 IPEF 进程的新一轮谈判。在谈判之前,美方公布了劳工、环境、数字经济和技术援助的谈判文本。根据美国声明,IPEF 伙伴国讨论了第一支柱的文本内容,并就早些时候在布里斯班和新德里提出的其他议题进行了后续讨论。澳大利亚和新西兰提出了"包容性"议题的文本。②

2023 年 5 月 8—15 日,IPEF 第三轮谈判在新加坡举行。稍后在美国举行的 IPEF 部长会议宣布,供应链支柱的谈判基本结束,贸易支柱的谈判进展顺利,特别是在技术援助、能力建设领域,"技术援助与经济合作"章节的文本谈判取得了实质性进展。

IPEF 谈判为什么会这么顺利?总体来说,是因为 IPEF 并不是约束性的经济贸易协定。当前美国提出 IPEF 四个支柱、多个子议题的谈判文本貌似迅速,但这些议题其实是美国政府"有经验的领域",是"容易摘取的果子"。随着进程的深入推进,文本谈判遇到的困难应该会越来越多,特别是在贸易支柱领域的问题应该会更多。

表 2　"印太经济框架"贸易议题(第一支柱)谈判的主要内容

时间	活动	第一支柱——贸易议题的内容
2022 年 5 月	东京 IPEF 正式启动	确定"贸易议题"是 IPEF 的四大支柱之一
2022 年 9 月	洛杉矶第一次部长级会议	提出贸易议题的目标:韧性、可持续性和包容性;初步确定具体谈判领域:劳工、环境、数字经济、农业、透明度和良好监管实践、竞争政策、贸易便利化、包容性、技术援助与经济合作

---

① https://ustr.gov/about-us/policy-offices/press-office/press-releases/2022/november/statement-ustr-spokesperson-adam-hodge-december-ipef-negotiating-round-australia.

② https://ustr.gov/sites/default/files/files/uploads/IPEF%20PIllar%201%20text%20summaries%20USTR%20March%202023.pdf.

续表

时间	活动	第一支柱——贸易议题的内容
2022 年 12 月	布里斯班第一轮谈判	美国贸易代表办公室提出贸易便利化、农业、服务业国内规制、透明度和良好规制实践的谈判文本 美国商务部提出第二支柱（供应链）和第四支柱（公平经济）的谈判文本
2023 年 2 月	新德里举行第二至第四支柱的特别谈判	美国商务部提出第三支柱（清洁经济）的谈判文本
2023 年 3 月	巴厘岛第二轮谈判	美国提出了劳工、环境、数字贸易和技术援助的谈判文本； 澳大利亚和新西兰提出了"包容性"子议题的谈判文本； 继续讨论在布里斯班和新德里提出的其他议题
2023 年 5 月	新加坡第三轮谈判 IPEF 底特律部长级会议	贸易支柱与第三、四支柱都取得重大进展（第二支柱基本完成谈判）

资料来源：作者根据相关资料制表。

在美国贸易代表办公室 2023 年 3 月公布的"拜登政府 2023 贸易政策议程"报告中，IPEF 排在第一位，[①]重要性明显超过 APEC 和其他各类区域倡议。该报告声称，IPEF 将应对 21 世纪面临的挑战，特别是那些因新冠疫情和俄乌战争而暴露出来的挑战。美国贸易代表戴琪强调，IPEF 的核心是将主要经济体和新兴经济体联系起来，以应对 21 世纪的挑战，并在未来几年促进公平和有韧性的贸易。[②]

对于 IPEF 谈判的内容、局限性与前景，学者们见仁见智，但国内学者持批判和怀疑态度的居多。复旦大学国际问题研究院赵明昊认为，"印太经济框架"存在两个"先天不足"：第一，在这个框架下，美国并不会向其他成员经济体开放市场，这对其他成员来说，无疑是无利可图的"空头支票"，很难引起足够的参与热情；第二，"印太经济框架"是以拜登政府签署行政命令的方式推进的，无需经过国会批准，在此情况下，一旦拜登任期结束，该框架就面临"朝令夕改"的风险。[③]

---

① https://ustr.gov/sites/default/files/2023-02/2023%20Trade%20Policy%20Agenda%20and%202022%20Annual%20Report%20FINAL%20(1).pdf.

② https://ustr.gov/trade-agreements/agreements-under-negotiation/indo-pacific-economic-framework-prosperity-ipef.

③ https://j.eastday.com/p/1653387069037270.

三、IPEF 贸易议题与 TPP、RCEP、APEC 议题的比较

根据全毅、盛斌等学者的研究，区域合作谈判和协议中的议题可以分为两大类：WTO+和 WTO-，分别代表在 WTO 里存在的议题和 WTO 里不存在的议题。按照 WTO 的分类标准与定义，WTO+议题主要包括工业品、农产品、海关程序、出口税、卫生和植物卫生措施（SPS）、技术性贸易壁垒（TBT）、国营贸易、反倾销、反补贴、保障措施、公共补贴、政府采购、与贸易有关的投资措施、服务、与贸易有关的知识产权等。WTO-议题包括两个层面：一是目前"多哈回合议程"上的议题，如扩展的知识产权、竞争政策、政府采购、投资政策、环保标准、电子商务、贸易融资、贸易援助、债务、技术合作、技术转移、能力建设、部门贸易自由化等；二是未在 WTO 的谈判与磋商框架内、只是在双边或区域贸易协定中达成条款或正在谈判的议题，如劳工标准、出口限制、消费者保护、法律、国内规制一致化、中小企业、公司治理等。这种分类法与罗伯特·劳伦斯将区域一体化议题分为浅度一体化议题与深度一体化议题基本一致。劳伦斯认为，消除关税、海关程序与配额等边境管制措施构成的贸易壁垒为浅度一体化议题，而消除包括国家管辖的、制约跨境贸易和服务转移的法律和管制政策的行动则为深度一体化议题。①

正如全毅所说，全球贸易规则的发展经历了三大阶段：20 世纪 50 年代至 70 年代的削减关税与非关税壁垒阶段，20 世纪 80 年代至 90 年代的协调知识产权、投资政策、环境保护、竞争政策、劳动标准等国内政策阶段，以及 21 世纪多哈回合将农业、非农产品市场准入、服务业、国内规则、贸易便利化等二十多个纵向与横向议题纳入多边谈判阶段。由于多哈回合谈判陷入僵局，美国和欧盟等发达国家开始以双边或区域 FTA 为平台酝酿更高市场开放度和规范性更强的贸易投资规则。《美墨加协定》（USMCA）、TPP 和《跨大西洋贸易与投资伙伴协定》（TTIP）等正是美国谋求重构国际经贸规则主导权的代表性协议。②相对来说，RCEP 更传统一些，自贸水平较低，也缺乏前瞻性。

经过 GATT/WTO 的多轮谈判，特别是冷战结束后三十多年全球化与区域化的快速发展，当前全球平均关税水平较低，非关税壁垒、制度性障碍等深度议题成为阻碍国际贸易和投资的主要难题。那么美国发动的 IPEF 谈判及未来签署的 IPEF 协议，会不会真的超越 USMCA、TPP、TTIP 等当前自贸水平较高的协定，从而开创新一代的经济贸易

① 全毅. CPTPP 与 RCEP 框架与规则比较[EB/OL]. [2023-04-01]. http://www.ccg.org.cn/archives/69558；盛斌. 迎接国际贸易与投资规则的新挑战[J]. 国际贸易，2014（2）.

② 全毅. CPTPP 与 RCEP 框架与规则比较[EB/OL]. [2023-04-01]. http://www.ccg.org.cn/archives/69558.

协定呢？

本文借鉴全毅的分类法，从传统议题、深度议题、横向议题和制度议题四个类型来分析 IPEF、TPP、RCEP 和 APEC 的议题。TPP 包括 30 个章节、28 个议题，RCEP 包括 20 个章节、18 个议题，这两个协定既有许多共同内容，也存在许多差异。关于货物贸易与服务贸易等传统议题，两个协定都包含货物贸易、原产地规则、海关程序与贸易便利化、卫生和植物卫生措施、技术性贸易壁垒、贸易救济、服务贸易、自然人临时移动（商务人员临时入境）等议题。关于深度一体化议题，两个协定都包含投资、电子商务、政府采购、竞争政策与知识产权保护等议题。关于横向议题，两个协定都包含合作与能力建设、中小企业等议题。关于制度议题，两个协定都包含争端解决机制、初始条款和总定义、机构条款、例外与一般条款、最终条款等。上述议题是 TPP 与 RCEP 涉及的共同议题，但 TPP 还包括纺织服装、金融服务、电信服务、国有企业与指定垄断、劳工条款、环境保护、竞争力与商务便利化、发展、监管一致性、透明度与反腐败 10 个深度议题和横向议题，这是 RCEP 没有涉及或没有独立成章的。①

从机制角度来看，APEC 讨论的议题对成员没有约束力，与 TPP、RCEP 不可对比。但作为"观念的孵化器"，APEC 讨论的很多议题最后进入以 WTO 为代表的多边机制、地区小多边机制或者双边机制，甚至单个成员的国内政策之中。因此 APEC 的议题对于推动地区合作及更广义上的地区经济发展功不可没。但近几年来，由于中美贸易战、新冠疫情等多种原因，APEC 的合作气氛日益淡薄，讨论的议题也越来越宏观、越来越没有可操作性。

作为 2023 年的东道主，美国将 APEC 当年的主题设定为"为所有人创造一个有韧性和可持续的未来"，三个优先事项是相互关联、创新和包容性，强调致力于推动解决供应链韧性、数字贸易、互联互通、中小企业机会、气候变化和环境可持续性等关键问题的工作。同时美方也强调粮食安全、健康、反腐败、数字化、妇女经济赋权及支持弱势社区等问题。2023 年 2 月的第一次高官会还强调了贸易和投资、数字化和创新、可持续性和包容性增长等领域，以及完善 APEC 商务旅行卡（ABTC）、加强反腐败合作等领域的工作。5 月的第二次高官会继续推进上述工作，特别是在可持续发展和包容性领域的"马努阿议程"和数字经济领域的"数字太平洋议程"等。②

---

① 全毅. CPTPP 与 RCEP 框架与规则比较[EB/OL]. [2023-04-01]. http://www.ccg.org.cn/archives/69558.

② APEC Senior Officials Address Economic Challenges Ahead of Trade Ministers' Meeting. [2023-05-30]. https://www.apec.org/press/news-releases/2023/apec-senior-officials-address-economic-challenges-ahead-of-trade-ministers-meeting.

作为 2022 年的东道主，泰国将当年 APEC 的主题设定为"开放-连通-平衡"，重点关注包容性和可持续增长、促进经济与环境之间的平衡，以及促进贸易和投资。APEC 领导人通过了关于生物-循环-绿色经济的曼谷目标（BCG 目标）。BCG 目标作为全新的概念，符合全球寻求对环境保护、气候变化解决方案的需要。APEC 通过的"安全通道"（safe passage）倡议、启动的 APEC 旅游信息门户网站，无疑是对 APEC 商务旅行卡工作的扩充。

对比 APEC 这两年的议题可以很明显地看到，2023 年议题一方面是 APEC 近年来讨论议题的继续，另一方面又是在呼应 IPEF 讨论的内容，比 2022 年的议题广泛得多、有针对性得多。虽然 APEC 议题没有约束性，但每年的东道主都在为自己感兴趣的议题造势，这一点在 2023 年表现得尤其明显。美国不愧是这方面的行家里手，试图将 APEC 打造成为 IPEF 议题造势的舞台，战略性明显更强。表 3 为 IPEF 贸易议题与 TPP、RCEP、APEC 议题的比较。

表 3　IPEF 贸易议题与 TPP、RCEP、APEC 议题比较

分类	IPEF 贸易支柱议题	TPP 议题	TPP 独有、RCEP 没有的议题	RCEP 议题	APEC 议题（近两年）
传统议题	贸易便利化	货物贸易、原产地规则、海关程序与贸易便利化、卫生和植物卫生措施、技术性贸易壁垒、贸易救济、服务贸易、自然人临时移动	纺织服装、金融服务、电信服务	货物贸易、原产地规则、海关程序与贸易便利化、卫生和植物卫生措施、技术性贸易壁垒、贸易救济、服务贸易、商务人员临时入境	亚太自由贸易区、完善 APEC 商务旅行卡
深度议题	劳工、环境、数字贸易和技术援助、包容性等	投资、电子商务、政府采购、竞争政策与知识产权保护	劳工、环境	投资、电子商务、政府采购、竞争政策与知识产权保护	相互关联、创新和包容性、数字化、数字贸易、气候变化和环境可持续性等
横向议题	农业、服务业国内规制、透明度和良好规制实践等	合作与能力建设、中小企业	国有企业与指定垄断、竞争力与商务便利化、发展、监管一致性、透明度与反腐败	合作与能力建设、中小企业	供应链韧性、互联互通、中小企业机会、粮食安全、健康、反腐败、妇女经济赋权、支持弱势社区、反腐败等

续表

分类	IPEF 贸易支柱议题	TPP 议题	TPP 独有、RCEP 没有的议题	RCEP 议题	APEC 议题（近两年）
制度议题	谈判结束时会有	争端解决机制、初始条款和总定义、机构条款、例外与一般条款、最终条款	—	争端解决机制、初始条款和总定义、机构条款、例外与一般条款、最终条款	—

资料来源：作者根据相关资料制表。TPP、RCEP 议题分类参考了全毅《CPTPP 与 RCEP 框架与规则比较》一文。

将 IPEF 贸易议题的谈判内容与 TPP、RCEP 的章节进行对比，可以很明显地看出三者之间的巨大差距：IPEF 贸易议题的谈判，基本上不包括传统议题（浅度一体化议题），重点是深度议题和横向议题；RCEP 虽然也涉及深度议题和横向议题，但重点还是传统议题；TPP 议题则要平衡得多，在传统议题上水平更高，在深度议题和横向议题上则内容全面，代表了"21 世纪的、高水平的 FTA"。

在传统的贸易投资自由化领域，IPEF 将讨论贸易便利化子议题；在数字经济与电子商务等深度议题领域，IPEF 讨论的内容会超过 TPP 所能达到的水平；在横向议题领域，IPEF 讨论的是各成员经济体内部规制的协调与一致问题。因此 IPEF 贸易议题不是讨论降低关税等传统议题，而是直奔 TPP 涉及的深度议题和横向议题，以及 TPP 尚未涉及的最新一代议题。

很明显，IPEF 的目标是建设新型的贸易自由化与便利化规则。虽然 IPEF 不涉及降税，但标准、程序、规制的一致化，势必导致贸易便利化，从而既会导致贸易转移，也会导致贸易创造，最终推动贸易增长。如果再加上第二至第四支柱议题的谈判，可以发现 IPEF 开创了国际经贸协议谈判的新领域，是超越 TPP、USMCA、TTIP 的新一代经济贸易协议。

虽然 IPEF 的谈判尚未完成，美国也有退出 TPP、中途放弃美洲自由贸易区（FTAA）协议的先例，但考虑到地区合作局势的剧变，怀疑美国政府的决心或者 IPEF 的长期效果是毫无道理的。

IPEF 会如何与自由贸易、市场开放联系起来，从而增加吸引力和约束力呢？很多人对此有过探讨。比如新加坡前总理李显龙建议 IPEF 应该包括数字经济贸易的内容，让人回想起 2021 年拜登政府刚上台时探讨过的《跨太平洋数字贸易协定》。2023 年，美国趁举办 APEC 会议之际，"适时"地提出了"数字太平洋议程"，明确指出该议程的目的就是"打造管理数字经济的规则、规范和标准"。①看来，数字经济与贸易规则在 IPEF 贸易支柱中地位会很突出。

2022 年 12 月 IPEF 第一轮谈判前，彼得森国际经济研究所（PIIE）的布朗（Chad Bown）采访了前美国副贸易代表、TPP 美方首席谈判官芭芭拉·维索（Barbara Wiesel），谈到了 IPEF 与美国市场开放问题。维索认为，IPEF 贸易支柱会有很多议题与 TPP 的议题重复，环境议题应该会有突破，但劳工议题不太容易定义。维索特别提到了 IPEF 与美国市场开放联系起来的途径，比如使用"轴心-辐条模式"（Hub-and-Spoke Approach），推动 IPEF 成员间的产业链分工，使产业链条上的产品优先进入美国；又比如授权 IPEF 成员通过《降低通胀法》《购买美国货法》等美国国内法律进入美国市场，变相扩大市场开放等。当然，这又涉及政府采购、原产地规则的调整等自贸协定中的传统议题。②

2023 年 3 月 IPEF 第二轮谈判结束后，美国国际战略研究中心（CSIS）评论说，IPEF 谈判取得了进步，朝着既定目标迈出了关键步伐。③5 月的 IPEF 第三轮谈判和部长级会议，更是宣布 IPEF 供应链支柱的核心谈判已经结束，其他支柱的谈判进展顺利，表明 IPEF 的谈判进程远比外界所了解的顺利。

四、"印太经济框架"、APEC 及地区合作前景

IPEF 的"横空出世"打乱了 APEC"布城愿景"所设定的"2040 亚太共同体"建设，更让"奥特亚罗瓦行动计划"无法"行动"。因为新冠疫情、中美贸易战等主客观因素的影响，APEC 过去三年的东道主泰国、马来西亚和新西兰无法积极推动 APEC 进程，使 APEC 议题日益空洞和单调。

2023 年的 APEC 东道主美国，本可以像 1993 年主办西雅图会议一样，大大推进 APEC 的亚太共同体建设。但已"变心"的美国的注意力却全放在 IPEF 的谈判上，只是将 APEC 当成推销 IPEF 理念的平台。2024 年的 APEC 东道主秘鲁，因为自身分量过小，在地区合作进程中难以主导方向。2025 年的 APEC 东道主韩国，又适逢极端亲美的尹锡悦总统执政，主办 APEC 会议也只会紧跟美国的"印太战略"，为 IPEF 摇旗呐喊。因此今后的几年间，APEC 进程将进入困难期。

国内外对 IPEF 的质疑非常普遍，即使很多前美国政府官员等内行人也怀疑 IPEF 的

---

① The U.S. 2023 APEC Host Year Digital Pacific Agenda. 2023 APEC 第二次高官会文件。

② https://www.piie.com/blogs/realtime-economics/what-indo-pacific-economic-framework-and-will-it-work.

③ https://www.csis.org/analysis/progress-continues-ipef-negotiations-bali.

必要性和可行性。当前，判断"印太经济框架"对 APEC 及地区合作前景的影响还为时尚早，毕竟 IPEF 才刚刚起步一年。美国的雄心与现实还有距离，特别是在地区合作中，美国有过多次失败的例子，比较有代表性的就是 FTAA 和 TPP。回顾历史，美国力推 10 年的美洲自由贸易区最终仍以失败告终，表面看核心原因是政体与人权等问题，但其实是南北美洲之间的巨大差异，使创建包括整个美洲的自由贸易区并不成熟。虽然当时冷战刚刚结束、全球化与地区化发展顺利，但南美洲既有古巴这个社会主义政权，也有委内瑞拉、巴西、智利等一批左右摇摆的国家，建立一个统一的自贸区不可能实现。

但美国对 IPEF 会不会重蹈 FTAA 和 TPP 的覆辙？在笔者看来不会。FTAA 是因为过于理想而失败，TPP 是因为美国国内政治而失败，而 IPEF 明显地规避了这些问题，在机制建设、内容、成员等方面有新的突破。

作为"印太战略"的重要一环，美国提出"印太经济框架"的原因即与中国脱钩，IPEF 只是"落实'印太战略'在经济贸易领域的手段"，而不是目的，这是中美贸易战与两国博弈的必然后果。只要践行"印太战略"这个大方向不变，美国推动 IPEF 的行动就不会停止。

IPEF 进程将是长期性的，可能会持续一代人的时间。但因为"脱钩"这个目标明确，IPEF 即使有挫折也只会是暂时的。

IPEF 进程将是颠覆性的，它破坏当前的地区合作框架，冲击以 APEC 为代表的亚太合作和以东盟-中日韩（10+3）、东亚峰会为代表的东亚合作进程，让 APEC、10+3 等机制日益虚化，并让 TPP、RCEP 效果递减，对成员逐步失去吸引力。

2023 年 5 月 27 日 IPEF 部长级会议关于 IPEF 供应链协定的声明，说明了 IPEF 供应链协定已经完成实质性谈判，将尽快完成文本工作；IPEF 成员将成立三大机制——IPEF 供应链理事会、IPEF 供应链危机应对网络、IPEF 劳工权利咨询委员会，来确保供应链的安全，开展供应链领域的合作。[1]可以看出，IPEF 在供应链领域的工作，性质类似于经济合作与发展组织（OECD），而不是 WTO。

因此 IPEF 将是一个逐步递进的过程，这个过程可能需要一二十年的时间才能看出效果，现在尚处于早期阶段。

关于 IPEF 对 APEC 和地区合作的直接影响，至少从表面上看，IPEF 不会冲击 APEC 的议题，也不会马上取代其他地区合作机制。

---

① https://static.pib.gov.in/WriteReadData/specificdocs/documents/2023/may/doc2023528205801.pdf.

但从 2022 年开始，美国"印太战略"及 IPEF 的出台对亚太-印太地区的经济合作影响巨大，根本性地改变了 20 世纪 60 年代兴起的亚太合作进程和 90 年代兴起的东亚合作进程。亚太-印太地区的合作进入过渡期，以 APEC 为代表的亚太合作将逐步过渡到以 IPEF 为代表的印太合作。

五、应对 IPEF 挑战的初步思考

有学者称，"印太经济框架"破坏了多边贸易规则，扰乱了亚太地区秩序，威胁着亚太区域价值链和供应链体系稳定，加大了亚太区域经济合作碎片化的风险，对 APEC 合作产生离心力。①这些评论无疑都是正确的——IPEF 出台的目的就是为了排除中国，就是为了打碎既有的地区合作框架，就是为了重建排他性的地区合作机制。

问题的关键其实是应对。IPEF 对我国来说就是挑战，不存在机遇与挑战并存一说。这种挑战主要表现在如下四个方面：

一是在战略层面，IPEF 将"做实"美国力推的"印太战略"，使中美博弈机制化，让中美双边博弈变成了中国一家与地区其他主要国家的集体博弈，根本性地破坏了中国的战略与安全环境。

二是破坏了地区合作环境，IPEF 既让 APEC、10+3 等地区合作机制日趋虚化，也让 TPP、RCEP 等地区贸易安排效果递减，对成员逐步失去吸引力。IPEF 创建的排除中国的合作框架，限制了中国参与区域合作的渠道。

三是在双边关系上，IPEF 机制性地拉拢日本、韩国、印度、澳大利亚、新西兰、菲律宾等地区主要国家与中国分裂，从而从事实上挑拨中国与这些国家的关系，让中国与亚太地区大部分国家的双边关系更难处理。

四是在经济发展方面，"四大支柱"的协定必将加快成员间产业链、供应链的重新布局，通过贸易转移和贸易创造，让本地区的高科技产业、高附加值领域与中国"脱钩"，从而阻碍中国的进一步发展。

笔者就应对 IPEF 贸易领域的挑战初步思考如下：

一是切实推进改革开放。特别是对外开放方面，采取新的步骤打造"改革开放 2.0 版"，真正地将国家命运与国际社会、本地区联系在一起。

二是在双边层面，稳妥改善中美关系，降低博弈的强度和"脱钩"的烈度，灵活地

---

① 刘晨阳. 亚太经济框架破坏多边贸易规则[EB/OL]. [2023-04-13]. http://m.ce.cn/bwzg/202302/27/t20230227_38414172. shtml.

使用"斗争与合作"两手；同时改善与日本、韩国、印度、澳大利亚、新西兰等国家的关系。

三是在区域合作层面，适度推进中日韩、湄公河等次区域合作，升级 RCEP，力争做出更大成绩，以此"对冲"IPEF 带来的负面影响。同时尽快启动和完成加入 CPTPP 和数字经济伙伴关系协定（DEPA）的谈判。

当前，美国的"印太战略"与 IPEF 的启动，对中国申请加入 CPTPP、DEPA 产生了负面影响。相关国家要不久拖不决，要不就是架空 CPTPP 和 DEPA 后再让中国加入。但即使如此，早日加入仍应是我国的方针，这是积极推进改革开放最好的表现。

四是在 APEC 层面，增加 APEC 内的合作面，减少"战斗"，避免像 2018 年巴新会议因为中美意见分歧而无法通过领导人会议声明之类的情况。同时同意 APEC 将讨论内容扩大到安全等领域，同意 APEC 扩员邀请印度等国家参加等，以尽量维持 APEC 这个合作平台，延长其寿命。虽然从亚太到印太是地区合作的发展趋势，但技术性地延缓本地区的印太化进程仍是有意义的。

当然，外交是内政的延续。中国应对美国"印太战略"和"印太经济框架"的核心，其实是在新时代如何对待改革开放的问题。深化改革、扩大开放，打造一个良好的区域合作环境，将是我国进一步发展的关键，是我国能否在 21 世纪中叶成为中等发达国家的关键。

参考文献

[1] APEC. APEC Senior Officials Address Economic Challenges Ahead of Trade Ministers' Meeting. https://www.apec.org/press/news-releases/2023/apec-senior-officials-address-economic-challenges-ahead-of-trade-ministers-meeting.

[2] USTR. IPEF 文件集. https://ustr.gov/ipef.

[3] USTR. The U.S. 2023 APEC Host Year Digital Pacific Agenda. 2023 APEC 第二次高官会文件.

[4] MTI. 颜金勇部长出席 IPEF 部长会议. https://www.mti.gov.sg/Newsroom/Press-Releases/2023/05/Minister-Gan-Kim-Yong-attends-the-Indo-Pacific-Economic-Framework-for-Prosperity-Ministerial-Meeting.

[5] 陈积敏. 拜登政府"印太战略"报告评析. http://cn.chinausfocus.com/foreign-policy/20220314/42553.html.

[6] 凤山太成. 美国主导对抗中国的框架最早 5 月启动. https://cn.nikkei.com/politicsaeconomy/economic-policy/48186-2022-04-08-10-12-25.html.

[7] 刘晨阳. 亚太经济框架破坏多边贸易规则[N]. 经济日报，2023-02-27.

[8] 全毅. CPTPP 与 RCEP 框架与规则比较. http://www.ccg.org.cn/archives/69558.

[9] 盛斌. 迎接国际贸易与投资规则的新挑战[J]. 国际贸易，2014（2）.

东盟成员参与"印太经济框架"的动向与影响

王　勤[*]

摘　要：2022 年 5 月，美国正式启动"印太经济框架"（IPEF）协议的谈判进程，东盟七国成为该框架的创始国。在全球政治经济形势动荡的背景下，东盟成员参与"印太经济框架"的动因在于通过加入 IPEF 增进东盟-美国全面战略伙伴关系，IPEF 四大支柱迎合了东盟成员经济发展和产业转型的需求，IPEF 其他成员在东盟对外经济关系中具有举足轻重的地位。尽管 IPEF 四大支柱的具体实施方案尚未全部出台，但东盟成员已开始立足"东盟印太展望"（AOIP），调整其发展战略和产业政策，以应对加入"印太经济框架"所面临的机遇与挑战。随着大国战略博弈的加剧，东盟成员参与 IPEF 对中国与东盟经济关系的效应引人关注。

关键词：东盟；印太经济框架；四大支柱；政策效应

自"印太经济框架"提出一年后，2023 年 5 月美国宣布各成员达成了更具弹性和安全性关于供应链的协议，这是 IPEF 的首个实际成果。IPEF 旨在以"经济安全"为旗号，以经济结盟为方式，达到维护美国在印太地区的主导地位，从而遏制中国经济的区域影响力。从 IPEF 的四大支柱看，它具有明显的针对性和潜在的威胁性，势必对中国与东盟经济关系产生诸多的负面效应。

一、东盟成员参与"印太经济框架"的动因

2021 年 10 月，美国提出了"印太经济框架"（IPEF）构想，2022 年 5 月美国正式启

---

　*　王勤，经济学博士、教授、博士生导师，教育部人文社会科学重点研究基地——厦门大学东南亚研究中心原主任、厦门大学国际关系学院/南洋研究院原副院长。

动 IPEF。目前，"印太经济框架"成员包括美国、日本、韩国、印度、澳大利亚、新西兰、斐济及东盟成员（文莱、印尼、马来西亚、菲律宾、新加坡、泰国和越南），14 个成员中东盟国家就占了半数。在全球经济和地缘政治动荡的背景下，东盟国家缘何急于加入"印太经济框架"呢？究其原因主要有如下几点。

（一）通过加入 IPEF 进一步增进东盟-美国全面战略伙伴关系

2019 年 6 月，美国政府发布了第一份"印太战略"报告，2022 年 2 月又公布了第二份"印太战略"报告。在美国第二份"印太战略"报告中，明确了美国在印太地区的五大政策目标，并提出未来 1～2 年内将推进的十大具体政策举措。[1] 针对美国的"印太战略"，早在 2019 年第 34 次东盟峰会就通过了 AOIP，提出了东盟应对美国的"印太战略"的立场。该官方文件指出，东盟应在太平洋和印度洋之间扮演桥梁角色，在印太倡议下展开的合作必须以东盟为中心，并具有包容性和尊重国际法。东盟还提出了印太区域合作的四大领域：①海洋合作。以和平方式解决争端，促进海上安全保障和航行飞越自由，促进海洋资源的可持续管理，继续推进海上互联互通，保护海洋环境和生物多样性，推广绿色航运，开展海洋科学技术合作等。②互联互通。根据《东盟互联互通总体规划 2025》的重点合作领域，促进印太区域互联互通建设，鼓励采用政府与社会资本合作（PPP）的基础设施建设融资方式，提高区域航空管理能力和效率，加强民间人文交流，促进东盟智慧城市网络（ASCN）建设。③可持续发展。促进区域数字经济发展，加强区域发展项目与《东盟共同体愿景 2025》、联合国《2030 年可持续发展议程》等可持续发展目标的对接，促进区域相关机构的合作。④经济及其他领域。开展区域南南合作（包括南南三方合作），推动贸易便利化，改善物流设施及其服务，促进数字经济发展和跨境数据流动的便利化，开展中小微企业、科技研发、智能基础设施、气候变化和防灾减灾等的合作，深化区域经济一体化，确保金融稳定性，共享迎接第四次工业革命的经验，推进中小微企业参与区域和全球价值链。[2]

拜登政府上台后，美国强化了与东盟间合作关系。2022 年 5 月，美国-东盟特别峰会在美国举行，双方发表了共同愿景声明。同年 11 月，第十次东盟-美国峰会在柬埔寨举行，双方关系升级为全面战略伙伴关系。[3] 东盟成员希望通过加入 IPEF，进一步增进

① United States Department of Defense (2022). India Pacific Strategy Report. Washington D.C.: DOD.
② ASEAN Secretariat (2019). ASEAN Outlook On The Indo-Pacific. https://asean.org/asean-outlook-indo-pacific/.
③ Chairman's Statement of the 10th ASEAN-United States Summit. https://asean.org/wp-content/uploads/2022/11/6.-Final-CS-10th-ASEAN-US-Summit.pdf.

和扩展双边关系。印尼前总统佐科对 IPEF 表示欢迎,希望能够与 AOIP 协同合作,强调 IPEF 的合作必须具备包容性,希望能够优先与 AOIP 合作并产生协同效应。新加坡前总理李显龙指出,IPEF 具有战略意义和经济意义,它是美国在印太开展经济外交的重要平台,不过该框架必须具有包容性,能为成员带来实质利益,才能吸引更多国家参与。泰国前总理巴育认为,IPEF 是一项促进经济、贸易、投资合作,提升政策、法律、工业及环境的各方面标准,连接整个供应链的合作框架,但贸易投资只有在用作带来和睦相处的政治工具时才能实现效益最大化。越南总理范明政表示,IPEF 提出的供应链稳定、数字经济、气候变化等对越南发展至关重要,但 IPEF 的一些核心元素还未公布,越南需要更多时间来研究。2023 年 5 月,作为东盟轮值主席国,印尼举办了东盟印太论坛,该论坛涵盖南南合作、贸易便利化、数字经济、跨境数据流动治理、中小微企业、减少灾害风险和应对气候变化等议题。

(二)IPEF 四大支柱迎合了东盟成员经济发展和产业转型的需求

"印太经济框架"确定了贸易、供应链、清洁经济、公平经济为四大支柱,这四大支柱具体内容包括:①贸易(Fair and Resilient Trade)。建立高标准、包容、自由和公平的贸易承诺,制定新的具有创造性和经济价值的贸易政策,包括促进贸易韧性、经济可持续、竞争政策公平、贸易便利化、包容性,以及技术和经济合作。②供应链(Supply Chains)。各方承诺改善"透明、多样、安全和可持续的"供应链,以促进其实现"更具弹性、更好的经济一体化",通过"建立预警系统、绘制关键矿产供应链图、改善关键部门可追溯性和协调多样化"等方式,协调应对供应危机,减少断链风险,提高物流效率,保障企业发展的持续性,确保获得半导体等关键产品和技术能力,并最终实现弹性供应链。③清洁经济(Clean Economy)。加快成员经济体的清洁能源转型以降低技术创新的成本,在优先部门推进降低温室气体排放,促进各成员清洁经济的弹性、创新性、可持续性和安全性,支持合作伙伴和利益相关者之间的持续合作。加强与私营部门的合作,以利用与清洁经济转型相关的市场、投资、产业化和高质量就业机会。④公平经济(Fair Economy)。包括预防、打击腐败和金融犯罪,改善税收管理,加强相互合作、信息共享和能力建设,促进包容性、透明度和问责制,为印太地区的工人和企业创造公平的竞争环境,确保经济增长和投资利益得到广泛分享。①

在新的国际经济形势下,美国主导的"印太经济框架"迎合了东盟成员的发展需求。

---

① U.S. Department of Commerce. Indo-Pacific Economic Framework. https://www.commerce.gov/ipef.

近年来，东盟相继发布了促进区域经济复苏、产业转型、全球价值链、清洁能源、绿色发展等一系列官方文件。2020 年 11 月，第 37 届东盟峰会通过《东盟全面复苏框架》及其实施计划，关注疫情下区域经济复苏和产业链稳定。① 2020 年 10 月，东盟制定《东盟基础设施生产力提升框架》，旨在提升区域基础设施生产力，推动建立更具竞争力、更有韧性和更紧密互联的共同体。② 2021 年 1 月，东盟推出的《东盟数字总体规划 2025》，提出将东盟建设成一个由数字服务、技术和生态系统驱动的领先数字共同体。③ 2021 年 11 月，东盟出台了《东盟第四次工业革命的综合战略》《东盟绿色经济领导人宣言》《东盟能源合作行动计划（2021—2025）》等。与此同时，东盟成员经济体纷纷调整经济发展战略，推动产业数字和低碳转型，促进贸易投资自由化和便利化，加快融入全球价值链，助力清洁能源发展，以提升国际竞争力。

（三）IPEF 其他成员在东盟对外经济关系中举足轻重

近年来，东盟国家与 IPEF 其他成员的贸易迅速扩大，IPEF 成员成为东盟国家重要的经贸伙伴。据东盟官方统计，2010—2021 年，东盟国家与 IPEF 主要成员双边贸易从 6101.6 亿美元增至 1.69 万亿美元，占东盟进出口贸易总额的比重从 25.6% 跃升至 50.6%。其中出口额从 3905.5 亿美元增至 9121.4 亿美元，占出口比重从 31.4% 升至 50.6%；进口额从 3421.9 亿美元增至 7778.9 亿美元，占进口比重从 29.9% 升至 47.8%。④

在 2021 年东盟区外十大贸易伙伴中，IPEF 其他成员占六个，分别为美国、日本、韩国、印度、澳大利亚和新西兰，分别居第二、四、五、六、七和十位。其中在东盟十大出口、进口贸易国中，美国出口、进口分别为 2551.6 亿美元和 1093 亿美元，分别占东盟国家出口、进口贸易的 14.9% 和 6.7%；日本分别为 1138.7 亿美元和 1265.2 亿美元，分别占 6.6% 和 7.8%；韩国分别为 686.7 亿美元和 1209.3 亿美元，分别占 4% 和 7.4%；印度分别为 538.1 亿美元和 377.4 亿美元，分别占 3.1% 和 2.3%；澳大利亚分别为 429.9 亿美元和 391.3 亿美元，分别占 2.5% 和 2.4%。

在 2021 年东盟十大商品贸易中，对 IPEF 其他成员出口、进口比重占半数的商品均为五种。根据 HS 商品分类计算，在东盟向 IPEF 其他成员出口的十大商品中，第 27 章商品（矿物燃料、矿物油及其产品、沥青等）占 66.5%，第 84 章商品（核反应堆、锅炉、

---

① ASEAN Secretariat (2020). ASEAN Comprehensive Recovery Framework and its Implementation Plan. https://asean.org/asean-comprehensive-recovery- framework-implementation-Plan.

② ASEAN Secretariat. Framework for Improving ASEAN Infrastructure Productivity[R].Jakarta: ASEAN Secretariat, 2020.

③ ASEAN Secretariat. ASEAN Digital Masterplan 2025[R]. Jakarta: ASEAN Secretariat, 2021.

④ 根据 ASEAN Secretariat ASEAN Statistical Yearbook 有关年份数据计算。

机械器具及零件）占 57.9%，第 39 章商品（塑料及其制品）占 71.6%，第 90 章商品（光学、照相、医疗等设备及零附件）占 51.9%，第 87 章商品（车辆及其零附件，但铁道车辆除外）占 51.3%；从 IPEF 其他成员进口的十大商品中，第 27 章商品占 70.1%，第 72 章商品（钢铁）占 66.3%，第 39 章商品占 60%，第 87 章商品占 55.1%，第 71 章商品（珠宝、贵金属及制品、仿首饰、硬币）占 50.8%。[1]

在东盟吸收区外直接投资的十大来源国中，IPEF 其他成员占三个，分别为美国、日本和韩国，2015—2021 年（除 2018 年外）IPEF 其他成员的投资比重均超过 30%，2019—2021 年美国连续三年居外资来源国的首位。在部门投资分布中，美国投资集中在金融保险、制造业、批发零售业和信息通信等行业，日本投资集中在制造业、金融保险、专业与科技活动等行业，韩国集中在制造业、金融保险、批发零售等行业，印度集中在房地产、金融保险、信息通信、批发零售等行业，澳大利亚集中在制造业、金融保险、批发零售业等行业。

东盟七国已与 IPEF 其他成员建立了一系列自贸伙伴关系，东盟七国作为东盟成员经济体与日本、韩国、印度、澳大利亚和新西兰签署了区域自贸协定，文莱、马来西亚、新加坡、越南、澳大利亚、新西兰、日本既是"全面与进步跨太平洋伙伴关系协定"（CPTPP）成员，也是"区域全面经济伙伴关系协定"（RCEP）成员。同时印尼、马来西亚、新加坡、泰国分别与澳大利亚签署了双边自贸协定，马来西亚、菲律宾、新加坡、泰国、越南分别与日本签署了双边自贸协定，马来西亚、新加坡、泰国分别与新西兰签署了双边自贸协定，新加坡、越南分别与韩国签署了自贸协定，新加坡还与美国、印度签署了双边自贸协定。[2]

二、东盟成员参与"印太经济框架"的政策动向

美国主导的"印太经济框架"确定了公平和弹性贸易、供应链、清洁经济、公平经济四大支柱。尽管这四大支柱的具体实施方案尚未全部出台，但东盟成员已开始立足 AOIP，调整其发展战略和产业政策，以应对参与"印太经济框架"所面临的机遇与挑战。

（一）调整贸易政策以应对美国的"公平贸易"政策

东盟七个国家均为世界贸易组织（WTO）成员，各国的关税水平大幅降低，贸易自

---

① 根据 ASEAN Statistical Yearbook 2022 的数据计算，IPEF 主要成员包括东盟区内（含非 IPEF 成员）、澳大利亚、印度、日本、韩国、新西兰和美国等。

② ADB Asia Regional Integration Center. http://aric.adb.org/fta.

由化和便利化取得新进展。根据 WTO 统计，2021 年文莱的简单平均关税率为 0.3%，印尼为 8.1%，马来西亚为 5.6%，菲律宾为 6.1%，新加坡为 0%，泰国为 11.5%，越南为 9.6%。[①] 加上这些国家签署的自贸协定总数超过 150 个，使得东盟七国的整体关税处于较低的水平。不过近年各国（包括非 IPEF 成员）的非关税壁垒的数量有所增加，从 2000 年的 1634 项增至 2015 年的 5975 项。[②] 同时各国加快"单一窗口"建设，优化营商环境，简化通关程序，提高行政效率，七国营商环境的世界排名均有较快提升。

美国一直借公平贸易之名，对来自东盟国家的进口商品进行贸易调查和加征关税，对此相关国家采取了积极应诉的对策。越南是美国反倾销的重点国家，截至 2020 年年底，美国对越南进口商品发起了 193 次调查，其中包括 108 项反倾销案、22 项反补贴案、23 项逃税案等。2021 年 6 月，美国对泰国的乘用车轮胎、轻型卡车轮胎征收反倾销和反补贴税。2022 年 4 月，美国发起对马来西亚、泰国和越南等光伏产品的反规避立案调查，如果其中使用了中国生产的原料或部件，则认定为规避了美国对中国光伏产品的反倾销和反补贴征税令。2022 年 9 月，美国对泰国、越南的虾类产品征收反倾销税。2023 年 4 月，印尼政府敦促美国采取公平措施，不可取消对印尼提供的镍矿绿色补贴，并将通过 IPEF 的谈判进行磋商。虽然美国将对新能源车提供税务减免，但对含有来自印尼的镍成分电池的电动车无效，原因是印尼尚未与美国签订自贸协议，同时中国企业在印尼主导镍矿业。[③] 从 2019 年 5 月起，美国财政部一直将越南列入汇率操纵的"观察名单"。2023 年 6 月，美国财政部发布的主要贸易伙伴的宏观经济和外汇政策的报告，基于对美贸易顺差、经常账户盈余和持续单向干预外汇市场等条件，不将越南列入汇率操纵的"观察名单"，但马来西亚、新加坡仍被列入了"监测名单"。[④]

东盟成员加快制定和完善与数字经济和贸易相关的法律法规，以创造有利于数字交易发展的生态环境。2021 年 7 月，新加坡对《电子交易法》（ETA）进行了修订。马来西亚数字经济蓝图提出，2023 年前要修订知识产权法和竞争法。[⑤] 同时东盟国家纷纷开征数字税。从 2020 年 1 月起，新加坡向全球年营业额超过 100 万新元、在新加坡销售额超过 10 万新元的海外数字服务供应商征收 7%消费税；2020 年 1 月起，马来西亚向年销售

① WTO (2022). World Tariff Profiles 2022.

② ASEAN Secretariat (2019). ASEAN Integration Report 2019.

③ 我国促美国采取公平措施不可取消对我国提供的镍矿绿色补贴[N]. 印尼国际日报，2023-04-10.

④ 美国财政部继续不将越南列入货币操纵国观察名单[N]. 越通社，2023-06-21.

⑤ EPU. Malaysia Digital Economy Blueprint. 2021. https://www.epu.gov.my/sites/default/files/2021-02/Malaysia-digital-economy-blueprint.pdf.

额超过 50 万林吉特的外国数字服务供应商征收 6%的增值税；2020 年 7 月起，印尼向数字服务供应商征收 10%的增值税，现指定需征缴增值税的数字公司有 75 家；2021 年 9 月起，在泰国提供数字服务、年收入超过 180 万泰铢的外国服务公司或平台须缴纳 7% 的增值税；2021 年 10 月，菲律宾众议院通过国税法修正案，拟对数字交易征收 12%的增值税。

（二）加快融入全球产业链和供应链

在"印太经济框架"下，美国呼吁其盟友以"友岸外包"（friend-shoring）的方式，支持在可信赖的合作伙伴之间建立更有弹性的供应链。全球新冠疫情后，美国一直在试图提高其供应链的安全性。2021 年年初，美国总统拜登签署了审查美国供应链的命令，旨在加强对关键产品与技术的控制，减少对外国供应商的依赖。2023 年 5 月的七国集团（G7）峰会发布了"G7 经济韧性与经济安全声明"，美国加快在印太地区依托联盟伙伴关系，围绕关键供应链，打造供应链联盟。同月，美国宣布"印太经济框架"成员基本上完成了"提高供应链韧性与安全协议"谈判，这是供应链方面的首个多边协议。该协议提出，在关键产品和技术等"必需品"方面，成员经济体将在平时共享信息以增加集团内的采购，并在出现短缺时相互帮助。[①] 作为全球价值链的重要节点，东盟国家利用西方跨国公司经营战略和区位布局的调整，加快融入全球产业链和供应链的进程。

在全球价值链重构下，美、日、韩等国家实施了鼓励本国跨国公司回归本土或从中国转向东盟国家的措施。面对西方国家政策转向，东盟国家积极调整外资政策，政策重心转向吸引跨国公司价值链投资，尤其是注重引进跨国公司从中国转移出来的产业与工序，并根据跨国公司全球价值链的具体环节和区位选择，制定有针对性的、吸引跨国公司价值链的政策，引进行业领先的跨国公司的全球产业链，引导当地企业，尤其是中小企业参与跨国公司的供应链。例如马来西亚引进美国的半导体工业、数字经济和医疗设备等约 36.7 亿美元投资，英特尔公司拟在马来西亚投资 71 亿美元建立最先进的半导体生产设施以扩大产能；越南加大引进韩国三星公司的产业链和供应链，截至 2023 年底，三星公司在越南共有 6 个生产厂和 1 个研发中心，投资额超过 200 亿美元，员工人数达 14 万人，出口占越南总出口的 1/5。

大多东盟国家尚未建立起完整的工业体系，辅助工业发展滞后，中小企业竞争力弱，阻碍了国内企业融入全球价值链和区域生产网络。据测算，在各国中小微企业参与全球

---

① Press Statement on the Substantial Conclusion of IPEF Supply Chain Agreement Negotiations. https://www.commerce.gov/news/press-releases/2023/05/press-statement-substantial-conclusion-ipef-supply-chain-agreement.

价值链中，马来西亚的参与率为 46.2%、泰国为 29.6%、菲律宾为 21.4%、越南为 20.1%、印尼为 4.1%。① 东盟国家采取了一系列政策措施，鼓励和扶持国内辅助工业发展，增强中小企业能力建设。2017 年 1 月，越南政府出台辅助工业发展计划，提出力争到 2030 年能向越南境内跨国公司和组装企业提供零部件的配套企业增至 2000 家。据评估，越南现有资格成为外国公司供应商的企业仅五百家左右。② 由于辅助工业欠发达，越南加工制造业过度依赖于进口的原辅料、零配件供应源，尤其是电子、纺织服装、皮革、鞋类和箱包、汽车生产及组装等产业国产化率较低。越南政府提出要在全国范围内建设技术支持中心，为工业生产企业或从事相关工业服务领域的企业提供全面协助。此外，菲律宾政府与美国国际开发署（UNAID）启动了加强数字经济私营企业计划（SPPED），该五年计划由美国国际开发署提供资助。

（三）吸引区内外清洁能源的投资

清洁经济是"印太经济框架"的第三大支柱，也是东盟成员实施能源转型和绿色低碳发展战略的重要政策目标。2021 年 11 月，东盟发布了《东盟能源合作行动计划（2021—2025）》，确定了 2025 年将可再生能源在能源结构中占比提升至 23%，可再生能源装机容量占总装机容量的比例提升至 35% 的目标。③ 同时各国纷纷出台了绿色发展战略，确立了应对气候变化行动的国家自主贡献（NDC），吸引清洁能源投资，促进绿色低碳经济转型。例如，马来西亚推出"国家能源转型路线图"（NETR），新加坡制定了"2030 年新加坡绿色发展蓝图"（Singapore Green Plan 2030），泰国提出了"生物经济-循环经济-绿色经济"（BCG）的经济发展新模式，越南公布了《2021—2030 年越南绿色增长战略》和《国家绿色增长行动计划（2021—2030 年）》。

在 2022 年的七国集团（G7）峰会上，美国公布了"全球基础设施和投资伙伴关系"（PGII）倡议，表示 G7 将筹资 6000 亿美元，资助发展中国家的基础设施建设，其中美国将在五年内筹集 2000 亿美元。同年，在二十国集团峰会上，美国宣布了 PGII 倡议中针对印尼的两个项目："印尼公正能源转型伙伴关系"（JETP），计划从公共部门和私营部门筹集超过 200 亿美元，利用赠款、优惠贷款、市场利率贷款、担保和私人投资的组合，资助印尼的能源转型和基础设施建设；由美国政府旗下对外援助机构千禧年挑战公司

---

① 赞扬政府将中小微企业纳入全球供应链里面[N]. 印尼国际日报，2022-11-25.

② 着力加大越南企业与跨国公司的合作对接[N]. 越通社，2023-04-09.

③ ADC (2020). ASEAN Plan of Action for Energy Cooperation (APAEC) 2016-2025 Phase II: 2021-2025. APAEC Drafting Committee. https://aseanenergy.org/asean-plan-of-action-and-energy-cooperation apaec-phase-ii-2021-2025/.

（MCC）向印尼提供长达五年的援助款项，以援助 JETP 计划和发展可满足 PGII 倡议标准的应对气候变化的基础设施建设。2023 年 4 月，印尼与美国签署了基础设施与金融援助协议，协议总额为 6.49 亿美元。

日本实施"高质量基础设施合作伙伴关系计划"（PQI）之后，明确了通过动员民间资金来实现高质量基础设施投资的基本路径，将"公共部门-私人企业-合作"模式作为推进东盟国家基础设施投资的主要手段。2023 年 2 月，菲律宾与日本政府达成基础设施、农业、低碳环保和信息通信技术领域的七项合作协定，日方将为菲律宾马尼拉在建铁路干线项目提供 3770 亿日元贷款，在其他领域提供政府援助和民间投资 6000 亿日元，共计 9770 亿日元（约 74 亿美元）。在 2023 年广岛七国集团（G7）峰会上，日本提出将向越南提供总价值 609.8 亿日元（约 4.42 亿美元）的贷款用于实施三个基础设施项目。

在清洁能源开发利用中，东盟国家与西方国家展开了实质性的合作，与美国签署的能源转型技术和融资合作方案增多，美国与印尼展开清洁能源的全面合作，与泰国签署了清洁能源采购和投资项目，并帮助菲律宾重启核电项目。美国能源信息署（EIA）的研究报告指出，东盟国家要在 2030 年前实现减少碳排放的目标，每年在能源领域投资 1900 亿美元。USAID 的"绿色繁荣印尼"（Green Prosperity Indonesia）计划投入超 3 亿美元支持印尼的能源转型。2022 年 6 月，USAID 的"越南低排放能源计划 II"向越南资助总值 3600 万美元的清洁能源项目正式启动，该项目将为 2000 兆瓦的可再生能源和 1000 兆瓦的燃气发电筹集资金，在项目周期内可减少 5900 万吨的碳排放。2022 年 5 月，在美国-东盟特别峰会上，美国提出投资 4000 万美元，用于帮助东盟国家建设清洁能源基础设施。同年 11 月，在印尼举行的二十国集团峰会上，美国宣布向印尼提供 200 亿美元的资金，用于能源转型和发展清洁能源。2022 年 12 月，越南与美国签署了"公正能源转型伙伴关系计划"，美国将拨出 155 亿美元协助越南到 2050 年实现净零排放，并落实日本-美国-湄公河能源伙伴计划。

此外，东盟国家加大引进外国能源投资项目，促进可再生能源开发利用。据统计，2003—2022 年，美、日、印、澳对东盟国家能源投资项目数分别是 29 个、35 个、9 个和 5 个，其中菲律宾是四国投资的首选地，美日重点投资越南、马来西亚和泰国，澳大利亚和印度的投资重点则在新加坡；从投资部门看，美、日、印、澳集中在生物质能和光伏两大领域进行投资，而中国的投资则集中在水利、生物质能和光伏领域。①

---

① 根据 ASEAN Centre for Energy-Energy Investment Summary 的数据计算所得。

（四）东盟六国加入全球最低税（GMT）规则

由经济合作与发展组织（OECD）协调谈判的双支柱国际税收制度改革，获得了全球一百多个国家和司法管辖区的赞同与认可。2021 年 10 月，二十国集团（G20）通过了"税基侵蚀和利润转移（BEPS）包容性框架"，并承诺采用全面的双支柱全球公司税改革计划，其中支柱一旨在确保对大型高盈利跨国企业在各个辖区之间更公平地分配征税权，支柱二引入设定为 15% 的全球最低公司税率。从 2024 年 1 月起，在低税收地区的企业有效所得税率低于 15% 的跨国企业，必须在营运地区或总部所在国家缴纳补足税。2023 年，全球共有 141 个国家和地区加入，东盟六国（文莱、印尼、马来西亚、新加坡、泰国和越南）也相继加入该框架。

尽管"印太经济框架"关于"公平经济"的实施方案尚未出台，但实施 GMT 规则已成为 IPEF 第四轮谈判的重要议题，它将对东盟成员引进国际直接投资（FDI）产生直接的影响。长期以来，降低公司所得税是东盟国家吸引跨国公司的重要手段，而全球最低税规则将减少其有效性，直接影响到这些国家吸引国际投资。例如新加坡虽然是低税率国家，公司所得税率仅为 17%，但在各种税收优惠政策的加持下，企业最终上缴的有效税率往往不足 15%。新加坡约有 1800 家跨国公司达到了支柱二下 7.5 亿欧元的收入门槛，其中大多数集团的有效税率低于 15%，一旦实施国际税收改革方案，将对新加坡这样的低税收管辖区产生重大影响。新加坡拟从 2025 年 1 月起实施全球最低企业税，但会根据该规则的变动来调整实施时间表。[①]

2023 年 3 月，泰国内阁原则上批准了一项提案，根据经合组织和二十国集团 BEPS 包容性框架的支柱二方案，在泰国征收全球最低税，其中包括根据支柱二征收补充税（Top-up tax）；根据《泰国目标产业国家竞争力增强法案》（2017），将补充税收的 50%～70% 分配给目标产业国家竞争力增强基金；向泰国投资促进委员会（BOI）提供补充税纳税人的信息。同时政府还授权 BOI 修订《泰国目标产业国家竞争力增强法案》，通过补充税增加资金来源，来支持投资促进措施的实施；提出通过补贴合格投资者来提高竞争力的措施；根据《投资促进法》，提出减轻新税收准则影响的措施。[②]

为应对全球税收规则改革，越南政府建立了全球最低税率相关解决方案研究及提议

---

① IBFD. Budget 2023: Singapore Proposes Implementation of Pillar Two from 2025，New Incentives for Innovation (10 March 2023). https://www.ibfd.org/sites/default/files/2023-03/singapore-budget-2023-singapore-proposes-implementation-of-pillar-two-from-2025-new-incentives-for-innovation-ibfd_0.pdf.

② IBFD. Thailand to Implement Global Minimum Tax under Pillar Two (14 February 2023). https://www.ibfd.org/sites/default/files/2023-03/thailand-thailand-to-implement-global-minimum-tax-under-pillar-two-ibfd.pdf.

特别工作组，借鉴国际经验和越南国情，制定与全球最低税率有关的措施，核查和完善相关制度法规，制定与全球最低税兼容并适用于所有企业的新投资激励政策。根据初步计划，越南将以发放税后现金或税收可退还的方式提供补贴。[①] 2023 年，在越南注册资金超过 1 亿美元、享受低于 15%企业所得税优惠的投资项目约有 335 个，主要是三星、英特尔、LG、博世、夏普、松下、富士康、和硕等跨国公司的项目，韩国三星电子和 LG、美国英特尔、德国博世等跨国公司纷纷要求越南政府给予税务补偿。据越南官方数据，2019 年韩国三星电子在越南北部两个省份投资设厂的区域所得税率仅为 5.1%～6.2%。不过近期经合组织已警告越南政府勿向大型跨国企业提供补贴，以抵消其因全球税收规则改变而多缴纳的税务。[②]

此外，2023 年 2 月马来西亚提出 2023 年政府财政预算案，计划引入支柱二下的全球最低有效税率，并实施合格的国内最低补充税，但未指明具体实施的时间表。[③]

三、"印太经济框架"对中国与东盟区域合作的影响及对策建议

当前世界进入新的动荡变革期，地缘政治经济格局加速演进，中美战略博弈日趋明朗。美国主导的"印太经济框架"是其"印太战略"的经济版，旨在以"经济安全"为旗号，以经济结盟为方式，围绕公平和弹性贸易、供应链、清洁经济、公平经济等领域，全面遏制中国经济的区域影响力，维护美国在全球产业链的领先地位，以确保美国的区域主导权和核心竞争力。从东盟的视角看，"印太经济框架"四大支柱迎合了区内经济发展的需求，有利于各成员进一步扩大区域贸易与投资，融入全球产业链和供应链，推动清洁能源发展，但也会损害成员经济体的部分经济主权，增大对美西方国家经济的依赖性。在"印太经济框架"下，东盟成员将根据自身利益有条件地选择参与 IPEF 的四大支柱，以此获取最大利益。不过"印太经济框架"的落地实施，将对中国与东盟经济关系产生直接影响。

（一）"印太经济框架"四大支柱具有明显的针对性和潜在威胁性

从"印太经济框架"和美国实际操作看，"印太经济框架"并非自贸协定，而是专注

---

① 越南积极制定征收全球最低税的新投资优惠支持措施[N]. 越通社，2023-05-25.
② 经合组织警告越南勿补贴跨国企业以抵税[N]. 新加坡联合早报，2023-06-11.
③ IBFD. Budget 2023: Malaysia Raises Tax Rates for Higher Income, Plans to Introduce Capital Gains Tax on Disposal of Unlisted Shares, to Expand Tax Base (27 February 2023). https://www.ibfd.org/sites/default/files/2023-03/malaysia-budget-2023-retabled-malaysia-raises-tax-rates-for-higher-income-plans-to-introduce-capital-gains-tax-on-disposal-of-unlisted-shares-to-expand-tax-base-ibfd_0.pdf.

于构建新的经济联盟，有针对性地阻碍和遏制中国与周边国家的经贸合作。美国认为，WTO 多边贸易体系已经过时，原先试图通过"跨太平洋伙伴关系协定"（TPP）来重塑国际经贸新规则，美国却在签署 TPP 后又宣布退出。美国贸易代表戴琪表示，美国面临的挑战是弄清楚如何在贸易领域创造公平的竞争环境。实际上，IPEF 是美国寻求减少对中国经济依赖，实施全球价值链与中国脱钩断链的一个替代方案，其四大支柱针对中国与东盟区域经贸合作的基础和关键领域，且针对性强和威胁性大。在公平和弹性贸易方面，近年美国对来自东盟国家进口商品进行贸易调查和加征关税的案例增多，其中不少案例主要是针对中国企业的"迂回出口"；在供应链方面，中国与东盟双边贸易以跨国公司主导的价值链贸易为基础，美国以"友岸外包"建立供应链将侵蚀这一基础；在清洁经济方面，它是未来东盟经济持续发展的基础，我国具有一定的竞争优势，美国力求争夺其主导权；在公平经济方面，以低税率吸引外资在东盟国家普遍存在，该方案将对中资企业投资项目尤其是大型项目落地产生一定影响。

（二）"印太经济框架"下区域供应链重构对中国与东盟价值链贸易的影响

当前，全球价值链处于重构阶段，该价值链由欧盟、北美和东亚三大区域生产网络构成，东盟是全球和区域价值链的重要节点。IPEF 最重要的战略意图之一，是在新的地缘政治经济形势下，阻断中国参与全球和区域价值链，把中国排除在国际产业分工体系之外。由于中国与东盟国家经贸合作是建立在全球和区域价值链的基础上，中间产品贸易超过双边贸易的 60%，它主要是来自跨国公司在中国和东盟国家投资企业之间的中间产品贸易。随着全球价值链重构和跨国公司调整区域布局，将对中国-东盟区域经贸合作的基础产生直接影响。因此要善于利用现有的 RCEP 和其他自贸协定，加快中国-东盟自贸协定升级，以稳定现有产业链和供应链，对冲和缓解 IPEF 对中国参与全球价值链的挤出效应。此外，积极构建中国企业主导的区域价值链和供应链。在现阶段，中国在东盟国家的投资企业缺乏与当地企业产业或工序的前向联系和后向联系，必须引导投资企业到当地建立自己的产业链和供应链，鼓励具有产业优势和核心竞争力的企业到东盟国家投资设厂，利用我国在电子信息、轨道交通、家电、建材、化工、电力、工程机械、纺织等产业优势，利用现有的工业园区或经贸合作区，将当地企业纳入中国企业主导的区域产业链和供应链中，形成"你中有我，我中有你"的利益关系，由此为中国-东盟命运共同体创造坚实的微观经济基础。

（三）"印太经济框架"加剧东盟区域清洁经济和能源转型领域的竞争

在"印太经济框架"下，美国、日本与东盟国家的清洁能源合作已全面展开，政府间援助和贷款计划增多，西方跨国公司在能源基础设施、清洁能源等领域的投资扩大，我国与美国等西方国家在这些领域的竞争将进一步加剧。东盟国家的能源基础设施和清洁能源发展相对滞后，但可再生能源资源禀赋好、开发潜力大，我国能源基础设施建设能力强，水电、风电、太阳能、生物质发电装机规模均居世界第一，已建成全球规模最大的清洁能源电力体系，中国可借助资源、技术和人才优势，推动中国-东盟区域能源基础设施、清洁能源合作全面提质增效。现阶段，要积极推进中国与东盟清洁能源发展的战略对接，构建多层次能源基础设施和清洁能源合作机制，促进能源企业和能源工程承包的交流互访；从东盟国家实际出发，加强能源基础设施建设，推动清洁能源技术创新，支持区域能源基础设施互联互通建设；进一步扩大和完善中国-东盟投资合作基金，实施多渠道能源基础设施和清洁能源项目融资；积极与东盟国家开展对话，分享能源基础设施和清洁能源发展的经验，助力区域绿色经济和清洁能源合作走深走实。

（四）东盟成员实施全球企业最低税对当地中资企业的影响

对于中资企业，实施"双支柱"全球公司税改革计划总体上利大于弊，它可能会增加少数企业的税负和遵从成本，但能为多数企业参与国际经济合作提供稳定的国际税收环境。不过在低税率的新加坡，对符合条件的企业可给予税务优惠，其有效税率可能低至 4.25%~8.5%。新加坡政府表示，将实施 15% 的国内最低税率，以向支柱二适用范围内且有效税率低于 15% 的跨国企业征收补足税；越南给予外资企业的税务优惠的力度也相对较高，政府正在研究制定与全球最低税兼容的新投资激励政策。新加坡是中资企业在东盟国家的聚集地，越南也是中资企业投资的热点国家，全球最低税法规的实施，对成本控制型企业来说，其税务优惠的吸引力会减弱。同时对于从事跨境投资的中资企业而言，全球最低企业税率会带来新的合规义务，影响企业的全球和区域资源配置，美国已提议将个别中国大型企业作为适用对象。因此中资企业进行海外投资要深入分析和评估全球最低企业税率的影响，审视企业存量业务和海外布局，依据全球税负规划，调整投资战略和经营模式，升级企业财税管理系统，以适应全球最低企业税的合规要求。

参考文献

[1] ASEAN Secretariat (2019). ASEAN Outlook on the Indo-Pacific. Jakarta: ASEAN Secretariat.

[2] ASEAN Secretariat (2019). ASEAN Integration Report 2019. Jakarta: ASEAN Secretariat.

[3]　ASEAN Centre for Energy (2022). The 7th ASEAN Energy Outlook. Jakarta: ACE.

[4]　ASEAN Centre for Energy (2023). Strategic Report: Measures and Investment for Clean Energy and Power Sector Resilience in ASEAN. Jakarta: ACE.

[5]　ASEAN Centre for Energy (2023). Outlook on ASEAN Energy 2023. Jakarta: ACE.

[6]　Bain & Company, Microsoft, and Temasek (2022). Southeast Asia's Green Economy 2022 Report: Investing Behind New Realities.

[7]　Mia Mikic，Guy Sacerdoti，James Villafuerte，Dulce Zara (2023). ASEAN and Global Value Chains Locking in Resilience and Sustainability. Manila：Asian Development Bank.

[8]　The Climate Change in Southeast Asia Programme and the ASEAN Studies Centre (2022). The Southeast Asia Climate Outlook: 2022 Survey Report. Singapore: ISEAS.

[9]　Venkatachalam Anbumozhi, Fukunari Kimura (2018).Industry 4.0: Empowering ASEAN for the Circular Economy. Jakarta: Economic Research Institute for ASEAN and East Asia (ERIA).

[10]　王勤. 东南亚蓝皮书：东南亚地区发展报告（2021—2022）[M]. 北京：社会科学文献出版社，2022.

APEC 主要成员生物经济发展战略新动向

及中国应对

余　振　秦　宁*

摘　要： 近年来，生命科学已经成为前沿科研的关键领域，生物技术也逐渐深度融入医药、农业、能源、材料、化工等行业形成新兴的生物经济产业。为抢占生物经济发展制高点，以美国、澳大利亚、日本、韩国为代表的亚太经济合作组织（APEC）主要成员纷纷出台关于该领域的发展规划，促进本国生物经济的蓬勃发展。根据其生物经济发展战略的具体内容，生物技术创新、生物制造能力提升，以及生物经济生态建设已经获得官方层面的认可和支持，同时生物经济的利益相关者及其职能被进一步明确，APEC 主要成员的战略实践性较强。此外，部分发达成员滥用贸易和投资壁垒，打压其他成员生物经济发展，还辅之以"意识形态"和"价值观"手段建立区域联盟体系，这些生物经济发展战略将会对亚太地区生物经济发展及合作造成不可忽视的影响。对此中国可以依托 APEC 平台，倡导 APEC 成员从生物经济标准制定、机制建立、合作倡议及资金支持四个方面展开合作，一方面可以对冲中国在生物经济领域可能面临的竞争风险，另一方面可以保障 APEC 成员共享发展机遇。

关键词： APEC；生物经济；发展战略；影响；合作

当前，生物技术不断向医药、能源、农业、化工、材料等领域渗透。尤其是 2020 年新冠疫情的全球性大暴发，使生物经济的战略地位凸显，全球多国纷纷出台关于该领域

* 余振，武汉大学美国加拿大经济研究所所长，教授、博士生导师；秦宁，武汉大学美国加拿大经济研究所研究助理。

的发展规划，生物经济已成为当前及未来大国科技经济战略的核心内容之一。[①]2022 年 5 月，国家发展改革委出台《"十四五"生物经济发展规划》，明确指出"发展生物经济是顺应全球生物技术加速演进趋势、实现高水平科技自立自强的重要方向，是前瞻布局培育壮大生物产业、推动经济高质量发展的重要举措，是满足生命健康需求快速增长、满足人民对美好生活向往的重要内容，是加强国家生物安全风险防控推进国家治理体系和治理能力现代化的重要保障"。党的二十大报告也强调生物技术和生物安全在现代化产业体系和国家安全体系中的重要性。此外，美国白宫发布《关于推进生物技术和生物制造创新，以实现可持续、安全和有保障的美国生物经济的行政命令》，日本政府发布《生物战略 2019——面向国际的生物社区的形成》，澳大利亚发布《国家生物安全战略》，韩国推出"BIG 3"计划和《生物健康产业创新战略》，表明 APEC 主要成员已经开始正式规划生物经济发展战略。为抢占生物经济未来发展制高点，各成员可能在生物经济领域展开激烈竞争，对亚太地区生物经济发展及合作可能会造成不利影响。因此中国可以依托 APEC 这一高级别的政府间经济合作平台，倡导各成员在 APEC 框架下展开生物经济合作，共同享有生物经济发展机遇。

一、APEC 框架下推进生物经济合作的重要意义

中国《"十四五"生物经济发展规划》指出，生物经济以生命科学和生物技术的发展进步为动力，以广泛深度融合医药、健康、农业、林业、能源、环保、材料等产业为特征，正在勾勒人类社会未来发展的美好蓝图。[②]可见，在 APEC 框架下推进生物经济合作将进一步强化各成员的生物技术创新、生物产业融合发展及生物安全保障。

第一，有利于提升 APEC 成员生物科技综合实力，维护生物经济的创新链、产业链和供应链安全。前沿生物技术创新是生物经济发展的底层支撑，为关键创新链、产业链、供应链的协调、稳定提供了切实保障。随着基因组学、基因移接、转基因、组织培养、微观繁殖、遗传标记辅助育种等现代生物技术的加速演进，基因测序、生物检测技术、合成生物学等领域的创新链，以及高端科研仪器、医疗设备、新药创制、生物育种、生物质能等领域的产业链供应链更加完整、稳定和具有韧性。在 APEC 框架下推进生物经济技术合作，建立健全 APEC 成员间生物技术合作的体制机制，有利于充分利用各成员

---

① 姜江. 全球生物经济演进规律和发展布局[J]. 人民论坛，2022，744（17）：12-16.
② 中华人民共和国国家发展和改革委员会. "十四五"生物经济发展规划. https://www.ndrc.gov.cn/xxgk/zcfb/ghwb/202205/P020220920618304472104.pdf.

的研发比较优势，促进生物科技创新资源在亚太地区的合理流动和互补共享，提高创新的质量和效率，打造 APEC 框架下完整、协调的生物经济创新链产业链供应链体系。

第二，有利于推动 APEC 成员生物产业融合发展，协同实现人类健康水平提升、可持续发展和粮食安全保障等全球性目标。近年来，生物经济不断向医药、农业、能源、化工、材料等领域渗透，其产业技术被广泛应用于医药、农业、能源等传统产业，使得疾病监测诊断、癌症治疗、药物开发、农业生物制剂生产、转基因作物培育、生物质能源生产等难题取得了重大突破，推动了生物医药、生物农业、生物能源等新兴前沿交叉产业的融合发展。在 APEC 框架下推进生物经济产业合作，鼓励 APEC 成员间建立生物产业合作关系、签订政府间生物产业合作协定和备忘录，有利于促进 APEC 成员生物医药、生物农业、生物能源等产业融合创新发展，进一步推动生物制剂、农业生物质、转基因作物、生物基材料等高质量生物制品的创新研发，助力 APEC 成员合作实现可持续发展、粮食安全等共同目标。

第三，有利于提高 APEC 成员生物安全保障能力，共同抵御重大新发突发传染病、生物遗传资源流失、生物恐怖袭击等威胁国家安全的紧急事件。生物安全既是国家安全的重要组成部分，也是全球安全治理中的重要议题，关乎人民身体健康、生物资源保护、生物安全风险等多个方面。在 APEC 框架下推进生物经济安全合作，加强生物安全政策协调、信息共享、风险评估、应急响应等具体事项的多边交流，有利于增强 APEC 成员对于生物安全合作的战略共识和政治互信，形成区域内部的生物安全事件联防联控机制、生物安全风险防控和治理体系等，提高 APEC 生物安全检测预警、应急处置、事中防控、事后恢复的整体能力。

二、APEC 主要成员生物经济的发展现状

2020 年新冠疫情大暴发后，APEC 主要成员均意识到生命科学和生物技术的重要性，大力发展生物医药、生物科技等重要生物经济产业，其生物经济发展呈现新特征。

（一）规模端：整体产业规模持续扩大，主要驱动力为生物医药、生物科技等重点产业

随着生物科学基础研究取得突破性创新和生物技术加速演进，APEC 各成员生物经济蓬勃发展，重点产业规模也不断扩大。

从整体规模来看，APEC 主要成员生物经济产业总规模增长迅速且潜力巨大，已经达到或即将实现万亿规模，在 GDP 中的占比也逐渐提升。美国国家科学、工程和医学研究院（National Academies of Sciences, Engineering, and Medicine）发布的《保卫生物经济

2020》报告显示，2016 年美国生物经济总规模已达到 9592 亿美元，约占美国 GDP 的 5.1%，已经超过建筑业的占比，与信息行业的占比相当。①根据美国生物技术创新组织（Biotechnology Innovation Organization）和国家生物科学协会理事会（Council of State Bioscience Associations）发布的数据显示，2021 年生物科学产业按总产出衡量对美国的经济影响约达 2.9 万亿美元，生物科学行业中的 12.7 万多家美国企业雇佣了 210 万名员工，该行业的就业自 2018 年增长了 11%。据日本新能源产业技术综合开发机构（New Energy and Industrial Technology Development Organization）2019 年的调查②统计，日本生物产业市场规模为 3.6 万亿日元（当时折合美元约为 360 亿美元）。同年，日本《生物战略 2019——面向国际的生物社区的形成》提出，2030 年日本要成为世界上最先进的生物经济社会，将日本生物经济产业市场规模扩大至 92 万亿日元（当时折合美元约为 8370 亿美元）。③中国电子信息产业发展研究院发布的《2022 中国生物经济发展研究报告》显示，中国生物经济规模已由 2012 年的 7.6 万亿人民币（当时折合美元约为 1.2 万亿美元）增长到 2021 年的 18.4 万亿人民币（当时折合美元约为 2.85 万亿美元），年均复合增长率超过 10%。

　　从细分领域来看，在具备生物科学研究领先优势和后疫情时代医药需求激增的背景下，生物科技和生物医药产业进一步壮大，逐渐成为 APEC 成员生物经济的支柱产业。据美国市场调研机构 IBIS World 统计，2023 年美国生物科技行业按收入衡量的市场规模将达到 1931 亿美元，预计同比增长 1.6%，2018—2023 年的年均增长率约为 2.6%。此外，从美股数据来看，截至 2023 年第一季度，美股生物医药企业共有 1219 家，其中生物科技和制药板块的企业数量最多，分别达到 499 家和 306 家，占比分别为 41% 和 25%。据韩国食品医药品安全部（Ministry of Food and Drug Safety）统计，2021 年韩国医药品市场规模突破 25 万亿韩元（当时折合美元约为 210 亿美元），同比增长 9.6%，达到 1998 年开始统计以来的峰值。日本厚生劳动省发布的年度药品生产统计报告显示，2020 年日本处方药和非处方药市场规模达到 1090 亿美元，其中处方药占比较大。此外，根据新加坡经济发展局（Economic Development Board）的公开数据，2020 年新加坡生物医药制造业产值约达 220 亿美元，占本土制造业总产值的 10.8%。

---

① National Academies of Sciences, Engineering, and Medicine. 2020. Safeguarding the Bioeconomy. Washington, DC: The National Academies Press. https://nap.nationalacademies.org/catalog/25525/safeguarding-the-bioeconomy.

② 该调查仅包括基因重组和生物分子分析等高端产品和服务。

③ 陈方，张志强，丁陈君，等. 国际生物安全战略态势分析及对我国的建议[J]. 中国科学院院刊，2020，35（2）：204- 211.

（二）布局端：产业区域布局呈现集聚化，世界级生物产业集群不断涌现

以生物科技、生物医药为代表的生物经济产业具有研发资金量大、产品研发周期长、技术创新成功率低等特点，[1]其发展需要先进技术、高精尖人才、大量资本、生产能力及销售渠道，集聚效应明显。因此 APEC 主要成员纷纷布局建设生物经济产业集群，旨在通过集聚化发展提高生物经济产业的国际竞争力并有效规避部分投资风险。

美国、日本是 APEC 中最先开始打造生物经济产业集群的成员，集群创新能力强，处于全球生物产业集群地位的最顶端。从 20 世纪下半叶起，美国开始以具备生物科学研究优势的顶尖高校为产业引擎，在这类高校附近设立由政府牵头的公共实验室，同时美国国立卫生研究院提供大额资金补助，吸引了顶级研究机构、种子基金、孵化器、加速器入驻，形成了完整的产业生态。在这种发展模式下，美国波士顿地区、旧金山硅谷湾区、纽约地区、生物健康首都地区[2]、圣地亚哥地区等形成了多个大型生物医药产业集群，实现主攻基础研究、应用研究和临床试验并覆盖生产制造及销售服务的全链条协同，研发资源和创新资源汇聚能力处于全球顶尖地位，这些产业集群也成为美国生物经济发展的重要动力。日本为最大限度地减轻 1995 年阪神大地震所导致的人员伤亡与经济恢复压力，神户市中央市民医院、大阪大学、京都大学、神户大学、国立循环器官疾病研究中心等多家机构共同探讨日本生物医疗产业集群的基本框架。随后，神户市成立公益财团法人——神户医疗产业城市促进组织（Foundation for Biomedical Research and Innovation），要求该组织专门负责日本生物医疗产业集群的总体规划和对外宣传工作，强化研究机构、教育机构及医疗机构的产学研融合合作。经过多年的规划建设，日本神户医药产业园、彩都生命科学产业园区等发展成为世界级生物经济产业集群，实现研发、生产和应用的闭环体系，推动日本生物技术与高端制造创新突破。

新加坡、韩国等 APEC 成员紧跟时代潮流，通过政策创新积极吸引全球大型跨国药企在本土设立研发与生产基地，打造大型生物制药产业集群。20 世纪 70 年代末期，新加坡、韩国等亚洲新兴经济体面临经济增长困境，产业驱动力急需由廉价劳动力转向资金和高新技术。在此背景下，发展生物科技和生物医药产业成为新加坡、韩国等 APEC 成员产业转型升级的路径之一。由于缺乏生命科学基础研究能力拔尖的高校和研究所，以及具有国际影响力的本土生物医药企业，新加坡、韩国提出利好跨国医药企业的长期战略部署，打造邻近高校的产业集聚平台，同时为跨国医药企业提供人才培养和知识产

---

① 白京羽，林晓锋，尹政清. 全球生物产业发展现状及政策启示[J]. 生物工程学报，2020，36（8）：1528-1535.
② 该地区包括马里兰州、弗吉尼亚州及华盛顿哥伦比亚特区。

权保护等良好的政策保障，吸引大型跨国医药企业在新加坡、韩国设立研发基地和生产基地。在政府持续加码的政策创新之下，新加坡大士生物制药园区和启奥生物科技园，以及韩国首尔和京畿地区的生物制药园区陆续建成，吸引雅培、辉瑞、诺华、葛兰素史克等知名跨国医药企业入驻，并提供校企联合培养、职业培训、税收优惠、知识产权纠纷解决等配套服务，助力新加坡和韩国生物制造实现突破性发展。

（三）链条端：产业链各个环节呈现分散化的特征，APEC 成员间产业链的相互依赖度较高

出于降低制造业生产成本和专注核心研发业务的需求，APEC 发达成员逐渐将部分生物制造产业转移至中国、印度等发展中经济体，将研发环节和技术含量较高的高端制造业留在国内本土。经过多年的发展，生物经济产业链各个环节呈现全球化、区域化的趋势，APEC 主要成员几乎不具有生物经济产业的"全产业链"优势，部分产业链环节的对外依赖度较高。

美国、日本等 APEC 发达成员在生物医药原材料制造等环节对外依赖度较高。自 20 世纪中末期开始，美国开始进行生物医药制造业转移，首先迁往波多黎各和欧洲等地，随后又转移至中国、印度等发展中国家。根据美国白宫于 2021 年 6 月发布的《建立弹性供应链，振兴美国制造业，促进基础广泛增长：第 14017 号行政命令下的百日审查》（*Building Resilient Supply Chains，Revitalizing American Manufacturing，and Fostering Broad-Based Growth*）报告，截至 2021 年 3 月，在美国食品药品监督管理局（U.S. Food and Drug Administration）的注册列表里，52%的成品制剂生产设施、73%的活性药物成分[①]生产设施、63%的仿制药生产设施、87%的用于制造仿制药的活性药物成分生产设施均分布于美国境外。除美国以外，欧盟、中国和印度是上述四类原材料及产品生产设施的主要分布地区。此外，美国卫生与公众服务部针对 120 种小分子药物和疫苗等产品的分析发现，本土活性药物成分生产机构仅能制造其中 60 种产品。[②]日本厚生劳动省也进行了类似的统计，其发布的数据显示，日本 60%的原料药企业生产工厂位于海外，其中的 14%和 12%分别布局于中国和印度。可见，美国、日本等 APEC 成员在生物制药原材料活性药物成分制造、成品制剂生产等环节无法达到完全自主可控的程度，对欧洲、中

[①] 活性药物成分也被称为原料药，是用于药品制造中的任何一种物质或物质的混合物，并在用于制药时成为药品的一种活性成分。

[②] The White House. Building Resilient Supply Chains, Revitalizing American Manufacturing, and Fostering Broad-Based Growth. https://www.whitehouse.gov/wp-content/uploads/2021/06/100-day-supply-chain-review-report.pdf.

国、印度的依赖度较高。

中国等 APEC 发展中成员在生物经济高端设备制造等环节对外依赖度较高。根据中国医药保健品进出口商会的相关数据，2022 年中国医疗器械进口额达到 379.3 亿美元，同比虽有所下降但规模仍较大，进口来源地主要为美国、德国、日本等发达国家，进口产品以放疗设备、人工肺等高值医用耗材和高端医疗设备为主。此外，还有学者对中国关键产品进口依赖度进行了评估，指出生物医药与医疗器械是中国进口"敏感依赖产品"较多的前五大行业之一，该行业对外依赖程度较高。①

（四）投资端：生物经济获得资本市场的高度关注，近年来生物产业的投融资发展趋缓但规模仍然较大

2020—2021 年，高涨的新冠疫苗研发需求和持续的生物科学领域创新突破推动资本迅速流入生物科技和生物医药市场，生物经济相关行业迎来了"短暂的春天"。2020 年，生物科技行业募集了近 200 亿美元的投资，共有 448 轮风险融资，其中 59 轮融资超过 1 亿美元，每轮融资的平均融资金额达到 4463 万美元，除总融资轮数之外，其他数值均达到 2018 年以来的峰值。从具体分布来看，2020 年和 2021 年生物医药领域全球十大融资事件均集中于美国、中国等 APEC 成员企业。2022 年以来，受生物医药企业预期价值兑现不确定性的影响，资本支持逐渐减弱，生物医药企业募资和上市速度趋缓。2023 年第一季度，美股共有 8 家医药企业上市，同比下降 33.3%，数量仅占到上市公司总量的 18.2%，其中生物科技公司有 5 家，制药公司、医疗服务公司、医疗器材公司各有 1 家。

三、APEC 主要成员生物经济发展战略的新动向

根据美国、澳大利亚、日本、韩国等 APEC 主要成员生物经济发展战略的具体内容来看，生物技术创新、生物制造能力提升及生物经济生态建设已经获得官方层面的认可和支持，同时生物经济的利益相关者及其职能被进一步明确，APEC 主要成员的战略实践性较强。此外，部分发达成员滥用贸易和投资壁垒，打压别国生物经济发展，还辅之以"意识形态"和"价值观"手段建立区域联盟体系。

第一，聚焦生物技术创新及其与农业、能源、林业、渔业等传统领域的融合发展，助力实现可持续发展目标。为抢占未来科技和经济发展的制高点，美国、日本、澳大利亚、韩国等 APEC 发达成员均出台政策，推动前沿技术创新融合发展。《2021 年美国创

---

① 王有鑫，孙可昕. 中国关键产品进口依赖度与潜在化解能力评估[J]. 国际贸易，2023（1）：40-48.

新与竞争法案》将生物技术、医疗技术、基因组学和合成生物学列入十大关键技术重点领域，推动这些技术广泛应用于天然产物合成、医学、能源、工业等多领域，[①]实现生物经济赋能美国气候变化应对、粮食安全、人类健康、供应链韧性和交叉领域创新五大目标。美国白宫于 2022 年 9 月陆续发布关于美国生物技术和生物制造的行政命令和倡议，要求国防部、能源部、商务部等行政部门加大在生物基材料开发和生物经济测量技术等领域的研发投入，推动生物技术赋能传统产业。[②]日本政府发布的《生物战略 2019——面向国际的生物社区的形成》的战略目标之一即优先利用生物技术手段发展可持续产业和循环经济，从而实现"超智能社会"。澳大利亚于 2022 年 8 月推出的《国家生物安全战略》将强化技术、研究和数据支持的整合工作列为优先领域，表示未来会继续投资于技术变革，应对气候变化、生物多样性降低等生物安全风险。

第二，重视生物制造能力的重塑提升，保障本土产业链供应链安全。日本经济产业省（Ministry of Economy Trade and Industry）于 2021 年 2 月发布的《生物技术驱动的第五次工业革命报告》提出，要将普及生物制造品作为优先事项，大力培育生物产业发展所需的高质量人才，努力提升健康医疗和生物医药等产业的竞争力。同时日本生物经济相关企业也在提升本土生物制造能力、保障产业链安全等方面采取积极措施。例如日本盐野义制药公司宣布将首先投入 1400 多万美元用于在日本本土生产抗生素，降低对中国药品原材料的依赖程度。2022 年 9 月，拜登政府宣布启动价值 20 亿美元的"国家生物技术和生物制造倡议"，其中美国卫生与公众服务部、国防部、能源部、农业部将分别投入 4000 万美元、10 亿美元、1 亿美元、1000 万美元用于扩大药品关键原材料、生物工业制造基础设施、生物质能及生物基产品等的美国本土产能，提升美国的生物制造能力，保障美国生物经济产业链供应链安全。2023 年韩国保健福祉部宣布将在先进再生医学和先进生物制药、基础设施制造等核心领域进行监管创新，提升韩国生物健康产业的国际竞争力。韩国政府还计划在 2024 年之前向疫苗、医药原材料生产设备领域提供 48 亿美元的财政补贴。

第三，兼顾生物经济发展评估指标、生物数据系统等基础设施建设，打造结构完备的生物经济发展生态体系。作为新兴的经济"增长极"，生物经济的概念、产业分类和数

---

① 王浩绮，高豪，信丰学. "十四五"背景下合成生物学产业发展趋势分析[J]. 生物学杂志，2023，40（3）：1-5.

② The White House. Fact Sheet: The United States Announces New Investments and Resources to Advance President Biden's National Biotechnology and Biomanufacturing Initiative. https://www.whitehouse.gov/briefing-room/statements-releases/2022/09/14/fact-sheet-the-united-states-announces-new-investments-and-resources-to-advance-president-bidens-national-biotechnology-and-biomanufacturing-initiative/.

据流通规则等尚未标准化和规范化。[1]为此拜登政府要求美国商务部参与"国家生物技术和生物制造倡议"并拨款 1400 万美元用于开发生物经济测量技术、标准和数据，还主张建立"生物经济倡议数据"。这表明，美国关于生物经济领域的政策研究已经进入定量、标准研究，以及产品认证阶段。[2]日本政府在《生物战略 2019——面向国际的生物社区的形成》中也强调生物数据的驱动作用，推动数字经济与生物数据的融合发展，制定有关生物数据的国际标准，建设世界一流的生物大数据利用国家。韩国政府发布的《生物健康产业创新战略》提出要构建国家生物大数据中心、数据积累中心医院、新药候选物质大数据中心、生物专利大数据中心、公共机构大数据中心等多个大数据平台，完善生物数据体系建设，为生物技术创新和医疗药物开发提供数据支撑，优化生物经济的发展生态环境。[3]二十国集团于 2020 年 11 月发布的《生物经济：可持续发展战略》提出，要制定生物经济指标体系，具体包括生物经济对经济增长、就业、粮食安全和出口的贡献等，用以更有效地指导政府决策和企业投资。

第四，明确生物经济发展战略的利益相关者及其在战略中的作用，提高战略实践性。在美国白宫于 2022 年 9 月发布的关于美国生物技术和生物制造的行政命令中，首句就强调要以"全政府"方式推动美国生物经济发展，兼顾战略实施部门的"全面"与"协调"，形成由总统办事机构牵头，卫生与公众服务部、能源部、农业部、商务部等内阁各部执行，辅之以府会合作，以及动员企业和民众的实施结构，全面保障战略落地运行。澳大利亚 2018 年发布的《国家生物安全声明》就明确了各利益相关者在生物安全体系内所发挥的作用，要求澳大利亚联邦政府、州和地方政府、企业、代表机构要发挥领导和协调的职能，同时强调联邦政府还应在国家重大生物安全事件发生时行使监管权力。总之，发展生物经济需要一个长期性、系统性、全面性的战略规划，部分 APEC 发达成员已经明确行政部门、企业部门等利益相关者的战略作用，未来也将逐步实现"从部门到系统"的过渡转化。[4]

第五，部分成员实施生物经济领域的贸易和投资壁垒，打压他国的生物经济发展。拜登政府不断扩大各项审查范围，将出口管制和外国投资国家安全审查结合，未来还有可能构建生物经济领域出口管制和外国投资审查联动机制。2021 年 12 月，美国商务部

---

① 陶文娜，欧阳峣. 生物经济学研究进展[J]. 经济学动态，2023（5）：127-140.

② 邓心安，万思捷，朱亚强. 国际生物经济战略政策格局、趋势与中国应对[J]. 经济纵横，2020（8）：77-85.

③ 刘冲，邓门佳. 新兴生物技术发展对大国竞争与全球治理的影响[J]. 现代国际关系，2020（6）：1-10，61.

④ 郑斯齐，韩棋，陈艳萍，等. 近期国外生物经济战略综述及对我国的启示[J]. 中国生物工程杂志，2020，40（4）：108-113.

产业安全局以中国正利用新兴生物技术开发军事应用为由将中国军事医学科学院等 25 家中国实体列入"实体清单"，限制美国技术向这些实体的输出。此外，美国司法部和商务部宣布共同建立一个"颠覆性技术打击部队"工作机制，用于打击非法出口敏感技术行为、强化出口管制的行政执法，其中包括生物技术、生物制造领域，并将中国、伊朗、俄罗斯和朝鲜列为此行政执法的重要对象。①拜登政府于 2022 年 9 月签署的行政命令要求美国外国投资委员会评估交易时要将"生物技术和生物制造"列为待考虑的国家安全因素，未来涉及这两方面的外国投资的国家安全审查力度将加大。

第六，部分成员还意图以"意识形态"和"价值观"手段构建全球生物经济盟友体系。2020 年新冠疫情大暴发以来，全球生物医药等产业链供应链脆弱性凸显，以美国为代表的西方国家企图以"意识形态"和"价值观"区分盟友，建立联盟体系，将非共同利益国家排除在联盟之外。2022 年 9 月拜登政府签署的行政命令指出，要以符合美国原则和价值观的方式加强生物技术研发合作，促进安全可靠的生物技术和生物制造研究。这表明拜登政府逐渐将生物技术、生物制造等议题意识形态化，使得价值观和意识形态成为生物经济领域国际合作的立场分野。②2023 年 4 月美韩同盟 70 周年之际韩国总统尹锡悦访问美国，双方宣布联盟重点是深化国防和安全关系，未来将通过签署美国国家实验室和韩国研究所之间的谅解备忘录、双边基础设施建设、劳动力培养等措施扩大生物技术合作。③美国智库"新美国安全中心"发布的报告《照亮道路：制定跨大西洋技术战略》认为美欧应建立生物安全风险管理的持续性对话机制，共同制定生物技术相关的规范和标准。虽然当前还未形成生物经济领域的"民主"供应链联盟，但由于生物经济发展战略在美国国家安全中的核心地位，以及生物经济核心产业链供应链的全球化趋势，未来美国很可能会塑造服务于美国利益的生物经济产业供应链联盟，实现内外合作，保障供应链安全。

---

① U.S. Department of Justice, Justice and Commerce Departments Announce Creation of Disruptive Technology Strike Force. https://www.justice.gov/opa/pr/justice-and-commerce-departments-announce-creation-disruptive-technology-strike-force.

② 晋继勇，吴谨轩. 拜登政府的生物安全政策及其对中国的生物安全"竞赢"战略[J]. 国际安全研究，2023，41（4）：130-155，160.

③ The White House. Fact Sheet: Republic of Korea State Visit to the United States. https://www.whitehouse.gov/briefing-room/statements-releases/2023/04/26/fact-sheet-republic-of-korea-state-visit-to-the-united-states/.

四、APEC 主要成员生物经济发展战略对亚太地区生物经济发展及合作的影响

APEC 主要成员生物经济发展战略兼具"全面性"和"重点性"，明确了多个细分领域的具体目标，同时聚焦生物技术、生物制造及生物经济发展生态，战略实践性较强，将对亚太地区生物经济发展与合作造成不可忽视的影响。

（一）对亚太地区生物经济企业的影响

APEC 主要成员加大生物经济领域投资力度等举措难以立即奏效，而以美国为首的发达成员加强在生物技术和生物制造领域的出口管制和外资安全审查力度，将可能在短期内限制亚太地区生物经济企业之间的贸易行为和跨国并购行为。

一方面，制约亚太地区部分生物制药企业的进出口行为。目前，中国等 APEC 发展中成员已经在一些中低端生物医药研发、检测等医疗器械和仪器装备生产上取得了自主创新，但在高端医疗器械生产上仍然严重依赖进口，且欧美地区是中国 80% 以上高端医疗器械进口的主要来源。具体而言，中国约 80% 的 CT 机、90% 的超声波仪器、85% 的检验仪器、90% 的磁共振设备、90% 的心电图机、90% 的高档生理记录仪、90% 及以上的心血管领域高端仪器均源于进口。美国政府有可能利用其"颠覆性技术打击部队"机制，对中国等 APEC 成员高度依赖于美国的生物技术和高端装备实施出口管制，这将增大亚太地区部分生物医药企业所需的核心技术及高端装备的断供风险，进而限制亚太地区生物经济企业的生产能力。

另一方面，也会阻碍亚太地区的生物经济企业赴美国等发达国家进行兼并和并购。拜登政府要求外国投资委员会将"生物技术和生物制造"纳入国际交易的监管范围，这将会加大美国对跨国并购项目的审查力度，使得亚太地区的生物经济企业对美国企业的并购变得更加困难，从而使亚太地区生物经济企业的并购推迟，甚至受到阻碍。例如中国生物医药控股公司 invoX 于 2023 年 3 月完成了对美国 F-Star 生物医药企业的并购，但该并购历时将近一年，且因被认为涉及"国家安全风险"而被外国投资委员会延期审批，导致双方先后 5 次宣布延期并购。随着 APEC 发达成员对外国投资的监管日趋严格，亚太地区的生物企业跨国并购必然会经过一系列的审核与协商，导致收购费用与困难显著上升，进而影响了其跨国收购的积极性，给亚太地区生物经济企业发展壮大造成不利影响。

（二）对亚太地区生物经济关键行业的影响

随着 APEC 主要成员在生物制造、生物技术领域的投资项目落地实施，这些成员的本土生物制造能力可能逐渐得以提升，实现生物经济领域的"再工业化"，从而打造完整的生物行业产业链。因此在 APEC 主要成员产业扶持政策的持续影响下，亚太地区的活性药物成分行业和医药合同外包服务行业[①]将面临外部需求收缩、产能转移等重大风险挑战。

一方面，部分地区逐步实现活性药物成分产品的"进口替代"，亚太地区部分国家的活性药物成分行业将面临外部需求收缩的风险。据调研机构 Global Market Insights Inc.估计，亚太地区活性药物成分 2022 年的市场估值超过 570 亿美元，2023—2032 年的复合年增长率将超过 7.5%，未来或将成为全球活性药物成分市场的主要收入中心。美国政府于 2022 年 9 月启动了价值 20 亿美元的"国家生物经济与生物制造倡议"，计划将在中短期投入资金用于活性药物成分的研发生产，力争在未来五年内实现 25%以上的小分子药物的活性药物成分在美国本土生产的具体目标。日本的生物制药企业也相继投入资金，以提升日本本土生产抗生素活性药物成分的能力。这些举措将会对亚太地区主要的活性药物成分制造商的外部需求产生负面影响。例如根据中国医药保健品进出口商会的数据，中国的活性物质产量约占世界总量的 30%，已成为世界上最大的活性药物成分生产与出口大国，被美国、日本等国家认定存在供给风险。所以若扶持美国、日本本土活性药物成分制造行业的资金和项目得以落地，这些国家很有可能对中国等 APEC 成员的活性药物成分行业形成"进口替代"，打压这些成员的生物制造原材料的出口需求端。

另一方面，挤压医药合同外包服务行业的海外市场规模，迫使部分 APEC 成员的医药合同外包服务行业进行产能转移。美国白宫称，美国曾将包括生物技术等在内的多项产业外包，过度依赖外国的材料和生物产品。而中国等 APEC 成员的医药合同外包服务行业部分企业即美国等发达国家生物领域外包的重要承接方，外包业务涉及研发、生产、销售等全产业链。例如中国药明生物、凯莱英、博腾制药、九洲药业等知名医药合同外包服务企业的平均海外营收占比达到 70%以上，在全球医药产业链中占据重要地位。APEC 主要成员生物经济发展战略的核心目标之一在于扩大本土生物制造产能，降低供应链各个环节的对外依赖程度，提高生物经济产业链供应链韧性。虽然短期内难以通过

---

① 医药合同外包服务行业按产业链环节分工可分为研发临床外包（Contract Research Organization）、生产外包（Contract Manufacture Organization）、研发生产外包（Contract Development and Manufacturing Organization）和销售外包（Contract Sales Organization）。

资金补贴、构建供应链联盟等举措提高本土生物制造能力，但在中长期，美国、日本、韩国等国很有可能打造完整的生物制造体系，实现研发、生产、销售等全链条本土化，压缩部分 APEC 成员的医药合同外包服务企业海外市场，迫使这些成员的医药合同外包服务企业进行产能转移。

（三）对亚太地区生物经济发展生态体系的影响

APEC 发达成员有可能将生物经济发展战略从国内布局推向区域乃至全球网络，借助"意识形态"和"价值观"手段建立排除部分 APEC 成员的亚太生物经济联盟体系，这将不利于亚太地区整体的生物经济发展生态体系与合作网络的建设。拜登政府的生物经济发展战略已经从国内行政部门合作和府会合作拓展到国际盟友合作，还在美韩、美日、美欧等双边和多边框架下提及生物经济领域的合作与联盟，未来有可能进一步将该战略纳入"印太经济框架""四方安全对话""美英澳三边安全伙伴关系""美欧贸易和技术委员会""五眼联盟"等区域联盟机制，从而形成长期性的经济盟友体系。根据美国、日本、韩国等 APEC 发达成员的战略重心及共同利益，该盟友体系更有可能聚焦关键供应链和生物数据安全领域，打造类似于"美国半导体联盟"（Semiconductors in America Coalition）、"芯片四方联盟"（Chip 4 Alliance）、"矿产安全伙伴关系"（Minerals Security Partnership）、"亚太经济合作组织跨境隐私规则"（APEC Global Cross-Border Privacy Rules）系统等排华的生物经济联盟，核心生物技术、关键原料药、数据要素等仅限在联盟内部自由流动，打造技术、原材料和数据跨境流动规则的"小院高墙"，加大中国等 APEC 成员生物产业关键供应链的全球性断链和生物数据跨境流动风险，破坏亚太地区生物经济整体性的生态体系与合作网络建设。

五、中国推动 APEC 生物经济合作的对策建议

虽然 APEC 主要成员生物经济发展战略会对亚太地区生物经济发展及合作造成一定的负面影响，但中国可以依托 APEC 这一高级别的政府间经济合作平台，推动 APEC 框架下的生物经济合作，既可以帮助中国对冲未来可能面临的风险挑战，又可以保障 APEC 成员共享生物经济发展机遇。

第一，倡导 APEC 成员共同讨论生物经济的概念、标准及评估指标体系，为 APEC 生物经济合作提供统一框架。当前，生物经济领域缺乏统一的概念、标准及评估指标体系，明确生物经济的内涵、涉及产业、评价体系等已成为 APEC 成员的共同需求，中国可以倡导 APEC 成员共同商议生物经济的概念、标准、评估指标体系等，为 APEC 框架

下制定生物经济政策与国际合作提供标准借鉴。其一，鼓励 APEC 成员实施生物经济标准研制项目计划，组织标准制定工作组调查研究，并向专家征求意见，形成生物经济标准草案。其二，依托 APEC 标准和一致性分委员会，组织 APEC 关于生物经济概念和评估体系的高级别会议，加强发达成员和发展中成员的密切交流，根据各成员生物经济发展现状、程度及诉求制定客观的、公平的评估指标体系。其三，开展生物经济领域的国际标准影响力提升行动、国际标准化示范推广行动、国家间标准互换互认行动等，推动全球各国了解、认可并使用 APEC 框架下生物经济的概念、标准及评估指标体系。

第二，推动生物经济相关议题纳入 APEC 生命科学创新论坛（Life Sciences Innovation Forum）、APEC 卫生工作组（Health Working Group）、APEC 农业技术合作工作组（Agricultural Technical Cooperation Working Group）及 APEC 能源工作组（Energy Working Group）等机制，为 APEC 生物经济合作提供官方平台。生物经济具有学科交叉性强、产业覆盖面广、技术要求高等特点，中国可以建议 APEC 成员在多个领域的工作组机制下开展生物经济合作。其一，将生物经济议题融入 APEC 生命科学创新论坛机制，定期在韩国首尔的 APEC 协调中心（Harmonization Center）和泰国曼谷的 APEC 生物医疗技术商业化培训中心（Bio-Medical Technology Commercialization Training Center）开展能力建设、监管创新等集体活动，探索生命科学领域公私部门的合作途径。其二，将生物经济政策讨论引入卫生工作组机制，与世界卫生组织、世界银行等国际组织共同组织区域性健康论坛，鼓励卫生部门、卫生机构加强在突发公共卫生事件响应、医疗保健系统完善等领域的密切合作。其三，将生物经济技术纳入农业技术合作工作组和能源工作组，并在国家层面设立"生物食源与生物能源产业办公室"[①]以辅助和协调工作组的生物技术合作活动，推动各成员在 APEC 农业生物技术高级别政策对话、粮食安全部长会议、能源部长会议上探讨生物技术合作赋能农业、能源传统产业的路径，共同推动生物农业、生物能源的创新发展。

第三，提出"亚太地区生物经济发展倡议"，回应有关 APEC 生物经济合作成员的重大关切。中国可以基于《全球发展倡议》和《全球安全倡议》，结合生物经济发展的特点，提出"亚太地区生物经济发展倡议"，回应 APEC 成员关于疫情防控、生物安全治理、生物数据保护等议题的重大关切。其一，加大发展资源投入，重点推进重大疫情联防联控机制互联互通，建立健全全球传染病疫情信息监测网络，同时加强诊断方案和疫苗研发

---

① 李十中. 生物经济发展趋向：构建生物食源产业与生物能源产业体系[J]. 人民论坛・学术前沿，2022，246（14）：14-26.

的密切合作。其二，积极维护《禁止生物武器公约》，共同推动建立针对生物武器的监督核查机制，呼吁 APEC 成员制定相关执行标准、技术指南及程序，按照国际标准和规则来切实保障生物安全。其三，有序推动生物数据跨境流动和国际合作，倡议 APEC 成员理性看待生物数据安全，建立生物数据分类管理体制、生物数据跨境流动合同监管制度、安全风险评估制度，推进 APEC 成员优先在生物多样性、微生物等存在共同利益的生物经济领域开展合作，成立类似于"'一带一路'国际科学组织联盟微生物数据中心"的合作平台，促进一定范围内的生物数据共享。

第四，成立 APEC 生物经济基础研究、技术研发等领域的专项基金，为 APEC 生物经济合作提供资金支持。中国可牵头出资，引领其他 APEC 成员及国际组织、私营企业等，共同出资建立支持生物技术创新的专项基金，以提高 APEC 成员生物经济发展水平，促进各成员在生物经济领域的合作共享。其一，在亚太地区重点布局一批合成生物学、生物工程等学科的基础学科研究中心、重点实验室、技术资源共享服务平台等"创新单元"，①强化各地区的研究交流和各学科之间的交叉融合，为生物技术创新奠定基础。其二，建立 APEC 生物经济研究智库，针对高端科研设备、医疗仪器、新药创制、生物制造、生物育种、生物质能等领域进行前瞻性研究，帮助亚太科技领头企业部署重点实验室。其三，为亚太超大规模数据中心、科技中介服务平台等技术交流交易平台提供资金支持，营造集实体合作、虚拟研发、投资融资、资源共享等多功能于一体的动态集群综合体，以便 APEC 成员相互了解研发成果信息、进行人员交流合作、组建前沿课题攻关团队，支持相关企业与高校、科研机构等共建研究所和联合实验室，加强针对生物经济共性问题的研究。

参考文献

[1] 白京羽，林晓锋，尹政清. 全球生物产业发展现状及政策启示[J]. 生物工程学报，2020，36（8）：1528-1535.

[2] 陈方，张志强，丁陈君，等. 国际生物安全战略态势分析及对我国的建议[J]. 中国科学院院刊，2020，35（2）：204-211.

[3] 邓心安，万思捷，朱亚强. 国际生物经济战略政策格局、趋势与中国应对[J]. 经济纵横，2020（8）：77-85.

---

① 丁陈君，陈方，郑颖，等. 全球生物科技发展态势分析及对我国的建议[J]. 世界科技研究与发展，2022，44（6）：755-767.

[4] 丁陈君，陈方，郑颖，等. 全球生物科技发展态势分析及对我国的建议[J]. 世界科技研究与发展，2022，44（6）：755-767.

[5] 姜江. 全球生物经济演进规律和发展布局[J]. 人民论坛，2022，744（17）：12-16.

[6] 晋继勇，吴谨轩. 拜登政府的生物安全政策及其对中国的生物安全"竞赢"战略[J]. 国际安全研究，2023，41（4）：130-155，160.

[7] 李十中. 生物经济发展趋向：构建生物食源产业与生物能源产业体系[J]. 人民论坛·学术前沿，2022，246（14）：14-26.

[8] 刘冲，邓门佳. 新兴生物技术发展对大国竞争与全球治理的影响[J]. 现代国际关系，2020（6）：1-10，61.

[9] 陶文娜，欧阳峣. 生物经济学研究进展[J]. 经济学动态，2023（5）：127-140.

[10] 王浩绮，高豪，信丰学. "十四五"背景下合成生物学产业发展趋势分析[J]. 生物学杂志，2023，40（3）：1-5.

[11] 王有鑫，孙可昕. 中国关键产品进口依赖度与潜在化解能力评估[J]. 国际贸易，2023（1）：40-48.

[12] 郑斯齐，韩祺，陈艳萍，等. 近期国外生物经济战略综述及对我国的启示[J]. 中国生物工程杂志，2020，40（4）：108-113.

APEC 服务业合作的新趋势分析

于晓燕　温　洁*

摘　要： 增强服务贸易是 2023 年会议优先议题"互联"中的一项重要内容。作为亚太经济合作组织（APEC）合作的传统议题之一，亚太地区服务业合作近年来呈现出新的发展特征。以落实《APEC 服务业竞争力路线图》所制定的目标和行动计划为核心，APEC 在服务业合作领域取得了一定进展，但受到新冠疫情及地区保护主义增强等不利因素影响，与预期标准仍有一定差距。APEC 服务业合作方式灵活，辐射领域广泛，影响深远，对于全球及地区未来贸易规则的构建及全球价值链和供应链的调整等均具有重要意义，各成员应对其未来发展予以重视。

关键词： 服务业；服务贸易；APEC

2023 年 APEC 的会议主题为"为所有人创造一个有韧性和可持续的未来"，相关的三大议题分别为互联、创新和包容。其中"互联"议题提出应增强服务贸易。这一安排延续了 APEC 对地区服务业合作及服务贸易的持续关注和努力，同时也拓宽了地区服务业合作的范畴和影响力，寻求新的发展空间。作为 APEC 合作的传统议题之一，服务业合作近年来呈现出新的发展趋势。APEC 制订了合作的纲领性文件和具体行动计划，并对计划执行情况进行及时评估和调整。与多边贸易体系中的服务贸易自由化进程有所不同，当前 APEC 框架内的服务业合作不具有机制化和强制性特征，但其涉及的合作范围更加广泛，机制更为灵活，在一定程度上已经超越了传统意义上的服务贸易自由化的范畴，且与 APEC 其他合作议题有着深刻的内在关联性，部分服务业合作领域涉及规制改

---

* 于晓燕，南开大学 APEC 研究中心副研究员；温洁，南开大学国际经济研究所硕士研究生。

革、全球价值链合作、数字经济合作和下一代贸易投资议题等更为深入和敏感的领域，需要引起足够的关注。

一、APEC 服务业合作进展回顾

服务业合作始终是 APEC 合作的重要议题之一。早在"茂物目标"的制定和实施阶段，促进服务贸易自由化与便利化就已经作为 APEC 合作的主要目标之一被列入各项纲领性文件及行动计划之中。以 2016 年《APEC 服务业竞争力路线图》（简称 ASCR）的正式发表为分界点，APEC 服务业合作可以大致分为以下两个主要阶段。

（一）第一阶段为 APEC 成立至 2016 年

APEC 各级合作论坛均对服务业合作给予了高度关注。各年度领导人非正式会议宣言及部长级会议声明等均曾对服务业合作做出过明确的支持和倡议。为落实上述倡议，APEC 专门成立了服务业工作组（GOS），负责与服务业合作相关事项的协调与推进工作。在此阶段，APEC 发布了多项与服务业合作相关的倡议和文件，主要包括[①]：

1995 年《大阪行动议程》

《2000 年服务工作政策框架》

2009 年《APEC 跨境服务贸易原则》

《2016 年 APEC 关于结构改革和服务业的经济政策报告》

《APEC 减少粮食损失和浪费行动计划》

《加强亚太经合组织食品标准和安全保障互联互通行动计划》

《APEC 建筑师和工程师登记倡议》

《APEC 商务旅行卡倡议》

《APEC 互联互通蓝图 2015—2025》

《APEC 教育战略》

《APEC 粮食安全商业计划（2014—2020）》

《APEC 面向 2020 的粮食安全路线图》

《APEC 促进高质量就业和加强人员互联互通行动计划 2015—2018》

《APEC 青年教育、就业与企业家精神框架》

《APEC 全球供应链韧性倡议》

---

① APEC Services Competitiveness Roadmap Implementation Plan (2016 – 2025). 2016/AMM/012 Agenda Item: 2.2, ANNEX 2: Sample of Existing & Proposed APEC Work on Services Relevant to the Roadmap.

《APEC 跨境服务贸易原则》

《APEC 服务业行动计划》

《亚洲地区基金护照倡议》

《APEC 服务合作框架》

《APEC 旅游战略计划 2012—2015》

《APEC 发展航线以促进互联互通的工作》

《茂物目标单边行动计划》

《服务业工作组关于服务和监管改革的九次研讨会概要和良好实践原则》

贸易和投资委员会（CTI）关于 APEC 服务贸易监管环境评估研讨会的文件

《环境服务行动计划》（ESAP）

《服务业工作组政策对话：共享经济、服务贸易与全球生产价值链》

《制造业相关服务行动计划》（MSAP）

《服务贸易和投资领域自愿自由化、便利化和促进经济技术合作的选择方案》

《APEC 促进全球价值链发展合作战略蓝图》

《APEC 结构性改革新议程》（RAASR）

《APEC 服务业和基线指标工作报告》

APEC 早期将服务业合作作为贸易自由化及便利化合作的重要内容，通过单边行动计划等方式加以推进。随着合作领域的不断扩大及服务业合作重要性的日益提高，开始在部分重点领域如旅游业、专业服务、教育服务及制造业相关服务等加强合作并提出相关倡议。同时，其考虑将服务业合作与 APEC 所积极推进的互联互通、全球价值链合作，以及结构改革等议程相关联，共同形成 APEC 服务合作的总体框架。

这一阶段的服务业合作也存在一些问题，主要包括缺乏统一的规划和远期目标、缺少能够量化的衡量标准、缺少评估和监督机制等。

（二）第二阶段为 2016 年至今

2016 年 11 月，APEC 第二十四次领导人非正式会议正式发表了《APEC 服务业竞争力路线图》，明确了 2016—2025 年间服务业竞争力合作的目标、支撑因素、集体行动计划、单边行动计划及落实措施，成为 APEC 指引服务业及服务贸易合作的核心纲领文件。同时 APEC 服务工作组起草了路线图的实施计划，并由 2016 年 11 月召开的 APEC 高官会年度总结会及部长级会议批准实施。①该实施计划在其附件中对每个项目的实施目标、背景、负责机构和实施效果衡量标志等进行了更为详细的说明。②

《APEC 服务业竞争力路线图》设定的主要目标包括：到 2025 年，APEC 经济体服务贸易出口在全球服务贸易出口中所占比重应超出当前比重，同时地区服务业年均复合增长率应超过 6.8%的历史平均水平，从而使本地区服务业增加值占 GDP 的比重高于全球平均水平。为实现上述目标，路线图最初共设定了 14 项集体行动计划，内容涉及全球价值链合作、旅游服务、结构改革、环境服务、制造业相关服务、教育服务、金融服务、交通及通信服务、互联网服务、粮食安全，以及服务业规制和统计等多个领域。同时鼓励各成员就提升服务业竞争力开展单边行动计划。此后根据各成员的要求，集体行动计划的数量也在不断增加，合作领域进一步扩大。2017 年年底，CTI 对路线图实施计划的指示清单进行了更新，补充了新的行动计划，对每一项行动的具体进展及各分论坛和经济体的工作情况均进行了补充。

根据路线图及其实施计划的安排，APEC 在 2021 年委托其政策支持小组（PSU）就落实路线图的集体和单边行动进展情况开展了中期审议，并发表了相关报告。同时服务业工作组每年会就路线图及实施计划的落实和进展开展专门会议和对话，根据各成员的反馈做出新的安排和调整。包括领导人非正式会议、部长级会议及高官会在内的各级论坛也会针对服务业合作做出新的指示和倡议。以 APEC 工商咨询理事会（ABAC）为代表的工商界人士也会就推进地区服务业合作提出相关倡议和建议。

二、ASCR 中期评审情况分析

（一）总体进展

PSU 中期评审报告的主要结论表明，受到新冠疫情等多方面因素的影响，APEC 距离实现路线图提出的总体目标仍然有一定的差距，需要继续深化合作，做出进一步的努力。2016—2019 年，APEC 经济体的服务出口总体逐年增长，但增长速度与世界服务出口总量不同步。APEC 在世界服务出口中所占份额从 2016 年的 38.8%下降到 2019 年的 38.1%，未达到 ASCR 预期。新冠疫情前，APEC 经济体服务贸易年均复合增长率 6.8% 的目标未能如期实现。2016—2019 年，这一比例为 5.3%，2019 年仅为 1.1%。不过 APEC

---

① http://mddb.apec.org/Documents/2016/SOM/CSOM/16_csom_summary.pdf.

② APEC Services Competitiveness Roadmap Implementation Plan (2016 – 2025), http://mddb.apec.org/Documents/2016/MM/AMM/16_amm_012.pdf.

各经济体仍有望实现服务业增加值占 GDP 比重高于世界平均水平的目标。2019 年，APEC 的份额比全球平均水平高出 0.7%，但自 2016 年以来差距有所缩小。在 19 项集体行动中，10 项行动的既定目标方面取得了一些积极进展，但仍有 4 项行动的进展好坏参半，另有 5 项行动的可比数据无法获得。根据评估结果及显示出的问题，PSU 提出了多项针对新冠疫情后加快推进地区服务业发展的政策建议。[①]

（二）集体行动计划进展

调整后的集体行动计划共包括 19 项内容，其主要内容和进展如下。[②]

行动 1：提升服务业在全球价值链中的重要性，包括通过增强参与已批准的《APEC 促进全球价值链发展合作战略蓝图》，促进中小微企业、妇女参与全球价值链。

服务业是全球价值链的重要组成部分。2014 年，APEC 领导人批准了《APEC 全球价值链发展合作战略蓝图》。PSU 于 2016 年对巴布亚新几内亚的电信服务、智利的运输服务、马来西亚的健康与医疗服务等开展了案例研究，探讨了开放市场服务业发展对经济和全球价值链的影响。在促进中小微企业参与全球价值链方面，APEC 启动了"服务业中小企业融入全球价值链"倡议。CTI 于 2019 年发布了旅游业报告，并承担了"促进中小企业和女企业家服务贸易研究"项目。中国和印度尼西亚牵头建立了 APEC 全球价值链伙伴关系平台，旨在提高发展中经济体和中小微企业在全球价值链中的参与度。美国牵头开展了一项能力建设项目，旨在建立 APEC 附加值贸易（TiVA）数据库。2019 年，各经济体同意制定《APEC 促进全球价值链战略蓝图 2020—2025》（蓝图 2.0），进一步推进全球价值链相关工作。此外，APEC 还就与全球价值链有关的投资、海关服务等议题开展了合作。

行动 2：在《APEC 建筑师和工程师登记》等倡议基础上，促进专业人员跨境流动。

自然人移动是服务贸易的四种提供方式之一。加强跨境劳动力流动可以提高劳动力市场效率和生产率，并进一步刺激贸易。促进跨境劳动力流动的一种方法是相互承认专业标准。上述两项安排的主要目的是通过专业素质的相互认证为专业技术人员的移动提供便利。中国参与了上述倡议。

日本、澳大利亚、中国台北和新加坡等 APEC 经济体已在促进专业人员跨境流动和

---

① Annex 1-Summary Report of the APEC Services Competitiveness Roadmap Mid-Term Review. https://www.apec.org/meeting-papers/annual-ministerial-meetings/2021/2021-apec-ministerial-meeting/annex-1---summary-report-of-the-apec-services-competitiveness-roadmap-mid-term-review.

② APEC Policy Support Unit. APEC Services Competitiveness Roadmap Mid-term Review October 2021. http://www.apec.org.

专业资格相互认证领域开展了多项合作。APEC 于 2021 年下半年全面启动专业和技能服务门户，提供 APEC 各经济体专业和技能服务提供者许可、资格认证的互认协议的在线清单。此外，APEC 也在数据收集和共享方面开展了工作。跨境流动数据的收集和共享为研究和决策提供了信息。

行动 3：基于《APEC 商务旅行卡》等倡议，为商务旅行者提供更多便利。

APEC 商务旅行卡（ABTC）计划允许商务旅行者提前通关，为完全参与的经济体提供短期入境便利。ABTC 完全参与成员数量已经达到 19 个。加拿大和美国是 ABTC 计划的过渡成员。ABTC 的有效期已从 3 年延长至 5 年。近年来，商务人员移动小组致力于开发 ABTC 在线提交系统，召开了研讨会，并与有关经济体制定了在线提交规范。2019 年，商务人员移动小组启动了 ABTC 移动应用程序（或虚拟 ABTC）项目以提高商务访问者灵活性。

行动 4：制定一整套服务业境内规制良好实践原则。

境内规制对于确保服务业顺利和合法运作非常重要。制定既能满足经济体内部政策目标，又不会过于烦琐的法规，符合 APEC 经济体的利益。APEC 经济体同意在改善境内服务业监管方面制定一套良好的实践原则。2018 年年底，服务业工作组制定并通过了"APEC 服务业境内监管非约束性原则"，提出了一套服务业境内监管的核心原则及在所涉及的各个领域的最佳做法。此外，美国、韩国、新西兰和中国台北等经济体也通过召开研讨会、编写研究报告、开展调查研究等方式在此领域作出了新的努力。

行动 5：落实 APEC 结构改革新议程，包括推进《2016 年 APEC 关于结构改革和服务业的经济政策报告》。

APEC 结构改革部长会议在 2015 年 9 月批准《APEC 结构性改革新议程》，将结构改革及服务业作为 APEC 的优先领域，支持落实《APEC 服务合作框架》。APEC 经济委员会（EC）在《2016 年 APEC 经济政策报告》中将结构性改革和服务业作为重点，并提出了相关政策建议。澳大利亚、印尼和加拿大等许多经济体已将对服务业有影响的优先事项和行动纳入了结构性改革单边行动计划。此外，APEC 还在该领域实施了多项共同行动计划。APEC 已分别于 2018 年和 2020 年对《APEC 结构性改革新议程》进行了中期和最终评估。两次评估均指出，虽然一些服务部门的限制减少了，但另一些部门的限制却有所增加，各经济体可以采取更多措施来改善服务业法规。2021 年 6 月 APEC 结构性改革部长级会议通过了《APEC 结构性改革深化议程》，提出了四大工作支柱，以便在未来继续深化结构改革及相关服务业合作。

行动 6：执行和强化已批准的《环境服务行动计划》，支持环境服务自由化、便利化合作。

APEC 于 2015 年批准了《环境服务行动计划》（ESAP），旨在推进环境服务领域的自由化、便利化与合作。根据该行动计划安排，APEC 分三个阶段开展了相关工作。2016年 11 月，PSU 与贸易和投资委员会联合开展了"环境服务监管措施调查"，就各成员根据 CPC 94 所采用的法规和政策情况开展调研。2017 年 10 月，PSU 又分别发布了针对能效企业、环境损害修复服务和可再生能源等具体环境部门的报告，补充了先前的调查，对具体分部门所面临的问题进行了更集中的分析。2018 年，APEC 完成了 ESAP 中期评估，重点介绍了 APEC 经济体在实施 ESAP 过程中面临的五大挑战。2020 年对 ESAP 的最终审查强调了环境服务的界定、监管和能力建设三个关键方面，并提出了相关行动建议。此外，APEC 各级论坛及各成员还就 ESAP 的实施组织召开了多次研讨会。

行动 7：执行和强化已批准的"制造业相关的服务业行动计划"，促进制造业相关的服务业自由化、便利化。

2015 年，PSU 发布了题为"服务业、制造业和生产力"和"全球价值链中的服务：制造业相关服务"的报告，强调服务业在制造业中的作用及相关政策影响。同年，APEC批准了"制造业相关的服务业行动计划"（MSAP）。2016 年贸易部长会议强调 CTI 应抓紧实施该计划，并列明了应处理的法规或政策措施。APEC 于 2018 年对 MSAP 执行情况进行了中期评估。该评估侧重于投资政策、劳动相关政策、海关相关手续、标准与一致性、知识产权、监管和政策环境六个主要领域。APEC 于 2020 年对 MSAP 执行情况进行了最终评审，并在中期评审的基础上进行了扩展，审查了有关自由贸易协定的文本，同时吸收了各种相关研讨会的意见。此外，最终评审还提出了各经济体可进一步开展合作的主要领域。

行动 8：支持教育部门合作，包括推进实习生计划、海外交换生项目、联合政策研究；根据各经济体教育系统的情况，推进在教育标准、资质和学分体系方面的信息交流，探索互认措施（借鉴《东盟资格参考框架》等文件中的措施）。

APEC 人力资源开发工作组（HRDWG）通过其教育网络已经开展了多项行动。2015年 2 月启动了 APEC 奖学金和实习生倡议。2014 年 APEC 人力资源开发部长会议批准的《APEC 促进高质量就业和加强人员互联互通行动计划 2015—2018》强调了 APEC 对教育部门合作的需求。2015—2016 年启动的"全球竞争力与经济一体化"项目评估了 APEC各经济体对全球人才的需求，并为各经济体提高全球人才流动提出建议。2019 年 11 月发布的《2018 年 APEC 教育与经济发展报告》第三章"关于技术和职业教育与培训"，重点关注"资质框架、技能认证和职业技术教育与培训"。此外，APEC 还就职业技术教育、创业教育、数字创新与教育、在线教育、电子学习培训、科研诚信，以及新冠疫情对教育的影响等议题以研讨会和培训等形式开展了多项行动。"APEC 教育研究网络"通过分享和发展 APEC 成员的知识和技术诀窍，开展能力建设，改善他们在教育领域的政策和实践。各经济体认为，结合《2016—2030 年 APEC 教育战略》及其行动计划，可以开展更多活动来推进相关领域的合作。

行动 9：合力应对互联网技术的迅速发展，改进监管模式，既能提供审慎的监管，保障合法消费和数据安全，又能在日益数字化的世界中促进贸易数据的流动。

根据《APEC 创新发展、经济改革与增长议程》的要求，APEC 于 2014 年在电子商务指导小组基础上成立了互联网经济特别指导小组（AHSGIE），作为指导和协调小组来处理跨领域的互联网经济事务。APEC 部长会议于 2017 年批准了《APEC 跨境电子商务便利化框架》。各经济体参与了 APEC 电子商务法规调查，并在 APEC 贸易信息库中公布。在保护消费者方面，举办了"在数字贸易中促进消费者保护：挑战与机遇"研讨会。APEC 还建立并升级了跨境隐私规则系统。

行动 10：支持根据各经济体的实际需要、内部情况和监管规定提供某些跨境金融服务，包括由感兴趣的经济体参与"亚洲地区基金护照"倡议的建设。

"亚洲地区基金护照"（ARFP）是 APEC 致力于提高本地区金融市场竞争力的一项特别倡议，为高质量管理资金在亚洲地区参与经济体间的跨境流动便利化提供一个多边框架。相关合作备忘录于 2016 年 6 月 30 日生效，并确保任何其他符合条件的 APEC 经济体即使在护照生效后也可以加入。ARFP 于 2019 年 2 月 1 日正式启动。澳大利亚、日本、韩国、新西兰和泰国接受境内基金护照的注册申请和外国基金护照的入境申请。自启动以来，ARFP 联合委员会举行了几次面对面会谈，并组织了技术研讨会，就 ARFP 经济体的资金税收待遇和 ARFP 的实施（包括护照流程等各种主题）进行信息共享。各经济体认为，加强能力建设非常重要，同时有必要继续改进 ARFP。

行动 11：支持 APEC 根据《APEC 互联互通蓝图（2015—2025）》发展海陆空交通基础设施。

《APEC 互联互通蓝图（2015—2025）》于 2014 年通过，旨在通过加强互联互通进一步提升亚太地区的经济一体化水平。蓝图公布后，美国和韩国等 APEC 经济体开展了多项相关项目。中国也已经开展了与港口产业数字创新相关的促进供应链互联互通项目。

各经济体认为，有必要通过分享经验和良好做法，加强海陆空等各种运输方式的合作和互联互通。交通运输工作组（TPTWG）还可以集中精力改善投资环境，特别是在基础设施建设和实现《APEC 互联互通蓝图（2015—2025）》中确定的目标方面。

行动 12： 支持 APEC 基于《APEC 旅游战略计划》发展旅游业，促进可持续和包容性增长。

2014 年第八届 APEC 旅游部长会议宣布，计划到 2025 年实现 APEC 各经济体国际游客达 8 亿人次的目标。PSU 2016 年的研究表明，旅游业对 GDP、就业和贸易等宏观经济指标具有积极而显著的影响。近年 APEC 旅游业发展受到了新冠疫情等不利因素的影响。为恢复增长，APEC 旅游工作组（TWG）发起了多项倡议和行动，包括更新了 2020—2024 年的战略计划、确定了四个优先事项等。在促进旅游业中的中小微企业发展、促进区域技能识别和人员流动，以及发展与旅游相关的劳动力等领域，澳大利亚和秘鲁等经济体开展了项目和行动。此外，APEC 也在利用签证数量、国际旅游收入和国际旅游人数等指标对地区旅游业发展情况进行监控和评估，并提出相关政策建议。

行动 13： 加强与服务业相关的数据和统计，以衡量和支持路线图落实，在更广的范围内跟踪服务贸易和投资的发展。

根据《APEC 服务合作框架》，APEC 成员同意创立更有效的服务贸易统计方式，并提供能力建设，创立 APEC 指数，以增加能够发布服务监管环境衡量指数的 APEC 经济体数量。为了解各成员参与全球价值链的情况，APEC 举办了一系列能力建设研讨会，旨在建立 APEC 附加值贸易（TiVA）数据库；为改善对影响服务贸易和投资的监管环境的监测，APEC 承诺制定 APEC 指数并通过了 APEC 服务贸易监管环境评估下一步工作文件，召开了系列研讨会；各成员继续考虑将与服务有关的法规纳入 APEC 贸易数据库（APEC Trade Repository）以方便利益相关者访问查询。各经济体和论坛普遍呼吁应提高对服务全面统计数据的价值的认识，并有必要继续开展能力建设活动，推进 APEC 指数工作。

行动 14： 逐步推进服务业便利化以改善区域粮食体系，确保亚太地区食品供应的安全性和高质量。

提高食品链的效率、生产率和安全性是《APEC 面向 2020 的粮食安全路线图》的核心目标。粮食安全政策伙伴关系（PPFS）和 CTI 合作开展工作，为改进地区粮食体系的相关服务提供便利。APEC 各经济体认识到服务业与粮食体系之间的密切联系，已经开展了多个项目，旨在促进粮食体系中各方获得关键服务。2017—2019 年，APEC 启动了可持续增长智能农业倡议。此外，APEC 组织了网络研讨会，以分享应对新冠疫情的粮食安全政策最佳实践。

行动 15：加强国内和区域能源安全，降低地区能源供应和使用的碳排放强度。

2014—2018 年，APEC 能源工作组（EWG）制订了战略计划，重点关注四个主要目标：加强能源安全，促进能源效率和可持续发展，开发更清洁的能源，通过贸易、投资和经济增长实现繁荣。各经济体围绕上述目标开展了多项合作，包括编写相关报告、召开多项研讨会和开展能力建设活动等。其中中国组织了一系列关于使用太阳能应急避难所解决方案（SPESS）和关于绿色融资模式的研讨会，并发表了相关报告。EWG 已经启动了 2019—2023 年的新战略计划，并启动或完成了部分项目。新计划包括五个主要目标：加强能源安全，推进清洁能源，提高能源效率和建设低碳共同体，加强能源弹性和能源获取，以及促进能源贸易和投资。

行动 16：审查下一代贸易和投资问题对服务贸易模式 3 的影响。

2010 年 APEC 领导人会议提出了确定和解决"下一代贸易和投资问题"（NGeTI）的必要性。服务贸易模式 3（即商业存在）是向外国市场提供服务的最重要途径。探索下一代贸易和投资问题的影响可以帮助政策制定者实施更有针对性的政策，以鼓励通过在另一个经济体的商业存在提供服务的增长。APEC 批准了五个下一代贸易和投资议题：促进全球供应链（2011 年），加强中小企业对全球生产链的参与（2011 年），促进有效、非歧视和市场驱动的创新政策（2011 年），区域贸易协定/自由贸易协定的透明度（2012 年），以及供应链/价值链中的制造业相关服务（2014 年）。上述五个议题相互关联，共同对服务业产生影响。澳大利亚、秘鲁、巴布亚新几内亚和马来西亚等成员开展了相关研讨会和公私对话，并编写了相关报告。

行动 17：基于中小企业工作组战略行动计划，支持创新型中小微企业发展并参与数字经济。

APEC 中小企业工作组（SMEWG）制订了 2017—2020 年的战略行动计划，其中一个优先领域是致力于创业、创新、互联网和数字经济。在促进青年、妇女和其他个人的创业文化方面，APEC 经济体组织了针对特定人群的各种研讨会，以强化能力建设，确保实现包容性目标。为了促进中小企业的创新并增强其商业竞争力，APEC 组织了研讨会来探讨经济体应如何支持更多地采用数字化技术。此外，SMEWG 还组织了针对特定行业的研讨会，就感兴趣的行业进行有针对性的讨论。2020 年 9 月，中小企业部长会启动了 2021—2024 年的新战略计划，并确定了重点关注的五个优先领域。

行动 18：加强信息与通信技术（ICT）基础设施和服务，以支持经济增长。

APEC 电信暨资讯工作组（TELWG）制订了 2016—2020 年和 2021—2025 年的战略行动计划。TELWG 2016—2020 年战略行动计划有五个优先事项：发展和支持 ICT 创新，促进一个安全、有弹性和可信的 ICT 环境，促进区域经济一体化，加强数字经济和互联网经济，加强合作。TELWG 及各经济体分别就上述优先事项开展了多项行动，并取得了相应成果。2020 年，TELWG 批准了 2021—2025 年的新战略行动计划，主要包括四个优先领域：电信/ICT 基础设施和连通性，可信、安全和有弹性的 ICT，促进创新、经济一体化和包容性的 ICT 政策和法规，以及 ICT 在电信领域的合作和应用。APEC 正在新的行动计划指导下开展相关合作。

行动 19：为包括服务业在内的创新活动创造有利环境，以增强其对经济增长的贡献。

科技创新政策伙伴关系（PPSTI）重点关注 APEC 科技合作的发展，以及有效的科学、技术与创新政策建议。2015 年，PPSTI 批准了 2016—2025 年战略计划。中国、澳大利亚等各经济体，以及 APEC 内相关论坛就此开展了多项培训和研讨行动。此外，PPSTI 举办了共享经济和数字技术互联互通研讨会，以及虚拟新冠疫情政策对话，并发表了相关报告。2021 年以后，PPSTI 对 2016—2025 年战略计划进行了内部综合评估，并根据评估的结果修订其战略计划。

（三）单边行动计划

在单边行动计划方面，各经济体也做出了积极努力，并在许多优先事项和领域取得了较为积极的进展。这些优先事项和行动可分为两大类，第一类即没有明确指出服务业是其主要受益者，但其改革将对服务业产生积极影响的优先事项和行动，主要包括加强监管改革、建设更具竞争力的劳动市场、增强中小微企业竞争力、促进创新、鼓励投资、增加基础设施支出和改善市场准入等。部分经济体采用调查研究、召开研讨会、提供能力建设、建立专门工作组或网站等多种方式在上述领域采取单边行动并取得了一定的进展。第二类即明确将特定服务部门确定为主要受益者的优先事项和行动，部分经济体选择在金融、物流等部门采取单边行动以提高自由化及便利化水平。

三、ASCR 中期评估后服务业合作进展

中期评估报告完成后，APEC 服务业合作工作仍然继续由 GOS 负责组织协调，根据 ASCR 规划不断推进，以保证在 2025 年完成相关目标。GOS 每年召开一次关于 ASCR 进展的政策对话会议，就相关情况进行沟通和交流，并协调相关论坛对工作进展进行适

当调整。APEC 工商界及部长会议等也积极就服务业发展问题提供政策和建议。

2023 年 APEC 贸易部长会议主席声明重申了落实《APEC 服务业竞争力路线图》以实现 2025 年目标的重要性。贸易部长们表示，欢迎 GOS、EC 和数字经济指导小组在促进开放、平衡、透明和包容的服务业结构性改革方面开展的跨论坛合作，以及在服务业国内监管方面开展的相关工作；欢迎支持必需品流动的物流服务工作，以及为促进专业服务贸易而开展的专业资格、许可和相互认证能力建设活动；欢迎"亚太经合组织支持海洋垃圾清理服务非约束性指南"，根据《亚太经合组织海洋垃圾治理路线图》，让服务部门参与解决海洋垃圾问题；欢迎 2023 年在亚太经合组织服务贸易监管环境指数方面加紧努力。①

四、APEC 服务业合作新趋势的主要特征

第一，纲领明确，目标更为清晰。与早期相比，近年来的 APEC 服务业合作具有了明确的纲领和目标，以 ASCR 及其实施计划为核心，致力于提升地区的服务业发展水平，通过中期评估和年度政策对话等形式，采用多重统计指标对进展情况进行量化评价，并对行动计划内容进行适当调整，合作效果更为直观。

第二，传统与前沿并存，内容广泛，影响深远。APEC 服务业及服务贸易合作的内容非常广泛，既包括传统的服务贸易自由化与便利化内容，如各服务部门的市场准入合作，同时也融入了许多新的领域，如全球价值链合作、数字经济合作、环境问题、海洋合作、包容性增长、中小企业发展、粮食安全问题，以及下一代贸易投资议题等。2023 年 APEC 会议议题设计上虽然将发展服务贸易归入"互联"主题，但实际上近年的服务业合作已经广泛涉及"创新"和"包容"议题，对未来 APEC 合作的深化和发展存在深远的影响。

第三，涉及部分热点议题，对未来世界服务贸易规则会产生影响。由于服务业合作的涵盖范围较广，其中必然会涉及各成员目前比较关注的热点或敏感议题。如结构改革可能会对各成员内部政策形成一定的压力，数字经济相关服务领域的合作可能直接影响未来全球数字经济和贸易规则的构建，而与制造业相关的服务合作可能会对未来地区供应链和全球价值链格局产生影响。

第四，与多边贸易体制及 FTA 框架下的合作有区别和联系。与 WTO 和 FTA 严格的

---

① Statement of the Chair - Ministers Responsible for Trade Meeting 2023. 2023/MRT/JMS. http://mddb.apec.org/Documents/2023/MM/MRT/23_mrt_jms.pdf.

约束性合作不同，APEC 合作不具有约束性，形式灵活，各成员可根据利益需求选择参与。因此 APEC 合作更易于在部分敏感领域取得早期合作成果，积累经验，并发挥孵化器作用。

参考文献

[1] Statement of the Chair - Ministers Responsible for Trade Meeting 2023. 2023/MRT/JMS. http://mddb.apec.org/Documents/2023/MM/MRT/23_mrt_jms.pdf.

[2] Summary Report of the APEC Services Competitiveness Roadmap Mid-Term Review. https://www.apec.org/meeting-papers/annual-ministerial-meetings/2021/2021-apec-ministerial-meeting/annex-1-summary-report-of-the-apec-services-competitiveness-roadmap-mid-term-review.

[3] APEC Policy Support Unit. APEC Services Competitiveness Roadmap Mid-term Review October 2021. http://www.apec.org.

[4] APEC Services Competitiveness Roadmap Implementation Plan (2016-2025). http://mddb.apec.org/Documents/2016/MM/AMM/16_amm_012.pdf.

[5] Annex B: APEC Services Competitiveness Roadmap (2016-2025). https://www.apec.org/meeting-papers/leaders-declarations/2016/2016_aelm/2016_annex-b.

[6] 于晓燕. APEC 服务贸易自由化新进展与"后茂物目标"[M]//孟夏. 亚太区域经济合作发展报告 2018. 天津：南开大学出版社，2020.

中国在亚太地区构建高标准自贸区网络问题分析

孟　夏　张俊东[*]

摘　要：近年来，我国积极实施自由贸易区战略，商签更多高标准自由贸易协定（FTA）。在错综复杂的全球网络中，我国与亚太地区各经济体的联系尤为密切，构建区域高标准自贸区网络既具有重要意义，也具备现实基础。本文从 FTA 网络结构特征与经济效应、高标准议题等方面进行全面分析，立足于亚太地区，探讨扩大自贸区网络，缔结更高标准 FTA。对于我国而言，在更广泛的自贸区框架下积极推进规则谈判，建立与国际规则相衔接的制度体系和监管模式，有利于推进国内改革，促进更深层次的对外开放。

关键词：自由贸易协定；亚太地区；规则议题

当前，国际环境深刻变化。作为全球最大的经济体，实施自由贸易区战略，构建面向全球的高标准自贸区网络，是新时期我国深化改革，构建开放型经济新体制的必然选择。《中华人民共和国国民经济和社会发展第十四个五年规划和 2035 年远景目标纲要》再次强调实施自由贸易区提升战略，明确要积极考虑加入"全面与进步跨太平洋伙伴关系协定"（CPTPP），推动商签更多高标准自由贸易协定。在错综复杂的全球网络中，我国与亚太地区各经济体的联系尤为密切，贸易投资规模持续扩大，经济一体化程度不断加深。因此中国在亚太地区构建高标准自贸区网络具备坚实基础，同时也面临诸多机遇与挑战。

---

* 孟夏，南开大学 APEC 研究中心教授；张俊东，南开大学国际经济研究所博士研究生。

一、中国 FTA 的整体进展

20 世纪 90 年代以后，全球自由贸易协定持续快速增长。中国参与 FTA 虽然起步较晚，但是进展显著。截至目前，已签署/生效的 FTA 有 19 个，涵盖了我国 35%的货物贸易、1/3 的服务贸易和 80%的相互投资。截止到 2023 年 8 月，正在谈判中的 FTA（包括已有协定升谈判）为 10 个，有 8 个 FTA 处于可行性研究阶段。此外，我国于 2001 年参加了《亚太贸易协定》，对部分产品实施关税减让。

2003 年 6 月和 10 月，中国内地与香港、澳门分别签署《关于建立更紧密经贸关系的安排》（CEPA），并同时于 2004 年 1 月 1 日实施，此后陆续签署实施了十项补充协议。2015 年 11 月签署了《内地与香港/澳门 CEPA 服务贸易协议》，内地首个在全境范围内以准入前国民待遇加负面清单方式全面开放服务贸易领域。CEPA 涵盖货物贸易自由化、服务贸易自由化、贸易投资便利化、金融合作、旅游合作等领域。内地对原产自香港、澳门的进口货物已全面实施零关税，基本实现服务贸易自由化。

中国-东盟 FTA 是我国对外商谈的第一个自由贸易区。2004 年 1 月 1 日起，中国-东盟 FTA 开始实施早期收获计划，对五百多种农产品实行降税。2004 年签署《货物贸易协议》，并从 2005 年 7 月 20 日起全面启动降税进程。此后《服务贸易协议》和《投资协议》陆续实施。2011 年 11 月签署《服务贸易协议》第二批具体承诺的议定书，已于 2012 年 1 月生效。2022 年 11 月启动自贸区 3.0 版谈判，探讨在更广泛的领域，包括数字经济、绿色经济、货物贸易、投资、竞争和消费者保护、卫生与植物卫生、标准、技术法规与合格评定程序、中小微企业等领域进一步开放与合作。

中国-巴基斯坦 FTA 涵盖货物贸易、服务贸易及投资合作等领域。2006 年 11 月 18 日，两国签署《中国-巴基斯坦自由贸易协定》，并于 2007 年 7 月 1 日起实施。双方分两个阶段对 90%的货物进行关税减让。2009 年 10 月 10 日，服务贸易协定生效。2011 年 3 月启动第二阶段谈判。2015 年 11 月《服务贸易协定银行业服务议定书》生效，对提高服务贸易自由化水平、为两国企业提供更多融资便利具有积极作用。

中国-智利 FTA 是我国第一个与拉美国家缔结的自由贸易协定，也是我国已签署的货物贸易自由化水平最高的自贸协定之一。2006 年 7 月 1 日起启动关税减让进程。2008 年 4 月签署《服务贸易协定》，2012 年 9 月签署《投资协定》。2019 年 3 月 1 日，中智自贸协定升级议定书生效，双方相互实施零关税的产品达到约 98%。我国在法律等 20 多个服务部门进一步开放，智利对快递等 40 多个部门提高开放水平，同时新增电子商务、竞争、环境与贸易等规则议题。

中国-新西兰 FTA 是我国与发达国家缔结的第一个自由贸易协定，也是我国首个涵盖诸多领域、一揽子达成并实施的全面自由贸易协定，于 2008 年 10 月实施。2021 年 1 月签署升级议定书，进一步扩大货物、服务、投资等领域市场开放，新增电子商务、竞争政策、政府采购、环境与贸易等议题。

2008 年 10 月 23 日，中国与新加坡签署自由贸易协定。2023 年 4 月完成升级谈判。进一步提高服务贸易和投资开放承诺水平，新增电信章节，并纳入国民待遇、市场准入、透明度、数字经济等高水平经贸规则。在升级协定中，我国首次采取负面清单模式作出服务和投资开放承诺。

中国-秘鲁 FTA 是我国与拉美国家缔结的第一个一揽子自由贸易协定，于 2010 年 3 月 1 日起实施。协定涵盖货物贸易、服务贸易、投资、原产地规则、海关程序、技术性贸易壁垒、卫生和植物卫生措施、争端解决、贸易救济、机构问题、知识产权、地理标识、合作等内容。在货物贸易方面，双方将对各自 90% 以上的产品分阶段实施零关税。在服务贸易方面，秘鲁在采矿、研发、中文教育、中医、武术等部门进一步对我国开放；中国则在采矿、咨询、翻译、体育、旅游等部门对秘鲁进一步开放。

中国-哥斯达黎加 FTA 是我国与中美洲国家达成的第一个一揽子自由贸易协定，于 2011 年 8 月 1 日起实施。协定涵盖货物贸易、服务贸易、原产地规则、海关程序、技术性贸易壁垒、卫生和植物卫生措施、贸易救济、知识产权、合作等内容。

中国-冰岛 FTA 是我国与欧洲国家缔结的第一个自由贸易协定，2014 年 7 月 1 日起实施。冰岛对从中国进口的所有工业品和水产品实施零关税，约占中国向冰岛出口总额的 99.8%。中国对从冰岛进口的 7830 个税号产品实施零关税，约占中国从冰岛进口总额的 81.6%。双方还就服务贸易作出了高于 WTO 的承诺，并对投资、自然人移动等问题作出了规定。

中国-瑞士 FTA 于 2014 年 7 月 1 日实施，涵盖货物贸易、服务贸易、投资、竞争政策、知识产权、环境、经济技术合作等领域。除传统议题外，协定还包括环境、知识产权、竞争等我国以往的自由贸易协定中很少涉及的规则问题，是在新规则领域的尝试和突破。

中国-韩国 FTA 于 2015 年 12 月 20 日实施，涵盖货物贸易、服务贸易、投资、知识产权、竞争政策、电子商务、环境等规则领域。过渡期结束后，我国零关税的产品将达到数目的 91%，韩国零关税产品将达到数目的 92%。中韩 FTA 中设立了金融服务和电信两个单独章节，是我国商签 FTA 的首次尝试。2018 年 3 月自贸协定第二阶段启动，以负面清单模式进行服务贸易和投资谈判。

中国-澳大利亚 FTA 于 2015 年 12 月 20 日实施。协定内容全面，自由化水平较高，涉及货物贸易、服务贸易、投资、知识产权、电子商务等领域。澳大利亚 91.6% 的税目关税在协定生效时即降为零，中国 96.8% 的税目将实现自由化。澳大利亚以负面清单方式开放服务部门，我国则以正面清单方式开放部分服务部门，并纳入上海自由贸易试验区的部分自主开放措施。

中国-格鲁吉亚 FTA 是我国与欧亚地区国家签署的第一个自贸协定，也是共建"一带一路"提出后我国启动并达成的第一个 FTA，于 2018 年生效。协定涵盖货物贸易、服务贸易、知识产权和合作领域等 17 个章节，货物与服务贸易均达到较高开放水平。

"区域全面经济伙伴关系协定"（RCEP）是我国目前缔结的最大的诸边自由贸易协定，成员经济体贸易总额均占全球总量约 30%，2023 年 6 月 2 日对 15 个签署国全面生效。协定内容全面，涵盖市场准入及贸易便利化、知识产权、电子商务、竞争政策、政府采购等 20 个章节，承诺水平显著高于原有的"10+1"自贸协定。据测算，2030 年，RCEP将带动成员经济体出口额净增加 5190 亿美元，我国年出口额预计将增加 2480 亿美元。

此外，我国与厄瓜多尔、毛里求斯、柬埔寨、马尔代夫等国缔结了双边 FTA，与尼加拉瓜自贸协定早期收获已生效实施。

二、亚太区域 FTA 网络结构特征与经济效应

FTA 网络的形成离不开各国间专业化生产分工与贸易往来，同时也与网络本身的结构依赖和自演化性质密不可分。基于此，本文采用社会复杂网络分析方法，探讨亚太区域 FTA 网络的拓扑结构及其演化，为我国构建亚太地区自贸区网络奠定基础。

（一）亚太区域 FTA 网络结构特征

考虑到我国扩大面向全球的高标准自贸区网络中"扩容、提质、增效"的现实需要，本文根据 2022 年中国与亚太区域内国家的双边进出口贸易数据，保留与我国贸易额高于第三十分位数的国家，同时剔除处于战乱和动荡的国家，最终选取亚太区域的 57 个国家（含中国）作为分析对象，样本期间为 2000—2022 年。利用世贸组织区域贸易协定数据库筛选出亚太区域各年份涉及这 57 个国家的 FTA 协议，以区域内样本国家为节点，以是否存在缔结且生效的 FTA 为边，依次构建了各年份二元视角下的无向无权邻接矩阵用以刻画 FTA 网络。其中 a_{ij} 定义为邻接矩阵元素，当两国当期存在生效的自由贸易协

定，取值为 1，反之为 0。在此基础上，分别从网络整体维度、网络局部维度和网络个体维度三方面具体阐述网络的结构特征。

1. 亚太区域 FTA 网络整体结构特征

网络整体结构特征可使用网络规模、网络紧密程度和集聚程度进行描述，其中网络规模包括网络关系边数、国家节点数，网络紧密程度采用密度、中心势和平均度刻画，集聚程度则使用聚类系数表征。就本文而言，密度（Density）衡量 FTA 网络中各国通过缔结协定形成的关联的疏密程度，为样本国家间实际形成的 FTA 关联数与整个网络最大可能的 FTA 关联数之比，其大小依赖于网络的"内含度"和各国家节点的度数和，该值越接近 1，网络越稠密；平均度（K）代表 FTA 网络中各国家节点的平均缔约伙伴数量；中心势（Centralization）代表网络整体的中心趋势；聚类系数（Cluster）反映了 FTA 网络中某一国家节点的所有邻居节点之间具有缔约联系的程度，体现了网络的集聚效应，该值越大，包含该国三角结构的平均数量越多，说明该国在 FTA 网络中与其他国家有着更紧密的联系，网络整体的聚集程度也越高。

表 1 为 2000—2022 年亚太区域 FTA 网络整体结构特征各细分指标的计算结果。首先，在网络规模方面，国家间实际 FTA 缔约关系数呈逐年增长趋势，增幅受当期新缔约数量或原协定扩员数量影响。在整个样本期内，2005 年、2006 年、2010 年出现三轮较大规模的缔约浪潮，2018 年 CPTPP 生效、2022 年 RCEP 生效也产生较明显的增加。同时国家节点数变动具有明显的阶段性特征。其中 2000—2006 年数量逐年扩大，缔结 FTA 的国家节点由 45 个增长至 54 个。2007—2022 年，缔结 FTA 的国家节点基本维持在 53～55 之间，并趋于稳定。截至 2022 年，仅有伊朗、朝鲜两国没有缔结任何 FTA。这表明缔结 FTA 是亚太区域各国广泛采取的贸易政策，各国具有一定程度的缔约偏好倾向和动机，能够为其后续缔结新协定或升级旧协定积累经验，也有利于降低缔约成本。

其次，在网络紧密程度方面，网络密度数值整体呈现增长趋势，且与缔约关系数保持同态势增长。但该值始终远低于 1，维持在较低水平，表明当前亚太区域整体的 FTA 网络联系较为稀疏，节点密集区和稀疏区具有明显的分界特征，未来仍有较大的拓展空间。究其原因，各国寻求在更广范围内缔约的意愿受制于国家间经济、社会发展水平，地理距离，社会文化，地缘政治等异质性因素的综合影响。同时平均度也呈现逐年增加态势。中心势虽有一定波动，但整体表现为波动上升，表明网络重心有向部分国家或地区集中的趋势。然而 2019—2022 年，该值从保持稳定趋向下降，说明 RCEP 的生效与CPTPP 在一定意义上具有相互竞争与相互制衡的关系，域内各国 FTA 签署情况的差异在逐渐缩小。

最后，在网络集聚效应方面，不难发现聚类系数的变化也存在分阶段特征。其中2000—2018 年，除个别年份以外，该值总体呈现波动递减的趋势，但降幅明显减缓。2019—2022 年，该值呈逐年递增态势，且以 2022 年增幅最大。这意味着区域内一国的缔约伙伴之间也存在 FTA 缔约关系的倾向在不断加强，包含该国的三角结构数量持续增加，尤其是在 CPTPP 对亚太区域 FTA 网络造成结构性变动基础上，其他与其具有高度重合的成员构成的 FTA 更强化了 FTA 网络整体的集聚趋势，比如 RCEP。

表 1　亚太区域 FTA 网络的整体结构特征指标

年份	网络规模		网络紧密程度			聚类系数
	FTA 缔约关系数	国家节点数	密度	平均度	中心势	
2000	244	45	0.076	4.281	0.087	0.933
2001	250	47	0.078	4.386	0.104	0.888
2002	258	48	0.081	4.526	0.120	0.850
2003	262	49	0.082	4.596	0.137	0.871
2004	270	50	0.085	4.737	0.153	0.846
2005	304	52	0.095	5.333	0.197	0.785
2006	344	54	0.108	6.035	0.240	0.809
2007	342	53	0.107	6.000	0.241	0.796
2008	366	53	0.115	6.421	0.233	0.793
2009	386	53	0.121	6.772	0.245	0.769
2010	452	53	0.142	7.930	0.223	0.762
2011	464	53	0.145	8.140	0.219	0.755
2012	492	54	0.154	8.632	0.210	0.773
2013	500	54	0.157	8.772	0.337	0.756
2014	500	54	0.157	8.772	0.337	0.754
2015	504	54	0.158	8.842	0.336	0.754
2016	516	55	0.162	9.053	0.332	0.748
2017	520	55	0.163	9.123	0.349	0.742
2018	560	55	0.175	9.825	0.373	0.742
2019	566	55	0.177	9.930	0.371	0.746
2020	568	55	0.178	9.965	0.371	0.747
2021	568	55	0.178	9.965	0.371	0.747
2022	580	55	0.182	10.175	0.367	0.754

资料来源：作者自行计算得到。

2. 亚太区域 FTA 网络局部结构特征

网络局部结构特征一般采用社团结构或凝聚子群进行刻画，按照节点间的联系紧密程度，整体 FTA 网络可大致区分为若干子群，同一子群内的国家之间联系紧密，不同子群的国家之间联系程度相对较低，但不同子群内部成员之间的紧密程度仍会有差异。本文采用迭代相关收敛法将各年份亚太区域 FTA 网络划分为若干子群，各年份的子群数量、每个子群内部的国家数量规模及各国所隶属的子群在不同年份会有所区别和变动。因篇幅所限，本文以 2022 年为例进行分析，其余年份结果备索。

表 2 列示了 2022 年由亚太区域 FTA 网络划分的 8 个凝聚子群，根据表中的成员隶属子群情况可发现，子群的分布格局与亚太区域地理分布具有较高的重合度，且各子群间的整体缔约表现具有明显差距。其中子群 1 包括 16 个国家，成员主要为东亚、东南亚国家，以及澳大利亚、新西兰、印度，正好完全覆盖 RCEP 成员。与同期其他子群相比，该子群的整体缔约伙伴数量具有绝对优势，占亚太区域缔约总数的 52%，子群成员平均缔约伙伴数量约为 19 个，无疑是亚太区域缔结 FTA 最活跃的地区。

表 2　2022 年亚太区域 FTA 网络的凝聚子群属性特征

所属凝聚子群	成员	缔约伙伴总数
1	新加坡、韩国、越南、澳大利亚、日本、马来西亚、文莱、中国、新西兰、印度、印度尼西亚、柬埔寨、老挝、缅甸、菲律宾、泰国	300
2	约旦、阿联酋、巴林、阿曼、科威特、卡塔尔、沙特阿拉伯	54
3	孟加拉国、斯里兰卡、马尔代夫、伊朗、朝鲜	12
4	乌拉圭、阿根廷、巴西、委内瑞拉	13
5	俄罗斯、格鲁吉亚、哈萨克斯坦、吉尔吉斯斯坦、阿塞拜疆、土库曼斯坦、乌兹别克斯坦、塔吉克斯坦	39
6	巴基斯坦、蒙古国、巴布亚新几内亚	8
7	哥伦比亚、以色列、厄瓜多尔、玻利维亚	24
8	智利、秘鲁、加拿大、墨西哥、美国、哥斯达黎加、巴拿马、萨尔瓦多、危地马拉、土耳其	130

资料来源：作者使用 Ucinet 软件计算获得。

注：表中各子群成员经济体构成按照国家网络节点度数量由大到小进行排列。

总体而言，当前亚太区域 FTA 网络基本形成由"东亚+东盟"整体主导，以"北美为核心的美洲"持续竞争，辅以"西亚和中亚"日益参与的多核心驱动格局，各个凝聚子群不是单纯的"轮轴-辐条"角色，而是由若干个核心构成。

　　表 3 分别为中国在 2000 年、2005 年、2010 年、2015 年、2020 年所属子群的变动情况。根据结果可知，除 2000 年没有参与或缔结任何协定以外，中国隶属子群及其成员并未发生实质性改变，这体现了我国在自贸区战略实践中立足周边的政策取向。

表 3　中国历年所隶属凝聚子群的变动情况

年份	成员	缔约伙伴总数
2000	孟加拉国、中国、印度、伊朗、日本、韩国、斯里兰卡、马尔代夫、蒙古国、巴基斯坦、巴拿马、朝鲜	0
2005	文莱、中国、印度尼西亚、柬埔寨、老挝、缅甸、马来西亚、菲律宾、越南	90
2010	新加坡、文莱、马来西亚、印度尼西亚、印度、柬埔寨、老挝、缅甸、菲律宾、泰国、越南、澳大利亚、中国、新西兰、日本、韩国、巴基斯坦	243
2015	新加坡、韩国、马来西亚、澳大利亚、文莱、印度、越南、中国、印度尼西亚、日本、柬埔寨、老挝、缅甸、菲律宾、泰国、新西兰、巴基斯坦	264
2020	新加坡、越南、韩国、马来西亚、澳大利亚、文莱、日本、新西兰、中国、印度尼西亚、印度、柬埔寨、老挝、缅甸、菲律宾、泰国	289

资料来源：作者使用 Ucinet 软件计算获得。

注：表中各子群成员经济体构成按照国家网络节点度数量由大到小进行排列。

3. 亚太区域 FTA 网络国家节点特征

　　网络个体维度的特征旨在反映各国家节点在网络中的相对中心性或重要性地位，本文采用点度中心度、节点近邻平均度、中介中心度、特征向量中心度四个指标分析一国在 FTA 网络中的角色地位和重要程度。其中点度中心度（Degree）为 FTA 网络中同一国直接相连的国家节点个数，即一国当期的所有 FTA 缔约伙伴国数量，刻画网络的连通性，属于一阶指标。节点近邻平均度（Annd）定义为给定节点的所有相邻节点的度数均值，在 FTA 网络中特指一国所有 FTA 伙伴国的平均缔约伙伴数量，属于二阶指标，可反映网络的同配性。中介中心度（Betweeness）表示任意两个节点的最短路径中经过某一节点的比例，衡量节点在网络中对资源的控制程度和信息传递的中介桥梁作用。特征向量中心度（Eigenvector）则用于说明一个节点的重要性不仅取决于该节点自身的度数，还与其邻居节点的中心度息息相关。中介中心度和特征向量中心度均从网络整体考量节点的中心地位。

　　限于篇幅，本文选择 2000 年、2010 年、2022 年各年点度中心度、节点近邻平均度、中介中心度和特征向量中心度指标排名前 10 的国家进行对比分析。需要说明的是，由于存在节点地位指标值相同的情况，前 10 位国家的数量可能会大于 10（见表 4）。

首先，从点度中心度来看，新加坡始终占据首位，区域内单个国家拥有的最大缔约伙伴数量由 2000 年的 9 个增加至 2022 年的 30 个。其余国家绝大多数来自前述表 2 凝聚子群 1 中的成员。成员明显集中于东亚区域，再次印证了凝聚子群 1 作为缔结 FTA 最多、最活跃次区域的地位。2022 年中国进入前 10 位国家行列。

其次，从特征向量中心度来看，除 2000 年以外，新加坡均位列首位，马来西亚、越南、文莱、印度尼西亚的缔约伙伴始终在区域内具有较大影响力。随着 CPTPP 的签署生效，日本、澳大利亚和新西兰缔约伙伴的综合影响力日益突出，逐渐取代泰国、柬埔寨、老挝等国的中心地位，韩国也有类似表现。得益于 RCEP 的缔结，中国在亚太区域的中心地位明显提升，2022 年进入前 10 位国家行列。

再次，从中介中心度来看，2000 年墨西哥居于榜首，2022 年新加坡居于首位。中国、越南、秘鲁、乌拉圭、韩国的中介桥梁作用日益加强。将中介中心度指标与点度中心度指标对比也可发现，近年来排名前 10 的国家构成存在部分重合。以 2022 年为例，重合国家包括新加坡、韩国、日本、中国、越南，表明这类国家既是亚太区域内典型的 FTA 缔约活跃国，也是区域内不同国家间与缔约相关信息传递的重要中介。

最后，从节点近邻平均度来看，前 10 名国家中仍以东盟成员居多。将各国的点度中心度和节点近邻平均度对比容易得到，亚太区域 FTA 网络整体存在正度同配性，即一国的点度中心度与节点近邻平均度大致呈现正相关。

表 4　亚太区域 FTA 网络节点特征（前 10 位国家）

年份	点度中心度		中介中心度		特征向量中心度		节点近邻平均度	
	国家	数值	国家	数值	国家	数值	国家	数值
2000	文莱	9	墨西哥	0.017	卡塔尔	0.184	菲律宾	9
	新加坡	9	哥伦比亚	0.016	阿根廷	0.162	印度尼西亚	9
	马来西亚	9	以色列	0.006	阿曼	0.159	越南	9
	越南	9	加拿大	0.001	巴林	0.157	文莱	9
	缅甸	9	澳大利亚	0.001	沙特阿拉伯	0.140	缅甸	9
	老挝	9			科威特	0.136	泰国	9
	菲律宾	9			约旦	0.125	老挝	9
	印度尼西亚	9			阿塞拜疆	0.052	柬埔寨	9
	泰国	9			老挝	0.031	马来西亚	9
	柬埔寨	9			厄瓜多尔	0.020	新加坡	9

年份	点度中心度		中介中心度		特征向量中心度		节点近邻平均度	
	国家	数值	国家	数值	国家	数值	国家	数值
2010	新加坡	20	美国	0.271	新加坡	0.280	韩国	15.667
	文莱	16	以色列	0.251	文莱	0.268	新西兰	15.462
	智利	16	土耳其	0.229	马来西亚	0.263	日本	15.000
	马来西亚	16	格鲁吉亚	0.205	泰国	0.259	文莱	14.813
	越南	15	新加坡	0.189	越南	0.259	菲律宾	14.800
	印度尼西亚	15	墨西哥	0.144	缅甸	0.259	越南	14.800
	泰国	15	智利	0.107	菲律宾	0.259	缅甸	14.800
	菲律宾	15	印度	0.088	柬埔寨	0.259	柬埔寨	14.800
	柬埔寨	15	约旦	0.086	印度尼西亚	0.259	泰国	14.800
	老挝	15	澳大利亚	0.066	老挝	0.259	印度尼西亚	14.800
	印度	15					老挝	14.800
	缅甸	15						
2022	新加坡	30	新加坡	0.191	新加坡	0.273	巴布亚新几内亚	20.000
	韩国	24	越南	0.184	韩国	0.259	蒙古国	20.000
	越南	22	墨西哥	0.152	越南	0.242	老挝	19.000
	马来西亚	20	乌拉圭	0.099	马来西亚	0.241	缅甸	19.000
	智利	20	印度	0.097	日本	0.240	柬埔寨	19.000
	澳大利亚	20	俄罗斯	0.060	文莱	0.239	印度尼西亚	19.000
	日本	20	中国	0.060	澳大利亚	0.238	菲律宾	19.000
	文莱	19	秘鲁	0.059	新西兰	0.230	泰国	19.000
	中国	19	韩国	0.049	中国	0.220	新西兰	18.722
	秘鲁	18	日本	0.046	印度尼西亚	0.210	文莱	18.579
	新西兰	18						

资料来源：作者使用 Ucinet 软件计算获得。

2022 年，我国在以点度中心度、特征向量中心度和中介中心度衡量的国家节点中心地位排名中，均进入前 10 位国家的行列。

进一步模拟在其他条件保持固定不变的情形下，中国加入 CPTPP 后对亚太 FTA 网络结构可能产生的影响。表 5 为中国的节点中心度指标变动情况。结果显示，加入 CPTPP 后，相较 2022 年，中国在亚太区域 FTA 网络中的中心性地位会有小幅提升，成为区域内拥有 FTA 伙伴数量排名第四的国家，中介中心度和特征向量中心度均跃升至第六位。

表5　模拟中国加入 CPTPP 的节点中心度变化情况

时间	节点度	点度 中心度	中介 中心度	特征向量 中心度	节点近邻 平均度
2022 年	19	0.339	0.060	0.220	17.158
模拟加入 CPTPP	21	0.375	0.074	0.238	17.238

资料来源：作者使用 Ucinet 软件计算获得。

（二）亚太区域 FTA 网络的经济效应

理论上，以 FTA 为载体形成的贸易自由化能够削减与关税壁垒、市场准入、政策不确定性、跨国监管分歧等相关的固定、可变成本，加之其承诺本身对成员经济体具有的约束力，均有利于双边加强贸易往来。在亚太区域 FTA 网络特征事实分析基础上，我们采用结构引力模型系统检验域内各国嵌入 FTA 网络的贸易促进效应，并根据估计结果对中国加入 CPTPP 引致的潜在贸易收益进行反事实模拟。本文构建的计量模型如下所示：

$$Export_{ijt} = \exp\left(\beta_1 FTA_{ijt} + \beta_2 \Delta position_{ijt} + \beta X_{ijt} + \gamma_{it} + \delta_{jt} + \theta_{ij}\right) \times \varepsilon_{ijt} \quad (1)$$

其中下标 i、j、t 分别代表出口国、进口国、年份，释变量 $Export_{ijt}$ 为第 t 年 i 国向 j 国的出口总额，核心解释变量 FTA_{ijt} 表示第 t 年两国间是否存在签署并生效的 FTA。$\Delta position_{ijt}$ 衡量双边 FTA 网络节点中心性地位差距，分别采用点度中心度、中介中心度和特征向量中心度刻画的节点网络中心性地位指标差值的绝对值表示。X_{ijt} 表示一系列控制变量，γ_{it}、δ_{jt}、θ_{ij} 分别表示出口国-年份、进口国-年份和双边非时变国家对组合固定效应，ε_{ijt} 为随机扰动项。

由于贸易数据的零值和异方差问题，本文利用 PPML 方法估计式（1），结果如表 6 所示。第（1）列、第（2）列为非对称国家对固定效应的估计结果，第（3）列、第（4）列为对称国家对固定效应的估计结果。可以发现，以第（1）列为例，FTA 系数在 1% 水平下显著为正，且两国间签订自由贸易协定将使双边出口大致增加 9.97%。[①] 第（2）列加入了两国网络节点中心地位指标差值，FTA 系数符号与第（1）列保持一致，但两国点度中心度差距的系数在 5% 水平下显著为负，说明当两国拥有的 FTA 伙伴数量较悬殊时，双边出口贸易额会有明显的下降，不利于双边深化贸易合作。这主要由 FTA 的贸易转移效应所致，一国的出口由非 FTA 伙伴国转向 FTA 伙伴国，也可能存在进口国先前缔结协定对新缔结协定造成的"稀释效应"，即其他 FTA 伙伴国在进口国率先建立的市场优

---

① 具体计算方法为（$e^{0.095}-1$）×100。

势将削弱新协定给出口国带来的出口促进效应。中介中心度、特征向量中心度的双边差距系数为正，但未通过显著性检验。考虑到 FTA 的实施具有过渡期和时滞性，本文在连续区间估计基础上，又采用以 3 年为间隔，将样本划分为 8 个区间进行重新估计，结果如第（5）列、第（6）列所示，FTA 哑变量和节点中心地位差距的系数符号、显著性均未发生实质性改变，FTA 哑变量系数大小有所增加。以第（5）列为例，两国签署生效的 FTA 将促进双边出口贸易规模提升约 13.43%，[①]中介中心度差距在 10%水平下显著为正，一国的中介中心度刻画了该国充当中介桥梁的角色来传递、控制信息，那么中心度较小的一国可借助另一国较高中心度显示出的信息优势、资源优势扩大本国产品的国际市场空间，但是由于不同 FTA 在原产地规则、技术性贸易措施等方面的差异和约束，使得该促进作用并不明显。

表 6　亚太区域 FTA 贸易促进效应的回归结果

变量	（1）	（2）	（3）	（4）	（5）	（6）
	非对称国家对		对称国家对		以三年为间隔	
FTA	0.095***	0.084***	0.075***	0.057*	0.126***	0.108***
	(0.028)	(0.030)	(0.029)	(0.031)	(0.031)	(0.031)
Degree		−0.374**		−0.491**		−0.456**
		(0.188)		(0.207)		(0.198)
Betweeness		0.159		0.067		0.308*
		(0.154)		(0.161)		(0.179)
Eigenvector		0.135		0.133		0.113
		(0.100)		(0.110)		(0.106)
cons	24.182***	24.195***	24.160***	24.193***	24.153***	24.169***
	(0.013)	(0.027)	(0.014)	(0.032)	(0.015)	(0.027)
出口国−年份	YES	YES	YES	YES	YES	YES
进口国−年份	YES	YES	YES	YES	YES	YES
国家对	YES	YES	YES	YES	YES	YES
R^2	0.994	0.994	0.982	0.982	0.994	0.994
N	54 067	54 067	54 093	54 093	18 934	18 934

注：***、**、*分别表示在 1%、5%、10%水平下显著，括号中为聚类在国家对层面的稳健标准误。

　　目前，我国在亚太区域共有 19 个 FTA 伙伴国，涉及 9 个 FTA。此外，我国正在积极申请加入 CPTPP。正如前述对于亚太区域 FTA 网络密度的分析，在扩大面向全球的高

---

① 具体计算方法为（$e^{0.126}-1$）×100。

标准自贸区网络过程中，亚太区域具有较广阔的拓展空间和缔约对象选择。结合估计结果，本文使用 PPML 和三组固定效应的回归系数，在保持域内其他国家 FTA 伙伴数量不变的基础上，针对中国加入 CPTPP、印度加入 RCEP 进行了反事实模拟（见表 7、表 8）。

表 7 列示了不同模拟情形下涉及缔约伙伴数量发生变动的国家相较 2022 年的出口贸易增量。无论是中国加入 CPTPP 还是印度加入 RCEP，中国均为预期贸易增量最大的国家。在 CPTPP 情形下，中国首次与加拿大、墨西哥缔结 FTA。在 RCEP 情形下，中国与印度是继亚太贸易协定之后的又一次 FTA 联系。表中列示的剩余国家都是首次与中国或印度建立起联系。另外值得注意的是，中国加入 CPTPP 引致的区域内贸易增量要远大于印度加入 RCEP 产生的贸易总增量。

由于本文的模拟以局部均衡为主，区域内的其他国家在两种模拟情形下都未缔结新的协定，在其他条件保持不变的前提下，出口额相较 2022 年无明显变化。

表 7　反事实模拟的潜在贸易收益（出口增量）　　　　　单位：亿美元

中国加入 CPTPP 情形		印度加入 RCEP 情形	
国家	出口贸易增量	国家	出口贸易增量
中国	44.716	中国	43.447
加拿大	9.570	澳大利亚	6.636
墨西哥	9.909	新西兰	0.230
		印度	—

资料来源：作者自行计算得到。

表 8 为中国加入 CPTPP 后或印度加入 RCEP 后，中国在亚太区域的前 15 位贸易伙伴。可以发现，除了菲律宾和加拿大以外，两类模拟情形下的国家排列次序基本保持一致，美国始终是中国在区域内最大的出口贸易伙伴，且与日本、韩国的贸易额相比，差距明显。与 2022 年中国在亚太区域实际出口的前 15 位贸易伙伴相比，除了加拿大以外，其余国家都相同，位次虽略有调整，但前 5 位都固定不变。这说明当其他条件保持不变时，两类情形下的贸易增益尚不足以完全改变或严重冲击中国当前在该区域内的贸易格局。

表 8　不同模拟情形下中国在亚太区域的前十五大贸易伙伴　　　单位：亿美元

中国加入 CPTPP 情形		印度加入 RCEP 情形	
国家	模拟出口额	国家	模拟出口额
美国	5547.029	美国	5547.029

中国加入 CPTPP 情形		印度加入 RCEP 情形	
国家	模拟出口额	国家	模拟出口额
日本	2118.241	日本	2118.241
韩国	1990.809	韩国	1990.809
越南	1242.172	越南	1242.172
印度	1094.939	印度	1138.386
澳大利亚	927.066	澳大利亚	927.066
新加坡	881.825	新加坡	881.825
巴西	868.244	巴西	868.244
马来西亚	831.632	马来西亚	831.632
泰国	700.854	泰国	700.854
俄罗斯	685.091	俄罗斯	685.091
印度尼西亚	633.551	印度尼西亚	633.551
墨西哥	597.783	墨西哥	574.968
加拿大	573.849	菲律宾	555.288
菲律宾	555.288	加拿大	551.948

资料来源：作者自行计算得到。

三、我国构建亚太区域 FTA 网络：高标准议题分析

在优化 FTA 网络空间布局、拓展亚太区域 FTA 网络的同时，也需要关注 FTA 整体水平的提升。通过对接、对标国际高标准经贸规则，既能防范"规则脱钩"和被"边缘化"的风险，也能增强我国在参与全球经贸规则治理中的制度性话语权，深化国内制度型开放。目前，我国正在积极申请加入 CPTPP 和《数字经济伙伴关系协定》（DEPA）。基于此，本文以 CPTPP 和 DEPA 为参照标准，选取电子商务、政府采购、竞争政策、国有企业和指定垄断、知识产权、环境、中小企业、监管一致性、透明度和反腐败等规则议题为核心，探讨我国高标准 FTA 的议题深化，明晰压力与挑战。

目前，我国已签署的 FTA 中涉及较多的规则议题是知识产权，共有 10 个协定涉及专门章节；其次是竞争政策、透明度和反腐败，有 9 个协定涉及。此外，有 8 个协定包括电子商务，6 个协定涉及环境议题。中国-新西兰 FTA 升级协定、RCEP 中包括政府采购、中小企业议题。从各 FTA 覆盖的规则议题数量来看，RCEP 和中国-新西兰 FTA 升级协定包括的边境后议题最多，均为 6 个；其次是中国-韩国自贸协定，有 5 个规则议

题。整体而言，相较 CPTPP，中国已签署的 FTA 仍以传统市场准入为主，边境后议题较少，且各协定之间差异较大（见表9）。

表9　中国已签署的 FTA 在规则领域的议题覆盖情况（与 CPTPP 比较）

FTA 名称	电子商务	政府采购	竞争政策	国有企业和指定垄断	知识产权	劳工	环境	中小企业	监管一致	透明度和反腐败
CPTPP	√	√	√	√	√	√	√	√	√	√
中国-东盟	×	×	×	×	×	×	×	×	×	×
中国-智利	√	×	√	×	×	×	√	×	×	×
中国-巴基斯坦	×	×	×	×	×	×	×	×	×	√
中国-秘鲁	×	×	×	×	√	×	×	×	×	√
中国-哥斯达黎加	×	×	×	×	×	×	×	×	×	√
中国-冰岛	×	×	√	×	×	×	×	×	×	×
中国-瑞士	×	×	√	×	×	×	×	×	×	×
中国-韩国	√	×	√	×	√	×	√	×	×	√
中国-澳大利亚	√	×	√	×	√	×	×	×	×	√
中国-格鲁吉亚	×	×	√	×	√	×	×	×	×	√
中国-新加坡	√	×	√	×	√	×	×	×	×	×
中国-毛里求斯	√	×	√	×	√	×	×	×	×	√
中国-柬埔寨	√	×	√	×	√	×	×	×	×	√
RCEP	√	√	√	×	√	×	×	√	×	×
中国-新西兰	√	√	√	×	√	×	×	×	×	√
总计	8	2	9	0	10	0	6	1	0	9

资料来源：根据各协定文本整理得到。协定文本来自中国自由贸易区服务网。

注：①"√"表示该协定涉及该议题，"×"表示该协定不涉及该议题，总计代表该议题所涉及的 FTA 总个数；②中国与东盟、智利、巴基斯坦、新加坡、新西兰自贸协定包含升级协定/第二阶段协定。

（一）电子商务

CPTPP 的电子商务章节直接承袭了 TPP 的整体框架，集中反映了数字贸易规则"美式模板"的核心要义和利益诉求。结合协定文本，CPTPP 电子商务的规则条款主要包括：数字产品非歧视性待遇、电子传输免征关税、国内电子交易框架、电子认证和电子签名、无纸化交易、在线消费者保护、非应邀电子商务信息、接入和使用互联网的原则、互联网互通费用分担、源代码、网络安全、个人信息保护、跨境数据流动、计算设施的位置。

比较而言，我国数字贸易规则起步较晚，FTA 涵盖的数字贸易规则主要集中于电子传输免征关税、国内电子交易框架、电子认证和电子签名、无纸化交易、在线消费者保护、个人信息保护等领域。RCEP 在此基础上首次新增了非应邀电子商务信息、网络安全、跨境数据流动、计算设施的位置四个条款。我国所有自贸协定均未涵盖数字产品非歧视待遇、接入和使用互联网的原则、互联网互通费用分担、源代码保护等规则。

有关数字贸易规则约束强度及例外安排的条款，我国缔结的 FTA 与 CPTTP 也存在差异。在数字产品非歧视待遇方面，CPTPP 要求对除广播内容以外的数字产品提供国民待遇或最惠国待遇。我国没有明确要求。在电子传输免征关税方面，CPTPP 第 14.3 条要求"任何缔约方不得对一缔约方的人与另一缔约方的人之间的电子传输，包括以电子方式传输的内容征收关税"，除了基于征收国内税、规费或其他费用的情形外，均对电子传输内容或产品"永久性"免征关税。我国的 FTA 也提出"维持不对双方之间电子交易征收关税的做法"，但是属于"临时性"免征关税，保留了缔约方根据 WTO 决议调整电子传输关税的权利。在跨境数据自由流动方面，仅有 RCEP 涉及该条款。CPTPP 和 RECP 都明确规定不得限制数据流动，允许通过电子方式跨境传输信息，设置了实现公共政策目标的例外条款。但是例外安排的限制条件有所不同。RCEP 允许基于保护基本安全利益而采取限制数据自由流动的措施，且其他缔约方不得提出异议。在数据存储非强制本地化方面，对于例外安排的范围，RCEP 较之 CPTPP 更为宽泛，允许出于保障基本安全利益目的而对数据存储进行管制。

除 CPTPP 的数字规则以外，DEPA 作为全球首个数字经济区域协定，也是我国构建高标准 FTA 所应参照的重要标准。2022 年 8 月，我国加入 DEPA 工作组正式成立，将全面推进未来加入 DEPA 的谈判。DEPA 主要模块的内容构成见表 10。

表 10　DEPA 主要模块的内容构成

序号	条款	具体条款内容
1	商业和贸易便利化	无纸贸易（第 2.2 条）、国内电子交易框架（第 2.3 条）、物流（第 2.4 条）、电子发票（第 2.5 条）、快运货物（第 2.6 条）、电子支付（第 2.7 条）
2	数字产品待遇及相关问题	关税（第 3.2 条）、数字产品非歧视待遇（第 3.3 条）、使用密码术的信息和通信技术产品（第 3.4 条）
3	数据问题	个人信息保护（第 4.2 条）、通过电子方式跨境传输信息（第 4.3 条）、计算机设施的位置（第 4.4 条）
4	更广泛的信任环境	网络安全合作（第 5.1 条）、网络安全和保障（第 5.2 条）
5	商业和消费者信任	非应邀商业电子信息（第 6.2 条）、线上消费者保护（第 6.3 条）、接入和使用互联网的原则（第 6.4 条）

序号	条款	具体条款内容
6	数字身份	数字身份相互认证（第 7.1 条）
7	新兴趋势和技术	金融科技合作（第 8.1 条）、人工智能（第 8.2 条）、政府采购（第 8.3 条）、竞争政策合作（第 8.4 条）
8	创新和数字经济	公有领域（第 9.3 条）、数据创新（第 9.4 条）、开放政府数据（第 9.5 条）
9	中小企业合作	增强中小企业在数字经济中贸易和投资机会的合作（第 10.2 条）、信息共享（第 10.3 条）、数字中小企业对话（第 10.4 条）
10	数字包容性	妇女、农村人口、低收入社会经济群体和原住民参与数字贸易机会（第 11.1 条）

资料来源：根据 DEPA 文本整理得到。

从内容上看，除电子认证和电子签名、互联网互通费用分担、源代码保护以外，DEPA 涵盖了 CPTPP 电子商务章节的其余所有条款。事实上，针对接入和使用互联网的原则、非应邀商业电子信息、计算设施的位置、跨境数据流动、数字产品非歧视待遇、关税及国内电子交易框架，DEPA 直接引用了 CPTPP 的既有表述，与 CPTPP 具有同等约束水平。DEPA 新增了物流、电子发票、数字身份认证、金融科技合作、人工智能、政府采购、竞争政策合作、数据创新、开放政府数据等非强制性义务条款或软性合作安排，着力于构建广泛信任的数字环境，促进新兴技术创新发展。同时 DEPA 也赋予中小企业参与数字经济贸易投资的机会，关注数字的包容性，以改善和消除数字鸿沟，确保个人和企业拥有从数字经济发展成果中获益的机会与条件。DEPA 在数字贸易规则领域的拓展，是我国未来对标 DEPA 规则及构建高标准 FTA 需要渐进深化的方向。

目前，我国参照 CPTPP 及 DEPA 数字贸易规则面临的主要压力仍是围绕电子传输免关税、数字产品非歧视待遇、数据跨境自由流动、数据存储非强制本地化及数字知识产权保护等议题，在数字知识产权保护、数字贸易市场准入、跨境数据流动、数据存储等方面有较大政策调整空间。但是在税收损失、文化和信息安全、国家主权安全、数据管辖权冲突引致的数据泄露，以及同现行监管法规的背离等方面的风险也需要重视。在高标准 FTA 中，有关数字贸易的规则要兼顾基本安全利益、公共政策目标和市场开放，应当在维护国家安全、网络安全和数据主权目标的基础上推动数据跨境自由有序流动。

（二）政府采购

CPTPP 规定了政府采购的范围，要求相互合理开放政府采购市场，给予他国政府采购产品和服务国民待遇，给予投标者公平待遇，并加强政府采购信息的可获得性，另外就供应商资格、技术资格、招标文件规范性及信息披露等均有明确规定。同时各成员都有一份实质性开放清单，包括政府采购开放实体、开放金额门槛、开放行业部门、服务项目、例外情况等具体规定，对发展中国家允许采取过渡性措施。

中国已签署的 FTA 中，仅有 RCEP 和中国-新西兰 FTA 升级协定涉及该议题，强调政府采购的透明度义务及国际合作的重要性，但没有实质性承诺。2007 年，我国启动加入 WTO《政府采购协定》（GPA）谈判并已提交多份出价清单，但至今尚未加入该协议。在高标准 FTA 构建或加入 CPTPP 谈判中，参照 CPTPP 的做法对政府采购做出实质性开放，我国面临较大压力。

（三）竞争政策

CPTPP 的竞争政策章节包括要求制定禁止限制竞争商业行为的竞争法、竞争法执行中的程序公正、私人诉权、国家间合作协调、技术合作、消费者保护、透明度要求等内容。其宗旨是通过协议确保各缔约方建立或维持各自国内反垄断的法律体系，为确保禁止商业欺诈活动提供地区性的标准准则。

相较于其他规则议题，中国已签署的 FTA 中包括竞争政策的协定数量较多，均强调通过禁止反竞争商业行为，实施竞争政策和开展竞争政策领域的合作，以期提高经济效率和消费者福利。与 CPTPP 相比，除了具有相同的立法目标外，共同点在于：一是强调各缔约方应采取或维持禁止反竞争活动的竞争法律和法规，并至少设立一个有效实施其竞争法律和法规的主管机关；二是强调各缔约方之间就竞争执法问题的执法合作协调、技术合作、磋商、通知或信息交流；三是强调竞争执法的独立性及其过程的公正性、非歧视性，禁止所有权歧视，要以不基于国籍进行歧视的方式适用和实施相关竞争法律和法规；四是强调竞争执法的透明度。不同之处则主要体现在 CPTPP 包括有私人诉权内容。作为一国竞争法公共执法的重要补充，私人诉权允许个人申请发起对一国竞争机构启动调查，并在确认侵犯竞争法后，寻求补救损害的权利。同时 CPTPP 对竞争执法中的程序公平规定得更加具体细致，可操作性更强。

（四）国有企业和制定垄断议题

CPTPP 首次将国有企业与特许垄断经营作为单独章节，构建了独立、高标准的规则体系，对国有企业界定、非歧视对待与商业考虑、非商业援助、财务透明度和豁免权与例外等规则进行了详细阐述，旨在竞争中性原则下给予跨国公司、私营企业参与公平市场竞争的机会。

虽然我国签署的 FTA 暂未涉及国有企业条款，但国企改革的进程在我国从未停止。

在持续深化改革的过程中，国有企业的改革方向和目标逐渐与竞争中性原则趋向一致，这将有利于减少我国在对标 CPTPP 高标准规则过程中可能遇到的阻力和障碍。

（五）知识产权保护议题

CPTPP 的知识产权规则是迄今为止所有贸易协定中最先进、最详细的。以《与贸易有关的知识产权协定》（TRIPs）为最低保护标准，CPTPP 的知识产权条款具有以下特点：一是知识产权客体范围扩大，CPTPP 要求已知产品的新用途、使用已知产品的新方法或新工序获得专利保护，要求缔约方对来自植物的发明授予专利，同时为遗传资源相关的传统知识纳入专利审查"在先技术披露"环节提供框架，也对证明药品、农用化学品与生物制剂的安全性或有效性的未披露实验数据提供至少 3～5 年不等的保护期限。二是知识产权权利内容增加，包括延长著作权及相关权保护期，延长专利保护期，延长工业品外观设计保护期限。三是知识产权权利限制减少，包括取消 TRIPs 对驰名商标跨类保护的注册前提的限制，要求"不得将标识可被视觉感知作为一项注册条件"，减少了商标许可中的不正当妨碍，弱化了商标许可使用备案的作用，减少了专利宽限期限制，规定的宽限情形涵盖范围更广。四是知识产权执法措施强化，CPTPP 在执法部分的刑事程序中规定了商业秘密，细化了侵害商业秘密刑事处罚的考量因素，并将间谍行为纳入考量。同时扩大司法机关的自由裁量权，强化边境措施，由货物进口环节扩大至进口、准备出口、过境环节，并降低采取刑事措施门槛，将更多侵权行为列入刑事程序和处罚范围，执法要求更严。

知识产权议题是中国签署的 FTA 中出现频率最高的规则条款，共有 10 个 FTA 涉及，其中 RCEP 的知识产权规则较为全面、先进。具体表现如下：一是覆盖国际公约数量增加。RCEP 要求每一成员批准或加入《保护工业产权巴黎公约》《保护文学和艺术作品伯尔尼公约》《专利合作条约》等 7 个国际公约。二是权利范围更加广泛。例如，商标注册范围扩大到声音等无形标记；加强对地理标志和驰名商标的保护；将植物新品种、网络域名数据库、卫星广播、网络传输、技术措施等纳入保护客体；明确可以将遗传资源、传统知识和民间文学艺术列入保护范围。三是强化执法安排。除了民事救济和边境措施外，RCEP 也将知识产权侵权纳入刑事程序和刑罚范畴。另外，考虑到缔约成员间经济发展水平、法律制度等差异，RCEP 为少数成员设置了过渡期，并为建设知识产权制度提供技术援助。

多年来，中国不断完善有关法律法规，加强知识产权保护，但在高标准 FTA 的规则方面，仍然存在诸多改进压力。例如，我们在对未注册驰名商标进行跨类保护、对农用化学品未披露试验进行数据保护、进一步扩大专利宽限期，以及在判断具有商业规模的蓄意盗版行为时，将"为商业目的或经济目的"作为认定条件等方面。在执法措施和惩罚力度上，也还有所差距。

（六）环境标准

CPTPP 制定了高标准的环境规则，并将环境条款纳入争端解决机制，提高了协定约束力。具体而言，CPTPP 环境条款确定了多边环境协定与该章节的包容关系，就臭氧层保护、船舶对海洋环境的污染提出了具体保护措施，并特别关注海洋捕捞渔业，规定了包括环境磋商、高级代表磋商、部长级磋商在内的多层次磋商安排和争端解决机制，致力于维持生物多样性，管理外来入侵物种，向低排放和具有韧性的经济转变。

中国签署的 FTA 中有 6 个涉及环境和贸易章节，协定文本都包括环境法律法规或环境措施的执行、多边环境协定、环境影响评估、合作等条款，且争端解决机制均不适用环境议题。与 CPTPP 相比，这些 FTA 的条款内容以基本原则为主，未作出具体的实质性约束。

随着创新驱动发展战略的实施和绿色发展理念的践行，加之碳达峰、碳中和的目标要求，生态环境保护在我国的重视程度和推进力度显著提升，国内相关的法律法规持续出台，环境治理体系也在不断完善，改革目标朝着国际通行的高标准规则靠拢、趋近，这将为 FTA 高标准环境议题奠定基础。

（七）中小企业议题

目前，我国缔结的 FTA 中仅有 RCEP 涉及中小企业议题。相较于 CPTPP，二者关于中小企业的立法目标相同，即鼓励和便利中小企业参与本协定提供的商业机会。主要措施都是通过建立和维持一个可公开访问的信息平台来促进信息共享，以及通过信息交流在缔约方之间共享知识、经验和最佳实践。区别在于，CPTPP 在信息共享方面详细列明了范围和具体内容，并设立专门的中小企业委员会来监督落实中小企业章节确定的义务。我国在未来的 FTA 中可以参照这些做法。

（八）监管一致性

CPTPP 首次将监管一致性议题纳入贸易协定，倡导在监管措施的计划、设计、发布、实施和审议过程中加强对良好监管实践的运用，开展监管影响评估，设立监管一致性委员会等，旨在促进各国监管政策与措施的协调一致。我国签署的 FTA 暂无该条款。考虑到可能会影响国内公共政策目标等因素，在 FTA 中就监管一致性达成具有约束力承诺的压力较大。

（九）透明度和反腐败议题

CPTPP 专门设立独立章节就信息公布、行政程序、复审和上诉、信息提供等透明度做出了明确要求，涉及范围很广，包括法律、法规、程序和行政裁定等。同时还就反腐败的范围、措施、公职人员廉政要求、反腐败法律的适用和执行，以及私营和公共部门参与等进行了严格规定。

我国签署的 FTA 中有 9 个涉及透明度条款，但暂未涉及反腐败内容。与 CPTPP 相比，透明度条款也都提及了在公布、通报和提供信息、复议和上诉、行政程序等方面的具体要求，相差无几。

总体来看，目前我国自贸区网络已经初具规模，布局由周边向全球逐步扩大。亚太地区集中了我国重要的贸易投资伙伴，并且 CPTPP、DEPA 也都是亚太地区的重要协定。因此对我国而言，构建亚太地区高标准自贸区网络既具有重要意义，也具备现实基础。在自贸区框架下积极推进规则谈判，升级已有自贸协定，缔结和加入更高标准 FTA，有利于推进国内改革，构建与国际通行规则相衔接的制度体系和监管模式，加快推进制度型开放。

参考文献

[1] 盛斌，高疆. 数字贸易：一个分析框架[J]. 国际贸易问题，2021（8）.

[2] 余振，李晨曦. 加入 WTO 对中国开放型经济体制发展的影响研究：基于中央政府工作报告文本的实证分析[J]. 世界经济研究，2022（4）.

[3] 杨连星，王秋硕，张秀敏. 自由贸易协定深化、数字贸易规则与数字贸易发展[J]. 世界经济，2023（4）.

[4] 铁瑛，黄建忠，徐美娜. 第三方效应、区域贸易协定深化与中国策略：基于协定条款异质性的量化研究[J]. 经济研究，2021（1）.

[5] 韩剑，王灿. 自由贸易协定与全球价值链嵌入：对 FTA 深度作用的考察[J]. 国际贸易问题，2019（2）.

亚太数字经济和创新增长合作

我国推进构建亚太数字合作与治理框架的策略选择

盛　斌　靳晨鑫*

摘　要：近年来，亚太经济合作组织（APEC）的数字合作与治理取得了突出的成果，从政策层面数字经济也被提高到了更为重要的战略性地位。为了进一步厘清我国推进构建亚太数字合作与治理框架的策略选择，本文将基于近十年来 APEC 框架下与数字主题相关的项目开展情况，分析各成员经济体在 APEC 区域数字经济合作中的贡献与诉求。此外，本文还将就当下全球分歧较为严重的数字经济合作议题，如数据本地化、隐私保护与数字税等问题进行分析，尝试厘清 APEC 成员经济体在这些领域的立场，从而为我国参与 APEC 数字经济合作提供有效的政策建议。

关键词：APEC；数字经济治理；包容性发展

一、APEC 数字合作与治理的理念与规划

APEC 从 20 世纪 90 年代末就启动了数字经济领域的合作，相关议题沿着新经济、电子商务、互联网经济的脉络发展，其内涵不断丰富，所涵盖的领域也不断拓宽。近十年来，APEC 的数字合作与治理取得了更为突出的成果，从政策层面被提高到了更为重要的战略性地位。2014 年，APEC 领导人在北京批准了《亚太经合组织经济创新发展、改革与增长共识》，通过了《亚太经合组织促进互联网经济合作倡议》，首次将互联网经济概念引入 APEC 合作框架。2017 年，亚太经合组织领导人承诺共同努力提升区域内互联网和数字经济的发展潜力，并通过了《亚太经合组织互联网和数字经济路线图》（*APEC*

---

* 盛斌，南开大学经济学院教授，博士生导师；靳晨鑫，南开大学 APEC 研究中心研究员。

Internet and Digital Economy Roadmap，AIDER）[①]。AIDER 详细提出了数字基础设施、电子商务、信息安全、包容性、数据流动等 11 个重点发展领域，并被视为指导 APEC 互联网和数字经济合作的重要规划之一。根据 2018 年亚太经合组织数字经济议程，领导人进一步强调，数字技术及其相关服务和平台有潜力为 APEC 区域继续创造更大的收益，但如果要完全实现这些收益，需要各成员经济体共同应对挑战。自此之后，APEC 区域内数字经济合作的进程主要在两条主线型"政策"的指引下不断推进，一是《2040 年亚太经合组织布特拉加亚愿景》[②]（*Putrajaya Vision* 2040），另一个是《奥特亚罗瓦行动计划》[③]（*Aotearoa Plan of Action*）。

2020 年 11 月，APEC 第 27 次领导人非正式会议上通过了《2040 年亚太经合组织布特拉加亚愿景》（简称"布城愿景"），该愿景将"创新与数字化"确定为三大经济驱动力之一。具体而言，"布城愿景"提出 APEC 将从四个方面进一步推动数字经济合作：第一，充分利用现代信息和通信技术发展所带来的新经济业态和商业模式，如互联网经济、平台经济、共享经济等，促进亚太地区的技术创新与经济增长模式创新，实现地区经济的高质量发展；第二，加强数字技术在教育、医疗、社会保障等领域的普及和应用，提高人民福祉和生活质量；第三，不断强化数字时代的人才赋能，利用数字技术提升中小企业、妇女、残疾人和贫困人口等弱势群体在社会经济活动中的参与度，更好地分享区域经济合作的成果；第四，支持各成员建设数字基础设施，并推动数字技术在环境保护、应对气候变化等领域的应用，实现可持续发展目标。

更进一步，在"布城愿景"的指导下，APEC 于 2021 年 11 月第 28 次领导人非正式会议中顺利通过了《奥特亚罗瓦行动计划》。该计划就促进 APEC 区域内的数字经济发展问题提出了两大目标：第一，要使 APEC 区域内所有的人和企业都能够参与全球经济的发展，营造一个以市场为导向、以数字经济和创新为支撑的有利环境；第二，要加强数字基础设施建设，加快数字化转型，缩小数字鸿沟，并通过加强合作促进数据流动，提高消费者和企业对数字交易的信任度。同时《奥特亚罗瓦行动计划》指示成员经济体要加快 APEC 在数字经济方面的能力建设工作，包括迅速有效地实施《亚太经合组织互联

---

① APEC 官网. Internet and Digital Economy Roadmap, https://www.apec.org/docs/default-source/groups/eCSG/17_csom_006.pdf.

② APEC 官网. APEC Putrajaya Vision 2040. https://www.apec.org/Meeting-Papers/Leaders-Declarations/2020/2020_aelm/Annex-A.

③ APEC 官网. Aotearoa Plan of Action. https://www.apec.org/meeting-papers/leaders-declarations/2021/2021-leaders-declaration/annex-aotearoa-plan-of-action.

网和数字经济路线图》。

近年来，APEC 对数字经济议题的关注度与日俱增。2022 年 APEC 领导人会议宣言就数字问题明确表态称：数字技术和创新可以发挥更大作用，推动包容和可持续增长，提升服务可及性，改善民生。与此同时，APEC 将努力消弭数字鸿沟，提升数字基础设施可得性，支持发展数字技术和数字能力，促进数据流动。对于 APEC 而言，数字转型及区域数字系统互认能够促进贸易、减少贸易壁垒、加速经济增长。APEC 将加快落实《亚太经合组织互联网和数字经济路线图》，充分利用新兴技术，为企业和消费者创造有利、开放、公正、非歧视的数字生态系统。[①]

此外，2023 年第二次亚太经合组织工商咨询理事会（ABAC）中提交的"致 APEC 贸易部长信函"明确强调要为数字经济发展营造包容、开放、公平、非歧视的环境。此外，最新披露的 2023 年贸易部长会议声明中也再次强调了数字合作的重要性。该声明指出，数字技术和创新在促进包容性和可持续增长方面可以发挥更大的作用，重申呼吁加快实施《亚太经合组织互联网和数字经济路线图》，优先采取行动支持包容、可持续和创新性的经济增长，包括促进电子商务便利化和推进数字贸易合作。此外，此次贸易部长会议在数字经济领域最新达成的较为重要的成果是《亚太经合组织地区电子发票系统互操作性原则》，该原则提倡提高电子发票在各成员经济体之间的"可互操性"，鼓励各成员经济体积极使用数字技术促进贸易和投资。

近年来，中国始终是 APEC 区域内推动数字合作与治理的中坚力量。中方在各类场合中多次强调要全面落实《亚太经合组织互联网和数字经济路线图》，促进新技术的传播和运用，加强数字基础设施建设，消除数字鸿沟。此外，中方还提议要促进各方分享如何运用数字技术促进经济复苏，倡导优化数字营商环境，激发市场主体活力，释放数字经济潜力，为亚太经济的复苏注入新动能。此外，中方还曾于 2021 年举办数字减贫研讨会，其主要目标在于发挥数字技术优势，助力亚太地区消除贫困。当下中国除了在 APEC 区域内的数字合作与治理中发挥积极作用之外，也在积极申请加入 CPTPP、《数字经济伙伴关系协定》（DEPA）等高水平经贸协定，提升本国参与全球数字经济合作与治理的能力和水平。

---

① APEC 官网. 2022 年 APEC 领导人会议宣言. https://www.apec.org/meeting-papers/leaders-declarations/2022/2022-leaders-declaration.

二、APEC 成员经济体在数字合作与治理领域的重点关注问题

为了进一步明晰 APEC 各成员经济体在数字经济合作中的关注点，我们基于 APEC Project Database[①]，梳理了过去十年各成员经济体在 APEC 数字经济工作小组（Digital Economy Steering Group，DESG）和电子商务工作小组（Electronic Commerce Steering Group，ECSG）主题下发起的各类项目，共计 35 项，包括研讨会、最佳实践分享与能力建设项目。

从每年落地实施的项目总量来看，数字经济主题在 APEC 区域的重要性与关注度与日俱增。在 2019 年以前，每年与"数字化"相关的项目均不超过 3 个；而在随后的 2020 年、2021 年与 2022 年，数字化相关项目数量分别高达 5 个、11 个与 6 个，这也从侧面体现出数字经济议题的影响力。

我们进一步将所有的项目根据其主题、目标和实施计划细节手动划分成四类：数据标准化与协同、数字隐私与安全、数字包容性和数字化转型，并以每一类项目的发起成员（Proposing Economy）与响应成员（Co-sponsoring Economy）作为线索，尝试分析各成员在数字合作领域的关切点，并总结出了以下规律：

第一，数字包容性是 APEC 始终较为关注的议题，并且近年来主要受到发展中经济体的支持。自 2013 年起便有与这一主题相关的项目，例如，2013 年秘鲁主办了就如何通过电子商务来提高区域内包容性与竞争力的最佳实践分享活动，2016 年越南举办了通过跨境电子商务来促进中小微企业的包容性发展研讨会，2019 年印尼提出通过鼓励数字创业为女性赋能，2021 年秘鲁组织了论坛活动专门研讨如何利用数字技术为贫困地区的老年人提供服务等。从发起成员来看，过去十年与数字包容性相关的项目共计 9 个，均是由中国、秘鲁、越南和印尼等发展中经济体发起的，这在一定程度上反映出提高包容性、弥合数字鸿沟主要是发展中经济体的诉求。而从这类项目响应成员的分布来看，在 2019 年之前尚有美国、日本等主要发达经济体的参与和支持，而在 2019 年之后美国、日本等发达经济体则不再出现在类似主题项目的响应成员名单中，即发达经济体对于通过数字经济合作提高 APEC 区域内包容性水平的主观能动性和实际贡献在下降。

第二，在数字隐私与安全方面，美国和韩国是最主要的"发起者"，澳大利亚、智利与中国台北是最为积极的"响应者"。具体来看，过去十年 APEC 共开展了 8 个与数字隐

---

① APEC Project Database. https://aimp2.apec.org/sites/PDB/FormServerTemplates/BasicSearch.aspx.

私和安全议题相关的项目，除了最开始 2017 年的跨境隐私规则体系能力建设研讨会是由中国台北发起的之外，剩余的 7 个项目均由美国（3 次）或韩国（4 次）发起。二者的政策倾向性也有所不同，韩国发起的项目更加关注对消费者和个人隐私的保护，例如，韩国在 2018 年发起了数字贸易背景下加强消费者保护的挑战与机遇研讨会，在 2019 年发起了个人数据保护的挑战与机遇研讨会，2020 年发起了提高个人数据泄露预警系统的跨境有效性研讨会；而美国则更倾向于利用 APEC 平台推进与跨境信息流动相关的制度改革，例如，在 2018 年举办了主题为促进在 APEC 跨境隐私规则（CBPR）下问责代理机制的完善与发展研讨会，在 2022 年提出要促进利益相关者在疫情后有效落实数字许可措施，这也与美国主张数据自由流动、反对数据本地化措施的立场相一致。从这类项目的"响应者"来看，澳大利亚、智利与中国台北是较为积极的，出现在了多个项目的 Co-sponsors 列表中，这至少说明这些成员经济体对于数字经济发展过程中的隐私与安全议题持开放态度，并且愿意参与到相关国际规则的研讨与制定之中。

第三，过去十年共有 5 个数据标准化与协同类的项目，其主要逻辑在于发起者希望基于某一项新兴技术或者特定的领域推行 APEC 范围内的数据统一化和标准化。韩国、智利和泰国是这类项目较为积极的发起者，如泰国于 2021 年发起了人工智能领域的信息与通信技术（ICT）技术标准研讨会，韩国于 2022 年发起了 APEC 区域内基于健康数据的试点标准化项目。各成员经济体发起项目所涉及的领域千差万别，并无统一规律。但从这类项目的响应成员来看，大部分是新加坡、新西兰和韩国等发达经济体，几乎没有发展中成员出现在数据标准化与协同类型项目的 Co-sponsors 列表中，其背后的原因可能在于发展中经济体的数字技术发展本就相对落后，数字基础设施尚不完善，因此也缺乏参与类似更高水平数字化协同项目的动力和能力。

第四，数字化转型类项目的数量呈现逐年递增的趋势，在 2013—2020 年期间仅开展了 5 个项目，而在 2021 年和 2022 年则增多至每年有 4 个项目落地，2023 年共有 7 个项目处于"进行中"的状态，可见数字化转型是 APEC 区域内数字经济发展的必然趋势。此外，与其他三个类型的项目不同，数字化转型是 APEC 区域内发达成员与发展中成员难得能够取得共识、形成合力的领域。具体而言，数字化转型项目的发起者既有发达经济体，也有发展中经济体，并且两类成员经济体经常会相互出现在彼此的 Co-sponsors 的列表中。例如，发展中国家越南于 2022 年提出的农业数字化转型项目，既得到了中国和巴布亚新几内亚的支持，也得到了美国和智利等发达成员的支持。此外，中国也是数字化转型项目的积极发起者之一，2014—2023 年间，中国在这一主题下共发起 3 个项目，主办了多场研讨会，涉及促进数字化和绿色发展的协调转型、改善数字化营商环境、在FTAs/区域贸易协定（RTAs）框架下促进跨境电子贸易等多个议题。

从 APEC 过去十年所实施的项目来看，未来 APEC 区域内的数字经济合作或将呈现出如下四个趋势：第一，数字化转型是各成员经济体在未来最容易取得共识的"公约数"所在；第二，数字包容性主要体现了发展中经济体的诉求，发达经济体提供帮助和能力建设的主观能动性有待加强；第三，数据标准化与协同是发达经济体未来进行国际合作的主要发力点，但数字经济发展基础较差的发展中经济体短期内或将难以融入；第四，在数字隐私与安全方面，各国的诉求和立场差异较大，会成为今后数字经济合作与谈判的最主要分歧所在，值得进一步深入研究。

三、APEC 成员经济体在数字合作与治理关键议题上的立场异同

从全球层面来看，数字经济治理所涉及的内容十分广泛，各类数字经济相关的倡议与协定所覆盖的合作领域也不胜枚举。但整体而言，除了像数字包容性发展、数字化转型等容易达成共识的议题之外，在个别领域众多经济体的核心利益仍有较大分歧，这也是在 APEC 框架下推动数字合作与治理无法绕开的环节。接下来本文将就隐私保护、数据本地化与"数字税"等问题的各方立场进行分析。

（一）隐私保护

总体而言，亚太地区是中美两国在数字隐私保护领域争夺全球数字规则话语权的重要阵地。APEC 对跨境数据流动的关注已久，在 2003 年就组建了数据隐私小组。数据隐私小组于 2005 年制定并实行了 APEC 隐私框架，在这一框架下，APEC 又设置了 APEC 跨境隐私规则，这一规则体系建立于 2011 年，提供了一个各成员经济体共同认可的数据隐私保护认证框架。具体而言，APEC 的 CBPR 体系致力于促进 APEC 成员的跨境数据合作，确保不同司法管辖区的差异不会影响企业提供产品及服务的能力。此外，APEC 于 2015 年在 CBPR 体系下又建立了数据处理者隐私识别（PRP）体系，专门为个人信息处理者提供认证服务，但目前提供的认证很少，该框架仍处于早期阶段。

虽然 APEC 已经建立了相对较为完善的数据隐私管理框架，但在 2022 年 4 月美国、日本、韩国、加拿大、菲律宾、新加坡和中国台北另外达成了全球跨境隐私规则（Global Cross-Border Privacy Rules），意图将数据传输的规则独立于现有的 APEC 框架，重新设立全球数据保护和隐私的认证标准，从而促进隐私保护与数据跨境流动。这一举动本质上是将 APEC 框架下的 CBPR 体系转变成一个全球所有成员都可以加入的体系。

具体来看，全球 CBPR 论坛为美国在数字国际合作领域推行其"印太战略"与印太经济框架提供了支点，将 CBPR 体系从 APEC 中撤出，相当于重新建立了一个排除中国的全球 CBPR 论坛，美国有可能借此进一步削弱中国在亚太地区的数字经济活动的参与能力。相对于 CPTPP、USMCA 等高标准的数据保护标准，全球 CBPR 论坛具有更强的包容性，仅要求接受成员方 CBPR 宣言目标和原则，未来面向全球时更容易吸引新成员加入。表 1 为亚太地区主要数字经济贸易协定关于隐私保护议题的内容比较。

表 1　亚太地区主要数字经济贸易协定关于隐私保护议题的内容比较

协定名称	个人隐私保护规则	APEC 成员分布情况
《全面与进步跨太平洋伙伴关系协定》（CPTPP）	需要保护个人信息的法律框架	澳大利亚、文莱、加拿大、智利、日本、马来西亚、墨西哥、新西兰、新加坡、越南（10 国）
《区域全面经济伙伴关系协定》（RCEP）	需要保护个人信息的法律框架，但有非常广泛的例外	中国、日本、韩国、澳大利亚、新西兰、印度尼西亚、马来西亚、菲律宾、泰国、新加坡、文莱、越南（12 国）
《新-澳数字经济协定》（SADEA）	需要保护个人信息的法律框架，采用 APEC 的 CBPR 指导原则	新加坡、澳大利亚（2 国）
《数字经济伙伴关系协定》（DEPA）	需要保护个人信息的法律框架	智利、新西兰、新加坡（3 国）
《美-日数字贸易协定》（USJDTA）	跨境数据处理方法包括个人信息，设定了保护个人信息的法律框架	美国、日本（2 国）
《美-墨-加协定》（USMCA）	允许包含非歧视性数据传输限制的隐私法律，承认 APEC 的 CBPR 框架	美国、加拿大、墨西哥（3 国）

资料来源：根据协定文本整理。

（二）数据本地化

各国为限制跨境数据流动而普遍采取的措施是执行数据本地化法规。数据本地化法规指的是要求外国或国内服务提供商将一国居民的所有信息或某些类别的信息存储在该国境内的服务器中。现有多边与双边经贸协定对跨境数据流动的限制措施可大致分为以下四类：①禁止将数据传输到国外，即数据永远不可离开所在国家；②本地处理要求，即数据可以离开所在国，但主要处理任务必须在本地进行；③本地存储要求，即数据副本必须存储在本地；④有条件的流动制度，即数据只能在符合某些条件的情况下才能被传输到国外，如数据主体同意。有条件的数据流动制度往往是根据数据隐私保护规则实施的，如要求数据出境前须征得数据主体同意，或要求对数据进行评估，达到要求后才允许出境。[①]对跨境数据流动的限制一方面有利于国家对数据进行监管，保障其国内政策目标，但另一方面也会限制企业在特定国家中进行交易或提供服务的模式，可能构成隐形的贸易壁垒。过于严格地限制跨境数据流动也可能导致国内市场被孤立，相关的国内企业难以参与国际竞争。

在众多多边合作机制下，中、美、欧等经济体的分歧也有较为明显的体现。在二十国集团峰会上，日本与美国等国家一同提出了主张数据自由流通、取消数据本地化的"大阪轨道"（Osaka Track）。虽然中国对此表示赞同并签署了该倡议，但 2020 年 9 月出台的《全球数据安全倡议》才是中国数据治理和主权原则的体现，其中对于数据跨境规则的严格标准在很大程度上与美日等国倡导的理念不符。

具体从各方观点的分歧来看，美国和日本主张数据自由流动，反对数据本地化，这两个国家所缔结的数字经济协定 USJDTA 也充分体现了其立场。美国认为过于严格的数据本地化治理模式对于私营部门发展不利，过于严苛的监管会抑制企业的竞争和创新精神，[②]阻碍中小企业进入海外市场，形成事实上的贸易壁垒。[③]美国之所以坚持跨境数据自由流动，一方面是因为美国的互联网企业具有先发和主导优势，另一方面是因为美国能够对本国数据实现有效管控。日本也对跨境数据流动持有相同立场，其在 2018 年 4 月向 WTO 提交的电子商务倡议中也主张跨境数据自由流动和禁止数据本地化。

从贸易协定谈判的角度看，这一分歧同样可以被印证。美国在《跨太平洋伙伴关系协定》（TPP，即 CPTPP 的前身）谈判过程中坚定支持跨境数据自由流动，但其他谈判方则基于各种国内政策目标要求对数据流动实施限制。例如，APEC 成员经济体中的澳大利亚、新西兰和加拿大希望限制跨境数据传输以回应其公民对于隐私数据的关切；越南以国家安全为由限制互联网端的数据传输；新加坡则以公共道德为由限制数据流动。欧盟将居民的隐私和基本权利放在首位，强调对区域安全和个人隐私有影响的数据应当采取本地化措施。2020 年生效的欧盟《通用数据保护条例》（GDPR）被称为"世界上最严

① 谭观福. 数字贸易中跨境数据流动的国际法规制[EB/OL]. 中国法学网，[2022-07-01]. http://iolaw.cssn.cn/zxzp/202206/t20220627_5414209.shtml.

② Daniel F Runde, Sundar R Ramanujam, Digital Governance: It Is Time for the United States to Lead Again, CSIS, August 2, 2021. https://www.csis.org/analysis/digital-governance-it-time-united-states-lead-again.

③ US Congressional Research Service. EU Data Protection Rules and U.S. Implications, July 17, 2020. https://crsreports.congress.gov/product/pdf/IF/IF10896/.

格的隐私法案",保障数据能够在欧盟范围内自由流动,并促进欧盟数字单一市场(DSM)的发展,加强整个欧盟在数字政策上的协调。

　　相反,中国提倡实施数据存储、处理和传输方式的本地化政策,与美国主张跨境数据自由流动的政策主张存在较大差异。中国目前参与的 RCEP 也通过"广泛例外"的形式体现出以中国为代表的发展中国家的诉求。有的美国学者甚至据此给中国数字战略扣上所谓"非自由主义"的帽子,他们认为中国方面推动相关国家实行数据本地化等政策,会致使美国等西方国家企业在各国当地的运营成本上升,从而可能会使中国企业获得更多的"不公平竞争"优势。[①]

　　从当前国际数字贸易相关协定发展的最新情况来看,数据跨境流动规则正在逐步成为高水平贸易协定的重要标志。无论是发达经济体主导的 CPTPP 和 DEPA,还是发展中经济体主导签署的 RCEP,数据跨境流动规则都是协定中的核心条款。具体来看,DEPA 与 CPTPP 中的"电子商务"一章相比,内容更全面、规定更细致,是 CPTPP 中数字经济条款的升级换代,反映了在数字经济快速发展的当下,国际数字经济贸易规则的与时俱进。与此同时,在正在推进的新一轮世界贸易组织(WTO)电子商务多边谈判中,数据跨境流动议题作为各方高度关注的核心问题,也被认为是谈判中面临的最大挑战。2021 年中国正式申请加入 CPTPP 和 DEPA 两个高水平数字贸易相关协定,并积极参与WTO 电子商务多边谈判,数据跨境流动规则不仅是上述协定的核心议题,也是影响中国加入进程的关键因素。表 2 为亚太地区主要数字经济贸易协定关于数据本地化议题的内容比较。

表 2　亚太地区主要数字经济贸易协定关于数据本地化议题的内容比较

协定名称	跨境数据流动限制	数据本地化要求	APEC 成员分布情况
《全面与进步跨太平洋伙伴关系协定》(CPTPP)	禁止,只有极少数例外	禁止,但有少数例外(财务数据除外;越南有 5 年宽限期)	澳大利亚、文莱、加拿大、智利、日本、马来西亚、墨西哥、新西兰、新加坡、越南(10 国)
《区域全面经济伙伴关系协定》(RCEP)	原则上禁止,但有广泛例外	原则上禁止,但有广泛例外	中国、日本、韩国、澳大利亚、新西兰、印度尼西亚、马来西亚、菲律宾、泰国、新加坡、文莱、越南(12 国)

① Barry Naughton. Chinese Industrial Policy and the Digital Silk Road: The Case of Alibaba in Malaysia, Asia Policy, Vol.15, No.1, 2020, pp.27-32; The 2019 Annual Report to Congress. US-China Economic and Security Review Commission, November 2019, pp.211-214.

续表

协定名称	跨境数据流动限制	数据本地化要求	APEC 成员分布情况
《新-澳数字经济协定》（SADEA）	禁止，只有极少数例外	禁止，只有极少数例外（财务数据也不例外）	新加坡、澳大利亚（2 国）
《数字经济伙伴关系协定》（DEPA）	禁止，只有极少数例外	禁止，只有极少数例外（财务数据也不例外）	智利、新西兰、新加坡（3 国）
《美-日数字贸易协定》（USJDTA）	禁止，只有极少数例外	禁止，无例外	美国、日本（2 国）
《美-墨-加协定》（USMCA）	禁止，只有极少数例外	禁止，无例外	美国、加拿大、墨西哥（3 国）

资料来源：根据协定文本整理。

（三）"数字税"

"数字税"也是全球数字治理与数字贸易协定中各成员经济体分歧较大的一个关键议题。在是否征收"数字税"[1]的争论中，部分发展中成员倾向于支持征收"数字税"，认为免于征税将影响发展中经济体的财政收入，阻碍发展中经济体数字产业的增长。[2]联合国贸易和发展会议（UNCTAD）（2019）的研究显示，发展中经济体大多数是数字传输"商品"的净进口经济体，如果取消"数字税"，全球发展中经济体每年将合计遭受 34.88 亿美元的税收损失，而对于全球发达经济体而言，这一损失仅为 2.12 亿美元。[3]就 APEC 成员经济体内部而言，美国、新西兰、日本、秘鲁和新加坡等经济体所受损失较小，而墨西哥、泰国、中国、韩国和俄罗斯等经济体税收收入所受侵害较大（见表 3）。

以美国为代表的部分发达经济体则不支持"数字税"，按美国税收基金会（Tax Foundation）的说法，通过数字经济，跨境企业可以更便捷地从国外获得用户从而获取利润，但在现有国际税收协定下，因企业在该经济体没有实体存在，就无需在该经济体缴纳公司所得税。美国政策意图的本质是保护本国大型互联网企业，使其在国际竞争中保持优势。因为现有的"数字税"征收政策大多设有一定的门槛，中小规模的互联网公司

---

① 数字税从被征收对象来看，可分为向数字化产品征税和向数字化服务征税两种形式。"数字化产品"是以数字形式存在并且可以通过网络传输的产品，如电子书、音乐播放软件等；"数字化服务"指的是可通过网络传输提供的服务，如某音乐平台无损音质的播放服务，或者提供社交服务。

② WTO. Work Programme on Electronic Commerce-The E-commerce Moratorium and Implications for Development Countrics-Communication from India and South Africa, June 4, 2019. https://docs.wto.org/dol2fe/Pages/FE_Search/ExportFile. aspx?id=254708&filename=q/WT/GC/W774.pdf.

③ UNCTAD. Growing Trade in Electronic Transmissions: Implications for the South, UNCTAD Research Paper No.29, 2019. https://www.wto.org/english/tratop_e/ecom_e/wlcomoratorium29419_e/rashmi_bango.pdf.

所受影响较小，而美国的互联网巨头公司基本都达到了被征税的标准。

表 3　暂停征收数字税后（部分）APEC 成员经济体的税收损失测算　单位：百万美元

经济体名称	实物类（Physical）数字贸易进口关税收入损失	数字传输类（Electronic Transmissions）数字贸易进口关税收入损失	暂停收取数字关税后的整体税收损失——约束税率口径（Bound Duty）	暂停收取数字关税后的整体税收损失——最惠国税率口径（MFN）	暂停收取数字关税后的整体税收损失——有效税率口径（Effectively Applied）
墨西哥	893.93	971.81	1865.74	311.50	123.29
泰国	498.33	1246.61	1744.94	365.22	300.77
中国	147.70	345.29	492.99	492.99	453.21
韩国	28.04	118.26	146.31	146.31	49.69
俄罗斯	40.28	72.93	113.22	113.22	102.35
澳大利亚	37.81	40.09	77.91	77.91	70.33
印度尼西亚	26.38	27.76	54.14	54.14	40.61
越南	45.00	6.59	51.59	46.46	39.87
智利	28.75	20.67	49.42	49.42	9.02
加拿大	18.38	19.39	37.77	37.77	9.44
新加坡	16.66	13.92	30.58	—	—
秘鲁	12.16	3.92	16.08	16.08	8.11
日本	4.87	5.11	9.98	9.98	6.98
新西兰	3.42	4.17	7.59	7.59	4.68
美国	4.61	1.58	6.19	6.19	—
发展中国家合计	3585.74	4458.17	8043.91	3482.88	2788.48
发达国家合计	108.82	103.42	212.24	212.24	123.79

资料来源：OECD 基于 WITS 数据库测算结果。

欧盟主要成员是"数字税"的坚定支持者。欧盟于 2018 年 3 月率先提出了"数字服务税提案"，但是此提案并未在欧盟层面达成共识，也未获得通过。此后欧盟个别成员开始制定自己的方案。2019 年，法国通过了"数字税计划"，征税对象主要涉及苹果、脸书、亚马逊等美国科技巨头。然而美国政府随后便以"法国不公平对待美国企业"为由对法国数字服务税发起了"301 调查"。2020 年 6 月，美国贸易代表办公室又宣布要对欧盟及 9 个国家发起贸易调查，以反制这些国家的"数字税"提议。

对于"数字税"议题全球较为一致的共识体现为 OECD 提出的《关于应对经济数字

化税收挑战"双支柱"方案》。其中所设置的"支柱一"指的是让跨国企业在数字经济背景下更加公平地承担全球纳税义务，征收对象是年销售额超过 200 亿欧元、利润率超过 10%的大型跨国企业。具体而言，这一多边协调机制对"数字税"问题进行了广泛的探讨和规定，其中包括：第一，通过征收"数字税"来调节跨国互联网巨头公司的利润在各国间的再分配，缓解国家间在经济形态进化不均衡背景下的利益冲突，防止发展中国家沦为数字经济强国的数字服务单向倾销市场，缩小全球数字鸿沟；第二，强调解决跨国公司在全球范围内的避税问题，建议对跨国互联网巨头企业的征税问题应当依据其经济行为开展的具体情况而定，防止这些企业将利润轻易转移到低税率国家；第三，弱化各国企业所得税率的"逐底竞争"，使跨国企业无论在全球哪里开展业务，都要公平缴纳税款，促进税收公平，维护世界各国的平等发展权。目前，已经有占全球 GDP 总量超过 90%的国家和地区已同意实施 OECD 提出的"'双支柱'国际税改方案"。[1]2023 年 7 月 19 日，"G20/OECD 包容性框架"小组召开了第 15 次全体会议，138 个成员辖区就《关于应对经济数字化税收挑战"双支柱"方案》中的"支柱一"达成协议，即允许市场国对大型跨国企业的利润征税。

四、我国推进构建亚太数字合作与治理框架的策略选择

第一，我国应在数字包容性领域发挥引领作用，树立大国形象，在数字治理领域做出积极探索，结交更多盟友。近年来，APEC 区域内的"数字鸿沟"逐渐从基础设施和技术应用的范畴向产业链重构的层面延伸，呈现出进一步扩大的趋势。数字包容性是 APEC 发展中成员经济体的广泛诉求，这一诉求为 APEC 实现全方位的互联互通合作注入了新的内涵。而根据本文此前的分析，发达成员经济体在促进 APEC 区域内数字经济包容性发展过程中的主观能动性不强、意愿不足、参与不够，而我国始终是数字包容性发展的倡导者与支持者，未来可进一步通过数字技术共享与数字基础设施共建两种模式，与欠发达成员经济体共享数字经济发展成果。例如，协助 APEC 发展中成员经济体建设数字基础设施，通过提供资金、技术援助和人员培训等方式，促进互联网和数字技术的合作共享，加快普及互联网技术，以此来巩固与我国有相同利益诉求的国家的立场的一致性，增强我国在亚太地区数字规则制定方面的影响力，实现互利共赢。

第二，我国应在国内制度有待完善或涉及国家安全的数字经济开放领域保持谨慎态

---

[1] 新浪网. "G20/OECD 包容性框架"就 2025 年实施"支柱一"达成一致[EB/OL]. [2023-07-18]. https://finance.sina.com.cn/money/forex/datafx/2023-07-19/doc-imzcepnz7261602.shtml.

度。目前，我国对跨境数据流动规制的制度仍有较大的提升空间。跨境数据流动议题本身具有涉外性，而各国均是在国内规制的基础上进行国际规则的协调。只有不断完善国内制度，才能准确把握对外谈判立场，并引领国际规则。因此在数字隐私与跨境数据流动方面，我国可以在 APEC 相关主题的研讨会中积极参与讨论，紧密关注主要国家诉求的变化，但整体还是要以保护国家安全为出发点，在敏感数据的流动方面持谨慎态度。

第三，我国应在"数字税"等尚未形成国际共识又不损害本国利益的领域积极参与国际规则制定，把握数字治理的话语权。目前，发达国家与发展中国家就"数字税"尚未形成国际共识，国际税收框架有待重塑。与此同时，我国互联网平台"走出去"又时刻面临着国际税收规则的挑战，急需加强推进"数字税"的国际合作。因此一方面我国应借此契机主动参与到国际规则的研讨与制定之中，加强国内外规制的协调；另一方面在"数字税"政策的协调与制定过程中也要立足国情，既要从公平角度出发考虑跨地区和行业的税负相对一致，又要避免对互联网平台等数字企业过度征税，以公平竞争、普惠共享为导向加快探索具有中国特色的"数字税"实施办法，在征税范围、征税对象、税基、税率等方面增强包容性和稳健性。

第四，我国应在数字化转型、数据标准化等争议不大、风险不高的议题中主动参与数字经济合作国际规则的制定。基于前文的分析可知，数字化转型是当下 APEC 发达经济体与发展中经济体促进数字经济发展的共同心愿。因此我国应以此为契机，将我国在数字化转型领域的先进经验进行分享，并尝试通过联合共建的形式将数字化转型的"中国模式"在欠发达的 APEC 区域进行复制，以增强我国在全球数字经济合作中的话语权和影响力，同时也能与其他成员经济体共享国际数字化转型带来的制度红利，建立协调、统一的数字经济治理框架和规则体系。此外，在数字化转型中很重要的一个领域就是促进贸易活动的数字化转型，我国可在 APEC 的各类研讨会议中支持讨论和分享电子商务和数字贸易治理的最佳实践，与其他成员经济体深化合作，共同强化线上消费者权益保护，完善电子商务在线争端解决机制。

第五，建议我国以申请加入 CPTPP、DEPA 等高水平数字经贸协定为契机，对标国际高标准，深化国内数字经济治理改革。进一步促进非敏感数据等创新要素的安全流动，持续推动完善数字营商环境评价体系与评价机制，动态修订外资准入与市场准入的负面清单，进一步提升国内数字经济治理的能力，为今后在亚太地区数字治理领域发挥引领作用打下良好的国内制度基础。

参考文献

[1] 谭观福，数字贸易中跨境数据流动的国际法规制[EB/OL]. 中国法学网，[2022-07-01]. http://iolaw.cssn.cn/zxzp/202206/t20220627_5414209.shtml.

[2] Daniel F Runde, Sundar R Ramanujam. Digital Governance: It is Time for the United States to Lead Again, CSIS, August 2, 2021. https://www.csis.org/analysis/digital-governance-it-time-united-states-lead-again.

[3] US Congressional Research Service. EU Data Protection Rules and U.S. Implications, July 17, 2020. https://crsreports.congress.gov/product/pdf/IF/IF10896/.

[4] Barry Naughton. Chinese Industrial Policy and the Digital Silk Road: The Case of Alibaba in Malaysia, Asia Policy, Vol.15, No.1, 2020, pp.27-32.

[5] The 2019 Annual Report to Congress. US-China Economic and Security Review Commission, November 2019, pp.211-214.

DEPA 对亚太数字经济合作的意义及影响

谢娟娟　李　港[*]

摘　要：当前，数字经济蓬勃发展并取得了明显的成效，但全球却面临着在数字经济治理原则、方式和目标，以及运行机制等缺乏统一标准规则的问题。因此本文重点关注作为全球首个独立的数字经济区域协定——2020 年 6 月签署的《数字经济伙伴关系协定》（DEPA），通过该协议的内容特点和规制原则的剖析，对如何有效弥补亚太区域，乃至全球范围内数字经济规则的缺失，促进 APEC 区域数字经济与贸易的发展与合作的影响进行比较分析，表明 DEPA 为助力建立新型跨境数字经济协定关系，并为全球数字治理规则发展提供了新的路径。最后，对我国积极申请加入 DEPA 的意义和合作路径等提出意见和建议。

关键词：DEPA；数字经济；区域数字经济合作；国际数字贸易规则

新一轮科技革命带动的数字经济对各国社会发展的加速器作用凸显，极大地提高了企业效率和生产能力，拓宽了经济发展空间。2021 年数字经济增加值的规模为 38.1 亿美元，同比名义增长 15.6%，占 GDP 比重为 45.0%，[①]其中第三产业数字化对整体行业起到引领作用。由此可见，在世界需求低迷及产业面临数字化转型的后疫情时代，数字经济已经成为世界经济发展的重要原动力。然而目前全球却面临着在数字经济治理原则、方式和目标，以及运行机制等缺乏统一和标准规则的问题。因此围绕数字经济的规则谈

---

* 谢娟娟，南开大学经济学院教授、博士生导师；李港，南开大学经济学院博士研究生。

① 中国信息通信研究院.《全球数字经济白皮书（2022 年）》，2022 年 12 月。列入统计范围的国家有美国、中国、德国、日本、英国、法国、韩国、印度、加拿大、意大利、墨西哥、巴西、澳大利亚、俄罗斯等 47 个贸易额占世界总贸易额比重较大的国家。

判已成为国际经济秩序重构的重要内容（李钢和张琦，2020）。2020 年 6 月 12 日，智利、新西兰与新加坡正式签订了《数字经济伙伴关系协定》，作为全球首个独立的数字经济区域协定，有效弥补了亚太区域，乃至全球范围内数字经济规则的缺失，对促进各国在数字领域的经贸合作，助力建立新型跨境数字经济协定关系，并为全球数字治理规则发展提供了新的路径。

一、APEC 数字经济发展与合作现状

（一）APEC 数字经济发展现状

2021 年 APEC 主要成员经济体的数字经济规模及占 GDP 的比重如图 1 所示。首先从规模总量来看，美国数字经济规模在 APEC 成员经济体中已经连续多年蝉联第一，2021年更是达到了 15.3 万亿美元，稳居世界第一；中国拥有全球最大的数字市场，数字经济规模仅次于美国，位居 APEC 成员经济体第二位，达到了 7.1 万亿美元，相当于美国规模的 46.4%；日本作为 APEC 的第三大经济体，其数字经济规模总量约为 2.6 万亿美元；韩国高度重视数字经济发展，数字经济规模为 9631 亿美元，并有望在下一年突破万亿大关。此外，APEC 成员中数字经济规模超过 1000 亿美元的经济体还有加拿大、墨西哥、俄罗斯、澳大利亚、新加坡和印度尼西亚。马来西亚的数字经济规模为 937 亿美元，接近千亿美元；新西兰和越南等经济体的数字经济规模较小，不足 500 亿美元。

其次从占比来看，APEC 成员中数字经济产业占 GDP 比重最高的经济体是美国，达到 66.61%；紧随其后的是韩国和日本，占比分别为 53.55% 和 52.03%。相较于发展中经济体，发达经济体数字经济产业占 GDP 比重较大的原因在于其凭借先进的数字技术和全面的数据资源迅速实现了数字产业化发展，从而在国际合作中掌握着主动权。中国和新加坡虽然没有占据绝对主导地位，但是数字经济产业占 GDP 比重也达到了 40% 左右。加拿大、澳大利亚和马来西亚数字经济占 GDP 比重介于 20%～30%；印度尼西亚、泰国、越南和新西兰数字经济占 GDP 比重低于 20%。以上数据表明，数字经济已经成为APEC 成员经济体经济增长的重要支撑和主要动力来源。

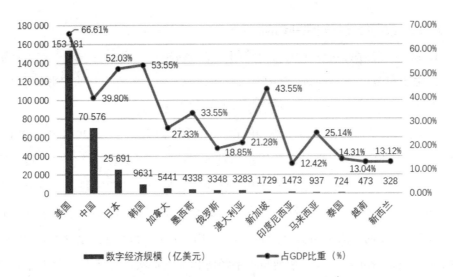

图 1　2021 年 APEC 主要成员经济体数字经济规模及占 GDP 比重

资料来源：中国信息通信研究院.《全球数字经济白皮书（2022 年）》，2022 年 12 月。

　　最后从数字经济增长率来看（见图 2）。虽然受到 2020 年经济下滑、基数较低的影响，2021 年 APEC 主要成员经济体数字经济产业仍实现高速增长，其中越南数字经济同比增长 39.53%，位居第一。中国近年来稳步推进产业数字化转型，加快完善数字基础设施，数字经济同比增长率居于 APEC 成员第二位，达到了 31.76%。加拿大、墨西哥、新加坡等经济体数字经济增速超过 20%。另外，美国、韩国、澳大利亚等经济体数字经济增速也超过了 10%；而日本数字经济规模体量虽然较大，但是增速仅有 3.72%。

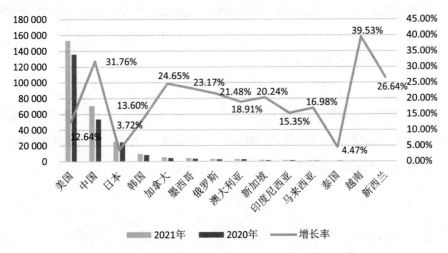

图 2　APEC 主要成员经济体 2020—2021 年数字经济规模变化情况

资料来源：中国信息通信研究院.《全球数字经济白皮书（2022 年）》，2022 年 12 月。

（二）APEC 数字经贸规则谈判动向

APEC 前三大数字经济体美国、中国和日本纷纷主导自身利益诉求下的数字贸易规则合作，但由于在数据跨境流动、市场准入及源代码等议案中存在巨大分歧，导致 APEC 难以构建统一的规则标准和共同的数字经济贸易规则体系。

早期 APEC 关于区域数字经贸规则的谈判仅局限于峰会声明。2014 年 APEC 第 21 次峰会提出的《APEC 跨境电子商务创新和发展倡议》鼓励成员经济体自愿设立跨境电子商务创新和发展研究中心，拉开了 APEC 区域数字规则谈判的序幕。2017 年，以"共享未来"为主旨的 APEC 第 25 次领导人非正式会议将数字经济纳入核心议题，并批准通过了《APEC 数字时代人力资源开发框架》《APEC 互联网和数字经济路线图》和《APEC 跨境电子商务便利化框架》等一系列与数字经济相关的提案。2018 年，习近平总书记在 APEC 峰会上提议数字经济是亚太区域未来的发展方向，应该加强数字基础设施和能力建设，普及数字技术的应用，消除数字鸿沟。①

此后 APEC 各大数字经济体开始寻求双边或局部区域性的数字经贸规则合作。2018 年 11 月 30 日，美国与墨西哥、加拿大签署了《美墨加协定》（USMCA），替换了原有的北美自由贸易协定（NAFTA），并将原来的全面与进步跨太平洋伙伴关系协定（CPTPP）的电子商务章升级为数字贸易章。继 USMCA 之后，为了进一步提升在 APEC 数字规制领域的领军地位，美国又与日本于 2019 年 10 月签订了《美日数字贸易协定》（UJDTA），美国主导的数字协议相继签订形成了"美式模板"规则在亚太区域的不断推进，也显示出美国在促进 APEC 数字规则的高标准方面所做的努力，但这些成果无法体现 APEC 成员之间的平等交流、自由合作的意识，没能得到所有成员经济体的接受，反而折射出美国政府的保护主义和单边主义倾向。

因此 APEC 各成员特别是亚洲经济体有着本国特定的利益和优势，加之 APEC 的开放性区域经济需要数字规则协议的平等性、公正性和互惠性。智利、新西兰和新加坡签署的 DEPA 逐渐成为国际数字经贸规则中不可忽视的新生力量，会对未来多边或双边数字经济与贸易规则的谈判趋向多元化产生积极的影响。

---

① 在 2018 年 APEC 第 26 次领导人非正式会议上，由于成员之间存在严重分歧，峰会没有发表共同声明。

二、DEPA 的特点与亚太数字经济规则

（一）DEPA 的内容与特征

DEPA 是目前所涉及议题最为全面的区域数字经济协定之一，共由十六个主题模块构成，其中前十一个模块为实体性议题，后五个模块则为机构设置、规则实施及程序等议题。

1. DEPA 的主要实体性议题

第一，数字贸易便利化。主要集中在商业和贸易便利化（模块 2）、数字产品的待遇及相关问题（模块 3）、数字身份认证（模块 7）及新兴趋势和技术（模块 8）。模块 2 不仅就无纸贸易、电子支付及电子发票等传统议题作出了具体承诺，还涵盖了相关法规和国际标准的制定等问题，旨在节约成员之间数字贸易的交易成本，提升交易效率和准确性。模块 3 则明确要求缔约方不得对电子传输及电子传输的内容征收关税，并实行数字产品非歧视待遇，[①]进一步降低了成员之间数字贸易的关税壁垒。模块 7 议题呼吁各成员方完善数字身份认证的相关政策法规，并且在其实现工具和技术保障等领域构建标准的国际框架以促进 APEC 区域，甚至全球之间的互联互通。模块 8 的新兴趋势和技术包含了金融科技、人工智能、政府采购和竞争合作政策等数字经济中较为敏感的议题，涉及了新兴技术应用的同时所引发的关于人身隐私、伦理道德和国家安全等一系列亟待解决的新问题，提出构建更加透明、公平、有原则的人工智能治理框架和政府采购标准，促进成员经济体之间新兴技术的治理与合作。

第二，数据跨境流动与数据创新。包括数据问题（模块 4）及创新与数字经济（模块 9）。在模块 4 中，DEPA 制定了保护个人信息的框架与原则，并敦促缔约方构建可兼容、可交互操作的个人信息保护体制；在数据本地化方面，DEPA 禁止将数据存储本地化的要求作为市场准入的条件。模块 9 讨论了数据开放与共享的问题。首先是承接 CPTPP 倡议，允许缔约方之间数据跨境自由流动；其次 DEPA 呼吁国家之间加强数据共享机制的合作，并开创性地引入数据监管"沙盒机制"[②]，促进数据驱动创新和企业良性竞争，培育开放、高效的数字市场。

第三，促进中小企业与消费者的数字参与，共建良好数字环境。集中在更广泛的信

---

① 任何缔约方给予在另一缔约方领土的数字产品（广播除外）待遇不得低于其给予其他同类数字产品的待遇。

② 沙盒机制，是指监管者在防止风险外溢的前提下，通过主动合理地放宽监管约束，减少数据创新的阻碍，鼓励企业进行更多的数据创新，以达到数据创新和风险有效管控的双赢局面。

任环境（模块 5）、商业和消费者信任（模块 6）、中小企业合作（模块 10）和数字包容性（模块 11）。DEPA 认识到网络安全是数字经济的基础，在模块 5 中提出成员之间加强网络安全合作，增强计算机安全事件的应对能力，促进网络安全领域的劳动力发展，并利用现有合作机制共同识别和抵制网络恶意入侵或恶意代码传播。为了提高消费者对数字经济与贸易的信任度，模块 6 中要求缔约方针对从商者和消费者在进行商业活动时存在的"欺诈、误导或欺骗性行为"等方面制定法律法规，并向不遵守该条款的非应邀商业电子信息的提供者行使追索权，以保障消费者的合法权益，增强交易信心。

DEPA 尤其关注中小企业参与国际数字贸易的问题，这一点有别于美国主导的数字规则协议重点关注大型跨国企业问题。其原因在于新加坡等 DEPA 初始协议成员数字经济的发展主要依赖于中小型数字企业的推动，数字贸易对于中小企业开拓国际市场具有重要的推动作用。DEPA 模块 10 要求缔约方使用数字技术帮助中小企业融资，降低中小企业参与国际贸易的壁垒，增强中小企业的生命活力，加强各国之间的经济合作。数字包容性（模块 11）鼓励缔约方缩小数字差距，扩大数字经济的参与机会，确保所有人（包括原住民、妇女、农村人口和低收入群体）都能参与数字经济并从中受益。

2. DEPA 的特点

作为亚太地区首个单独针对数字经济的协定，DEPA 制定了数字经济领域的新型国际标准，为国际数字经济规则体系的构建贡献了新的路径，极大地促进了数字规则的多元化发展。与其他相关协议相比，DEPA 具有以下显著特征：

DEPA 所涉及的议题更加广泛和全面。DEPA 是当前覆盖议题最为全面的区域数字经济协定，并且首次引入电子支付、数字身份认证等条款，填补了以往协定中此类议题的空白。不仅如此，根据协议中的条款发展和更新原则，DEPA 将会根据各缔约方的数字经济发展实际情况，定期更新和完善协定的规则和标准，以适应数字经济迅速发展带来的挑战。

DEPA 更具有开放性和包容性。DEPA 创新性地将文本内容采取"主题模块"的形式，允许任何申请加入的新成员既可以全面承接 DEPA 的 16 个议题，也可以根据本国数字产业基础与发展状况选择性对接部分模块。这样的做法极大地缩短了谈判过程，提高了协议谈判效率，并且符合亚太经济体"非约束性"的治理理念。

DEPA 更具前沿性和前瞻性。首先，DEPA 不仅涵盖了传统的数字经济议题，而且涉及数字经济国际合作领域，提出缔约方之间加强金融科技合作、数据创新与数据共享，具有一定的前瞻性。其次，DEPA 注重人工智能、大数据、数字身份认证等领域新兴数字技术的创新应用，将为经济社会带来新的变革，推动全球数字经济和相关产业链的迅猛发展。最后，DEPA 更加聚焦中小企业问题，通过数字技术缓解中小企业融资约束，降低企业成本和市场准入门槛，增加中小企业的竞争力。总之，DEPA 反映了数字经济发展的最新趋势和技术方向，为全球数字经济合作提供了新的机遇。

（二）DEPA 与亚太主要区域数字贸易规则的比较

在 DEPA 签订之前，各大经济体相继出台了一系列针对数字经济与贸易的协定，其中具有较大影响力的有 CPTPP 的电子商务章、USMCA 的数字贸易章（第 19 章）和 UJDTA 等。

1. DEPA 与 CPTPP

由于 DEPA 的签署国智利、新西兰和新加坡都是 CPTPP 成员，可以说 DEPA 的整体框架和基准规则是在 CPTPP 电子商务章的基础上搭建的，并深度借鉴了其中关于传统数字议题的主要内容。模块 3（数字产品待遇和相关问题）与模块 4（数据问题）分别参考了 CPTPP 中的数字产品非歧视待遇和数据跨境自由流动的议题内容。在数字贸易壁垒方面，DEPA 与 CPTPP 一致，都规定禁止数据设施本地化、永久暂停电子传输关税等。

此外，DEPA 对 CPTPP 部分条款进行了深化与拓展。一是在模块 4 中更加细化了消费者的隐私保护条款，且为了增强成员之间的互联互通，在 CPTPP 电子签名和认证条款的基础上要求协议缔约方互认数字身份并积极推动数字身份的跨境合作。二是在模块 14（争端解决）中完善了争端解决机制的相关条款。三是扩展了数字贸易议题的条款范围，涵盖了人工智能、数据创新和金融科技合作等数字经济前沿领域；规定了数字支付的标准和原则，推动了全球电子支付市场的拓展和创新，也为中小企业进军全球市场和拓展业务提供了新的机遇。与此同时，前沿数字技术的发展给各国政府的监管带来了新的挑战，为此 DEPA 制定了一个高标准的监管与合作框架，也是国际数字治理规则协定发展的重要进步。

2. DEPA 与 USMCA

由于美国具有领先全球的数字技术优势，倡导数字经济协定遵从"自由开放"的原则。起初 USMCA 被认为是数字贸易议题覆盖最广的区域协定，并在 CPTPP 的基础上提高了知识产权保护、数据流动自由化和电子商务等条款的规则标准，增加了文本的可预测性（陈寰琦和周念利，2019）。DEPA 则沿用了 USMCA 中的数据共享规则，规定协议成员可探索扩大访问和使用公开政府数据，并允许所有人出于法律允许的目的自由访问、使用修改和共享开放数据。

　　然而 DEPA 与 USMCA 之间也存在显著的差异。首先，DEPA 的规则约束范围比 USMCA 更为广泛。DEPA 新增了电子支付、金融科技合作和电子发票等前沿数字技术条款。另外，DEPA 开创性地引入了数据监管"沙盒机制"以加强缔约国之间的数据共享。其次，DEPA 条款的可执行性要低于 USMCA。USMCA 规定成员必须对相关条款进行完全立法以确保协定的落实与执行，而 DEPA 虽然也对成员经济体的立法提出了要求，但是其缔约成员的立法水平与 USMCA 各国相比较低，因此实现难度相对较大。最后，由于美国拥有全球最完整的数字经济产业链，且以大型高新数字企业作为本国产业支柱，因此 USMCA 的主要目标对象为大型跨国数字科技公司。DEPA 的发起国虽然拥有先进的数字经济基础设施，但由于产业规模较小、缺乏大型数字企业，因而更加注重中小数字企业的贸易和投资问题，并主张协议成员针对中小企业数字化的发展给予相应的政策扶持，这也是 DEPA 与 USMCA 最重要的差异。

3. DEPA 与 UJDTA

　　UJDTA 是美国和日本针对数字贸易专门领域的双边规则协议。DEPA 与 UJDTA 在数字贸易壁垒方面存在一定重合，如 DEPA 的模块 3（数字产品待遇）提到的缔约成员之间实行数字产品非歧视待遇，模块 4（数据问题）允许缔约方之间数据跨境自由流动，以及模块 5（更广泛的信任环境）强调网络安全问题等条款都与 UJDTA 一致。

　　两者的主要差异在于，UJDTA 更加侧重于新型数字贸易壁垒方面的合作，主要涵盖领域为数字产品税、歧视性待遇、禁止源代码强制转让、知识产权保护和跨境数据无障碍传输等议题（李杨等，2016）；DEPA 则侧重于数字经济和数字贸易领域的宏观政策、框架和行业发展方向等议题。另外，DEPA 并没有对电子签名、源代码转让及数字贸易中的金融和税收问题做出进一步的承诺和安排，其优势在于具有开放性与灵活性，议题"模块化"的形式使得 DEPA 的未来潜在参与者可以选择适合自身数字产业状况的协议元素进行合作。

（三）DEPA 签订对亚太经济合作的意义

　　如前所述，由于多边框架下各成员方的核心利益诉求存在较大的差异，各大经济体基于自身优势所形成的美国自由化模式、欧盟保护模式和中国数字主权治理模式是当前全球数字规则的三种主导力量。然而这三种模式在跨境数据流动、本土化和个人信息隐私保护等领域仍然存在难以调和的矛盾。而作为具有先发数字优势的中小国家或经济体，虽然在传统领域中无法主导或引领经济贸易规则，但是在数字技术快速发展与应用中处于领先的水平，更希望通过合作共同构建一定区域范围内的数字经济规则协议。因此

DEPA 作为中小国家之间数字经济发展与合作的有益平台，为进一步提升协议各国发挥数字经济优势，促进区域内数字贸易发展，也为国际数字经济贸易规则的制定开辟了一条新的途径。

DEPA 是全球第一个明确、独立的针对数字经济的区域性规则协议，致力于制定高标准、高质量的数字经济规则，并为亚太数字经济发展创建监管与合作的理想框架，标志着国际数字经济贸易规则进入专项条约的新时代。首先，DEPA 提供了一种全新的合作模式，特色的"模块式"主题为计划加入该协定的成员提供了定制化的选择。这种被赋予开放性特征的新型规则路径极大地促进了谈判效率，同时也是 DEPA 意义的关键所在。其次，DEPA 提高了传统数字贸易的规则标准，并拓宽议题范围，将数字经济中的各个方面进行整合，推动数字产业的创新与发展，促进全球数字经济增长。最后，DEPA 作为国际上数字规则协议的最新成果，为亚太地区的数字经济合作开创了新的方向，同时也为全球未来数字经济与贸易规则协议的制定提供了新的框架和模板。

三、DEPA 签订对亚太经济合作的影响

数字经济是全球经济发展的新动力，是促进经济复苏的新引擎，正在成为重组全球要素资源、调整全球经济结构，以及改变全球竞争格局的关键力量。DEPA 的签订为亚太地区数字经济的发展提供了新的指导方向，同时对亚太地区数字经济规则领域的合作产生了多方面的积极影响。

（一）对亚太地区数字经济发展的影响

第一，促进区域数字贸易自由化。DEPA 的目标之一是通过消除数字经济领域的壁垒，促进亚太区域数字贸易自由化发展。在 DEPA 框架下，创新与数字经济模块致力于通过减少数据本地化要求，降低跨境数据传输的限制等，推动数据自由流动，鼓励缔约国采取透明、开放和非歧视性的政策，为数据的自由流动创造有利的环境。同时协议鼓励缔约国尽可能消除电子商务障碍，降低相关成本，促进各国在跨境电子商务方面的发展合作。此外，DEPA 呼吁缔约国推动数字产品市场的开放，促进从端到端的数字贸易的无缝连接。比如在数字产品待遇和相关问题（模块 3）中明确要求任何缔约方不得对其他缔约方关于电子传输及电子传输的内容征收关税，并实行数字产品非歧视待遇原则。总之，DEPA 通过削减缔约方之间的数字贸易壁垒和取消限制性的技术要求等措施，降低交易成本，提高效率和规模，为企业和消费者带来更多福利，从而推动亚太地区数字贸易自由化发展。

第二，提高区域数字贸易便利化。DEPA 鼓励缔约方通过减少贸易中烦琐的行政程序和限制性的规定，使企业能够更轻松地参与跨境数字贸易。比如 DEPA 的商业与便利化条款要求缔约方简化进出口许可证、报关说明及通关材料等手续流程，从而提高企业的通关效率。而数字贸易便利性的提高需要健全的数字基础设施作为保障，因此 DEPA 设置了新的标准框架，缔约方需要完善自身的宽带接入、站点和网络运营等基础设施，并确保可以提供安全、高效的在线支付和物流系统，才能允许加入该协议。此外，DEPA 呼吁缔约国之间协商制定统一的协议规范，建立自由数字贸易框架下的平台共享和数据流通的标准规则，从而推动数字贸易平台的互联互通和互操作性，为企业提供更加便利的数字贸易环境，促进亚太地区数字经济的连接和整合。

第三，推进数字创新与融合发展。为促进亚太地区数字经济的创新发展，DEPA 基于不同层面探索数字经济创新驱动，为各国经济提供新的增长动力。DEPA 通过减少法规障碍、提供创新支持保障、鼓励风险投资及知识产权保护等措施构建有利于数字经济创新的政策环境。同时 DEPA 呼吁缔约方在人工智能、物联网、大数据分析等关键技术领域进行合作研发，通过共享经验、技术实践的融合，推动创新驱动的新发展。DEPA 的新兴趋势和技术条款鼓励参与国在金融科技创新方面进行合作，加快金融技术标准的制定，简化金融科技创新的监管和准入程序，提升金融服务的效率和便捷性，推动金融服务的数字化创新，为创新驱动的数字经济提供更强大的支持。

第四，提升中小企业数字化能力。中小企业只有具备数字化能力，才能抓住数字经济带来的红利，展开数字贸易和国际合作。由于中小企业在数字化转型过程中存在实力薄弱、资金不足及技术落后等问题，DEPA（模块 10）中针对中小企业发展，就促进中小企业数字化转型及海外市场合作设置了专项条款，致力于促进中小企业数字经济能力的发展。DEPA 呼吁参与国为中小企业提供政策扶持，如搭建国际销售、供应、分工协作等平台，开展数字化互助合作和政府采购项目等，尽可能地减少中小企业数字化转型的风险。通过减少法规限制或提高数字基础设施，为中小企业提供更好的数字营商环境。比如扩大互联网接入的普及，利用数字工具技术帮助中小企业获得信贷支持，以及促进数字市场准入等。此外，DEPA 呼吁缔约国加强对中小企业数字能力和创新能力的培养，促使中小企业更好地适应数字经济时代的挑战和机遇。由此可见，DEPA 在增强中小企业数字化能力、无缝链接海外合作伙伴、帮助中小企业拓展海外市场等方面发挥了独特的优势。

第五，实现数字经济包容性发展。在数字经济时代，数字技术发展为推进乡村振兴和实现共同富裕提供了重大契机，但是数字不平等将加剧地区发展不平衡和收入分配差距。数字经济包容性发展的核心目标在于确保数字经济发展成果能够在社会各个层面和不同地区公平分配，这也是 DEPA 深入贯彻的宗旨之一，其数字包容性条款（模块 11）阐述了对于保证所有人和所有企业参与数字经济并从中获益的重要性。DEPA 强调数字化利益需要普惠到广大人群，不能只局限于少数人或特定群体，呼吁缔约国通过消除障碍以扩大人人平等参与数字经济的机会。同时 DEPA 注重打破传统经济模式的局限性，通过数字技术创新，扩大数字技术的普及和接入，推动数字经济包容性增长。总之，DEPA 通过政策支持、加强投资合作等方式，推动数字技术在各个领域的应用，并确保数字化的机会和利益能够公平地惠及所有人群，实现亚太地区数字经济的包容性发展。

第六，加强数字经济合作与互通。数字经济的重要性与日俱增，数字经济合作互通逐渐成为多边经贸谈判的重要内容。DEPA 鼓励缔约方通过推动互联网连接、数字基础设施建设和平台共享等方式促进数字经济的跨域合作与交流。同时协议呼吁成员在数字技术领域进行创新合作，共享数字技术发展经验，通过技术交流与合作共同应对新经济时代数字贸易带来的挑战。DEPA 通过促进参与国之间的合作交流、经验分享、技术合作及信息资源共享，加强数字经济方面的合作与互联互通，这有助于加速数字经济的发展步伐，推动企业之间的跨国合作与共赢。

（二）对亚太地区数字经济规则谈判的影响

第一，构建新的数字经济规则标准。DEPA 为亚太经济体共同制定数字经济规则标准提供了有效平台，促进了各国就数字经济规则标准达成共识和协调。DEPA 呼吁签约成员通过国际组织、跨国合作机制、峰会等形式进行多边对话和协商，共同制定数字经济规则新标准。秉持公平、开放的核心原则，多边协商应充分尊重各方的参与权和意见，以消除分歧、达成共识为主要目标，在平衡各方利益的情况下构建新的国际数字经济规则标准。DEPA 规则主要涵盖倡导开放的数字经济市场，鼓励数字产品和服务的自由流动，强调数据流通、个人隐私和知识产权保护等方面，这些领域规则的制定将起到引领和推动作用，为其他国际贸易协议的制定提供参考和借鉴。DEPA 强调应充分考虑不同经济体的需求和发展水平，在规则制定过程中寻求共同利益的最大化，但同时应当注重公平竞争和市场机制。此外，数字经济的快速发展要求规则标准具有灵活性和适应性，DEPA 搭建了有效的协作平台，通过定期审查机制，调整更新现有规则以适应新的挑战或机遇。总之，构建新的数字经济规则标准是一个复杂的过程，DEPA 基于自身的开放原则和协商机制为全球数字贸易规则标准制定提供了一个非常有效的国际实践。

第二，影响数字贸易规则协议模式。数字贸易国际规则发展至今，经历了由零星条款、专属章节到专项条约三个阶段，DEPA 的签订深刻影响了亚太地区数字经济规则谈判的走向。DEPA 较为开放、灵活的模块式规则使得协议的更新和修订更为便利，不仅能够应对数字经济发展更迭带来的挑战，同时可以自发地吸引其他经济体的热情参与，与 USMCA 的封闭和排外形成了鲜明的对比。另外，DEPA 专项条约的形式使得议题更加集中，共识更加深入，相较于综合性的自由贸易协定，专项条约的内容不会作为妥协的代价与其他贸易目标进行置换，且对安排更为细致的内容在篇幅上有更大的空间。DEPA 已经在亚太地区树立了数字贸易规则的新标杆，将对全球数字贸易国际规则的制定和演进产生影响。同时其他国际贸易协议也同样受到 DEPA 的启示，在数字贸易规则的协议模式方面进行调整和完善。

第三，促进全球数字贸易治理的发展。作为一种新的贸易模式，数字贸易的迅速发展急需构建系统、公平和有效的数字贸易治理框架。当前，以世界贸易组织为核心的多边贸易体制的滞后性无法满足数字贸易发展的需求，以美国、欧盟和中国三大数字经济体为代表的区域性数字治理模式，在数字贸易方面的不同诉求阻碍了区域协定层面的磋商与合作。在此背景下，DEPA 以其开放性、灵活性的机制为全球数字贸易治理提供了新的路径。该协定旨在就数字贸易治理问题建立新的合作方式，促进数字贸易领域不同制度、不同架构之间的互操作性，促进数字贸易领域的合作和发展。

总之，当前国际数字贸易协议仍缺乏专门监管措施和规则体系的相关条款，DEPA 专项条款中的模块 13 和模块 14 的透明度与争端解决机制弥补了其他国际贸易规则协议在此领域的空白，同时也促进了数字贸易治理合作框架的建立。DEPA 作为一个由小国发起的专门性数字制度安排，以其灵活性、开放性打破了传统区域贸易协定长期的、耗时耗力的谈判形式，提供了一个国家数字贸易治理框架，为后续国家参与全球数字贸易治理创造了良好的机遇。

四、中国申请加入 DEPA 的意义与路径分析

（一）中国积极申请加入 DEPA 及其意义

2021 年 11 月 1 日，我国商务部部长王文涛致信新西兰贸易与出口增长部部长奥康纳，代表中方向协议保存方新西兰正式提出申请加入 DEPA。①2022 年 8 月 18 日，中国

---

① 新华网. http://www.news.cn/globe/2021-12/22/c_1310369071.htm.

专门成立加入 DEPA 工作组，全面推进申请加入 DEPA 的谈判进程。中国作为亚太地区最大的数字经济体之一，参与 DEPA 对于国内数字企业、消费者以及亚太地区各国的数字经济发展具有重要的现实意义。

首先，加入 DEPA 的决定符合中国一贯坚持的全面深化改革、扩大高水平对外开放的基本发展策略，可以促进中国与亚太地区各国的数字经济合作，弥补我国数字经济存在"大而不强、快而不优"的问题（孙晓，2021）。特别是借助 DEPA 所倡导的全新合作机制，中国可以最大限度地降低与亚太各国合作协商的沟通成本，进而促进中国与其他经济体在数字经济领域的交流合作和共赢发展，彰显中方参与制定全球数字经济规则的期望与决心。

其次，中国加入 DEPA 有利于加强数字企业的对外合作，增进人民福祉。商务部数据显示，截至 2020 年，中国与 APEC 成员的贸易额达 2.87 万亿美元，约占中国外贸总额的 62%，可见 APEC 经济体是我国对外经贸合作的重要伙伴。截至 2021 年，数字经济产业对我国 GDP 的贡献率已超过 40%。[①]中国加入 DEPA 可以为国内企业争取有利且稳定的外部发展环境，深化对外合作。同时 DEPA 的中小企业合作模块将有助于国内中小企业的数字化发展。不仅如此，中国加入 DEPA 将会为各缔约成员提供广阔的海外市场与潜在福利，有助于促进亚太地区乃至全球数字经济的开放融合与长期繁荣。

最后，加入 DEPA 有助于在国际数字经济规则协议谈判中贡献中国力量。由于各大数字经济体的规则立场和利益诉求不同，国际上至今尚未形成标准、公认的数字经济规则体系。而这种长期割裂式的局部合作会加剧数字经济规则的碎片化，导致发展中经济体面临着日益扩大的"数字鸿沟"，以及加剧数字经济发展的不平衡。DEPA 的签订为各国提供了一套新的规则模板，并且其不带有国别倾向的协议原则更符合数字经济发展的时代潮流（文洋和王霞，2022）。中国积极推进加入 DEPA，有利于促成广泛的全球数字经济规则共识，从而为 DEPA 的发展贡献重要力量，也有助于打造全球数字经济规则的协议模板，增强我国在国际数字规则制定中的主动权和话语权，对中国和 DEPA 是双赢的局面。

（二）中国申请加入 DEPA 面临的挑战

中国申请加入 DEPA 有助于加强我国与缔约成员之间的交流合作，促进我国数字企业发展的同时，也面临着一定的挑战。

---

① 商务部. 2021 年中国数字贸易发展报告. https://cif.mofcom.gov.cn/cif/html/.

　　第一,目前国内的数字基础设施和政策制度与 DEPA 的规则要求仍存在一定的差距。一方面,在加入 DEPA 之后,我国的数字基础设施可能无法及时与国际接轨,造成数字贸易发展程度与设施水平不匹配的局面。例如,加入 DEPA 带来跨境数据量指数级别的增长将对我国的数据存储技术与整合能力造成冲击。因此,我国需要积极筹备打造大型数据存储中心,为协议生效可能带来的海量数据提供强大的技术支撑。另一方面,我国在数字经济领域的规章制度与 DEPA 所提倡的协议原则存在一定的差异性。例如,我国数据安全法规定对数据出境实施安全评估制度,而 DEPA 则鼓励跨境数据自由流动;我国个人信息保护法规定在中国境内收集和产生达到相应数量的个人信息必须存储在境内,DEPA 则要求协议成员不得强制实行数据本地化存储政策;我国尚未完善知识产权方面的法律法规,而 DEPA 则对知识产权有严格的保护规定。此外,我国在网络安全限制、政府数据透明、数字信任环境等方面与 DEPA 规则还存在较大差距,需加快调整完善以期达成较为契合的对接。

　　第二,DEPA 强调统一的国际标准,可能会对我国数字产业发展带来挑战。DEPA 的模块 3(数字产品待遇及相关问题)呼吁协议成员不得对数字产品采取歧视性待遇、对电子传输内容免征关税。虽然我国之前加入的 RCEP《全球电子商务宣言》中也提到免征关税的问题,但是二者最大的差别在于,RCEP 默认期限为当下阶段,而 DEPA 则默认期限为永久。相比于美欧等数字产业发达经济体,我国的数字尖端技术发展不够成熟,数字产品在国际市场上存在一定的竞争劣势。因此,在数字产品的进口待遇问题上,我国可暂时性接受数字产品免征关税要求,但是永久性的关税减免将会对我国尚未发展成熟的数字经济产业造成严重冲击。另外,加入 DEPA 将会提升我国在国际数字治理方面的话语权,但同时也对我国的数字治理水平提出了更高的要求,因此我国只有加快完善数字治理制度,形成数字监管、治理和维护的一体化规范性框架,才能应对未来的挑战。

　　第三,中国加入 DEPA 还面临着美国方面的压力。数字经济产业已成为各国经济的重要支柱,而数字经济的国际格局的演变已逐渐成为大国之间的博弈。目前我国数字经济规模仅次于美国,位居世界第二,两国的竞争与博弈势头仍将持续。随着中美贸易摩擦的不断升级,以美国为首的发达经济体为了抑制我国的数字产业发展,可能会阻止中国顺利加入 DEPA。2022 年 5 月 23 日,美国总统拜登在日本宣布正式启动"印太经济框架",证明美国已经开始部署遏制中国数字经济发展的具体行动。美国此次部署是为了抢占中国在制定国际数字规则方面的话语权,因此中国应当积极、顺利对接 DEPA,努力打造地缘政治战略新"抓手",突破美国打造的"印太战略"包围圈。

（三）中国申请加入 DEPA 的具体路径

总的来看，DEPA 倡导的议题规则符合中国的利益诉求与改革方向，因此我国应当积极对接 DEPA 条款，加速融入全球数字贸易规则体系，提高我国在全球数字规则治理领域的话语权。具体来讲，我国可以通过完善政策制度、消除差异、提高共识、构建合作网络和协同治理理念等方面来实现与 DEPA 的对接，从而达到加入 DEPA 的目标。

路径 1：弥补现有规则与 DEPA 条款标准之间的差距。DEPA 涉及了数字经济领域中的众多议题，中国现有的数字经济规则承诺与 DEPA 存在一定差距，因此我国应当重点对标 DEPA 中承诺程度更高的数字规则弥合差距，从而实现顺利对接 DEPA。

首先，在跨境数据流动方面。中国数据安全法原则上支持数据跨境安全、自由流动，要求对关键数据本地化存储，总体上趋于限制数据向境外转移，而 DEPA 则鼓励跨境数据的自由流动。我国应当在 DEPA 规则的框架下，探索符合中国国情的跨境数据流动政策。首要问题是统筹处理好数据的安全保护与自由流动，根据数据自身的敏感度和安全性实行分类分级管理制度，对不同层级跨境数据的流动采取差异化监管方式。另外，我国可以建立专门的跨境数据传输的监管机构，完善数据传输的相关法律法规，可探索性地与 DEPA 成员共同合作，建立数据传输"白名单"，促进 DEPA 成员之间的数据自由流通。

其次，在数字产品贸易壁垒层面。中国目前的数字产品贸易政策遵循 RCEP 中的暂时性不对数字产品征收关税，但对永久性免征关税持保留意见的规定（陈寰琦和陆锐盈，2022）。DEPA 的电子传输免关税条款则要求缔约成员实现永久性免征产品关税，并对数字产品采取非歧视性待遇。为避免加入 DEPA 对我国相关数字产业造成冲击，我国应当针对数字产品免征关税期限进行协商，明确 DEPA 免征关税的数字产品范围，通过分阶段、分领域的方式对电子传输免征关税的数字产品做出永久性承诺，尽最大努力确保实现既有利于我国数字产业发展，又不伤害 DEPA 缔约方利益的双赢局面。

最后，在数字系统的互联互通层面，DEPA 呼吁协议成员在无纸贸易、数字身份跨境认证和数字贸易终端的跨境操作等方面进行合作，而中国现有的数字操作系统很难达到与 DEPA 一致的国际标准（任宏达，2021）。我国应当进一步完善国内数字基础设施建设，增强电子支付系统的兼容性，提升国际贸易相关数据共享系统的规范性，推进国内外数字身份识别联网机制建设，进而建立我国与其他缔约成员之间具有跨境互操作性的数字系统。

路径 2：提升自身硬实力以适应未来数字经济发展趋势。DEPA 的核心内容表明未来数字经济的国际合作将重点集中于数字规则的包容与协同、新兴技术的创新与发展，以及数字经济治理体系构建等领域。

首先，DEPA 模块 11 中的数字包容、协同理念符合中国对外开放与国际合作的价值理念，因此我国应当注重在缩小不同地域与社会群体之间数字鸿沟方面多努力，促进数字包容性增长，致力于在数字经济快速发展的背景下实现共同富裕。

其次，数字经济的发展依靠新兴技术的驱动，我国应当积极拓展新兴技术领域的创新研发。DEPA 中主要涉及三个新兴数字技术领域：金融科技、人工智能与通信技术。在金融科技领域，我国应当不断提升自身金融科技整体水平，深化金融科技的对外合作，促进与其他国家金融科技资源共享，积极参与协商国际金融科技领域规则的制定，完善金融科技全球治理体系。在人工智能领域，我国应当增加人工智能技术研发的投入，重视人工智能治理体系的建设，推动人工智能治理的国际合作，同时重视人工智能带来的伦理、隐私、就业、人身安全等社会问题，形成具有国际共识的人工智能治理原则。我国的通信技术在全球范围内有着相当程度的领先优势，在此基础之上应当重点推进通信技术的转型升级，全力推动我国电信自主技术的国际标准化进程，更加深入和广泛地增进与其他国家在大数据、云计算、5G 等方面的国际合作。

最后，国家治理体系和治理能力是一个国家制度和执行能力的集中体现。在数字经济时代，国家治理能力取决于自身数字监管体系和数字监管能力的发展程度（王璐瑶等，2020）。为了给数字经济健康发展创造良好的环境、规避可能的风险，我国需要不断完善数字经济治理体系，提高数字经济治理能力现代化水平。一方面，应该加强体制机制建设，进一步完善国家行政体系，提高社会基层治理水平，利用大数据平台打造覆盖全方位、全链条的国家治理监管体系。另一方面，健全法律法规和政策制度，着重打造法律法规的顶层设计，通过完善立法和出台相关措施，保障数字经济长远发展，处理好促进数字经济发展和法律监管规范的协同关系。在提升自身国家治理能力的同时，要积极寻求国际合作，提升多元协同治理能力，加快促进数字治理国际标准的形成。

路径 3：构建数字合作网络，为我国数字经济发展创造良好环境。合作是数字时代背景下国家经济产业发展的内在要求，合作的目的是为社会创造更多价值，为人民带来更多福祉。

DEPA 的开放性和灵活性保证了其潜在的可扩容价值，未来扩容后的 DEPA 将在国际数字规则协议领域占据举足轻重的地位。目前，除中国之外，韩国和加拿大也已经正式申请加入 DEPA，[①]未来将会吸引更多的经济体参与进来，可见 DEPA 正在成为改变全球数字规则话语竞争格局的关键力量，同时也是我国打造国际竞争新优势的重大机遇。我国可以借助 DEPA 这一良好平台，构建更加广泛的数字贸易伙伴网络，积极营造良好的国际合作环境。一方面，DEPA 现有成员均与中国已签署双边自由贸易协定，为中国加入协议打下了有利的关系基础。我国应当继续保持与 DEPA 成员经济体良好的经贸往来，并进一步统筹开展数字基础设施与网络通信的互联互通，为中国加入 DEPA 之后的数字贸易合作奠定坚实基础。另一方面，对于未来可能加入的潜在成员应当保持稳定的贸易伙伴关系，有效化解对双边关系构成威胁的消极因素。深化双边数字经济产业的交流合作，积极寻求数字经济政策的双边对话，拓展前沿领域合作，积极参与数字经济规则谈判，不断凝聚共识，共同促进亚太地区数字经济规则完善。

参考文献

[1] 盛斌，高疆. 数字贸易：一个分析框架[J]. 国际贸易问题，2021（8）：1-18.

[2] 李钢，张琦. 对我国发展数字贸易的思考[J]. 国际经济合作，2020（1）：56-65.

[3] 王金波.《数字经济伙伴关系协定》的内涵、特征与中国参与国际数字治理的政策建议[J]. 全球化，2022（3）：52-61，134-135.

[4] 高凌云，樊玉. 全球数字贸易规则新进展与中国的政策选择[J]. 国际经济评论，2020（2）：162-172.

[5] 吴希贤. 亚太区域数字贸易规则的最新进展与发展趋向[J]. 国际商务研究，2022，43（4）：86-96.

[6] 赵旸頔，彭德雷. 全球数字经贸规则的最新发展与比较——基于对《数字经济伙伴关系协定》的考察[J]. 亚太经济，2020（4）：58-69.

[7] 陈寰琦，周念利. 从 USMCA 看美国数字贸易规则核心诉求及与中国的分歧[J]. 国际经贸探索，2019，35（6）：104-114.

[8] 李杨，陈寰琦，周念利. 数字贸易规则"美式模板"对中国的挑战及应对[J]. 国际贸易，2016（10）：24-27，37.

[9] 江聃. 专家：加入 DEPA 可为国内数字企业争取有利发展环境[N]. 证券时报，2021-11-22（A02）.

---

① http://kr.mofcom.gov.cn/article/jmxw/202104/20210403056161.shtml.

[10] 孙晓. DEPA 与全球数字经济治理[J]. 中国金融，2021（23）：79-80.

[11] 文洋，王霞. 中国申请加入 DEPA 的焦点问题与政策研究[J]. 开放导报，2022（4）：101-111.

[12] 周念利，于美月. 中国应如何对接 DEPA——基于 DEPA 与 RCEP 对比的视角[J].理论学刊，2022（2）：55-64.

[13] 陈寰琦，陆锐盈. DEPA 数据安全规则解析及对中国的启示——基于和 CPTPP/USMCA/RCEP 的比对[J]. 长安大学学报（社会科学版），2022，24（2）：22-31.

[14] 任宏达. 数字贸易国际规则的多元发展与中国元素——以中国申请加入《数字经济伙伴关系协定》为视角[J]. 中国发展观察，2021（24）：46-48，52.

[15] 王璐瑶，万淑贞，葛顺奇. 全球数字经济治理挑战及中国的参与路径[J]. 国际贸易，2020（5）：21-27.

[16] 赵若锦，李俊. 中国加入《数字经济伙伴关系协定》：差异、挑战及对策[J]. 经济体制改革，2022（6）：60-66.

[17] 殷敏，应玲蓉. DEPA 数字贸易互操作性规则及中国对策[J]. 亚太经济，2022（3）：27-34.

[18] 赵龙跃，高红伟. 中国与全球数字贸易治理：基于加入 DEPA 的机遇与挑战[J]. 太平洋学报，2022，30（2）：13-25.

[19] Digital Economy Partnership Agreement (DEPA)[EB/OL]. http://www.mti.gov.sg/-/media/MTI/Microsites/DEAs/Digital-Economy-Partnership-Agreement.

[20] Soprana M. The Digital Economy Partnership Agreement(DEPA): Assessing the Significance of the New Trade Agreement on the Block[J]. Trade Law and Development, 2021, (13): 143-169.

[21] Peters M A. Digital Trade, Digital Economy and the Digital Economy Partnership Agreement (DEPA)[J]. Educational Philosophy and Theory, 2022, (2): 1-9.

[22] Cory N. Why Countries Should Build an Interoperable Electronic Invoicing System into WTO E-commerce Negotiations[R]. ITIF, March 2020.

APEC 供应链安全问题研究

许家云　沈含雨　廖河洋*

摘　要：当前，地缘政治冲突和大国博弈加剧，经济全球化遭遇逆流，新一轮科技革命和产业变革风起云涌，国际产业分工格局深刻调整，全球供应链竞争更加激烈，各种外部冲击导致 APEC 的供应链风险趋升，如何在安全与发展之间保持平衡成为 APEC 各成员的当务之急。本文对 APEC 的供应链安全问题进行系统研究，首先，基于经济合作与发展组织（OECD）和世界贸易组织（WTO）联合发布的附加值贸易（TiVA）统计数据，从 APEC 成员供应链参与程度、供应链分工地位及供应链关联三个角度系统考察了 APEC 整体及各成员的供应链发展现状。结果发现：在供应链参与程度方面，APEC 各成员全球价值链嵌入程度整体呈现平稳增长趋势；在供应链分工地位方面，大多数成员实现了全球价值链嵌入地位的升级，发展中成员表现尤为突出；在供应链关联方面，APEC 成员之间的价值关联程度呈现波动中稳步上升的趋势，合作关系愈加紧密。其次，基于 OECD 数据库发布的国家投入产出（ICIO）统计数据，着眼于 APEC 整体及各成员的供应链安全状况，从供给和需求两个方面，供应集中度、外部依赖度、市场集中度、国际市场依赖度四个角度来考察 APEC 整体及各成员所面临的供应链风险。我们发现，APEC 的供应集中度呈波动中下降的趋势，外部依赖度和市场集中度呈波动中上升的趋势，国际市场依赖度呈波动中小幅度下降的趋势，这也从数据角度反映了 APEC 供应链安全面临的机遇与挑战并存。在客观分析这些机遇与挑战后，我们进一步对 APEC 主要成员的供应链安全政策进行了前瞻，对提升 APEC 供应链安全、增强供应链韧性提出了多项有针对性的政策建议。

---

* 许家云，南开大学 APEC 研究中心副研究员；沈含雨、廖河洋，南开大学经济学院硕士研究生。

关键词： 价值链关联；供应链安全；供应链风险；全球生产网络

一、APEC 主要成员供应链安全政策

近年来，APEC 主要成员不断加大力度保障供应链安全稳定，推动国际供应链调整动力由追求成本和效益的经济因素主导转向经济、安全、环保等多元因素共同发力。

（一）美国

美国是供应链安全管理体系最完善、管控手段最成熟的 APEC 成员，随着经济全球化发展，美国率先出台了一系列政策措施来保护本国的供应链安全。2007 年 7 月，美国国土安全部发布《增强国际供应链安全的国家战略》，首次站在国家角度将供应链安全作为一种多层次、统一的目标进行协调部署。2012 年，奥巴马政府出台了《全球供应链安全国家战略》，将"全球供应链安全"列入美国的"国家安全战略"。特朗普政府奉行"美国优先"，在经济安全就是国家安全的名义下对华挑起全方位贸易摩擦，试图重新布局美国全球供应链。2019 年，美国政府正式签署《确保信息通信技术与服务供应链安全》行政令，通过禁止和限制使用外国通信技术和服务来确保供应链安全。推动供应链重塑也是拜登政府经济政策的一大核心，并通过一系列战略文件将供应链安全上升至产业和国家层面。2021 年 2 月拜登签署"美国供应链"第 14017 号行政令，旨在解决美国关键领域中的供应链漏洞问题，加强美国供应链韧性、安全性和多样性。①

（二）日本

作为经济高度全球化的岛国，日本对全球供应链风险非常敏感，也十分关注供应链安全问题。早在 21 世纪初，日本就曾提出"中国+1"战略，鼓励日本企业将生产线由中国迁至东盟、印度等第三方地区和国家，以规避制造业基地集中的风险。日本政府分别于 2018 年 2 月和 2019 年 12 月发布"关于采购供应链的安全管理指南"和"企业供应链安全防御指南"，助力企业制定供应链安全策略和措施。新冠疫情暴发后，2020 年日本政府借势将供应链安全上升为经济安全保障的核心，并推出"2200 亿日元补贴日企转移供应链"政策，鼓励日本企业回流，强化本国供应链安全。2022 年 1 月，美日印澳四方协调会上，日美共同呼吁"规划全球行动计划中的供应链蓝图"。同年 5 月，日本正式通过了《经济安全保障推进法》，将维护供应链安全作为该法案核心，并将"强化特定重要

---

① U.S. White House. An Action Plan Developed in Response to President Biden's Executive Order 14017，Securing Defense-Critical Supply Chains，February[EB/OL]. www.whitehouse.gov/.2022.

物资供应链"作为该法案的重要部分。[①]

（三）俄罗斯

俄罗斯一直致力于加强其供应链安全政策，丰富的能源和农业资源也为其经济安全提供了韧性。2014 年乌克兰危机以来，以美国为首的西方国家在金融等领域对俄罗斯先后进行了九十多轮制裁，其中就包括冻结相关人员资产、切断俄罗斯大企业与西方的联系等。[②]自此，俄罗斯开始重建动员型发展模式，建立起一种较苏联指令式经济更灵活、更敏捷、更高效的动员式经济，为脱钩做好了准备。坚持实施进口替代战略，提高经济安全自主能力；建立起独立的国家支付系统（NPS）和金融报文传送系统（SPFS）；积累大量外汇储备，扩大与主要贸易伙伴的本币结算规模等；俄央行还构建了宏观审慎政策框架。近年来，俄罗斯政府为缓解国际供应链断裂的影响，于 2022 年 3 月开始实施"平行进口"合法化政策。

（四）中国

自全球供应链进入重构调整期以来，我国便高度重视供应链安全问题，党中央、国务院围绕供应链的安全稳定做出全面系统部署。2017 年 10 月，国务院办公厅印发《关于积极推进供应链创新与应用的指导意见》，这是国务院首次就供应链创新发展出台指导性文件，加快供应链创新与应用，促进产业组织方式、商业模式和政府治理方式创新，推进供给侧结构性改革。[③]自 2019 年开始，中国政府高度重视产业链供应链问题，把"稳链、固链、补链、强链"当成事关全局的重要工作。2020 年中央经济工作会议提出"增强产业链供应链自主可控能力"，同年 4 月，中央政治局会议提出的"六保"战略部署指出要保障产业链供应链稳定。2021 年 3 月的《中华人民共和国国民经济和社会发展第十四个五年规划和 2035 年远景目标纲要》提出"形成具有更强创新力、更高附加值、更安全可靠的产业链供应链""推动产业链供应链多元化"。2021 年 10 月，党的二十大报告提出，"着力提升产业链供应链韧性和安全水平""确保粮食、能源资源、重要产业链供应链安全"，同年年底召开的中央经济工作会议也指出"保障产业链供应链稳定"。[④]

---

① 日本内阁官房. 关于通过整合经济措施促进安全保障的法案. https:// www.cas.go.jp/jp/houan/208.html.

② "俄罗斯堡垒"——深度解析制裁下的俄罗斯经济. https://www.guancha.cn/zhouyi/2022_03_11_629905_2.shtml.

③ http://www.gov.cn/gongbao/content/2017/content_5234516.htm.

④ 高举中国特色社会主义伟大旗帜　为全面建设社会主义现代化国家而团结奋斗——在中国共产党第二十次全国代表大会上的报告[N]. 人民日报，2022-10-26.

二、APEC 成员供应链发展现状

（一）APEC 成员参与供应链的程度

基于 OECD 和 WTO 联合发布的 TiVA 统计数据，采用 Koopman 等提出的"全球价值链（GVC）地位指数"，我们测算分析了 2005—2018 年 APEC 各成员在 GVC 中的国际分工地位及其演变情况。作为世界经济最为活跃的区域，亚太地区也是全球价值链发展新趋势表现最为突出和最具代表性的地区。

Koopman 等（2010）构建的 GVC-Participation，可以衡量一国或地区各部门对全球生产网络的参与程度：

$$GVC\_Participation_{ct} = \frac{IV_{ct}}{E_{ct}} + \frac{FV_{ct}}{E_{ct}} \tag{1}$$

其中 IV_{ct}/E_{ct} 表示别国出口中包含的 c 国价值增值占 c 国总出口的比例；FV_{ct}/E_{ct} 表示 c 国在 t 年的国外增加值占总出口的比例，该指标越大，意味着该国参与国际价值链的程度越高。另外，IV_{ct}/E_{ct} 表示上游嵌入度，FV_{ct}/E_{ct} 表示下游嵌入度。具体测算结果见表 1，该表汇报了 APEC 中除巴布亚新几内亚之外其余 20 个经济体的全球价值链嵌入程度，并按照各个成员 2005—2018 年历年 GVC 嵌入程度的均值降序排列。[1]

根据表 1，可以发现在 APEC 区域内，GVC 嵌入程度较高的成员主要有新加坡、中国台湾、马来西亚、韩国、越南等，GVC 嵌入程度较低的成员主要有新西兰、美国、加拿大、中国大陆和澳大利亚。

表 1　2005—2018 年 APEC 20 个成员全球价值链嵌入程度（GVC_Participation$_{ct}$）年度变化情况

排名	成员	2005	2006	2007	2008	2009	2010	2011	2012	2013	2014	2015	2016	2017	2018
1	新加坡	0.6423	0.6381	0.6251	0.6705	0.6103	0.6338	0.6509	0.6436	0.6432	0.6550	0.6312	0.6088	0.6281	0.6247
2	中国台北	0.6045	0.6221	0.6406	0.6622	0.5841	0.6329	0.6455	0.6343	0.6260	0.6242	0.5874	0.5844	0.6030	0.6077
3	越南	0.5377	0.5430	0.5691	0.5750	0.5317	0.5514	0.5594	0.5516	0.5567	0.5672	0.5868	0.5890	0.6112	0.6212
4	马来西亚	0.6014	0.6061	0.6009	0.5916	0.5471	0.5579	0.5688	0.5536	0.5482	0.5429	0.5393	0.5336	0.5528	0.5514
5	韩国	0.5128	0.5361	0.5495	0.5839	0.5303	0.5479	0.5827	0.5792	0.5536	0.5401	0.5129	0.5042	0.5315	0.5353

[1] TiVA 数据库并未统计巴布亚新几内亚的数据，仅包含了 APEC 20 个经济体（澳大利亚、文莱、加拿大、智利、中国大陆、中国香港、印度尼西亚、日本、韩国、马来西亚、墨西哥、新西兰、秘鲁、菲律宾、俄罗斯、新加坡、中国台北、泰国、美国、越南）的相关数据，上述 20 个经济体的指标能够反映 APEC 整体的指标情况及其变动趋势。下文均采用上述 20 个成员的核算数据来反映 APEC 供应链的发展现状、供应链安全状况水平等指标情况。

续表

排名	成员	2005	2006	2007	2008	2009	2010	2011	2012	2013	2014	2015	2016	2017	2018
6	秘鲁	0.4550	0.4906	0.5194	0.5706	0.5166	0.5384	0.5621	0.5440	0.5194	0.5228	0.4994	0.4826	0.4689	0.4832
7	泰国	0.5548	0.5432	0.5295	0.5560	0.4886	0.5232	0.5411	0.5340	0.5158	0.5084	0.4746	0.4625	0.4653	0.4709
8	智利	0.4852	0.4996	0.5216	0.5585	0.4800	0.5073	0.5115	0.4928	0.4705	0.4741	0.4460	0.4177	0.4418	0.4515
9	文莱	0.3757	0.3991	0.3997	0.4151	0.3730	0.4008	0.4292	0.4668	0.4798	0.4764	0.5186	0.5180	0.5432	0.6671
10	菲律宾	0.5360	0.5246	0.5002	0.4972	0.4468	0.4687	0.4497	0.4342	0.4259	0.4277	0.4244	0.4246	0.4336	0.4432
11	中国香港	0.4608	0.4792	0.4600	0.4946	0.4585	0.4725	0.4885	0.4658	0.4525	0.4252	0.4249	0.4427	0.4555	0.4352
12	俄罗斯	0.4328	0.4460	0.4567	0.4656	0.4142	0.4482	0.4735	0.4674	0.4513	0.4576	0.4479	0.4507	0.4594	0.4562
13	墨西哥	0.4190	0.4297	0.4383	0.4469	0.4345	0.4486	0.4563	0.4690	0.4560	0.4516	0.4564	0.4593	0.4628	0.4639
14	日本	0.3819	0.4048	0.4203	0.4363	0.3793	0.4064	0.4355	0.4236	0.4337	0.4426	0.4178	0.3943	0.4130	0.4269
15	印尼	0.4363	0.4316	0.4250	0.4332	0.3929	0.4143	0.4376	0.4225	0.4135	0.4193	0.3916	0.3597	0.3690	0.3923
16	澳大利亚	0.3770	0.4090	0.4254	0.4283	0.3896	0.3967	0.4235	0.4180	0.3910	0.4018	0.3717	0.3485	0.3635	0.4075
17	加拿大	0.3495	0.3602	0.3735	0.3798	0.3521	0.3736	0.3959	0.3948	0.3920	0.3933	0.3957	0.3906	0.3912	0.3953
18	中国大陆	0.3927	0.3868	0.3904	0.4016	0.3333	0.3667	0.3842	0.3704	0.3607	0.3587	0.3404	0.3409	0.3596	0.3658
19	美国	0.3480	0.3583	0.3582	0.3693	0.3127	0.3374	0.3655	0.3545	0.3491	0.3496	0.3423	0.3346	0.3471	0.3561
20	新西兰	0.2656	0.2717	0.2790	0.3047	0.2673	0.2789	0.2973	0.2908	0.2828	0.2843	0.2753	0.2619	0.2697	0.2738

资料来源：原始数据来源于 TiVA 数据库，表中指标由作者计算所得。

图 1[①]和图 2 进一步考察了 APEC 区域内 20 个经济体 GVC 嵌入程度的年度变化情况。[②]图 1 比较了 APEC 主要经济体（中国大陆、美国、俄罗斯、日本与"亚洲四小龙"）的 GVC 嵌入程度。

---

① 本文中 APEC 成员中文与英文缩写的对应关系为：中国大陆（CHN）、中国香港（HKG）、中国台北（TWN）、澳大利亚（AUS）、文莱（BRN）、加拿大（CAN）、智利（CHL）、印尼（IDN）、日本（JPN）、韩国（KOR）、马来西亚（MLS）、墨西哥（MEX）、新西兰（NZL）、秘鲁（PER）、菲律宾（PHL）、俄罗斯（RUS）、新加坡（SGP）、泰国（THA）、美国（USA）、越南（VNM）。

② 由于最新的 TiVA 数据仅能提供截止到 2018 年的上游度和下游度信息，因而相应成员的全球价值链参与情况只能得到 2018 年的情况。图中 2019 年、2020 年、2021 年三年的趋势情况是按照前面年份历年平均增长率推算得到的，用来粗略表示这三年来 APEC 全球价值链参与程度可能的走势，后文的情况与此类似。

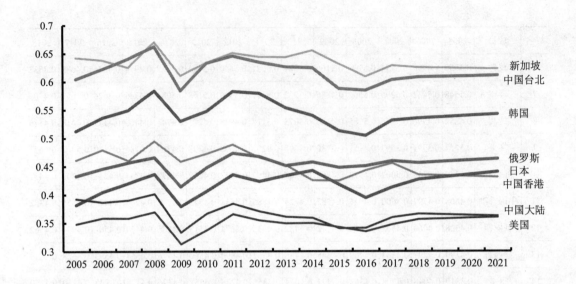

图 1　2005—2021 年 APEC 主要成员 GVC 嵌入程度变化情况

资料来源：原始数据来源于 TiVA 数据库，图中指标由作者计算所得。

注：纵轴为 GVC 嵌入程度，横轴为年份。

　　图 1 表明，APEC 主要经济体的 GVC 嵌入程度变化波动情况基本一致，均在 2008 年达到峰值后，在 2009 年迅速回落，并在 2011 年附近实现小范围上升后，又呈现较为稳定的下降趋势。自 2016 年以来，各成员全球价值链嵌入程度均表现出了相对平稳的增长趋势。其中中国大陆、美国、日本作为 APEC 范围内具有较大经济影响力的成员，其 GVC 嵌入程度相较其他成员较低，而"亚洲四小龙"（中国香港、中国台北、韩国、新加坡）均具有较高的 GVC 嵌入程度。

　　图 2 表明，中国大陆的 GVC 嵌入程度明显低于 APEC 中的东盟 7 国，中国香港相比于东盟 7 国的 GVC 嵌入程度较低，而中国台北相比于东盟 7 国的 GVC 嵌入程度则较高。APEC 区域内的 7 个东盟成员中，2017 年及以前 GVC 嵌入程度最高的是新加坡，但在 2018 年及之后年份文莱实现了反超并成为 GVC 嵌入程度最高的经济体，GVC 嵌入程度最低的是印尼。同时除越南、文莱、中国台北之外，APEC 中其他经济体的 GVC 嵌入程度均出现了下降。

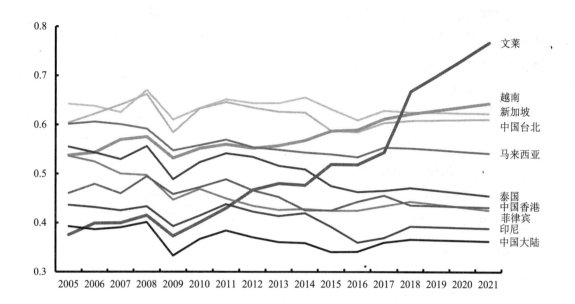

图 2　2005—2021 年中国和东盟 7 国 GVC 嵌入程度变化情况

资料来源：原始数据来源于 TiVA 数据库，图中指标由作者计算所得。

注：纵轴为 GVC 嵌入程度，横轴为年份。

表 2　2005—2018 年 APEC 20 个成员全球价值链嵌入程度统计分布情况

年份	样本量	平均值	标准差	最小值	最大值
2005	20	0.458	0.099	0.266	0.642
2006	20	0.469	0.097	0.272	0.638
2007	20	0.474	0.095	0.279	0.641
2008	20	0.492	0.100	0.305	0.671
2009	20	0.442	0.094	0.267	0.610
2010	20	0.465	0.096	0.279	0.634
2011	20	0.483	0.094	0.297	0.651
2012	20	0.476	0.092	0.291	0.644
2013	20	0.466	0.092	0.283	0.643
2014	20	0.466	0.092	0.284	0.655
2015	20	0.454	0.091	0.275	0.631
2016	20	0.445	0.093	0.262	0.609
2017	20	0.459	0.096	0.270	0.628
2018	20	0.471	0.102	0.274	0.667

资料来源：原始数据来源于 TiVA 数据库，表中指标由作者计算所得。

表 2 展示了 2005—2018 年 APEC 范围内 20 个成员 GVC 嵌入程度的统计分布情况。从平均值来看，样本期间内成员间的 GVC 嵌入程度在 2011 年达到峰值后，一直呈现下降状态，持续下降至 2016 年触底回升，最大值和最小值的分布情况同样也支持这一现象；2005—2015 年标准差呈现依时间递减的趋势，而 2015 年之后标准差持续上升，说明 APEC 成员全球价值链参与的分散程度先略有收窄、后呈放大趋势，成员之间的差异变大。

（二）APEC 成员的供应链分工地位情况

在前文测算的基础上，我们进一步考察 APEC 成员的供应链分工地位情况，基于 OECD 和 WTO 联合发布的 TiVA 统计数据，参考 Koopman 等（2010）的做法，全球价值链分工地位指数 $GVC\_position_{ct}$ 可以表示为

$$GVC\_position_{ct} = \ln\left(1 + \frac{IV_{ct}}{E_{ct}}\right) - \ln\left(1 + \frac{FV_{ct}}{E_{ct}}\right) \tag{2}$$

该指标越大，说明 c 经济体越位于全球价值链的上游位置。Koopman 等（2010）认为，如果某经济体处于某产业 GVC 的"上游"环节（主要包括创意、研发、设计、品牌、零部件生产供应等"任务和活动"），它会通过向其他经济体提供中间品参与 GVC 生产。对于这样的经济体，其间接价值增加值（IV_{ct}）占总出口（E_{ct}）的比例，就会高于其他经济体价值增加值（FV_{ct}）占总出口（E_{ct}）的比例；相反，如果某经济体处于某产业 GVC 的"下游"环节（主要指最终产品的组装），就会使用大量来自其他经济体的中间品来生产最终产品，此时 IV_{ct} 会小于 FV_{ct}。因此 $GVC\_position_{ct}$ 数值越大，表明某经济体某产业在 GVC 上所处的国际分工地位就越高；该指数越小，则表明某经济体该产业在 GVC 上所处的国际分工地位就越低。且如果 $GVC\_position_{ct} < 0$，意味着某经济体处于某产业的"下游"环节；如果 $GVC\_position_{ct} > 0$，意味着 c 经济体处于某产业的"上游"环节。具体测算结果见表 3。

表 3　2005—2018 年 APEC 20 个成员全球价值链嵌入位置（$GVC\_position_{ct}$）年度变化情况

排名	经济体	2005	2006	2007	2008	2009	2010	2011	2012	2013	2014	2015	2016	2017	2018
1	文莱	1.591	1.641	1.716	1.505	1.232	1.179	1.15	1.096	0.984	1.153	1.443	1.336	1.487	1.679
2	俄罗斯	1.381	1.444	1.445	1.399	1.232	1.368	1.433	1.417	1.378	1.314	1.24	1.236	1.322	1.378
3	秘鲁	1.176	1.192	1.146	0.94	1.049	1.103	1.217	1.156	1.089	1.029	0.976	1	0.974	0.914
4	澳大利亚	0.72	0.778	0.748	0.75	0.529	0.814	0.839	0.724	0.748	0.686	0.633	0.763	0.813	0.978
5	美国	0.73	0.705	0.681	0.554	0.785	0.693	0.597	0.61	0.673	0.693	0.882	0.946	0.955	0.948

排名	经济体	2005	2006	2007	2008	2009	2010	2011	2012	2013	2014	2015	2016	2017	2018
6	智利	0.522	0.722	0.671	0.324	0.558	0.693	0.539	0.514	0.503	0.583	0.716	0.755	0.84	0.751
7	日本	0.831	0.707	0.613	0.571	0.812	0.686	0.593	0.574	0.457	0.386	0.494	0.65	0.574	0.376
8	印尼	0.346	0.487	0.519	0.466	0.604	0.608	0.7	0.646	0.564	0.536	0.537	0.585	0.576	0.516
9	中国大陆	-0.397	-0.302	-0.249	-0.171	-0.057	-0.088	-0.129	-0.113	-0.089	-0.021	0.122	0.139	0.1	0.109
10	菲律宾	-0.546	-0.459	-0.361	-0.139	-0.237	-0.185	-0.009	0.035	0.135	0.17	0.081	0.031	-0.062	-0.134
11	新西兰	-0.333	-0.332	-0.249	-0.316	-0.231	-0.235	-0.158	-0.187	-0.139	-0.151	-0.163	-0.171	-0.138	-0.191
12	加拿大	-0.633	-0.539	-0.397	-0.282	-0.437	-0.386	-0.271	-0.365	-0.353	-0.351	-0.562	-0.607	-0.506	-0.501
13	中国香港	-0.357	-0.427	-0.328	-0.435	-0.463	-0.585	-0.635	-0.629	-0.643	-0.51	-0.529	-0.443	-0.331	-0.373
14	韩国	-0.47	-0.507	-0.476	-0.726	-0.799	-0.688	-0.831	-0.821	-0.696	-0.619	-0.446	-0.347	-0.314	-0.383
15	中国台北	-0.708	-0.728	-0.682	-0.751	-0.703	-0.839	-0.78	-0.756	-0.668	-0.635	-0.476	-0.479	-0.501	-0.622
16	马来西亚	-0.936	-0.907	-0.896	-0.806	-0.848	-0.746	-0.711	-0.677	-0.61	-0.527	-0.554	-0.555	-0.585	-0.515
17	泰国	-0.988	-0.933	-0.865	-0.947	-0.93	-1.019	-1.073	-1.123	-1.099	-1.049	-0.991	-0.934	-0.935	-0.97
18	新加坡	-1.073	-1.086	-0.896	-1.043	-0.995	-1.054	-1.153	-1.164	-1.17	-1.194	-1.088	-0.977	-1.044	-1.092
19	墨西哥	-1.208	-1.177	-1.039	-0.974	-1.201	-1.101	-0.906	-0.903	-0.947	-0.978	-1.121	-1.187	-1.175	-1.166
20	越南	-0.693	-0.821	-0.935	-1.114	-1.099	-1.192	-1.242	-1.234	-1.245	-1.299	-1.35	-1.479	-1.47	-1.468

资料来源：原始数据来源于 TiVA 数据库，表中指标由作者计算所得。

注：表中排名是按照各个成员 2005-2018 年历年 GVC 嵌入位置的均值降序排序得到的。

根据表 3 可以发现，文莱、俄罗斯、秘鲁、澳大利亚、美国在 2005—2018 年期间全球价值链分工位置的均值处于 APEC 20 个成员的前五位；日本和中国大陆处于中间偏上位置，分别位于第 7 位和第 9 位；中国香港、韩国、中国台北依次位于第 13~15 位；马来西亚的价值链分工位置排在中国台北之后，位列 16 位；泰国、新加坡、墨西哥和越南占据了最后四位。

从位置高低来看，在 APEC 范围内，文莱、俄罗斯、秘鲁、澳大利亚、智利、印尼、日本、美国长期稳定在价值链的上游，其他成员基本处于价值链的下游或正处于从下游向上游转变的过程中。

从成长趋势来看，2005—2018 年大多数成员实现了全球价值链嵌入地位的升级，尤其是大部分发展中成员的价值链地位得到了明显的提升，如中国大陆、中国台北、文莱、马来西亚等，美国、新西兰、加拿大、韩国、澳大利亚等较为发达的成员也同样实现了不同程度的价值链地位的提升。有部分成员的价值链地位在这段时间内出现了下降，其中发达成员主要有日本、新加坡，发展中成员主要有俄罗斯、墨西哥和越南。

（三）APEC 成员供应链关联状况

通常而言，两经济体之间的价值链合作主要借助中间品贸易得以实现，两经济体之间的中间品贸易强度可在较大程度上反映两经济体之间价值链合作的紧密度。因此，我们基于 OECD 和 WTO 联合发布的 TiVA 统计数据，借鉴张志明等（2019）的做法，利用两经济体中间品贸易强度 VCC 来衡量 APEC 各成员的双边价值链关联程度，并测算分析了 APEC 各成员之间的双边价值链关联程度及其演变情况。具体的核算公式如下：

$$VCC_t = \frac{CVAII_t^R - GE_t^{CR} \cdot VAIFES_t^C - RVAII_t^C - GE_t^{RC} \cdot VAIFES_t^R}{CVAII_t^R + RVAII_t^C} \tag{3}$$

其中 VCC_t 为 t 年 C 经济体和 R 经济体价值链合作度，GE_t^{RC} 为 t 年 R 经济体对 C 经济体总出口额，$VAIFES_t^R$ 为 t 年 R 经济体最终品出口中包含的经济体内增加值额占其总出口额之比，两者乘积则代表 t 年 R 经济体向 C 经济体出口的包含在最终品中的经济体内增加值额，下文同理。GE_t^{CR} 为 t 年 C 经济体对 R 经济体总出口额，$VAIFES_t^C$ 为 t 年 C 经济体最终品出口中包含的经济体内增加值额占其总出口额之比。$CVAII_t^R$ 为 t 年 R 经济体进口中包含的 C 经济体增加值；同理，$RVAII_t^C$ 为 t 年 C 经济体进口中包含的 R 经济体增加值。

限于篇幅原因，表 4 仅展示了 2018 年 APEC 成员与其双边价值链关联程度最高的前 8 个经济体，数值和括号内的经济体简称代表了两两成员之间的双边价值链关联程度，数值越高，则说明二者合作程度越高。从表中不难看出，对于一些发展中经济体如文莱、秘鲁，其本身经济体量和贸易规模都相对较小，贸易合作伙伴数量也相对较少且集中，因此与其他成员的价值关联程度表现得非常紧密，排名也相对较高。以文莱为例，2018 年与该经济体双边价值关联程度最高的前三名成员分别是秘鲁、智利和墨西哥，反映出小型经济体之间相对集中的贸易方式和紧密的供应链关联。整体来看，我们发现排名较高的经济体主要包括两类：第一类为贸易体量较小，贸易合作成员相对集中的成员，如文莱、智利、秘鲁；第二类成员资源丰富，如澳大利亚（铁矿石）、俄罗斯（石油、天然气）等。从上反映出成员之间的供应链关联不仅受到成员贸易额和集中度影响，同时也与合作成员经济体的产业类型和资源禀赋有关。

表 4　2018 年 APEC 20 个成员双边价值链关联程度统计分布情况

排名	成员	1	2	3	4	5	6	7	8
1	文莱	1(PER)	0.99(CHL)	0.98(MEX)	0.98(RUS)	0.95(CAN)	0.95(HKG)	0.94(VNM)	0.94(IDN)
2	秘鲁	1(BRN)	0.89(RUS)	0.88(HKG)	0.88(IDN)	0.87(SGP)	0.87(MYS)	0.83(PHL)	0.81(TWN)
3	智利	0.99(BRN)	0.92(PHL)	0.91(IDN)	0.88(RUS)	0.88(MYS)	0.87(SGP)	0.82(AUS)	0.75(CAN)
4	俄罗斯	0.98(BRN)	0.95(AUS)	0.89(PER)	0.88(CHL)	0.85(CAN)	0.84(HKG)	0.82(IDN)	0.81(MYS)
5	印尼	0.94(BRN)	0.91(CHL)	0.88(PER)	0.82(RUS)	0.74(AUS)	0.74(CAN)	0.71(MEX)	0.68(USA)

排名	成员	1	2	3	4	5	6	7	8
6	澳大利亚	0.95(RUS)	0.82(CHL)	0.79(PER)	0.78(CAN)	0.78(BRN)	0.77(MEX)	0.76(USA)	0.76(PHL)
7	加拿大	0.95(BRN)	0.85(RUS)	0.78(AUS)	0.75(CHL)	0.74(IDN)	0.72(NZL)	0.72(MYS)	0.7(PER)
8	菲律宾	0.92(CHL)	0.84(BRN)	0.83(PER)	0.79(RUS)	0.76(AUS)	0.69(CAN)	0.64(USA)	0.62(IDN)
9	墨西哥	0.98(BRN)	0.8(RUS)	0.77(AUS)	0.76(HKG)	0.71(IDN)	0.71(PER)	0.7(CHL)	0.61(NZL)
10	中国香港	0.95(BRN)	0.88(PER)	0.84(RUS)	0.76(MEX)	0.7(CHL)	0.63(USA)	0.61(CAN)	0.61(AUS)
11	美国	0.87(BRN)	0.77(RUS)	0.76(NZL)	0.76(AUS)	0.71(PER)	0.71(CHL)	0.68(IDN)	0.64(PHL)
12	马来西亚	0.88(CHL)	0.87(PER)	0.81(RUS)	0.74(BRN)	0.72(CAN)	0.68(AUS)	0.59(IDN)	0.58(JPN)
13	新西兰	0.83(BRN)	0.77(PER)	0.76(USA)	0.74(CHL)	0.74(AUS)	0.72(CAN)	0.63(TWN)	0.62(IDN)
14	中国台北	0.81(PER)	0.75(RUS)	0.74(CHL)	0.69(CAN)	0.68(JPN)	0.67(AUS)	0.63(NZL)	0.62(USA)
15	新加坡	0.87(CHL)	0.87(PER)	0.73(RUS)	0.65(CAN)	0.6(BRN)	0.56(MEX)	0.54(USA)	0.53(AUS)
16	日本	0.91(BRN)	0.71(RUS)	0.68(TWN)	0.63(CAN)	0.62(USA)	0.6(IDN)	0.58(MYS)	0.58(PHL)
17	越南	0.94(BRN)	0.79(PER)	0.74(CHL)	0.71(RUS)	0.58(CAN)	0.55(IDN)	0.5(NZL)	0.46(MYS)
18	中国大陆	0.86(BRN)	0.67(PER)	0.65(RUS)	0.62(CAN)	0.62(CHL)	0.6(AUS)	0.59(USA)	0.58(IDN)
19	韩国	0.69(CAN)	0.68(RUS)	0.66(CHL)	0.63(USA)	0.62(PER)	0.62(AUS)	0.58(IDN)	0.55(BRN)
20	泰国	0.79(PER)	0.73(JPN)	0.71(PER)	0.65(TWN)	0.58(THA)	0.52(CAN)	0.48(KOR)	0.45(USA)

资料来源：原始数据来源于 TiVA 数据库，表中指标由作者计算所得。

注：表中排名是按照各个成员 2018 年双边依赖度的均值降序排序得到的。

　　表 5 展示了 APEC 各成员之间的价值链关联程度随时间变化的动态变化情况。在 APEC 的主要成员中，美国与澳大利亚的价值关联度由 2018 年的 0.76 上升至 2021 年的 0.78；日本与加拿大的双边价值关联由 0.63 下降至 0.62，中国大陆与俄罗斯的价值关联度未发生变化。总的来看，APEC 成员之间的排名并未发生根本性变化，反映出两两成员之间所搭建起的价值链关联相对稳定且随时间波动不大。

表 5　2021 年 APEC 20 个成员双边价值链关联程度统计分布情况

排名	成员	1	2	3	4	5	6	7	8
1	文莱	1.04(IDN)	1.04(NZL)	1.01(JPN)	1.01(PER)	1(CHL)	0.99(RUS)	0.99(VNM)	0.99(MEX)
2	智利	1(BRN)	0.95(PHL)	0.94(IDN)	0.91(MYS)	0.9(SGP)	0.88(RUS)	0.84(AUS)	0.8(CAN)
3	秘鲁	1.01(BRN)	0.91(HKG)	0.9(IDN)	0.9(RUS)	0.89(MYS)	0.87(SGP)	0.86(AUS)	0.85(PHL)
4	俄罗斯	0.99(BRN)	0.95(AUS)	0.9(PER)	0.88(CHL)	0.86(CAN)	0.84(HKG)	0.82(MYS)	0.82(IDN)
5	澳大利亚	0.95(RUS)	0.86(PER)	0.84(CHL)	0.82(CAN)	0.82(BRN)	0.79(MEX)	0.78(USA)	0.77(PHL)
6	印尼	1.04(BRN)	0.94(CHL)	0.9(PER)	0.82(RUS)	0.76(AUS)	0.74(CAN)	0.7(MEX)	0.68(USA)
7	加拿大	0.96(BRN)	0.82(AUS)	0.8(CHL)	0.8(PER)	0.74(MYS)	0.74(IDN)	0.7(PHL)	0.7(TWN)
8	菲律宾	0.95(CHL)	0.85(PER)	0.83(BRN)	0.81(RUS)	0.77(AUS)	0.7(CAN)	0.66(USA)	0.63(CHA)
9	墨西哥	0.99(BRN)	0.79(AUS)	0.79(RUS)	0.76(HKG)	0.74(CHL)	0.72(PER)	0.7(IDN)	0.6(NZL)

续表

排名	成员	1	2	3	4	5	6	7	8
10	新西兰	1.04(BRN)	0.78(PER)	0.77(CHL)	0.77(USA)	0.76(AUS)	0.7(CAN)	0.68(TWN)	0.63(IDN)
11	马来西亚	0.91(CHL)	0.89(PER)	0.82(RUS)	0.74(CAN)	0.72(AUS)	0.71(BRN)	0.62(USA)	0.62(PHL)
12	美国	0.89(BRN)	0.78(AUS)	0.78(RUS)	0.77(NZL)	0.73(PER)	0.72(CHL)	0.68(IDN)	0.66(PHL)
13	中国香港	0.95(BRN)	0.91(PER)	0.84(RUS)	0.76(MEX)	0.68(CHL)	0.63(USA)	0.61(AUS)	0.61(CAN)
14	中国台北	0.84(PER)	0.75(RUS)	0.75(CHL)	0.7(CAN)	0.68(NZL)	0.68(AUS)	0.65(JPN)	0.63(USA)
15	越南	0.99(BRN)	0.79(PER)	0.76(AUS)	0.74(CHL)	0.73(RUS)	0.57(CAN)	0.52(IDN)	0.48(NZL)
16	新加坡	0.9(CHL)	0.87(PER)	0.71(RUS)	0.64(CAN)	0.6(MEX)	0.57(AUS)	0.57(BRN)	0.56(JPN)
17	日本	1.01(BRN)	0.7(RUS)	0.65(TWN)	0.62(USA)	0.62(CAN)	0.61(MYS)	0.61(IDN)	0.59(PHL)
18	中国大陆	0.89(BRN)	0.7(PER)	0.65(RUS)	0.63(CAN)	0.63(CHL)	0.63(PHL)	0.61(USA)	0.6(AUS)
19	韩国	0.69(CAN)	0.69(CHL)	0.68(RUS)	0.64(USA)	0.63(AUS)	0.62(PER)	0.6(IDN)	0.56(BRN)
20	泰国	0.81(PER)	0.73(CHL)	0.73(RUS)	0.65(CAN)	0.6(AUS)	0.54(USA)	0.48(KOR)	0.44(PHL)

资料来源：原始数据来源于 TiVA 数据库，表中指标由作者计算所得。

注：表中排名是按照各个成员 2021 年双边依赖度的均值降序排序得到的。

图 3 展示了 2005—2021 年 APEC 整体价值链关联程度随年份不同的变化情况。整体来看，APEC 整体价值链关联程度呈现波动中稳步上升的趋势，其中 2005—2008 年 APEC 整体价值链关联度呈明显上升趋势，但在 2008—2009 年由于受到金融危机冲击出现了大幅下降，并在之后持续回升。2011 年，APEC 范围内成员之间的价值关联程度达到峰值，随后呈现出不同程度的波动和变化，反映了亚太地区价值链关联程度较高，但同时也容易受到外部不确定性的冲击和影响。

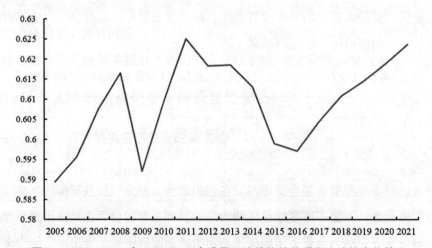

图 3 2005—2021 年 APEC 20 个成员双边价值链关联程度均值变化情况

资料来源：原始数据来源于 TiVA 数据库，图中指标由作者计算所得。

注：纵轴为 APEC 20 个成员双边价值链关联程度均值，横轴为年份。

三、APEC 成员供应链安全状况

（一）供应链安全指标的测度

基于 OECD 数据库发布的 ICIO 统计数据，我们借鉴苏庆义等（2021）、Tran（2018）和 Johnson（2012）的做法，从供给风险、需求风险两个角度来测算供应链安全指标，采用供应集中度（SF）、外部依赖度（SD）、市场集中度（DF）、国际市场依赖度（DD）四个指标来衡量。具体指标构建如表 6 所示。

表 6　供应链安全指标测度

一级风险	风险指标	描述	指标方向 正	指标方向 反	数据来源与介绍
供给风险	供应集中度（SF）	衡量对其他经济体中间品的"可及性"，数值越高，表示供应来源越集中，供应市场垄断程度越高，中间品进口的"可及性"越低，供应链风险越大		√	经合组织、经济体间投入产出表（OECD-ICIO）
供给风险	外部依赖度（SD）	相对于经济体自身市场，衡量对来自国际市场中间品的依赖度，外部依赖度越高，供应链风险越高		√	经合组织、经济体间投入产出表（OECD-ICIO）
需求风险	市场集中度（DF）	衡量对国外市场的"可及性"，数值越大，中间品出口目的地越集中，中间品出口的"可及性"越低，供应链越不安全		√	经合组织、经济体间投入产出表（OECD-ICIO）
需求风险	国际市场依赖度（DD）	相对于经济体自身市场，衡量对国际市场的依赖度，外部依赖度越高，供应链风险越高		√	经合组织、经济体间投入产出表（OECD-ICIO）

供应集中度（SF）核算公式如下：

$$SF_{ct} = \sum_{i=1}^{N} \left(\frac{FVA_{cit}}{\sum_{i=1}^{N} FVA_{cit}} \right) \tag{4}$$

其中 SF_{ct} 为 c 经济体 t 年的供应集中度，FVA_{cit} 为 c 经济体 t 年从 i 经济体获得的中间品进口增加值。

外部依赖度（SD）核算公式如下：

$$SD_{cit} = \frac{\sum_{i=1}^{N} FVA_{cit}}{DVA_{cit} + \sum_{i=1}^{N} FVA_{cit}} \tag{5}$$

其中 SD_{cit} 为 c 经济体 t 年对 i 经济体的外部依赖度，DVA_{cit} 为 c 经济体 t 年从 i 经济体进口中间品获得的经济体内附加值，FVA_{cit} 为 c 经济体 t 年从 i 经济体获得的中间品进口增加值。

市场集中度（DF）核算公式如下：

$$DF_{ct} = \sum_{i=1}^{N} \left(\frac{VA_{cit}}{\sum_{i=1}^{N} VA_{cit}} \right) \tag{6}$$

其中 DF_{ct} 表示 c 经济体 t 年的市场集中度，VA_{cit} 表示 c 经济体 t 年从 i 经济体获得的中间品出口附加值。

国际市场依赖度（DD）核算公式如下：

$$DD_{cit} = \frac{\sum_{i=1}^{N} VA_{cit}}{VA_{cit} + \sum_{i=1}^{N} VA_{cit}} \tag{7}$$

其中 DD_{cit} 表示 c 经济体 t 年的国际市场依赖度，VA_{cit} 表示 c 经济体 t 年从 i 经济体获得的中间品出口附加值。

（二）APEC 成员供应链安全的现状

1. APEC 供应链安全的整体情况

（1）供应集中度（SF）

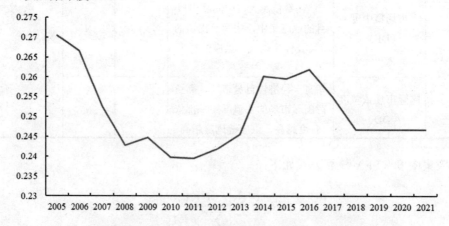

图 4　2005—2021 年 APEC 20 个成员供应集中度均值变化情况

资料来源：原始数据来源于 TiVA 数据库，图中指标由作者计算所得。

注：纵轴为 APEC 20 个成员供应集中度均值，横轴为年份。

图 4 展示了 2005—2021 年 APEC 区域内 20 个经济体供应集中度的整体变化情况。2005 年 APEC 整体供应集中度有所下降，2009 年经历短暂上升后仍然呈现下降趋势，总的来说各成员之间供应集中情况有所缓解，表现为供应分散化、多元化的趋势。2011 年开始，APEC 整体的供应集中度开始稳步上升，但仍低于 2005 年初始值，2018 年之后供应集中度呈现平稳发展状态。

（2）外部依赖度（SD）

图 5 展示了 2005—2021 年 APEC 区域内 20 个经济体外部依赖度的整体变化情况。2005—2015 年，APEC 整体外部依赖度呈现出不同程度的波动，起伏较大，但总体呈现下降趋势，反映出成员之间的供应链依赖程度有所下降。在 2016 年及之后，外部依赖度出现稳步上升趋势，表明近年来 APEC 各经济体之间的供应链联系愈发密切。

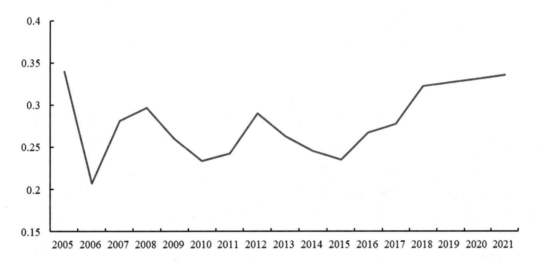

图 5　2005—2021 年 APEC 20 个成员外部依赖度均值变化情况

资料来源：原始数据来源于 TiVA 数据库，图中指标由作者计算所得。

注：纵轴为 APEC 20 个成员外部依赖度均值，横轴为年份。

（3）市场集中度（DF）

图 6 展示了 2005—2021 年 APEC 区域内 20 个经济体市场集中度的整体变化情况。在 2005—2010 年期间，APEC 整体市场集中度持续下降，各经济体在出口目的地选择中呈现出明显的"去集中化"的趋势。自 2011 年起，市场集中度开始逐年上升，各成员的出口目的地由原来的分散、多元化开始逐渐聚集。尽管在 2014 年及之后情况有所缓解，但 2018 年及之后年份各经济体之间的出口集中情况有所回升。值得注意的是，APEC 市

场集中度与供应集中度的整体走向和波动情况有所趋同。

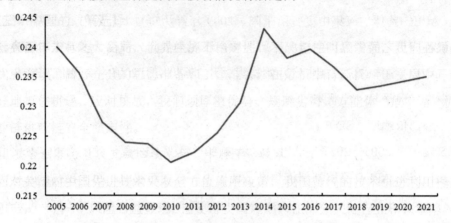

图 6　2005—2021 年 APEC 20 个成员市场集中度整体变化情况

资料来源：原始数据来源于 TiVA 数据库，图中指标由作者计算所得。

注：纵轴为 APEC 20 个成员市场集中度均值，横轴为年份。

（4）国际市场依赖度（DD）

图 7 展示了 2005—2021 年 APEC 区域内 20 个经济体国际市场依赖度的整体变化情况。2005 年以来，各成员之间的中间品出口对外依赖度逐年下降，并在 2010 年后有所回升。2014 年及之后国际市场依赖度再次下降，尽管在 2015 年经历了小幅度的上升，但整体仍呈下降趋势，表明 APEC 面临的供应链风险有所降低。

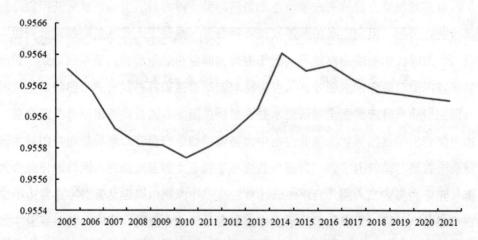

图 7　2005—2021 年 APEC 20 个成员国际市场依赖度均值变化情况

资料来源：原始数据来源于 TiVA 数据库，图中指标由作者计算所得。

注：纵轴为 APEC 20 个成员国际市场依赖度均值，横轴为年份。

2. APEC 各成员供应链安全情况

（1）供应集中度（SF）

表 7 展示了 2005—2018 年 APEC 区域内 20 个经济体供应集中度的年度变化情况。其中供应集中度最低的三名成员分别是新加坡、泰国和马来西亚，中国大陆排第 12 位，中国台北和中国香港位于中国大陆之后，分别位列第 13 位和第 16 位。部分发达经济体如日本、美国、韩国等位于供应集中度的中上游位置，部分发展中经济体如菲律宾、印尼等同样排名相对靠前。不难看出，东盟各经济体（新加坡、泰国、马来西亚、印度尼西亚、菲律宾）供应集中度的整体水平要低于 APEC 其他经济体，反映了东盟各经济体供应链的多元化，以及供应链安全水平较高。其中供应集中度较高、排名相对靠后的经济体，同样也是集中程度随时间波动较大的成员。

表 7　2005—2018 年 APEC 20 个成员供应集中度年度变化情况

排名	成员	2005	2006	2007	2008	2009	2010	2011	2012	2013	2014	2015	2016	2017	2018
1	新加坡	0.11	0.11	0.11	0.11	0.11	0.11	0.11	0.11	0.12	0.12	0.12	0.12	0.12	0.12
2	泰国	0.17	0.17	0.15	0.13	0.13	0.12	0.12	0.12	0.12	0.12	0.13	0.13	0.12	0.12
3	马来西亚	0.18	0.17	0.15	0.14	0.14	0.13	0.14	0.14	0.14	0.16	0.16	0.16	0.16	0.16
4	印尼	0.18	0.19	0.18	0.18	0.16	0.16	0.14	0.14	0.14	0.14	0.14	0.14	0.14	0.15
5	菲律宾	0.18	0.18	0.17	0.16	0.16	0.14	0.16	0.16	0.17	0.18	0.17	0.16	0.17	0.17
6	日本	0.19	0.2	0.18	0.16	0.16	0.16	0.16	0.15	0.16	0.17	0.18	0.18	0.18	0.18
7	美国	0.19	0.19	0.18	0.18	0.18	0.18	0.17	0.17	0.17	0.17	0.17	0.17	0.16	0.16
8	越南	0.19	0.18	0.17	0.17	0.19	0.18	0.17	0.17	0.17	0.17	0.18	0.19	0.18	0.18
9	新西兰	0.18	0.18	0.18	0.18	0.2	0.16	0.18	0.18	0.2	0.18	0.19	0.19	0.19	0.2
10	韩国	0.2	0.18	0.17	0.16	0.18	0.17	0.18	0.18	0.19	0.2	0.23	0.23	0.22	0.23
11	澳大利亚	0.17	0.15	0.14	0.15	0.15	0.17	0.2	0.22	0.22	0.27	0.3	0.28	0.29	0.27
12	中国大陆	0.3	0.29	0.26	0.22	0.22	0.21	0.18	0.19	0.18	0.19	0.21	0.2	0.2	0.19
13	中国台北	0.24	0.23	0.21	0.23	0.22	0.22	0.22	0.21	0.24	0.26	0.24	0.24	0.24	0.25
14	智利	0.24	0.23	0.2	0.17	0.19	0.2	0.23	0.26	0.26	0.29	0.25	0.27	0.27	0.23
15	俄罗斯	0.24	0.27	0.25	0.24	0.24	0.22	0.2	0.22	0.21	0.22	0.24	0.25	0.25	0.26
16	中国香港	0.17	0.16	0.16	0.16	0.18	0.18	0.2	0.24	0.28	0.34	0.4	0.37	0.27	0.31
17	文莱	0.23	0.21	0.21	0.29	0.3	0.32	0.32	0.3	0.29	0.28	0.17	0.19	0.2	0.11
18	秘鲁	0.41	0.41	0.36	0.3	0.26	0.26	0.25	0.24	0.25	0.26	0.27	0.27	0.23	
19	加拿大	0.83	0.82	0.81	0.76	0.76	0.76	0.73	0.72	0.72	0.73	0.69	0.72	0.72	0.68
20	墨西哥	0.82	0.82	0.8	0.75	0.76	0.74	0.72	0.73	0.73	0.74	0.76	0.77	0.75	0.75

资料来源：原始数据来源于 TiVA 数据库，表中指标由作者计算所得。

注：表中排名是按照各成员 2005—2018 年历年供应集中度的均值升序排序得到的。

（2）外部依赖度（SD）

表 8 展示了 2018 年 APEC 区域内 20 个经济体对外依赖度最高的前 8 个成员排名情况。数值和括号内的经济体简称代表了成员与括号内对应经济体之间的对外依赖程度，数值越高，则说明该成员对另一经济体的对外依赖程度就越高，供应链风险程度就越高，反之则越低。可以看到，由于文莱、智利、秘鲁等成员的经济体量和贸易规模都相对较小，成员从其中间品进口中获得的经济体内附加值相对较低，导致其在计算成员外部依赖度的过程所占权重较少，从而该成员从其余各经济体获得的总中间品进口增加值占经济体内附加值与总进口增加值二者之和的比重相对较高，外部依赖度数值较大，排名相对靠前。以文莱为例，其本身中间品贸易额相对较少且贸易合作伙伴相对集中，当与同样规模较小的秘鲁、智利等经济体发生贸易活动时，所能获得的经济体内附加值相对较少，从而外部依赖度数值较高，排名相对靠前，因此面临较高的供应链风险。

表 8　2018 年 APEC 区域内经济体外部依赖度最高的前 8 个成员排名情况

排名	成员	1	2	3	4	5	6	7	8
1	墨西哥	1(BRN)	0.97(NZL)	0.97(PHL)	0.96(MYS)	0.96(HKG)	0.95(IDN)	0.93(THA)	0.92(TWN)
2	新西兰	0.99(BRN)	0.94(PER)	0.92(CHL)	0.91(RUS)	0.82(MEX)	0.78(HKG)	0.78(VNM)	0.71(PHL)
3	文莱	1(CHL)	1(PER)	0.99(MEX)	0.82(RUS)	0.79(CAN)	0.79(HKG)	0.59(NZL)	0.42(VNM)
4	俄罗斯	1(BRN)	0.94(CHL)	0.86(NZL)	0.83(AUS)	0.81(PER)	0.69(HKG)	0.63(MYS)	0.53(PHL)
5	中国台北	0.99(BRN)	0.91(PER)	0.9(CHL)	0.84(NZL)	0.61(RUS)	0.49(AUS)	0.47(IDN)	0.41(CAN)
6	加拿大	0.99(BRN)	0.69(VNM)	0.67(PER)	0.65(NZL)	0.6(CHL)	0.6(MYS)	0.57(PHL)	0.56(THA)
7	美国	0.97(BRN)	0.77(NZL)	0.62(PER)	0.6(VNM)	0.58(IDN)	0.58(PHL)	0.56(HKG)	0.56(CHL)
8	马来西亚	0.93(PER)	0.92(CHL)	0.81(BRN)	0.62(RUS)	0.57(NZL)	0.56(CAN)	0.37(PHL)	0.36(HKG)
9	泰国	0.94(BRN)	0.88(PER)	0.79(CHL)	0.64(NZL)	0.5(CAN)	0.45(HKG)	0.42(TWN)	0.38(MEX)
10	新加坡	0.94(PER)	0.93(CHL)	0.71(BRN)	0.66(RUS)	0.5(MEX)	0.45(NZL)	0.44(CAN)	0.24(VNM)
11	中国香港	0.92(BRN)	0.79(CHL)	0.75(PER)	0.71(NZL)	0.66(MEX)	0.41(RUS)	0.37(VNM)	0.2(CAN)
12	智利	0.98(BRN)	0.57(PHL)	0.49(NZL)	0.44(MYS)	0.4(SAU)	0.37(IDN)	0.24(VNM)	0.14(THA)
13	澳大利亚	0.84(BRN)	0.74(PER)	0.59(MEX)	0.46(RUS)	0.46(CHL)	0.17(CAN)	0.16(PHL)	0.12(VNM)
14	中国大陆	0.86(BRN)	0.55(NZL)	0.49(PER)	0.36(CHL)	0.3(PHL)	0.24(MYS)	0.2(SGP)	0.17(IDN)
15	韩国	0.91(BRN)	0.56(PER)	0.41(NZL)	0.35(CHL)	0.12(AUS)	0.11(RUS)	0.1(CAN)	0.1(MYS)
16	菲律宾	0.72(BRN)	0.54(CHL)	0.54(PER)	0.25(NZL)	0.2(RUS)	0.1(VNM)	0.08(IDN)	0.05(AUS)
17	秘鲁	0.98(BRN)	0.24(NZL)	0.24(SGP)	0.23(MYS)	0.2(VNM)	0.19(HKG)	0.14(IDN)	0.13(RUS)
18	越南	0.9(BRN)	0.39(NZL)	0.37(PER)	0.26(CHL)	0.13(HKG)	0.1(MEX)	0.09(RUS)	0.08(TWN)
19	日本	0.77(BRN)	0.42(PER)	0.23(CHL)	0.21(NZL)	0.07(RUS)	0.05(PHL)	0.05(CAN)	0.05(MYS)
20	印尼	0.58(BRN)	0.39(CHL)	0.35(PER)	0.18(NZL)	0.08(CAN)	0.08(MEX)	0.07(RUS)	0.06(HKG)

资料来源：原始数据来源于 TiVA 数据库，表中指标由作者计算所得。

注：表中排名是按照各个成员 2018 年双边外部依赖度的均值降序排序得到的。

外部依赖度排名前 5 位的经济体分别是墨西哥、新西兰、文莱、俄罗斯和中国台北，排名靠后的几个经济体分别是菲律宾、秘鲁、越南、日本、印度尼西亚。

表 9 展示了 2021 年 APEC 区域内 20 个经济体对外依赖度最高的前 8 个成员排名情况。整体来看，2021 年 APEC 各成员的外部依赖度相较于 2018 年略有上升，APEC 面临的供应链风险逐渐凸显。墨西哥、新西兰、文莱等成员的外部依赖度值仍然较高，排名相对靠前。泰国排名由 2018 年的第 9 位跃升至 2021 年的第 3 位，反映出其在中间品进口中对 APEC 其余成员的依赖度有所上升。

表 9 2021 年 APEC 区域内经济体外部依赖度最高的前 8 个成员排名情况

排名	排名	1	2	3	4	5	6	7	8
1	墨西哥	1(BRN)	1(MYS)	1(NZL)	1(PHL)	1(HKG)	0.99(IDN)	0.96(THA)	0.95(TWN)
2	新西兰	1(BRN)	0.98(PER)	0.96(CHL)	0.95(RUS)	0.86(MEX)	0.81(HKG)	0.81(VNM)	0.74(PHL)
3	泰国	0.96(BRN)	0.96(TWN)	0.95(CAN)	0.92(PER)	0.86(CHL)	0.85(NZL)	0.8(HKG)	0.73(SGP)
4	文莱	1(CHL)	1(MEX)	1(PER)	0.85(RUS)	0.82(CAN)	0.82(HKG)	0.61(CHN)	0.61(NZL)
5	加拿大	1(BRN)	1(PER)	0.94(VNM)	0.89(PHL)	0.87(SGP)	0.67(NZL)	0.62(CHL)	0.62(MYS)
6	中国大陆	0.99(SGP)	0.91(IDN)	0.88(BRN)	0.86(HKG)	0.81(MEX)	0.76(PHL)	0.72(VNM)	0.61(KOR)
7	俄罗斯	1(BRN)	0.98(CHL)	0.89(NZL)	0.86(AUS)	0.84(PER)	0.72(HKG)	0.65(MYS)	0.57(JPN)
8	新加坡	0.98(CHL)	0.97(PER)	0.95(BRN)	0.9(NZL)	0.8(IDN)	0.68(RUS)	0.59(CHN)	0.52(MEX)
9	中国台北	1(BRN)	0.95(PER)	0.94(CHL)	0.88(NZL)	0.75(CHN)	0.64(RUS)	0.51(AUS)	0.49(IDN)
10	澳大利亚	0.87(BRN)	0.96(PER)	0.95(CHL)	0.78(CAN)	0.62(MEX)	0.57(PHL)	0.48(RUS)	0.4(MYS)
11	智利	0.98(BRN)	0.77(MEX)	0.76(CAN)	0.73(TWN)	0.62(PER)	0.59(PHL)	0.51(NZL)	0.5(RUS)
12	美国	1(BRN)	0.8(NZL)	0.65(PER)	0.63(VNM)	0.61(IDN)	0.60(PHL)	0.58(HKG)	0.58(CHL)
13	马来西亚	0.96(PER)	0.95(CHL)	0.84(BRN)	0.64(RUS)	0.6(NZL)	0.59(CAN)	0.39(PHL)	0.38(HKG)
14	中国香港	0.96(BRN)	0.88(PER)	0.82(CHL)	0.74(NZL)	0.69(MEX)	0.43(RUS)	0.42(CHN)	0.39(VNM)
15	印尼	0.81(TWN)	0.75(NZL)	0.75(BRN)	0.68(KOR)	0.61(CAN)	0.56(JPN)	0.56(PER)	0.55(AUS)
16	日本	1(BRN)	0.88(NZL)	0.86(PER)	0.62(RUS)	0.45(CAN)	0.44(MYS)	0.4(HKG)	0.38(MEX)
17	秘鲁	0.99(BRN)	0.81(AUS)	0.54(PHL)	0.37(IDN)	0.36(SGP)	0.36(NZL)	0.34(MYS)	0.33(RUS)
18	越南	0.9(BRN)	0.48(NZL)	0.43(PHL)	0.43(MYS)	0.4(SGP)	0.37(TWN)	0.34(PER)	0.33(AUS)
19	韩国	0.95(BRN)	0.61(PER)	0.48(NZL)	0.47(CHL)	0.33(RUS)	0.29(AUS)	0.25(CAN)	0.25(MYS)
20	菲律宾	0.70(BRN)	0.66(CHL)	0.52(PER)	0.34(NZL)	0.33(RUS)	0.19(VNM)	0.19(IDN)	0.18(MYS)

资料来源：原始数据来源于 TiVA 数据库，表中指标由作者计算所得。

注：表中排名是按照各个成员 2021 年双边外部依赖度的均值降序排序得到的。

（3）市场集中度（DF）

表 10 展示了 2005—2018 年 APEC 区域内 20 个经济体市场集中度年度变化情况。

市场集中度排名前 5 位的经济体分别是新加坡、泰国、马来西亚、印尼和菲律宾，排名靠后的几个经济体分别是秘鲁、中国台北、文莱、中国香港、加拿大、墨西哥。发达经济体中，澳大利亚、韩国的市场集中度总体呈上升趋势，而美国和加拿大的市场集中度则有所下降，新加坡、日本、新西兰等经济体变化不大。对发展中经济体而言，中国大陆、泰国、印尼等成员的市场集中度均有所下滑，而俄罗斯、越南等经济体的市场集中度则呈上升趋势。总的来说，各成员的市场集中度均发生了不同程度的波动，这主要考验该经济体面对供应链外部风险的抗击能力和供应链韧性。

表 10　2005—2018 年 APEC 20 个成员市场集中度年度变化情况

排名	成员	2005	2006	2007	2008	2009	2010	2011	2012	2013	2014	2015	2016	2017	2018
1	新加坡	0.11	0.11	0.11	0.10	0.10	0.10	0.10	0.10	0.11	0.12	0.11	0.11	0.11	0.12
2	马来西亚	0.13	0.12	0.12	0.11	0.12	0.11	0.12	0.12	0.12	0.13	0.13	0.13	0.13	0.14
3	泰国	0.15	0.15	0.13	0.13	0.13	0.12	0.12	0.12	0.11	0.12	0.13	0.12	0.12	0.12
4	印尼	0.16	0.16	0.16	0.14	0.14	0.14	0.14	0.13	0.13	0.12	0.12	0.12	0.13	0.13
5	菲律宾	0.15	0.15	0.15	0.15	0.14	0.13	0.14	0.14	0.14	0.16	0.16	0.15	0.15	0.15
6	日本	0.16	0.17	0.16	0.15	0.14	0.14	0.14	0.14	0.14	0.15	0.16	0.15	0.16	0.16
7	美国	0.17	0.16	0.16	0.15	0.15	0.15	0.15	0.14	0.15	0.15	0.15	0.15	0.14	0.14
8	越南	0.14	0.14	0.14	0.14	0.15	0.15	0.14	0.15	0.15	0.16	0.16	0.17	0.17	0.17
9	新西兰	0.17	0.17	0.16	0.16	0.19	0.16	0.16	0.17	0.18	0.19	0.18	0.18	0.18	0.18
10	中国大陆	0.24	0.23	0.21	0.18	0.18	0.17	0.16	0.16	0.15	0.16	0.17	0.16	0.16	0.15
11	韩国	0.19	0.17	0.16	0.17	0.17	0.17	0.18	0.18	0.20	0.21	0.23	0.23	0.22	0.24
12	澳大利亚	0.14	0.14	0.14	0.15	0.17	0.18	0.20	0.21	0.23	0.26	0.27	0.26	0.27	0.26
13	俄罗斯	0.23	0.25	0.21	0.21	0.21	0.19	0.21	0.20	0.19	0.19	0.20	0.24	0.23	0.28
14	智利	0.18	0.18	0.17	0.17	0.18	0.20	0.23	0.26	0.26	0.28	0.24	0.26	0.26	0.23
15	秘鲁	0.26	0.25	0.22	0.20	0.18	0.20	0.19	0.20	0.20	0.23	0.24	0.24	0.26	0.21
16	中国台北	0.23	0.21	0.21	0.22	0.20	0.21	0.21	0.21	0.24	0.26	0.23	0.23	0.23	0.24
17	文莱	0.23	0.21	0.23	0.27	0.28	0.28	0.25	0.25	0.24	0.17	0.17	0.17	0.17	0.13
18	中国香港	0.16	0.15	0.16	0.16	0.18	0.20	0.21	0.25	0.28	0.35	0.35	0.31	0.26	0.29
19	加拿大	0.78	0.77	0.75	0.73	0.71	0.70	0.67	0.67	0.67	0.69	0.65	0.66	0.66	0.62
20	墨西哥	0.81	0.81	0.79	0.76	0.75	0.72	0.70	0.70	0.71	0.72	0.72	0.72	0.71	0.71

资料来源：原始数据来源于 TiVA 数据库，表中指标由作者计算所得。

注：表中排名是按照各个成员 2005—2018 年历年市场集中度的均值升序排序得到的。

（4）国际市场依赖度（DD）

表 11 展示了 2018 年 APEC 区域内 20 个经济体国际市场依赖度最高的前 8 个成员

的排名情况。①可以看到，2018 年外部依赖度排名较高的墨西哥、文莱、俄罗斯同样也是国际依赖度排名较高的成员。中国大陆、日本、美国三大主要经济体国际市场依赖度排名相对靠后，表明它们对 APEC 其他成员的依赖度较低，也反映了这三个经济体在中间品出口目的地选择方面的自主化和多元化。

　　表 12 展示了 2021 年 APEC 区域内 20 个经济体国际市场依赖度最高的前 8 个成员的排名情况，与 2018 年相比，各经济体的国际市场依赖度的数值并未发生显著变化，排名情况也基本稳定，仅印尼排名由 2018 年的第 9 位滑落至 2021 年的第 11 位，中国台北、菲律宾排名分别由 2018 年的第 10 位、第 11 位上升至 2021 年的第 9 位、第 10 位。

表 11　2018 年 APEC 区域内经济体国际市场依赖度最高的前 8 个成员排名情况

排名	成员	1	2	3	4	5	6	7	8
1	墨西哥	1(BRN)	0.999(PHL)	0.999(NZL)	0.999(MYS)	0.999(HKG)	0.999(IDN)	0.998(THA)	0.998(TWN)
2	秘鲁	1(BRN)	0.999(MYS)	0.999(SGP)	0.999(NZL)	0.999(VNM)	0.998(HKG)	0.998(IDN)	0.997(RUS)
3	文莱	1(CHL)	1(PER)	1(MEX)	0.999(RUS)	0.999(CAN)	0.999(HKG)	0.997(NZL)	0.994(VNM)
4	加拿大	1(BRN)	0.998(VNM)	0.998(PER)	0.998(NZL)	0.998(MYS)	0.997(CHL)	0.997(THA)	0.997(PHL)
5	智利	1(BRN)	0.999(PHL)	0.999(NZL)	0.999(MYS)	0.998(IDN)	0.997(SAU)	0.996(VNM)	0.993(THA)
6	俄罗斯	0.999(CHL)	0.998(NZL)	0.998(MLT)	0.998(AUS)	0.998(PER)	0.996(HKG)	0.994(MYS)	0.991(PHL)
7	中国香港	1(BRN)	0.999(CHL)	0.999(PER)	0.998(NZL)	0.998(MEX)	0.994(RUS)	0.994(VNM)	0.985(CAN)
8	澳大利亚	0.999(PER)	0.999(MEX)	0.998(CHL)	0.998(RUS)	0.993(BRA)	0.992(CAN)	0.991(PHL)	0.988(VNM)
9	印尼	0.999(BRN)	0.999(CHL)	0.998(PER)	0.996(NZL)	0.99(CAN)	0.989(MEX)	0.988(RUS)	0.986(HKG)
10	中国台北	1(BRN)	0.999(PER)	0.999(CHL)	0.998(NZL)	0.992(RUS)	0.986(AUS)	0.986(IDN)	0.984(CAN)
11	菲律宾	0.999(CHL)	0.999(PER)	0.997(NZL)	0.996(BRA)	0.995(RUS)	0.991(VNM)	0.986(IDN)	0.981(AUS)
12	新西兰	1(BRN)	0.997(PER)	0.996(CHL)	0.996(RUS)	0.991(MEX)	0.988(VNM)	0.988(HKG)	0.983(PHL)
13	新加坡	0.999(PER)	0.999(CHL)	0.996(BRN)	0.995(RUS)	0.992(MEX)	0.989(CAN)	0.989(NZL)	0.973(VNM)
14	美国	1(BRN)	0.995(NZL)	0.99(PER)	0.99(VNM)	0.989(PHL)	0.989(IDN)	0.988(HKG)	0.987(CHL)
15	越南	1(BRN)	0.997(NZL)	0.997(PER)	0.994(CHL)	0.989(HKG)	0.986(MEX)	0.983(SGP)	0.982(MYS)
16	韩国	1(BRN)	0.998(PER)	0.996(CHL)	0.996(NZL)	0.984(RUS)	0.983(CAN)	0.983(MYS)	0.982(THA)
17	马来西亚	0.999(PER)	0.999(CHL)	0.997(BRN)	0.991(NZL)	0.991(RUS)	0.989(CAN)	0.979(PHL)	0.974(HKG)
18	日本	1(BRN)	0.998(PER)	0.996(CHL)	0.996(NZL)	0.985(RUS)	0.98(PHL)	0.98(CAN)	0.978(MYS)
19	泰国	0.999(BRN)	0.998(PER)	0.995(CHL)	0.991(NZL)	0.985(CAN)	0.982(HKG)	0.981(TWN)	0.976(MEX)
20	中国大陆	0.999(BRN)	0.995(NZL)	0.993(PER)	0.988(CHL)	0.984(PHL)	0.98(MYS)	0.976(SGP)	0.97(TWN)

　　资料来源：原始数据来源于 TiVA 数据库，表中指标由作者计算所得。

　　注：表中排名是按照各个成员 2018 年双边国际市场依赖度的均值降序排序得到的。

---

　　① 因为市场依赖度指标分布靠近其上限值，为保证该指标清晰直观，故特地保留小数点后三位。

表 12　2021 年 APEC 区域内经济体国际市场依赖度最高的前 8 个成员排名情况

排名	成员	1	2	3	4	5	6	7	8
1	墨西哥	1(BRN)	0.999(PHL)	0.999(NZL)	0.999(MYS)	0.999(HKG)	0.999(IDN)	0.998(THA)	0.998(TWN)
2	秘鲁	1(BRN)	0.999(MYS)	0.999(SGP)	0.999(NZL)	0.999(VNM)	0.998(HKG)	0.998(IDN)	0.997(RUS)
3	文莱	1(CHL)	1(PER)	1(MEX)	0.999(RUS)	0.999(CAN)	0.999(HKG)	0.997(NZL)	0.994(VNM)
4	加拿大	1(BRN)	0.998(VNM)	0.998(PER)	0.998(NZL)	0.998(MYS)	0.997(CHL)	0.997(THA)	0.997(PHL)
5	智利	1(BRN)	0.999(PHL)	0.999(NZL)	0.999(MYS)	0.998(IDN)	0.997(SAU)	0.996(VNM)	0.993(THA)
6	俄罗斯	0.999(CHL)	0.998(NZL)	0.998(MLT)	0.998(AUS)	0.997(PER)	0.995(HKG)	0.994(MYS)	0.991(PHL)
7	中国香港	1(BRN)	0.999(CHL)	0.999(PER)	0.998(NZL)	0.998(MEX)	0.994(RUS)	0.994(VNM)	0.985(CAN)
8	澳大利亚	0.999(PER)	0.999(MEX)	0.998(CHL)	0.998(RUS)	0.993(BRA)	0.992(CAN)	0.991(PHL)	0.988(VNM)
9	中国台北	1(BRN)	0.999(PER)	0.999(CHL)	0.998(NZL)	0.992(RUS)	0.986(AUS)	0.986(IDN)	0.984(CAN)
10	菲律宾	0.999(CHL)	0.999(PER)	0.997(NZL)	0.996(BRA)	0.995(RUS)	0.991(VNM)	0.986(IDN)	0.981(AUS)
11	印尼	0.999(BRN)	0.998(CHL)	0.998(PER)	0.996(NZL)	0.989(CAN)	0.989(MEX)	0.988(RUS)	0.986(HKG)
12	新西兰	1(BRN)	0.997(PER)	0.996(CHL)	0.996(RUS)	0.991(MEX)	0.988(VNM)	0.988(HKG)	0.983(PHL)
13	新加坡	0.999(PER)	0.999(CHL)	0.996(BRN)	0.995(RUS)	0.992(MEX)	0.989(CAN)	0.989(NZL)	0.973(VNM)
14	美国	1(BRN)	0.995(NZL)	0.99(PER)	0.99(VNM)	0.989(PHL)	0.989(IDN)	0.988(HKG)	0.987(CHL)
15	越南	1(BRN)	0.997(NZL)	0.997(PER)	0.994(CHL)	0.989(HKG)	0.986(MEX)	0.983(SGP)	0.982(MYS)
16	韩国	1(BRN)	0.998(PER)	0.996(CHL)	0.996(NZL)	0.984(RUS)	0.983(CAN)	0.983(MYS)	0.982(THA)
17	马来西亚	0.999(PER)	0.999(CHL)	0.997(BRN)	0.991(NZL)	0.991(RUS)	0.989(CAN)	0.979(PHL)	0.974(HKG)
18	日本	1(BRN)	0.998(PER)	0.996(CHL)	0.996(NZL)	0.985(RUS)	0.98(PHL)	0.98(CAN)	0.978(MYS)
19	泰国	0.999(BRN)	0.998(PER)	0.995(CHL)	0.991(NZL)	0.985(CAN)	0.981(HKG)	0.981(TWN)	0.976(MEX)
20	中国大陆	0.999(BRN)	0.995(NZL)	0.993(PER)	0.988(CHL)	0.984(PHL)	0.98(MYS)	0.976(SGP)	0.97(TWN)

资料来源：原始数据来源于 TiVA 数据库，表中指标由作者计算所得。

注：表中排名是按照各个成员 2021 年双边国际市场依赖度的均值降序排序得到的。

四、APEC 供应链安全面临的机遇和挑战

（一）APEC 供应链安全面临的机遇

新一轮科技革命和产业变革风起云涌，国际产业分工格局和竞争局面深刻调整，全球供应链发展呈现新趋势，百年变局中孕育着诸多 APEC 提升供应链安全的机遇。

1. 区域贸易自由化的机遇

纵观亚太区域经济的发展进程，从"茂物目标"到"布特拉加亚愿景"，从宏观经济政策协调到高标准自由贸易区建设，亚太经济一体化进程未曾中断。进入 21 世纪以来，亚太地区的经济一体化形成了多层次的合作机制。亚太整体层面主要框架是 APEC。次

区域层面包含丰富多样的自由贸易协定：迄今为止最高水平的经贸自由机制《全面与进步跨太平洋伙伴关系协定》（CPTPP）；世界上最大的自由贸易协定《区域全面经济伙伴关系协定》（RCEP）、美墨加协定（USMCA）、中日韩自贸协定（FTA）；第三层是双边自贸区协议，2018 年达到了 180 多个。

亚太地区也是世界范围内自由贸易增长最快的地区。"茂物目标"实施起至 2020 年 11 月，APEC 平均关税下降了 60%，享受零关税待遇的产品种类增加了一倍，APEC 经济体参与的区域贸易一体化协定数量增长了 8 倍。①到 2019 年，已有 10 个 APEC 经济体全面实施了电子单一窗口，高于 2015 年的 7 个经济体。此外，到 2019 年，已有 7 个 APEC 经济体部分实施了电子单一窗口。截至 2020 年 11 月，已有 20 个 APEC 经济体启动了经认证的经营者（AEO）项目。

各国之间频繁的贸易和投资、区域贸易自由化的进一步加深都为供应链安全提供了更为良好的政策和环境支持。从目前来看，亚太地区产业链供应链合作水平是全球范围内最高的，也是最发达的。在推进实施《APEC 互联互通蓝图（2015—2025）》的过程中，有效加强了亚太各经济体物理、制度和人员之间的互联互通，提高了成员经济体之间的经济联系和依存度，推进贸易便利化、结构和规制改革、交通及物流便利化，同时也系统性地提高了供应链绩效和稳定性。众多区域自贸协定给区域产业链供应链带来集成效应，对区域供应链的巩固优化作用逐步显现；由中国发起的共建"一带一路"和亚洲基础设施投资银行促进了亚太经济合作的多元化，填补了基础设施建设缺口，开启了供应链合作新模式，为供应链的安全稳定创造了有利的基础、条件和机会。

2. 数字化和智能化发展的机遇

21 世纪以来，新一轮科技革命和产业革命方兴未艾，以大数据、人工智能、云计算、物联网等为代表的数字经济和智能技术成为第三次工业革命的核心，传统产业和新一代信息技术呈现双向融合趋势。系列重大颠覆性技术创新对传统产业形成了巨大冲击，引发生产方式、组织模式的全方位变革，产业发展方式正在发生颠覆性、革命性的转变，呈现出数字化、智能化、超融合的趋势。数字经济和智能技术对产业发展和供应链安全的驱动作用日益凸显，成为推动全球产业链供应链变革的新动力，也为亚太地区的供应链安全提供更多的技术支撑。

在国际营商环境不确定性增强的大背景下，新一代信息网络技术的广泛应用推动供

---

① 商务部. 1994 年"茂物目标"提出至今 APEC 平均关税下降了 60%. http://finance.cnr.cn/jjgd/20201119/t20201119_525335411.shtml.

应链服务的快速定制、全程可视化，为地域跨度广、群岛国家多的亚太地区提供了基于大数据分析的灵活响应能力，成为增强产业链供应链安全性的重要手段。从生产和运输环节来看，新一代信息网络技术能够推动亚太地区供应链信息流从线性传动向立体传动转变，供应链主体由传统工厂向"智慧工厂"转变，供应链运行的可预期性大幅提升，供应链的库存系统更加智能化。从销售和消费环节来看，亚太地区供应链对市场需求的判断更加准确，供应链对消费需求的响应更加精准，供应链在增加就业和节约时间方面成效显著，供应链升级也将引发亚太地区价值链的深刻调整。

数字技术加速创新革命性地改变了产品的供应链和生产流程，成为推动全球产业链供应链变革的新动力，也为亚太地区各经济体供应链安全建设提供了重要契机。为抢占竞争先机和未来竞争制高点，亚太各经济体纷纷抢滩布局数字经济和智能技术，不断突破数字智能技术，并加速向各产业领域渗透拓展，力争在新兴领域抢先取得创新突破。

3. 亚太地区发展前景广阔，经济韧性强

亚太地区一直是世界经济的重要增长极，是世界经济增长中最强劲、最活跃的一个板块，在经济总量和经贸规模方面都位居世界前列，是数字经济最发达的地区，也是全球范围内产业链供应链合作水平最高的地区。亚太经济合作组织 21 个成员的人口、贸易和 GDP 分别约占世界的 40%、50% 和 60%，涵盖了美、中、日世界前三大经济体，内部成员之间贸易和投资往来也十分紧密，对构建开放型世界经济、支持多边贸易体制、引领经济全球化发挥了积极作用。从供应链的角度来看，亚太区域在互利和互动的基础之上根据经济效益和竞争优势构建了系统的分工链，呈现一种动态的产业分工和竞争优势转移，从高到低、从复杂到简单、从大到小，各环节相互交融与配合。

无论世界形势如何演变，亚太经济韧性好、动力强的优势不会改变。在新冠疫情和俄乌冲突的双重影响下，全球经济增长更趋疲弱复杂，通胀压力不断加剧，国际自由贸易遭受严重冲击，部分国家陷入粮食、能源、金融危机。在这一黯淡背景下，亚太地区仍然是一个充满活力的地区，内部需求至今依然强劲，并率先在本次危机中呈现复苏势头。国际货币基金组织预计 2023 年亚太地区的经济增速将从 2022 年的 3.8% 上升至 4.6%，这意味着该地区对全球增长的贡献将达到约 70%。中国经济正在复苏，有望增长 5.2%，将成为拉动亚太地区增长的关键因素。[①]亚太地区经济的率先复苏，为产业分工基础上的供应链提供了便利和有保障的建设环境，为亚太区域的供应链安全体系建设带来先发动

---

① IMF. 亚太地区经济展望——亚太经济在不确定环境下持续复苏. https://www.imf.org/zh/Publications/REO/APAC/Issues/2023/04/11/regional-economic-outlook-for-asia-and-pacific-april-2023.

力的优势和机遇。

4. 全球供应链的趋势性调整带来集聚资源机遇

当前已经进入全球产业链演变新时代，新冠疫情冲击促使许多国家和地区对全球产业链有了新的认识，各国将更多考虑效率和安全的平衡，以及供应链的自主性和可控性。在技术变革和创新、地缘政治、气候环保，以及战争、新冠疫情等重大风险事件等多因素的共同作用下，全球产业链供应链加速演变，并呈现出多元化、本土化、区域化、数字化等新趋势、新特征，供应链的趋势性调整给经济互补性强、多元化程度高的亚太地区带来集聚资源的机遇。

多元化：受新冠疫情暴发叠加中美贸易摩擦和俄乌冲突的影响，许多经济体开始警惕供应商和采购来源过于集中的断供风险，为减少对单个或少数经济体外供应商的依赖，纷纷致力于加速推动全球产业链供应链多元化布局，以保证原材料和零部件的稳定与持续供应，亚太地区众多经济体的合作特性也给各成员提供了广阔的供应商和采购来源。

本土化：出于应对自然灾害和抵御地缘政治风险、强化关键战略产业供应安全等考虑，主要经济体纷纷加强在本土及周边地区的供应链布局，以提高所在供应链的自主性和可控性，增强和加快本地供应的响应能力与速度，全球供应链呈现出本土化和"缩短"趋势，这也强化了亚太地区区域合作的综合优势。

区域化：复杂的国际政治经济格局促使全球价值链密集型产业和服务在地理上更加集中，北美供应链、欧盟供应链和亚洲供应链等区域供应链"三足鼎立"格局加速形成。区域化和集聚化可以降低运输成本，提高物流调度效率，最大限度地避免各种自然灾害、疫情灾难的冲击。区域产业链合作及治理模式也从多边向区域经济一体化和双边合作转变，为亚太地区的区域经济一体化建设带来新的机遇。

数字化：当今世界以云计算、大数据、人工智能、互联网为核心的数字技术革命和产业变革加快发展，数字技术加速创新改变了国际经济的形式、全球化参与者的构成，以及相关国际贸易规则体系，成为推动亚太地区产业链变革的新动力，加速了产业链供应链数字化转型趋势，也促使亚太地区价值链密集型产业和服务在地理上更加集中。

（二）APEC 供应链安全面临的挑战

近年来，全球产业链供应链竞争愈演愈烈，各种外部冲击导致供应链安全风险趋升，也对 APEC 成员的供应链安全带来了诸多压力和挑战。

1. APEC 地区发展差异大，规划建设困难

APEC 在推进亚太区域合作中以"开放的区域主义"为基本原则，其运作是通过非

约束性的承诺与成员的自愿，强调开放对话及平等尊重各成员意见，强调参与的开放性、灵活性、非强制性。事实证明，不同于其他经由条约确立的政府间组织，以自主自愿、协商一致和灵活渐进为核心特征的"APEC 方式"在运行模式层面为亚太区域经贸合作的起步和早期发展提供了必要的舒适度和灵活性。但在当前全球经济不确定性和贸易保护主义的形势下，这种不完善的合作和协调机制的弊端也日益凸显，各成员政策难以协调，区域经济难以合理发展，从而加大了供应链风险。

一方面，由于 APEC 是一个集发达成员与发展中成员于一体的区域性组织，各成员的经济发展水平和承受能力不同，在各层面的经济合作中的利益诉求有很大差异，各方维护自身利益优先的驱动力很强，这使得各方在关税减让、数字经济、投资保护等敏感问题上的讨论往往难以深化，只能达成"大而空"的成果。另一方面，APEC "自愿而非强制性"的议事准则，没有约束力的软性构建方式难以让成员切实履行共识议程，各方在认识和行动上并不一致，规则分割，这使得 APEC 框架流于形式。同时受美国相关政策变化和新冠疫情等影响，APEC 也逐渐面临成员态度出现分歧，整体经济合作动力减弱，区域经济合作呈现出"碎片化"的特征。除此之外，亚太地区大量自由贸易安排具有很强的封闭性和排他性，形成了贸易与投资的"团团伙伙"，产生了"意大利面碗"效应；美国安全导向的政策，也使得亚太区域地缘政治与经济合作不兼容的矛盾进一步凸显，破坏了区域合作机制构建的共识基础。

就亚太地区的经济合作而言，尽管 APEC 合作机制的成员框架依然完整，许多机制还在运行，但如果不能在推动亚太经济合作上有新的作为，各成员对其信任度就会下降。因此，如何妥善处理"APEC 方式"与集体行动的长期效率和公平约束目标之间的关系是 APEC 在深化机制互联互通过程中要长期面对的问题。为了促进亚太区域经济科学合理发展、合作深化，维护区域经济及供应链体系的安全与稳定，在亚太区域构建一个合理的合作机制具有其必要性和时代性。

2. 贸易保护主义、单边主义的升级

长期以来，亚太区域一直存在经济与安全分离的二元平衡结构，中国经济的快速崛起带动了亚太地区的经济增长态势，即"经济靠中"；美国在为地区提供政治、安全等公共产品方面更具优势，则"安全靠美"，这种中美亚太共处的模式使中美双方的比较优势都得到了强化。为此 APEC 只谈经济问题，避谈安全问题，构筑了互信、包容、合作、共赢的亚太伙伴关系，保障了亚太地区较长时期的快速发展。

一方面，全球贸易保护主义抬头，以美国为首的发达国家推行贸易保护主义、限制技术转移、加速制造业回流等措施抬升供应链保护主义思潮，致使供应链的不稳定性和不可预测性增加，扰乱了全球供应链分工合作的发展逻辑与秩序。同时中国综合实力和经济影响力的快速提升，亚太区域经济主体间的力量结构、生产分工格局进一步改变，亚太区域经济发展呈现出大国经济博弈升级、区域摩擦频发、经贸合作碎片化趋势严重、区域合作与竞争并存的特征，给 APEC 成员的供应链稳定性带来了挑战。

另一方面，中国的快速发展引起了美国的警惕和战略焦虑，使得亚太经济合作被嵌入越来越多的政治因素，本属于经济问题的供应链已经被安全化和政治化。美国供应链联盟整合的政策将迫使供应链政治化、泛安全化和意识形态化，通过政治关系、国家间的同盟阻滞全球供应链的自然分工协作，地缘政治、经济安全和意识形态三者将在供应链问题上实现挂钩。供应链领域一旦走向集团化趋势，很多公共产品将被波及，一是本身较为依赖美国及其"友链"的国家将不得不"选边站队"，使得亚太区域的二元分离更凸显，加剧全球供应链的碎片化，破坏地区供应链整合和区域经济一体化的发展成果，被迫成为供应链，乃至全球经济割裂的推动者和受害者；二是美国的所作所为将造成负面"示范效应"，各国对于经济全球化的信任和信心下降，打破地区良性的供应链生态，削弱地区整体生产力。

在这种情况下，中国的先进技术发展和产业国际竞争力受到美国全方位施压，使得我国关键行业和领域的供应链短期内持续承压；中长期内以美国为首的供应链联盟重组重构全球供应链体系的风险也不容忽视，对亚太区域携手创造更为稳定和可持续的供应链体系带来严峻的挑战。

3. 亚太地区良好的供应链生态难以恢复

由于新冠疫情、俄乌冲突等一系列非预期性事件叠加冲击，迫使人员与货物移动受限、零部件与原材料供应受阻，直接导致全球范围内的供应链中断和延迟，加剧了全球供应链的"牛鞭效应"，国际循环出现局部性梗阻。乌克兰危机升级引发的西方制裁破坏了天然气、石油和粮食供应链，导致新一轮供应链危机，直接引发了世界范围内供应链的连锁反应，加速亚太地区供应链收缩、供应链体系紊乱，被打散的供应链环节可能面临割裂风险，加剧了亚太地区供应链的脆弱性和不确定性。

后疫情时代，亚太各经济体的表现呈现出高度不平衡和不稳定状态，经济发展面临着"需求收缩、供给冲击、预期转弱"三重压力，亚太地区良好的供应链生态难以完全恢复。紊乱的供应链体系也将进一步增加未来经营预期的不确定性，亚太地区被中断的供应链在疫情结束后将难以很快恢复。疫情发生后，许多企业有序复工复产，但各行业恢复情况不一，企业面临的"供需"压力巨大，对未来的信心和积极性不足，增资扩产意愿不强，导致产业链条恢复不畅。各经济体对供应链安全的信任程度和预期也将持续保持低迷，中国经济增长在中期放缓也将对亚太地区产生不利的溢出效应。贸易摩擦、地缘政治等导致的亚太地区各经济体采取的关闭边境、停航停运等措施导致国际物流迟滞、货物贸易成本增加，降低产业链运行效率，进一步凸显产业链分工方式和收益分配的内在风险。

4. 基础设施和资源环境的限制

亚太地区地域跨度广、经济发展情况差别巨大，且部分国家是群岛国家，市场碎片化，生态系统容易受到自然灾害的侵袭，对外部经济因素如全球贸易环境的变化依赖性强，其供应链也更容易受到灾害性天气和气候不稳定的影响，资源和环境问题可能会导致供应链网络重组或重新定位。其现有的公路、铁路、电力和航运等基础设施情况参差不齐，严重阻碍了生产要素流动，难以满足制造业投资对高质量基础设施的基本需求，妨碍这些经济体实现经济平衡发展和可持续的供应链安全。部分东南亚国家民族主义盛行，政策多变引发高度的政治风险，社会治安欠缺稳定，犯罪率高，腐败问题严重，营商环境落后，阻碍了获得经济发展的资金和动力。

从短期来看，绿色转型和产业发展对于众多亚太发展中经济体而言，存在多元目标协调的困难，在经济持续萎靡的大背景下全球供应链增长失去动力，统筹兼顾绿色转型与产业发展，以及平衡低碳转型目标和经济增长目标的难度进一步加大。部分 APEC 发展中成员数字基础设施依然薄弱，数字鸿沟也导致合作领域出现分歧，不利于 APEC 形成一致的集体行动，同时网络攻击、数据泄露、隐私侵犯等数字化安全风险也日益加剧，新一代数字贸易协定使数字规则之争的前景更加复杂，这都给供应链安全带来了新挑战。

五、提高 APEC 供应链安全的政策建议

（一）APEC 主要成员供应链安全政策前瞻

1. 美国

近年来，美国对关键产业链、全球供应链韧性和安全的重视达到了空前高度。拜登政府延续了奥巴马政府和特朗普政府对待供应链安全的重视态度，一直强调"经济安全就是国家安全，而更安全、更有韧性的供应链对美国国家安全、经济安全和技术领先地位至关重要"。

拜登政府在强化供应链管理水平、韧性方面实施了一系列政策措施，重点包括强化

全球供应链系统风险的识别与评估，加强运输基础设施建设与运输透明化技术研究，推进信息共享与智慧供应链发展；强化国内标准与法律规范，推动美国制造业振兴和回流，保障关键产品物料供应，聚焦重点领域关键产品和物料的供应。美国还通过构建供应链"盟友集团"和"友岸外包"来推动供应链重塑，持续推进全球供应链治理结构改造，强化国际盟友的非市场化手段，启动"印太经济框架"（IPEF）、"全球基础设施和投资伙伴关系"（PGII），推动"四方安全对话"（QSD）、联合英法德日等 18 个经济体发表《关于全球供应链合作的联合声明》等盟友体系建立，试图在关键供应链领域"去中国化"。

随着中国经济的崛起，全球供应链布局已成为中美博弈的重要领域，美国的政治考虑已凌驾于经济目标之上，对华调整全球供应链日益全方位安全化，对华政策中的国家安全考量也越来越多。美国供应链重塑计划的一个重要特征是弱化供应链全球化的自然演进，通过政治关系、国家间的同盟阻滞全球供应链的自然分工协作，构建以美国为主导的全球供应链体系，未来中美供应链将走向更深层次的对抗。

2. 日本

21 世纪以来，深度嵌入全球化的日本竞争力日益下降、传统商业风险不断增大，特别是新冠疫情、俄乌冲突、大国博弈等挑战导致日本的供应链安全意识高涨，刺激和加速了日本重构供应链战略体系的进程。由"经济与效率逻辑"转向"安全逻辑"，乃至更广泛的"政治逻辑"，日本推动产业链向"自主化+多元化"的方向发展，试图构建"内强外韧"的供应链体系。对内培育产业链竞争优势，加快新兴数字技术研发，推动日企完善抗风险能力；对外完善供应链多元化体系，与美国高度协调配合，参与或主导供应链意识形态化联盟。2022 年 5 月，岸田文雄明确表示，提高供应链安全和韧性等经济安全举措是日本应对动荡世界的基本思路。日本追随美国"重建"供应链的过程表明，日本正在尝试走出"安全上靠美国""经济上靠中国"的"二元依附"状态，削弱对华"经济依赖"，助力美国对华筑造"小院高墙"，辅助构建对华"包围圈"。日本将会跟随美国强化经济领域的意识形态化和阵营化，日本经济安全战略隐含的对华针对性也容易引发地区的警惕和排斥，迟滞区域经济一体化及进程。

3. 中国

自全球供应链进入重构调整期开始，我国便高度重视产业链供应链安全，党中央、国务院围绕产业链供应链做出全面系统部署，"十四五"规划更是从技术、效率、安全等各个维度对产业链供应链发展进行了全面规划，不仅要求全产业链提升，而且要求各个行业都做好供应链战略设计和精准施策，包括宏观层面的国际供应链合作，中观层面的供应链区域和产业协同，微观层面的供应链能力建设。未来我国将持续统筹高质量发展和高水平安全，顺应全球产业链供应链数字化、低碳化转型趋势，加快实现高水平的自立自强；推进构建"双循环"新发展格局，与深化供给侧结构性改革、实施扩大内需战略相结合，真正实现经济高质量、高自主可持续发展；在更高水平上加强对外开放和国际合作，参与高标准的全球治理体系改革，不断增强我国在全球产业链供应链创新中的影响力。充分利用我国超大市场优势、产业齐全的配套优势和新型举国体制的协同优势，力图冲破发达国家的封锁和遏制，培育出高质量、更大规模、自主可控的供应链体系。

4. 其他经济体

除此之外，其他 APEC 经济体也有诸多推动数字贸易进程的政策举动，如东盟于2016年发布的《东盟互联互通总体规划 2025》，旨在加强交通、通信和能源基础设施的互联互通，通过电子东盟（e-ASEAN）推动电子交易，解决现阶段物流中的关键问题，提高供应链的效率，保障供应链的安全。新兴经济体也逐渐加强对供应链安全的重视，并调整国际产业链的布局，提升产业链的自主水平和供应链保障能力。

（二）APEC 提高供应链安全的政策选择

1. 完善机制建设，改进 APEC 内部的协调与合作机制

提高 APEC 与地区主要成员发展需求之间的匹配度，增强 APEC 与 CPTPP、RCEP、共建"一带一路"等其他合作机制之间的互补性，实现更好的融合对接和相互促进，努力将其打造成为亚太区域经济合作的核心机制。在经济竞争日益激烈的亚太地区，APEC应该更加积极主动协调各成员利益，组织 APEC 领导人就新形势下 APEC 的发展与供应链的安全进行深入讨论，促进成员各自的互利合作，实现亚太地区长期的和平、繁荣和可持续发展。亚太各成员应进一步携手推动实现开放的贸易与投资，倡导合作共赢、互惠共存的理念，坚持维护多边贸易体制，坚持构建自由开放的亚太贸易投资规则，形成区域认同感，培育亚太命运共同体意识。推动共建共治共享，鼓励 APEC 成员之间共建共治共享供应链安全机制，建立起"一个机制、多方参与"的供应链安全合作框架，通过政府间合作、产业间合作、社会间合作等方式，共同推动供应链安全水平提升。

2. 深化经济合作，强化区域经济一体化建设

亚太地区作为世界经济重要增长极，值此历史关头，更应坚持开放的区域主义，承担起保障供应链韧性、提高供应链安全的重要使命。在自由贸易和投资方面持续推进，通过协调和合作来消除保护主义方面的问题，提高价值链的整合水平，建立更紧密的区域经济联系。提升亚太区域市场的开放性，作为区域合作机制，应该把重点放在减少障

碍、推动开放上，以降低因相互交叉安排而产生的"意大利面碗"效应，厘清内部现行的各类双边贸易协定，全面整合各项贸易规则，提升多边贸易规则的能效。促进亚太与印度洋区域经济对接，推动亚太与印度洋区域经济合作机制的构建，将中国与印度置于更大的区域经济框架，并融入区域经济分工和供应链，这符合两国的发展利益，也有利于亚太区域经济的发展。加强构建数字贸易领域的多边合作机制，着力加强同其他经济体在数字贸易领域的合作，缓解 APEC 经济体数字贸易发展水平不均衡的状态，推进构建数字贸易多边格局，共同促进数字贸易发展。

3. 加强基础设施建设，促进物流信息化

加强跨境信息共享。APEC 应推动各成员在供应链安全方面加强信息交流与共享，建立健全的合作机制，加强卫生、安全、技术等相关领域的信息互通，共同制定应对策略和应急预案。促进物流信息化，加强供应链各个环节的信息系统建设和互联互通，提高采购、生产、物流、销售等环节的运转效率，同时开展相关技术研究和标准化工作，从而加强供应链安全。APEC 成员应从政策、资金、运营机制等方面加大基础设施建设方面的合作，加强与 APEC 成员间的基础设施建设和互联互通，同时也要加强数字基础设施建设、配套制度建设。拓宽多种基础设施建设的融资渠道，借助 PPP 模式融资、积极利用债券融资、灵活利用股权融资等方式降低资金投入风险，提高资金投入效率，帮助亚太地区跨境基础设施建设工作顺利展开。同时由于其自身建设时间长、难度大的特性，要针对不同成员不同的基础设施建设情况重点施策，抓住关键节点和重点工程，按照目标重点建设、优先建设，提升 APEC 各成员的互联互通水平，强化亚太地区供应链的稳定性。

4. 促进信息共享，完善供应链风险管理机制

在国际营商环境不确定性增强的大背景下，APEC 各成员需要使用数字化技术对供应链进行赋能，构建起可视化、透明化的供应链网络，指导和调节生产者的贸易行为，增强各国供应链数字韧性。应当联合 APEC 成员形成新的数字共识，推动要素跨境流动、资本跨境合作、数字基础设施互联互通，加快数字安全治理协调机制建立，进一步加强区域供应链的韧性和弹性，携手推动亚太经济复苏和全球经济增长。同时数字经济概念的形成经历了多年的发展过程，其内涵不断丰富，所涵盖的领域不断拓宽，亚太地区各成员应努力寻找数字经济和机制建设合作的结合点，使二者起到相辅相成、相互促进的作用。同时也应该建立智能化供应链安全监测系统和预警机制，APEC 成员可根据自身资源和技术条件，建立相应的智能化供应链安全监测系统，对供应链整体性能、安全和

高效性进行监测和预警，避免供应链中断和安全事故。

（三）中国的政策选择

置身百年未有之大变局，世界经济不稳定性、不确定性明显增强，我们必须保持强烈的忧患意识，做好充分的思想准备和工作准备，在危机中育新机，于变局中开新局。为更好地抓住机遇、应对挑战，我们须厚植优势、规避劣势，方能化"危"为"机"，提升产业链供应链安全稳定性。

1. 整合科技力量攻克核心技术和"卡脖子"技术

面对美国对中国先进技术采取全方位施压政策，我国传统的技术引进利用模式遭遇空前阻击，"卡脖子"风险日益显现，也使得我国短期内在部分关键行业和领域陷入被动。因此，我国迫切需要加快技术自主能力突破，冲破发达国家"卡脖子"技术的封锁和遏制，获得产业控制权和发展主动权，从根本上保障供应链安全稳定。要转变对美国的斗争思维和理念，从依靠"引进""引进、消化、吸收、再创新"的思维向"自主创新"的思维转变，解决我国一些关键核心技术、关键基础材料对外依赖程度过高的问题，实现高水平的科技自立自强，塑造我国在国际大循环中的主导地位。制定实施"固本强基"中长期战略，从基础能力和核心能力两方面夯实我国科技自主能力，实现我国从 0 到 1 再到 N 的关键核心技术创新的全面突破和产业化应用。同时重点关注海洋、太空、网络空间、核聚变、现代生物、新能源等未来中美竞争在所难免的新兴领域，超前部署技术创新、应用开发与产业化，抢占新一代信息技术革命等未来科技竞争的制高点。

加快新兴数字技术及人工智能、物联网等新兴领域的推广应用，强化企业创新的主体地位，减少政府部门对微观经济活动的直接干预，释放科研创新潜力和活力，提高创新体系整体效能。充分发挥我国新型举国体制优势，有效激发政府和市场的双重激励作用，整合政产学研用各类资源，实现关键核心技术创新的全面突破和产业化应用，形成我国主导的供应链体系。营造产业链供应链大中小企业融通发展的数字化转型生态，发挥大企业引领作用，带动供应链上下游中小企业"链式"数字化转型，推进产业链供应链中小企业数字化普及应用，推动中小企业"上云上平台"融入产业链供应链。着力打造数字化系统解决方案，推进产业链供应链数字化标准体系建设，强化产业链供应链数字化复合人才培养，加强应届毕业生、在职人员、转岗人员数字化技能培训，推进产教融合型企业建设。

2. 积极践行多边主义，加强供应链安全的国际合作

基于时代背景和国情条件，我国需要以实施更大范围、更宽领域、更深层次对外开放为前提，对外拉紧国际产业链与我国的依存关系，通过国际合作阻止打击全球供应链的恶劣行为，维护供应链的全球公共产品属性。

坚持和平发展、友好合作、互利共赢的理念，积极寻机推动各方合作，在 G20、APEC 等多边机制框架内加强政策协调，积极引领和推动 APEC 改革，努力增强其权威性、约束性和吸引力，推动亚太共同体的建设。做好与美国"打持久战"的准备，抓紧制定在相关领域的反制措施，努力延缓 IPEF 谈判进程，尽快建立独立自主的关键技术与供应链体系。同时建立供应链合作的官方和非官方合作论坛和交流机制，扩大多边外交接触，加强与美国国内理性力量的对话与交流，积极参与引领国际经贸规则制定，打造各方普遍接受、行之有效的全球供应链治理规则，为亚太区域经济合作探索新模式和新道路。

作为世界第二大经济体和亚太经济相互依存的核心，我国进出口总值突破 42 万亿元关口，且连续 6 年保持世界第一货物贸易国地位，是 140 多个国家和地区的主要贸易伙伴，也是东盟、日韩、欧洲的重要市场。①因此我国需要充分发挥综合成本优势和超大规模市场优势，积极整合利用国外资源要素和市场，坚持外向拓展、互利共赢，加强与日韩、东盟国家的全面合作和依存关系，织密织牢国际分工协作网络，进一步增加美国诱逼其他国家与中国经济"脱钩"、打造"经济排华圈"的成本。在推动 RCEP 执行和完善的基础上，利用好亚太地区地缘相近、产业互补性强等优势，推动中日韩自由贸易区谈判进程，加强与东亚、东南亚地区的供应链紧密协作和有机融合，推动区域供应链升级和协调发展。高质量共建"一带一路"，立足不同国家的发展互补性和协同性，探索促进共建"一带一路"国家进行产业链供应链合作新模式，冲破发达国家的封锁和遏制，加快构建"以我为主"的区域供应链，培育出高质量、更大规模、自主可控的供应链体系。着力推进产业链供应链国际合作稳固化、多元化、弹性化，建立分散型的供应来源网络，力争重要产品和供应渠道都有替代来源，形成必要产业备份系统，为国内关键技术突破创造条件、赢得时间。

3. 调整优化供应链空间布局，推动供应链优化升级

随着国内市场的不断扩大和需求的不断转型升级，我国应进一步深化经济体制改革，

---

① http://www.gov.cn/xinwen/2023-01/14/content_5736849.htm。

开发和开放中国国内消费市场，立足国内市场特别是高端产品市场培育，提升自主可控能力，牵引供给体系水平和质量的提高，增强供应链的稳定性和安全性。同时中国还要加强国内市场和国际市场的互联互通，以互利共赢的方式充分利用国内国际两个市场、两种资源，实现国内国外市场的充分对接，打造国内国际"双循环"的新发展格局，将更多周边国家和共建"一带一路"国家纳入国内大循环，打造内外资更加平等、内外贸更加融合的全方位高水平对外开放格局。

国内方面，面对复杂严峻的地缘政治环境和外部冲击影响，不仅要考虑成本和市场，还要从安全、多元、平衡的角度重新审视产业布局调整，优化地区规划布局，深化地区分工与协作，加强市场一体化机制建设，充分发挥地区比较优势。充分发挥我国空间地域广、劳动力资源丰富的优势，聚焦我国区域间发展不平衡和产业布局存在差异等特点，更好挖掘产业结构梯次转移的空间潜力，健全区域经济协调发展机制，形成产业空间合理分布、地区协同、城乡互动、东中西联动的格局。关注产业布局的国内转移与承接，优化各产业、各区域供应链全环节的布局调整，重点依托长三角、京津冀和粤港澳大湾区打造若干世界级先进制造业集群，集中资源在中西部和东北地区培育一批承接产业转移的核心增长极。引导各地根据不同的资源禀赋和要素条件，优化生产力布局，完善国内供应链，逐步形成区域之间、产业之间、企业之间产业互补、生产互补、供应互补的内在经济联系和生产分工，激发产业内生发展新动能，增强国内产业体系的协调性、坚韧性并扩大回旋空间。

我国要适应高质量发展要求，加强供应链的产业结构升级、发展模式转型，由规模优势向质量优势和技术优势转变，推进产业基础高级化和产业链现代化，向更高的供应链国际分工位势跃升。面向产业提档升级新需求，我国需强化质量基础设施能力，大力培育先进生产能力和精优产品供给，着力破解"低端过剩、高端不足"的结构性矛盾，改造升级传统产业，再造嫁接新兴链条，显著增强供给质量优势。改善劳动力、资本、土地等传统要素供给水平，提高知识技术、管理和数据等新兴要素贡献度，驱动产业结构向技术知识密集型优化升级，产业动能由规模带动向价值领航、由要素驱动向创新驱动转换。

4. 强化供应链安全预警机制，优化供应链管理

我们要坚持底线思维，加强供应链的安全评估、监测和预警。建立供应链安全评估体系，组织专业研究机构开展供应链安全研究，统筹政府各有关部门进一步挖掘我国潜在的内外风险和现有优势，对我国重点供应链中薄弱环节的风险及问题进行系统汇总及归类，准确把握核心产业动向，实现重点供应链转型升级，推动重点供应链安全、稳步发展。要加强对不可预见风险的预防性工作，完善供应链安全预警和安全应急处理机制，提高对各类风险动态监测和基于突发事件的实时预警能力。建立储备充足、反应迅速、抗冲击能力强的应急体系，及时把握突发事件影响，提前开展风险预警和干预，推动应对安全风险行动的优先次序和资源分配。

推动建立供应链安全管理制度和标准，完善供应链安全法律法规体系，强化供应链管理的规范化和标准化，提高对供应链风险的抵抗能力。同时也要加强政府部门、市场主体等各方的沟通交流，在技术上加强跟踪控制，在政策上加强统筹协调，提升政府部门的应急管理效率和强化安全监管职能，将国家层面维护供应链安全工作与企业层面供应链安全风险防范相结合，形成多渠道、多层次供应链稳定保障体系。

注重供应链管理，重视和完善国内外物流通道和体系建设。不断应用最新数字化、智能化技术促进优化供应链管理模式，利用创新科技手段提高交通物流子系统集成水平和管理效率，着力提升我国物流网络的自主性、可控性和全球性，形成与我国经济社会发展相适应的高效、通畅、安全的物流网络和供应链体系。在关系国家安全的领域和节点构建自主可控、安全可靠的国内生产供应体系和供应链可追溯体系，同时拓展多元化的供应来源网络，寻求构建"友岸供货"供应链，推动在关键零部件上形成必要的产业备份系统，确保极端情况下经济正常运转。

5. 优化营商环境，加强企业间的协同性

供应链韧性的第一要素是战略上的安全可控，保障产业链供应链安全稳定需要全面布局、分期部署、分类施策，强调各部门联动协同、共同发力，加强产业、财税等非市场化政策工具的运用。强化制度创新和制度供给，应从战略全局视角来加强保障产业链供应链安全稳定，并以此作为构建产业生态系统和政策体系的核心逻辑，加快扫除制约产业链价值提升、供应链畅通的体制机制障碍。深化要素市场化配置改革，着眼建设统一市场，破除平等竞争的障碍，理顺资源和要素价格机制，引入公平竞争性审查机制，推动资源要素自由流动和优化配置。尊重和利用市场经济逻辑，完善市场监管体制，着眼解决政府干预过多和监管不到位或缺位的问题，健全产业监管制度和准入制度，对新业态、新模式实施包容审慎监管。通过加强制度型开放，完善市场化、法治化的市场调节机制，支持更多龙头企业对接和参与国际标准制定、修订，为产业供应链的培育发展营造更加稳定、公平、透明、可预期的营商环境。统筹科研院所、高校、企业研发机构力量，加快构建分工合理、梯次接续、协同有序的创新体系，形成优质创新力量集聚引领、重点区域辐射带动的协同创新效应。

保障供应链安全、提升供应链韧性也取决于微观主体的活力、创新力和抗风险能力，因此需要有效激发政府和市场的双重激励作用，充分发挥我国新型举国体制优势，构建中国特色的"政府+市场"协同融合机制，政企协作、系统发力，提升供应链控制力和稳定性。厘清产业链各关键环节中政府和市场的作用及其分工协作，加大核心领域的政府投入和市场化融资支持，扩大国内重点供应链相关产业生产，保持产业富余产能，提升供应链韧性。增强重点供应链透明度，进一步加强政府与产业之间的信息分享和透明化管理，完善我国重点供应链标准的国际化建设，进一步实现基础共性、通用技术标准与国际主流国家接轨。

6. 加强绿色可持续发展

我国应遵循"双碳"工作和供应链发展的客观规律，通过产业产品升级绿色减碳、用能用料源头绿色减碳、技术创新应用绿色减碳、空间优化布局绿色减碳、精细高效管理绿色减碳，多措并举推动供应链绿色低碳转型。

持续优化产业结构，在全国有序推进能源结构优化转型，积极发展节能环保新能源产业，培育壮大低碳、零碳和负碳产业，逐步降低高碳行业比重。推动新能源、新材料、生物技术、数字技术、化工行业生产技术与工艺交叉融合、协同创新，实现经济增长与碳排放脱钩的产业变革，推动工业产品向产业链供应链中高端延伸。逐步实施原材料替代，以非化石电力替代传统煤电，开发以生物质为基础的工业材料，通过绿色原料转型实现根本性减碳，提升产品附加值和资源的利用率，降低单位产出碳排放水平和原料使用效率。加强中西部地区数据中心和电力网一体化设计，提高绿色能源使用比例，缓解可再生能源电力与用电负荷的时空错配。

加强绿色低碳发展法治建设，健全适应"双碳"目标需要的法律制度体系，鼓励各地区和行业协会、企业等依法制定更加严格的地方标准、行业标准和企业标准。引导企业提高节能环保意识，按照相关质量技术标准，加强绿色节能改造，打造绿色企业、绿色工厂、绿色供应链管理企业等。

参考文献

[1] 田正，刘云. 日本供应链安全政策动向及评估[J]. 现代国际关系，2022（8）：54-61.

[2] 李建民. 西方对俄罗斯制裁产生的影响、应对及启示[J]. 经济导刊，2022（Z1）：34-39.

[3] 中华人民共和国国民经济和社会发展第十四个五年规划和2035年远景目标纲要[N]. 人民日报，2021-03-13（001）.

[4] 习近平. 高举中国特色社会主义伟大旗帜　为全面建设社会主义现代化国家而团结奋斗——在中国共产党第二十次全国代表大会上的报告[R]. 奋斗，2022（20）：4-28.

[5] 张蕴岭. 新形势下的亚太区域经济合作[J]. 当代世界，2020（11）：11-16.

[6] 翁东玲. APEC 与中国发展愿景：中国的角色定位研究[J]. 亚太经济，2022（6）：10-18.

[7] 陈迎. 碳中和概念再辨析[J]. 中国人口•资源与环境，2022，32（4）：1-12.

[8] 孟夏. 亚太区域经济合作发展报告：2020[M]. 天津：南开大学出版社，2021.

[9] 国家发展和改革委员会产业经济与技术经济研究所. 中国产业发展报告 2022[M]. 北京：经济科学出版社，2022.

[10] 苏格. 亚太互联互通：现状与未来[M]. 北京：世界知识出版社，2021.

[11] U.S. White House. An Action Plan Developed in Response to President Biden's Executive Order 14017, Securing Defense-Critical Supply Chains, February.

[12] http://perth.china-consulate.gov.cn/chn/tpxw/202011/t20201121_209459.htm.

[13] http://www.gov.cn/gongbao/content/2017/content_5234516.htm.

[14] https://www.imf.org/zh/Publications/REO/APAC/Issues/2023/04/11/regional-economic-outlook-for-asia-and-pacific-april-2023.

[15] https://www.guancha.cn/zhouyi/2022_03_11_629905_2.shtml.

[16] https://opinion.huanqiu.com/article/48vBgvZuLd9,2022.7.24.

[17] https://opinion.huanqiu.com/article/48vBgvZuLd9.

[18] http://www.gov.cn/xinwen/2023-01/14/content_5736849.htm.

[19] 苏庆义. 全球供应链安全与效率关系分析[J]. 国际政治科学，2021，6（2）：1-32.

[20] Koopman R B, Wang Z, Wei S J. Tracing Value-Added and Double Counting in Gross Exports[J]. The American Economic Review, 2014, 104(2): 459-494.

[21] Johnson R C, Noguera G. Accounting for Intermediates: Production Sharing and Trade in Value Added[J]. Journal of International Economics, 2012, 86(2): 224-236.

[22] Thi Huong Tran. Supply Chain Risk Assessment: A Content Analysis-based Literature Review[J]. International Journal of Logistics Systems and Management, 2018, 31(4): 562-591.

亚太地区半导体产业政策竞争和中国的应对之策

摘 要： 2023 年，APEC 会议以"为各方创造一个有韧性和可持续的未来"为主题，将产业链供应链韧性的重要性提升到一个全新的高度。至于如何增强供应链韧性，APEC 成员长期以来的基本共识是，拥抱以世贸组织（WTO）为核心、以规则为基础的多边贸易体制，将参与全球价值链视为提升本经济体供应链韧性的一部分，努力提升经济自由化，避免不必要的贸易壁垒和政策干预。然而在半导体供应链韧性和安全领域，这个共识正逐渐被打破。半导体供应的特殊重要性及其在疫情期间暴露的脆弱性，促使 APEC 主要成员或主动或被动地选择非常规产业政策，改变企业自然的市场行为，以非合作博弈，甚至是零和博弈的方式保障半导体的本土供应安全。本文旨在探讨如何应对这场波及整个亚太，甚至全球所有经济体的半导体产业政策竞争。

关键词： 半导体产业；芯片战略；产业政策

一、半导体产业概述

（一）产品和市场

半导体产业是从事半导体及其制品设计和制造的产业。根据世界半导体贸易统计组织（WSTS）的统计，2022 年全球半导体产业大市场规模为 5741 亿美元，预计在 2023 年将经历 10.3% 的下滑，降至 5151 亿美元，随后会出现强劲复苏，2024 年估计会实现 11.8% 的增长，达到 5751 亿美元。[①]

---

[*] 罗伟，南开大学 APEC 研究中心副研究员。

[①] WSTS. WSTS Semiconductor Market Forecast Spring 2023. 2023-05.

半导体产业最重要的产品是集成电路或者芯片（两者常被视为同义），包括逻辑芯片、存储芯片、模拟芯片和微处理器四种。2023 年的半导体市场规模是 4128 亿美元，占全部半导体产业的 80%，WSTS 预计这一比例将在 2024 年增长至 81.7%。在集成电路的市场构成中，逻辑芯片占比最高，为 42%；其次是存储芯片和模拟芯片，占比都约为 20%，前者略高；最后是微处理器，占比 17%。不过 WSTS 预计存储芯片将在 2024 年出现超过 40% 的高速增长，届时其占集成电路的比重将达到 26%。除芯片外，半导体产业还有分立器件、光电子器件和传感器三类制品，规模相对较小，在 2023 年占全部半导体市场的比重分别为 8.9%、7.0% 和 4.0%。[1]

在半导体产品需求方面，计算机（PC、服务器等）和通信产品（智能手机等）是全球半导体产品的主体，根据 WSTS 对 2022 年数据的统计，计算机和通信产品的合计占比达到 56%。随着电动汽车和辅助驾驶技术的发展，汽车领域对于半导体的需求快速增长，市场规模从 2014 年的 349.4 亿美元[2]增长至 2022 年的 803.6 亿美元，[3]年均增长 11%，占半导体产品需求的比重从 2020 年的 10.4%[4]增长至 2022 年的 14%，[5]成为半导体的第三大需求领域。

（二）价值链构成及其区位分布

半导体价值链主要包括芯片设计、晶片制造和封装测试三大核心环节[6]，以及电子自动化设计/知识产权核（简称 EDA/IP 核）、半导体设备和半导体材料三大支撑环节[7]。各价值链环节的增加值占比与区位分布如图 1 所示。

---

① WSTS. WSTS Semiconductor Market Forecast Spring 2023. 2023-05.
② Semiconductor Industry Association (SIA). The U.S. Semiconductor Industry: 2015 Factbook, 2015.
③ Semiconductor Industry Association (SIA). The U.S. Semiconductor Industry: 2013 Factbook, 2023.
④ Semiconductor Industry Association (SIA). The U.S. Semiconductor Industry: 2021 Factbook, 2021.
⑤ Semiconductor Industry Association (SIA). The U.S. Semiconductor Industry: 2013 Factbook, 2023.
⑥ 芯片设计是一个将系统、逻辑与性能的设计要求转化为具体的物理版图的过程，主要包含逻辑设计、电路设计和图形设计等，将最终设计出的电路图制作成光罩，进入下一个制造环节。晶片制造又分为晶圆制造和晶圆加工两部分。晶圆制造是指运用二氧化硅原料逐步制得单晶硅晶圆的过程，主要包含硅的纯化、多晶硅制造、拉晶、切割、研磨等；晶圆加工则是指在制备晶圆材料上构建完整的集成电路芯片的过程，主要包含镀膜、光刻、刻蚀、离子注入等几大工艺。封装测试是指将通过测试的晶圆按照产品型号及功能需求加工得到独立芯片的过程，包含封装和测试两道工序。封装是把晶圆厂生产出来的集成电路晶片放到一块起承载作用的基板上，用引线将晶片上的集成电路与管脚互连，再把管脚引出来，然后固定包装成为一个整体。测试主要是对集成电路等半导体产品的功能和性能进行验证的步骤，其目的在于将有结构缺陷及功能性能不符合要求的半导体产品筛选出来，从而保证产品的正常应用。
⑦ EDA/IP 核是可以极大限度降低半导体设计成本的无形资产，前者为芯片设计提供软件工具，提高设计的效率，后者为芯片设计提供经验证可复用的设计模块，减少设计的工作量。半导体设备是指半导体制造过程中的设备，包括光刻机、刻蚀设备、薄膜沉积设备等晶片制造设备和贴片机、划片机、引线焊接设备等封装测试设备。半导体材料是用于半导体制造的原材料和辅助材料，包括硅片、特种气体、掩膜版、光刻胶等晶片制造材料和封装基板、引线框架、键合丝等封装材料。

在半导体价值中，芯片设计、EDA/IP 核和半导体设备是研发密集型环节，其增加值占整个半导体价值链的 71%。除韩国在存储芯片设计方面占主导地位外，美国在其他高研发强度价值链环节中都占据主导地位，在 EDA/IP 核和逻辑芯片设计方面的增加值占比分别高达 74% 和 67%。中国在这些环节有一定的体量，但竞争力远弱于美国。

半导体材料和晶片制造是半导体价值链中资本密集的环节，增加值占全部价值链的 24%，中国台北、日本、韩国、中国大陆、美国和欧洲的增加值占比接近。但考查不同制程的晶片制造（如图 2）可发现，中国大陆仅在成熟制程芯片制造领域具有一定的竞争力，市场份额在 20% 左右，仅次于中国台北。在先进（10-22 纳米）制程芯片领域，美国、中国台北和欧洲分列前三，中国大陆的份额仅为 3%。最先进制程（10 纳米以下）的晶片制造（EDA）几乎完全被中国台北和韩国垄断，两个经济体所占份额分别为 92% 和 8%。

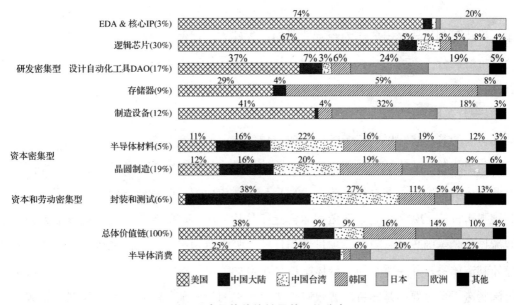

图 1　半导体价值链及其区位分布

资料来源：Semiconductor Industry Association, State of the U.S. Semiconductor Industry 2021.

注：图中逻辑芯片、设计自动化工具和存储器指代三类芯片的设计环节，其中设计自动化工具为分立器件、光电子器件和模拟芯片的统称。

封装和测试是半导体价值链中的资本和劳动力密集行业，占全部增加值的 6%。中国大陆占半导体封装和测试的份额最高，达到了 38%，美国的市场份额仅为 2%。

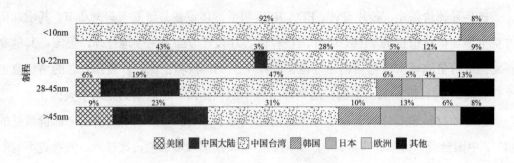

图 2　分制程芯片制造的区位分布

资料来源：Semiconductor Industry Association, State of the U.S. Semiconductor Industry 2021.

二、主要经济体的芯片战略

新冠疫情期间出现的半导体供应的短缺，半导体供应对部分经济体和地区的过度依赖，以及限制半导体出口作为经济武器的巨大威力，促使主要经济体重新思考半导体的全球价值链分工，或主动或被动地选择将保证半导体的本土供应作为半导体战略的主要目标。

（一）美国

美国的芯片战略是后疫情时代全球半导体产业政策竞争的发动机。

美国的芯片战略源于特朗普政府时期的口号——美国利益优先。时任负责经济发展、能源与环境的副国务卿克拉奇在 2020 年 5 月促成台积电的合作。台积电决定在美国亚利桑那州投资 120 亿美元，建造和运营一座晶片工厂。这是美国历史上规模最大的产业回流投资。美国政府希望以此项目作为杠杆，吸引台积电的供应商系统，强化美国的半导体制造体系，并说服其他半导体制造公司，如美国的英特尔和韩国的三星，积极跟进美国制造。更重要的是，特朗普政府希望台积电的投资项目能够作为催化剂，促成跨党派半导体法案，为美国的半导体发展提供必要的资金。[①] 此法案最终演变成为美国的《为美国生产半导体创造有益激励法》（*Creating Helpful Incentives to Produce Semiconductors for America Act*，简称 CHIPS 法案或芯片法案）。

芯片法案被认为有助于确保美国实现保持科技领先地位、保障半导体供应链安全和

---

① Patterson，Alan. Architect of CHIPS Act Speaks on Its Impact. EE Times, https://www.eetimes.com/architect-of-chips-act-speaks-on-its-impact/.

限制中国发展这三个在两党具有较高共识的目标。[①]在近两年的立法过程中，美国民主党和共和党、参议院和众议院，虽在法案内容上存在不同的立场，但都认为应该尽快促进芯片法案的出台。2022 年 7 月，美国参议院和众议院协调委员会决定先搁置双方在"美国竞争法案"中的分歧，优先通过其中涉及半导体产业激励和加大基础科研投资的内容，即"芯片和科学法案"，芯片法案是该法案的三大组成部分之一。[②]2022 年 8 月 9 日，美国总统拜登签署了该法案，宣告法案正式生效。

芯片法案授权美国政府在未来 5 年为美国半导体制造业提供约 527 亿美元的补贴，具体分配见表 1。

表 1　美国芯片法案对半导体产业的资金补贴　　　　单位：亿美元

基金名称	2022	2023	2024	2025	2026	2027
美国芯片基金	240	70	63	61	66	—
美国芯片国防基金	—	4	4	4	4	4
美国芯片国际科技安全和创新基金	—	1	1	1	1	1
美国芯片劳动力和教育基金	—	0.25	0.25	0.5	0.5	0.5

资料来源：根据芯片法案内容整理。

其中美国芯片基金必须用于实施商务部的半导体激励措施和《2021 财年国防授权法案》授权的研发和劳动力发展计划。美国芯片基金包括激励计划即商业研发和劳动力发展计划。激励计划将在五年内分配 390 亿美元用于实施《2021 财年国防授权法案》第 9902 款授权的计划，其中 370 亿美元用于先进制程的芯片，20 亿美元用于成熟制程的芯片[③]。商业研发和劳动力发展计划将在 5 年内拨款 110 亿美元，用于国家半导体技术中心、国家先进封装制造计划，以及其他研发和劳动力发展计划。其中 2022 财年将拨款 50 亿美元，其中 20 亿美元用于国家半导体技术中心，25 亿美元用于先进封装制造计划，5 亿美元用于其他相关研发计划。

---

① 李峥. 八个维度解读美国《芯片与科学法》[R]. 中国现代国际关系研究院，2022（12）.

② 除芯片法案外，还包括"研发、创新和竞争法案"和"2022 年最高法院安全资金法案"。该法案整体涉及金额约 2800 亿美元，包括向半导体行业提供约 527 亿美元的资金支持，为企业提供价值 240 亿美元的投资税抵免，鼓励企业在美国研发和制造芯片，并在未来几年提供约 2000 亿美元的科研经费支持等。

③ 成熟制程的芯片包括①28 纳米或更早一代制程的逻辑芯片，②对于与存储技术（Memory Technology）、模拟技术（Analog Technology）、封装技术（Packaging Technology）和任何其他相关技术中采用类似于前述①项中描述的制程的技术，则由美国商务部部长、国防部部长和国家情报局局长认定其是否属于成熟制程芯片，以及③其他由美国商务部部长通过公示的方式，进一步认定为符合成熟制程芯片定义。值得注意的是，成熟制程芯片定义里不包括经美国商务部部长、国防部部长和国家情报局局长认定为对美国国家安全至关重要的芯片。

此外，美国芯片国防基金将分配 20 亿美元用于微电子军民共用网络计划及半导体劳动力培训，旨在加速将实验室成果运用到军事领域。美国芯片国际科技安全和创新基金将分配 5 亿美元资金用于美国国际开发署等机构与外国政府合作伙伴相协调，以支持半导体供应链及相关活动。美国芯片劳动力和教育基金将分配 2 亿美元给国家科学基金会，以促进半导体劳动力增长。

在补贴半导体的同时，芯片法案设置了一个禁止性规定，或者说"护栏条款"（Guardrail Provision），规定"覆盖实体"①在 10 年内不得参与任何使中国或其他受关注国家（包括俄罗斯、伊朗、朝鲜等美国认为构成"国家安全威胁"的国家）的半导体制造能力得到实质性扩张的重大交易。②即便没有获得补贴的企业，只要其参与此类重大交易，就不再有资格享受税收优惠。根据芯片法案的规定，在 2022 年 12 月 31 日之后投入使用且在 2027 年 1 月 1 日之前开始建设的制造半导体或半导体设备的"合格投资"③里开支的 25% 给予税收抵免。如果在享受税收优惠后参与此类交易，则会被要求退还税收抵免。此外，来自中国和其他受美国关注的国家的企业，也被排除在税收优惠的范围之外。④

（二）日本

日本曾经在全球半导体产业中占据领导地位，现在也仍在半导体材料等价值链环节占据重要位置，但进入 21 世纪，日本对全球半导体产业发展的影响力逐渐降低。日本政府近年来希望借全球半导体价值链重构之机，依托"芯片四方联盟"，重振半导体产业。

2021 年 5 月，日本自民党成立了研讨半导体战略的议员联盟。日本经济产业省也紧随其后，于同年 6 月制定了"半导体战略"，提出振兴半导体产业的三步走战略。第一，强化物联网相关半导体的生产基地的建设；第二，加强与美国合作，研发下一代半导体技术；第三，进行全球合作，实现光电融合等未来技术。此外，经济产业省将开启如下

---

① "覆盖实体"为经证明有实质能力为半导体制造、组装、测试、封装或研发相关设施进行融资、建设、扩建的私营实体、私营实体联盟或公共和私营实体的联盟。值得注意的是，在芯片法案下，"覆盖实体"也包括接受补助和税收抵免企业的"关联集团"（Affiliated Group）["关联"的定义根据美国税收法第 1504（a）条规定判断]。比如符合上述"关联集团"的外国母公司也会受到其子公司与美国商务部部长签订的相关协议的约束。

② 该禁止性规定允许两个例外，其一是受资助实体现存的用于制造"成熟制程芯片"的设施和设备（即成熟制程芯片的"存量"可以保留），其二是对于重大的、新增扩大半导体产能的交易，如果其同时满足"成熟制程芯片"和"主要用于受关注国家的市场"两个进一步的条件，那么也可以被豁免（即满足条件的成熟制程芯片的"增量"也可以豁免）。

③ "合格投资"指主要目的为制造半导体或半导体设备的设施的投资，包括厂房、生产设备、可折旧摊销的有形资产等，但不包括对办公室、行政服务或其他与半导体制造无关的投资。

④ 杜江，梁春娟，汪墙，等. 美国《芯片与科学法案》解读：中美半导体产业博弈升级. 北京市君合律师事务所，2022-08-31.

重大项目：

①邀请台积电（TSMC）来日本熊本县建厂，并提供约 4800 亿日元的支持。

②成立新的半导体公司——Rapidus 株式会社。该公司由日本丰田汽车株式会社、日本电信电话株式会社、索尼集团、软银、日本电气、电装、铠侠、三菱 UFJ 银行八家公司共同投资 73 亿日元成立，经济产业省提供 700 亿日元的补贴支持该项目。

③成立"技术研究组合最尖端半导体技术中心"（LSTC）。该中心将与美国国家半导体技术中心等海外相关机构合作，打造开放的研究开发平台，负责实施下一代半导体量产技术开发项目，以强化日本半导体相关产业的整体竞争力。

迄今为止，日本政府所公布的针对半导体领域的财政补贴已达到约 2 万亿日元。具体如下：

①基于《经济安全保障推进法》，为强化半导体及原材料、零部件、制造设备等供应链提供支持资金（3686 亿日元）。

②基于《特定高度情报通信技术活用系统开发供给导入促进法修正案》（简称《5G 促进法修正案》），为建立尖端半导体国内生产基地提供资金（尖端半导体基金，4500 亿日元）。

③基于"创新信息通信技术基金"，为下一代半导体制造技术等的研发和实证提供资金（4850 亿日元）。

（三）韩国

韩国是当前半导体全球价值链分工最大的既得利益者之一。面对美国推动半导体制造回流的尝试，韩国政府需要在避免美国制裁的同时，维持其在半导体制造的领导者地位。韩国产业研究院在《全球半导体供应链重构动向及政策影响》中指出，"由于美国拥有大量的半导体源头技术，并且通过控制技术出口来遏制其他国家（地区）半导体的生产，因此如果不加入美国领导的半导体联盟，在最坏的情况下将导致无法在本国生产半导体。此外，考虑到日本强大的半导体产业自 20 世纪 80 年代中期因美国遏制开始衰退，并且至今仍未恢复的现状，韩国需要对参与美国推动的半导体联盟进行正面评价"[①]。

韩国政府选择强化国内半导体制造企业之间的纽带，以降低关键企业将生产转移至国外的动机。2021 年 5 月 13 日，韩国科学技术信息通信部发布"K 半导体战略"。韩国政府将携手三星电子和 SK 海力士在内的 153 家企业，在本土半导体业务上投资 4510 亿

---

① 韩智库. 全球半导体供应链将于 2025 年前后开始重构[EB/OL]. 贸易风险预警网, [2023-05-09]. http://risk-info.com/details.aspx?id=7293.

美元（包括政府支持的一揽子计划、税收优惠和企业的投资承诺等），至 2030 年在韩国构建起全球规模最大的半导体产业供应链——K 半导体产业带——集半导体生产、材料、零部件、设备和尖端设备、设计等为一体的高效产业集群。

"K 半导体战略"有四大目标：一是打造由韩国西侧的板桥至温阳等七大城市，连接东侧的利川至清州等五大城市的 K 字型半导体带，建成全球最大的半导体生产基地；二是扩大基础建设支援，通过租税优惠、基础建设支援等，转变为"适合半导体产业发展的国家"；三是强化半导体基盘，包括优化人才培育及管理、企业间连接合作、次世代技术研发，必须跻身"半导体生态系强国"之列；四是提升危机因应能力，制定半导体特别法，打造全方位支援企业活动之"稳定的半导体供应国"。

（四）中国台湾

在最先进半导体供应方面，中国台湾是最重要的先进半导体产区，也是主要经济体半导体战略所实质针对的目标。美国、欧盟、日本等经济体对于先进半导体产能的追求，将促使台积电将先进和次先进半导体工厂从中国台湾转移到这些经济体，必然导致中国台湾在全球半导体制造的竞争优势萎缩。

如何在这种背景下保持中国台湾半导体产业的领先地位？中国台湾行政管理机构于 2023 年 2 月通过了被称为"台版芯片法案"的《产业创新条例》第 10 之 2 条修正草案，针对技术创新且居国际供应链关键地位公司，投资前瞻创新研发及先进制程设备可用新的租税优惠。

根据所谓的"台版芯片法案"内容，租税优惠适用对象为居国际供应链关键地位的企业，包括半导体、5G、电动车等技术创新，当研发费用、研发密度达一定规模，以及有效税率达一定比率时，当年度研发支出的 25% 可抵减经营所得税，购置用于先进制程制造的全新机器或设备，支出金额合计达一定规模者，支出金额的 5% 可抵减当年度应纳营利事业所得税额。

此外，中国台湾为促进当地半导体产业的发展，为台积电等半导体制造企业提供了定制化政府服务。例如，在 2020 年，中国台湾当局与台积电合作在 6 所大学开设"台积电半导体专业"，并为学生安排进入台积电实习的机会，以培养台积电所需的先进制程人才。[1]

---

[1] 台积电决定在台湾 6 所大学开设"半导体学程"[EB/OL]. 广电视讯, [2020-09-02]. https://m.sohu.com/a/416028104_488920/?pvid=000115_3w_a.

（五）印度

印度是亚太半导体产业竞争中野心勃勃的"边缘人"。莫迪政府希望在美国借半导体打压中国科技进步和经济发展之际，承接东亚经济体的电子和半导体产业，把印度打造成为以半导体为基础的全球电子制造中心。

为此在"印度制造"的大策略下，印度政府于 2021 年设立了"印度半导体计划"（India Semiconductor Mission，ISM）这一机构，并批准了 100 亿美元的激励计划。具体包括如下四方面内容：

①半导体工厂计划。为符合条件的设立半导体工厂的申请人提供财政支持，旨在吸引大量投资在印度设立半导体晶片制造设施。印度政府承诺的资金支持如下：

- 28 纳米或以下制程的工厂——项目成本的 50%
- 28 纳米以上至 45 纳米制程的工厂——项目成本的 40%
- 45 纳米以上至 65 纳米制程的工厂——项目成本的 30%

②显示器工厂计划。为符合条件的申请人设立显示器工厂提供财政支持，旨在吸引大量投资在印度设立基于 TFT LCD / AMOLED 的显示器制造设施。

③化合物半导体/矽光子学/传感器工厂和半导体组装、测试、标记和封装设施计划。

④半导体设计激励（DLI）计划。为半导体集成电路、晶片组、单晶片系统（SoC）、IP 核等半导体开发和部署阶段提供资金激励、基础设施支持。该计划提供高达 50%的合规支出的"产品设计相关激励"，每个申请的上限为 1.5 亿卢比；以及提供五年内净销售额的 4%～6%的"部署相关激励"（上限为 3 亿卢比）。

2021 年 12 月，印度宣布启动"印度半导体任务"，从国家层面统筹半导体行业政策制定和执行。印度政府还通过电子行业"生产关联激励计划"为制造商提供补贴资金。同时印度政府也借力财团促进行业发展。印度塔塔集团于 2021 年 12 月宣布进入半导体制造、封装和测试领域，其计划在未来 5 年内向半导体领域投资 900 亿美元，并在几年内涉足先进的芯片制造领域。2022 年 9 月，印度韦丹塔矿业资源公司发表声明称，将与富士康科技集团联手，在西部古吉拉特邦建设半导体和液晶显示器的合资企业。[①]

（六）欧盟

欧盟虽不是亚太经济体，但却是亚太半导体产业政策竞争的重要参与方。

欧盟目前在半导体设备，特别是光刻机、EDA/IP 核等半导体价值链环节具有竞争优

---

① 2023 年 7 月 10 日，富士康母公司鸿海精密发布声明称，已退出与印度金属石油集团 Vedanta 成立的价值 195 亿美元的半导体合资企业，这对印度的半导体战略是一次沉重的打击。

势，但在芯片设计和芯片制造等半导体核心价值链环节都高度依赖第三方市场，在美国芯片战略引发全球半导体产业政策竞争的背景下，欧洲各方都认为亟须采取措施自保。

2023 年 7 月 11 日，欧洲议会正式通过了《欧洲芯片法案》(*The EU Chips Act*, ECA)。根据该法案，欧盟将投入超过 430 亿欧元公共和私有资金，用于支持欧盟的芯片制造、试点项目和初创企业，希望在 2030 年以前欧洲在全球半导体市场占有率能从目前的不到 10%提高到 20%，并大幅提升当地的芯片制造工艺，建立欧盟的半导体供应链，避免汽车等重要行业的芯片短缺，降低对亚洲及美国的依赖。此外，欧盟还将创建一个能力中心网络以解决欧盟的技能短缺问题，并吸引新的研究、设计和生产人才。

《欧洲芯片法案》包括三大支柱。第一个支柱是"欧洲芯片倡议"(Chips for Europe Initiative)。"欧洲芯片倡议"包括以下五方面的内容：①建立集成半导体技术的大规模创新设计能力；②支持生产、测试及实验设施的试验线；③支持量子芯片的先进技术研究和工业能力建设；④在欧盟范围内建立能力中心和技能发展网络；⑤建立芯片基金，通过股权或债权方式，吸引带动私营部门加大对半导体制造技术和芯片设计领域的投资，扶持在融资方面遭遇困境的企业。

第二个支柱是建立一个框架，吸引半导体制造类投资和提高半导体生产能力，以改善欧盟的半导体供应安全。《欧洲芯片法案》强调，各成员经济体应建立支持一体化生产设施（IPF）和开放型欧盟代工厂（OEF）的机制，并确保相关申请程序高效和及时。

第三个支柱是用于预测供应链危机并提供应对措施的监测和危机应对系统。《欧洲芯片法案》要求各成员经济体定期监测半导体价值链的基本情况，尤其是应监测早期预警指标及主要市场经营者所提供服务和货物的可获得性和完整性，并定期向欧洲半导体理事会提供监测结果。欧委会可以在危机期间启动应急机制，比如要求半导体供应链中有代表性的企业通报产能、产量等数据，责令晶片工厂接受和优先处理与危机相关的产品订单。此外，欧委会可以作为集中采购机构代表参加集体采购的成员经济体采购关键部门所需的与危机有关的产品，并签署采购合同。

三、中国的应对策略

美国频频将芯片制裁作为武器制裁我国关键企业和研究机构，并有联合盟友围堵我国半导体产业发展和科技进步的战略设计，因此我们不能有任何侥幸心理，笔者建议考虑如下应对策略。

（一）从半导体价值链中选择足以形成支配能力的着力点

我国的半导体产业起步较晚，虽然近年来有了长足的进步，但与国际前沿技术仍然存在相当的差距。在晶片制造方面，台积电已经在 2020 年实现了 5 纳米工艺量产，而我国还只有中芯国际能够实现 14 纳米工艺量产。中国华为公司发布的手机，显示中芯国际掌握了 7 纳米工艺的芯片制造，标志着我国芯片制造实现了重大突破。[①]然而由于获取最新极紫外（EUV）光刻机的渠道受阻，我国能够制造的最先进芯片和国际水平还有非常大差距。面对如此差距，在短期内实现芯片完全自给自足的可能性较低。事实上，在半导体价值链分工体系高度发达的宏观背景下，所有经济体无法达到这种状态，包括美国。

供应链安全并不是建立在拥有所有类型半导体的全产业链，甚至是前沿芯片的全产业链的基础之上，只需在半导体产业链的某些关键环节拥有支配地位，足以在被芯片制裁时实施对等反制，就能够保障半导体的供应安全。问题的关键是我们应该选择哪些环节作为打造支配能力的着力点。

表 2 显示，芯片设计、晶片制造和半导体设备是半导体价值链的核心环节，占半导体产业全部增加值的比重分别是 50%、24% 和 11%。芯片设计同时也是半导体行业研发强度最高的价值链活动，2019 年的研发支出达到 487.6 亿美元，占半导体产业全部研发支出的 53%，如果进一步考虑芯片设计的前期研发支出，这一比例将达到 68%~73%。半导体设备和 EDA/IP 核同样是研发强度较高的环节，研发支出占增加值的比例分别为 26% 和 23.8%。晶片制造是半导体行业中资本强度最高的价值链环节，资本支出占增加值的比例高达 99.3%，占据整个半导体行业总资本支出的 64%。此外，封装测试和半导体材料同样是资本密集的环节，资本支出占增加值的比例分别为 80.7% 和 44.7%。

表 2　半导体价值链环节的增加值和资本支出（CAPEX）情况　　单位：亿美元，%

价值链环节	增加值	增加值占比	CAPEX	CPEX 占比	R&D	R&D 占比	研发强度	资本强度
前期研发	—	—	—	—	138~184	15~20	—	—
芯片设计	1450	50	140.4	13	487.6	53	33.6	9.7
晶片制造	696	24	691.2	64	119.6	13	17.2	99.3
封装测试	174	6	140.4	13	27.6	3	15.9	80.7
EDA/IP 核	116	4	<10.8	<1	27.6	3	23.8	9.3
半导体设备	319	11	32.4	3	82.8	9	26.0	10.2
半导体材料	145	5	64.8	6	9.2	1	6.3	44.7
合计	2900	100	1080.0	100	920.0	100	31.7	37.2

资料来源：作者根据 SIA, 2021 State of the U.S. Semiconductor Industry 整理计算得到。

---

① 彭博社：华为 Mate 60 Pro 使用中芯国际 7 纳米芯片[EB/OL]. 联合早报，[2023-09-04]. https://www.zaobao.com.sg/realtime/china/story20230904-1430282.

对于芯片设计、EDA/IP 核、半导体设备和先进制程晶片制造等对研发强度和知识资本储备要求高的价值链环节，需要长期的技术和知识积累，单靠国内企业自主研发，难以在短时间形成突破，更难以在全球产业链分工中获得支配地位。以目前的国际竞争格局，美欧等经济体对我国半导体产业发展高度警惕，我国以并购或吸引外资的方式获得半导体先进技术和高端知识资本的可能性也较小。

因此从促进半导体产业高质量发展的角度考虑，我国应该支持国内企业在这些领域寻求突破，但从应对美国的芯片战略的角度在选择发展的着力点时，应优先考虑利用制造业产业配套能力、资本和熟练劳动力禀赋优势，在技术含量相对较低的半导体价值链环节加大支持力度，如成熟制程的晶片制造、半导体材料和先进封装测试（ATP）等领域。

（二）强化半导体跨国公司和中国的经济纽带

美国的芯片战略依赖于对国际半导体跨国公司的理性经济行为的扭曲，需要这些公司放弃成本最小化或利润最大化的区位选择，转而在美国本土设立工厂。美国要求台积电在美国本土设立工厂，而台积电时任董事长刘德音表示，在亚利桑那州的建造成本就可能比在中国台湾的成本高出至少四倍。[①]

随着摩尔定律逐步失效，半导体产业，特别是晶片制造，已逐步从科技竞争转向成本竞争。芯片设计从设计制造一体化模式转向无工厂芯片供应商模式，以及全球晶圆工厂在东亚集中就是很明显的信号。延续此趋势，可预见将来晶片制造工厂会逐步转向中国。国际半导体产业协会（SEMI）的报告显示，到 2022 年全球将新建 29 座晶圆厂，中国占比超过一半。美国提出芯片战略的目的之一是通过补贴和各种行政手段，改变跨国公司的理性经济行为，逆转全球半导体价值链的分工趋势。

半导体跨国公司在中国的商业存在越多，与中国本土企业的经贸关系越紧密，其在中国设厂和在美国设厂的收益差越大，配合美国政府打击中国半导体产业发展的动力会越弱，我国半导体产业发展的空间就会越大。因此笔者建议采取如下类似措施强化半导体跨国公司和中国的经济纽带：①提高吸引外资来华投资的优惠条件，特别是主营业务是半导体材料、成熟制程晶片制造和半导体封装测试的外资；②增强对外资半导体公司的产业配套，促进外资企业在当地形成前后向关联；③优化对外资的投资后管理和服务，帮助外资企业降低企业的运行成本，增强在华外资半导体公司的国际竞争力；④提升半导体的直接下游行业即电子产业的国际竞争力，创造沿海电子企业向中西部转移的条件，

---

① Liu John，孟建国. 面对地缘政治动荡，台积电为何坚持扎根台湾[N]. 纽约时报，2023-08-07.

减慢电子产业向东南亚和印度转移的步伐。电子产业的发展一方面有助于打造半导体产业集群，另一方面电子产业对半导体产品的需求，可以提升我国在全球半导体产业中的话语权。

（三）在 APEC、WTO 等合作平台呼吁关注所有成员的半导体供应安全

纵观半导体价值链的全球分布，很容易发现三个基本事实。第一，在全球价值链分工高度发达的时代，任何经济体都无法离开半导体的全球分工体系而实现半导体的稳定供给。第二，美国是全球所有经济体中半导体供应最有保障的国家，也是最不用担心半导体供应链安全的国家。首先，在半导体价值链的所有重要环节，除晶片制造外，美国企业或拥有支配地位，或具有可观份额；其次，半导体价值链的所有重要环节都由美国，或与美国在经济、政治和军事上都友好的经济体共同掌控；最后，在可预见的未来，不会有任何国家或经济体主动以控制半导体出口的方式打击美国的半导体供应。第三，美国是唯一可以将半导体或半导体的组成部件的供应作为武器打击其他经济体，而只需承受较小反制成本的国家。

既然处于最安全的位置，美国为何如此高调地在国内和国际层面推动半导体本土供应链安全或半导体供应链韧性？表面上的原因是，现在的半导体全球分工体系不足以应对类似新冠疫情等百年一遇突发危机所带来的冲击，因而需要重新设计。且不论人类经济系统是否应该为应对百年一遇危机而选择低效率运行，我们也很难想象在各国深度干预且缺乏合作的背景下形成的分工体系，能够应对百年一遇，哪怕是十年一遇的突发冲击。而且在疫情期间短缺严重的是成熟制程的芯片，并非美国芯片战略大力支持的先进制程的芯片制造。

真正的原因或许在于美国政府认为芯片战略可以帮助美国实现如下战略目标：①扭转半导体产业演进趋势，延续并巩固美国在半导体产业的绝对支配地位；②将中国半导体产业扼杀在萌芽之中，削弱中国科技和经济发展的基础。

降低使用半导体制裁这一经济武器的门槛，并提升这一武器的威力。当主要经济体都选择出台芯片战略，采取行政干预半导体产业的发展后，半导体产业就演变成"类军工产业"，将其作为武器打击竞争对手，并不违背在国际上守护自由经济的形象。同时半导体本土供应能力越强，在使用半导体战略武器后被反制的代价越小。

增强对盟友的控制能力。目前，降低晶片制造方面对盟友的依赖，可杜绝盟友以此胁迫美国让步的可能性。

在现在的国际规制下，美国有采取这种芯片战略的权利，如果战略预期成功，那么

能有效提升美国的霸权地位。其他国家和经济体将面临何种情况，又该如何应对呢？

对于中国和其他被美国关注或视为对手的国家，只要不希望在将来因半导体供应而危及国家发展和主权，那么就必须反对美国将半导体供应武器化的做法，并加大对半导体产业的支持。美国对中国重要企业的芯片制裁，以及制裁造成的影响，使得社会各界都意识到芯片制裁在数字经济时代是如同"经济核武器"般的存在，在美国降低该武器使用门槛，并努力消除被类似武器打击的可能性时，这些被美国关注的国家不可能坐以待毙。

对于被美国视为盟友的经济体，通过维持与美国的友好关系，自然可以享受美国提供的半导体安全保证，但它们的核心利益也可能因美国的芯片战略而遭受损失。

美国旨在构建的供应链本土安全体系伴随着盟友的利益损失。比如美国的晶圆产能增加，意味着韩国和中国台湾在晶圆生产方面全球领导力下滑，而且这个下滑的直接原因在于三星、台积电等晶圆工厂被要求向美国转移产能。

美国实施芯片制裁时，需要盟友牺牲利益配合，比如禁止荷兰阿斯麦将产品出售给中国这一最具潜力的市场，台积电被迫放弃来自中国华为公司的订单。

美国的半导体本土供应越稳固，在半导体产业的支配能力越强，美国盟友讨价还价的能力就越弱。根据纳什的动态博弈模型，盟友能够获得合作收益比例取决于其讨价还价的能力。如果美国能在利益分配时保持公正，那么盟友无须担心讨价还价能力的下降，但历史经验显示，寄希望于此的代价非常高昂。最近的经验显示，美国能够在盟友因配合其战略而导致能源、天然气短缺时以三至四倍价格向盟友出售能源和天然气。①

对于其他几乎不参与全球半导体分工体系的经济体，其芯片供应完全依赖国际市场，在主要经济体开展芯片战略竞争时，这一市场的半导体配置功能可能失灵。一方面，各经济体强行上线的当地产能通常不具有全球竞争力，这些企业的生存仰赖当地政府的补贴和定向采购，这会造成全球半导体产品市场的分割，削弱半导体产业特别依赖的规模经济，结果是从国际市场上获取半导体的价格上升。另一方面，当全球半导体产业因意外冲击而处于供应紧张时，主要经济体对本土半导体供应的过度关注会限制当地半导体企业的出口，并增加半导体产品的采购（如欧洲芯片法案旨在建立半导体应急管理机制），这将进一步增加依赖国际市场的经济体获取所需半导体的难度。人类的历史经验显示，在遭遇粮食等必需品短缺时的囤积行为和市场干预行为，容易将短缺演变成灾难。

---

① 李嘉宝. 欧洲"囤气"过冬，美国趁火打劫[N]. 人民日报（海外版），2022-11-03（6）.

为避免可能发生的"芯片世界大战"，各经济体应该以合作的理念，争取回归 APEC 合作传统，在全球层面提升半导体供应安全，而非将本土半导体供应安全置于全球半导体供应安全之上，并且努力达成如下基本共识：

第一，当半导体全球分工体系被破坏时，每个经济体的半导体供应都将受到威胁。各经济体采取的半导体本土供应安全战略，可能是合乎本经济体利益的选择，但缺乏合作的博弈，最终会导致所有经济体陷入"囚徒困境"的局面。

第二，全球半导体分工体系的稳定依赖力量的平衡。鉴于半导体对于现代经济发展和科技进步的重要性，半导体供应武器化后产生的破坏性不亚于"核武器"。在此经济核武器已经出现并被多次使用的情况下，经济核武器平衡有助于保障分工体系不被肆意破坏，因此全球半导体的供应安全需要避免出现某方拥有经济核武器，同时可以免受核武器打击的情况。

第三，在数字化时代，从全球市场获取半导体及其制品是各个经济体的基本发展权利，如同粮食之于生存、能源之于工业。各方应该通过多边协商的机制，限制将半导体供应武器化的行为。

（四）加强与欧盟在半导体产业发展和经贸规则制定方面的合作

如果美国在推进"芯片四方联盟"之时，说服欧盟与之保持行动一致，那么将导致我国的半导体供应面临空前的危机。因此我国应该借助欧盟与美国的潜在利益分歧，加强与欧盟在半导体产业发展和经贸规则制定方面的合作。

作为美国的盟友，欧盟受到美国芯片制裁的可能性较低，但作为资源禀赋与美国类似的经济体，欧盟实则在半导体全产业链与美国存在激烈的竞争关系。例如，欧盟和美国在半导体价值链上的竞争优势都在技术或知识资本密集型环节，都希望吸引三星、台积电、英特尔等半导体公司具体的回流投资。欧盟也清晰地意识到，一旦在与美国的竞争中失利，其国际影响力和战略自主性都将被严重削弱。正是基于这层考虑，欧盟在美国大举吸引晶片制造回流之时，选择出台欧盟芯片战略与美国直接竞争。毕竟如果只是担心在晶片制造方面过于依赖韩国和中国台湾，那么美国晶片制造产能的提升，即可缓解半导体依赖单一地区的风险。

然而欧盟在促进晶片制造能力增强方面存在三方面天然劣势：第一，欧盟成员内部竞争的潜在可能性，会削弱欧盟作为一个整体贯彻半导体战略的能力；第二，欧盟作为一个国家联合体，能够为半导体补贴调用的财政资金低于美国等主权国家；第三，欧洲缺乏半导体产品的需求市场，欧洲虽然进口大量包含半导体的电子产品，但对半导体的直接需求极低。因此欧盟如果希望达成在 2030 年前实现半导体市场占有率从 10%提升至 20%的目标，则必须与美国之外的其他经济体合作。在日本、韩国和中国台湾已经被美国拉拢组建"芯片四方联盟"的背景下，与中国合作其实是欧盟最好的选择之一。中国的半导体需求市场，以及逐渐成长起来的半导体先进封装技术，能够为欧盟拟建的晶片制造公司形成合理分工，而且中国的资金和欧洲的技术结合，也可以弥补与美国竞争时的资金劣势。

对于中国而言，和欧洲的合作可以削弱美国打击我国半导体产业的能力，可以扩大获取先进半导体的渠道，同时也能在一定程度上增强我国在半导体产业的影响力。而且欧洲晶片制造产能的提升，可能促使芯片市场从卖方市场变成买方市场，我国在电子产业的竞争优势转化成在半导体产业上的议价能力。

此外，在国际层面达成一个能够限制美国使用芯片武器的规制必须获得欧盟的支持。广大发展中经济体，大多是美国芯片战略的利益受损方，其形成的合力可以发出强有力的声音。但因自身经济实力和在半导体产业的影响力都有限，这一声音难以形成足以迫使美国让步的强力。如若获得欧盟的支持，就有可能像国际税收制度改革那样，最终形成可约束美国行为的国际法规。

参考文献

[1] Patterson, Alan. Architect of CHIPS Act Speaks on Its Impact. EE Times, https://www.eetimes.com/architect-of-chips-act-speaks-on-its-impact/.

[2] 李峥. 八个维度解读美国《芯片与科学法》[R]. 中国现代国际关系研究院，2022（12）.

[3] Liu John, 孟建国. 面对地缘政治动荡，台积电为何坚持扎根台湾[N]. 纽约时报，2023-08-07.

[4] 彭博社：华为 Mate 60 Pro 使用中芯国际 7 纳米芯片[EB/OL]. 联合早报，[2023-09-04]. https://www.zaobao.com.sg/realtime/china/story20230904-1430282.

[5] 杜江，梁春娟，汪墙，等. 美国《芯片与科学法案》解读：中美半导体产业博弈升级. 北京市君合律师事务所，2022-08-31.

亚太包容和可持续增长合作

APEC 绿色可持续发展的 ESG 路径研究

张靖佳　　燕依丹*

摘　要： 2023 年美国作为 APEC 会议东道主重申能源转型与可持续发展的重要性，而 ESG 作为一种绿色融资框架，对于包容性可持续发展项目的融资能够提供路径支持。本文在简要回顾 APEC 包容性可持续发展现状与 APEC 成员经济体 ESG 进程的基础上，结合 ESG 框架对于 APEC 通过国际合作推动可持续转型模式进行系统归纳，并论述中国在该方面贡献的智慧与实践经验，最终提出一条通过构建 ESG 体系推进 APEC 实现绿色可持续发展的路径。

关键词： 绿色可持续发展；ESG；APEC

可持续发展一直是 APEC 关注的重点领域之一。近年来，APEC 通过多种方式不断将可持续发展聚焦到更为具体的领域。ESG 是环境（Environmental）、社会（Social）和治理（Governance）的缩写，是一种兼顾经济、环境、社会、治理效益的可持续协调发展的理念和治理方式，可以成为 APEC 推进绿色低碳发展的可选路径。

一、ESG 的内涵和发展阶段

ESG 的概念由联合国全球契约组织于 2004 年在发布的《有心者胜》（*Who Cares Wins*）中率先提出。该文件倡议企业不应该仅仅注重单一的盈利指标，而是要从环境、社会影响和公司治理三方面共同发力，追求长期可持续发展。[①]据此，ESG 的三个字母分别代表了环境（Environmental）、社会（Social）、治理（Governance）。ESG 是一种投资

---

* 张靖佳，南开大学 APEC 研究中心副研究员；燕依丹，南开大学国际经济研究所硕士研究生。

[①] Li T T, Wang K, Sueyoshi T, et al. ESG: Research Progress and Future Prospects[J]. Sustainability, 13(21): 11663, 2021.

理念，也是衡量企业可持续经营能力的一种指标和评估框架，其所包含的具体内容见表 1。

表 1　ESG 框架的具体内容

维度	要素	定义
环境	温室气体排放	可能对实体、主权或个人的财务绩效或偿付能力产生积极或消极影响的环境事项
	能源消耗及其效率	
	空气污染	
	水资源循环利用	
	对生物多样性的影响	
	对生态系统的影响	
	环境友好型产品服务创新	
社会	工会组织	可能对实体、主权或个人的财务绩效或偿付能力产生积极或消极影响的社会事项
	童工	
	强制劳动	
	工作环境健康安全	
	歧视、多样性和平等	
	机会	
	贫困	
	供应链管理	
	教育培训	
	社会影响	
治理	行为准则与商业原则	可能对实体、主权或个人的财务绩效或偿付能力产生积极或消极影响的治理事项
	责任	
	透明度与披露	
	管理者薪酬	
	董事会多样性与结构	
	贿赂与腐败	
	股东权利	
	利益相关方参与	

资料来源：根据 EBA 报告整理。①

　　过去十多年来，ESG 投资已发展成为寻求金融形式可持续的主要投资方法。截至 2020 年，进行 ESG 实践的机构投资者管理的资产已达 35 万亿美元以上。ESG 作为一种

---

① EBA. EBA Report on Management and Supervision of ESG Risks for Credit Institutions and Investment Firms, 2021. https://www.eba.europa.eu/sites/default/documents/fifiles/document_library/Publications/Reports/2021/1015656/EBA%20Report% 20on%20ESG%20risks%20management%20and%20supervision.pdf.

责任投资理念，其形成大致经历了三个阶段：一是 20 世纪 60 年代前，一些宗教团体和社团将烟草、博彩、军火等排除在投资之外，成为责任投资理念的萌芽；二是 20 世纪 60 至 80 年代，环境保护作为主流价值加入责任投资理念；三是 20 世纪 90 年代以来，可持续发展和绿色融资理念出现，成为责任投资的重要导向，在此基础上整合形成 ESG 概念。[①]《责任投资原则》（PRI）中就将责任投资定义为"在投资决策和积极所有权决策中纳入环境、社会和治理因素的战略和实践"。因此 ESG 通常是投资者用来评估企业行为和未来财务绩效的标准和策略。作为评价企业可持续发展的一种投资理念，ESG 的三个基本要素也是在投资分析和决策过程中需要考虑的重点。此外，ESG 有助于衡量业务活动的可持续性和社会影响。例如，欧洲银行管理局（EBA）提出，环境、社会和治理因素是"可能对实体、主权或个人的财务表现或偿付能力产生积极或负面影响的环境、社会或治理事项"。

二、APEC 包容性可持续发展与绿色发展现状

APEC 长期以来一贯坚持经济增长和可持续发展不是相互排斥的，而是相互依存的，其对于可持续发展的重视可以追溯到 1993 年 11 月发表的第一份 APEC 经济领导人宣言，该宣言指出"通过对空气、水和绿色空间质量的保护、对能源资源和可再生资源的管理，进而确保可持续增长，为我们的人民提供一个更安全的未来"。

自此以后，APEC 将应对气候变化影响作为其工作的核心重点之一。2002 年，APEC 成立了 APEC 气候中心，为各成员经济体提供气候信息和服务，支持其应对气候变化的努力。2007 年，APEC 领导人通过《关于气候变化、能源安全和清洁发展的宣言》（悉尼宣言），认识到应对气候变化需要采取紧急行动，并致力于实现低碳未来。此外，2011 年 APEC 领导人提出到 2035 年将能源强度至少降低 45% 的区域目标。而根据当前的可持续发展进程，APEC 有望在 2029 年提前实现这一目标。

2020 年，APEC 领导人发布了《2040 年亚太经合组织布特拉加亚愿景》，将"强劲、平衡、安全、可持续和包容性增长"确定为经济增长的关键驱动力。该愿景强调了可持续增长的重要性，特别是在能源、粮食和水安全领域。[②]2022 年，泰国作为 APEC 会议的东道主，提出"生物-循环-绿色经济模式"（Bio-Circular-Green Model），并通过了《生物循环绿色经济曼谷目标》，将其作为推进 APEC 可持续发展目标的综合框架。该目标包

---

① 周宏春. ESG 内涵演进、国际推进与我国发展的促进建议[J]. 金融理论探索，2023（4）：1-12.

② APEC. Sustainable Development, 2023. https://www.apec.org/groups/other-groups/sustainable-development.

括三大领域：一是支持全面应对所有环境挑战，以建设一个可持续的地球；二是促进可持续和包容性的贸易和投资，并确保它们与环境政策相互支持；三是促进自然资源的环境保护、可持续利用和管理，以及制止和扭转生物多样性的损失。

美国作为 2023 年 APEC 会议的东道主，提出了《马诺阿议程》（*Manoa Agenda*），强调 APEC 必须进一步促进清洁能源政策的实施和技术的提高、气候适应和复原能力，以及防灾反应的增强，同时保护受气候变化影响最大的脆弱人口。具体措施包括：一是在 2023 年启动新的工作，制定、更新清洁能源和可持续性目标；二是推进公正能源转型倡议工作，在加快能源转型的过程中以公平和包容的方式支持工人和社区；[①]三是设法增加来自公共和私人的与气候相关的资金数量。此外，APEC 还将关注气候变化对妇女的影响，以及妇女在温室气体减排中的作用，并促进区域交通脱碳和清洁能源转型。APEC 能源工作组于 2023 年 3 月发布的"APEC 绿色融资报告：解锁城市能源转型"指出，实现脱碳或碳中和的必经之路是实现公正能源转型，这需要 4%～5% 的初始投资，因此鼓励通过 ESG 等绿色融资手段来支持 APEC 区域的能源转型。

从近几年数据来看，截至 2019 年 APEC 地区温室气体排放量约占全球温室气体排放的 60%。因此为了应对气候变化，减少温室气体排放至关重要。以化石燃料为例，其对气候变化的影响很大，占温室气体的 75% 以上。根据 APEC 能源工作组的测算，2020 年 APEC 地区一次能源供应占全球一次能源供应总量的 59%。化石燃料在 APEC 的能源结构中占主导地位，占一次能源供应总量的 86%，占发电量的 75%。在 APEC 成员努力从新冠疫情的影响中复苏之际，推动绿色复苏成为 APEC 区域新的共同目标。[②]旨在实现可持续复苏的政策将降低未来经济冲击的可能性，增强该地区抵御气候变化影响的能力，并加速向低排放经济的转型。

三、APEC 成员经济体的 ESG 发展进程

当今，将 ESG 评估纳入投资决策的投资者和金融机构日益增加。截至 2021 年 6 月，致力于追求 ESG 一体化的《联合国责任投资原则》（*UN PRI*）的签署方在机构投资者中已增长至 4000 多个。[③]与此同时，亚太地区越来越多的资产管理公司开始认识到可持续

---

① APEC 2022 Priorities-inclusive, 2023. https://www.apec.org/2023-us-priorities/inclusive.

② APEC Prioritizes Clean Energy Transition, on Track to Doubling Renewable Energy Mix, 2023. https://www.apec.org/press/news-releases/2023/apec-prioritizes-clean-energy-transition-on-track-to-doubling-renewable-energy-mix.

③ UN Principles of Responsible Investment, Signatories, 2021. https://www.unpri.org/signatories.

投资的价值，该地区与 UNPRI 签约的资产管理公司数量在五年内几乎增加了两倍。同时亚太地区对 ESG 投资进程的关注还在加速，这凸显出对弹性和可持续投资的高需求。根据摩根士丹利资本国际公司（MSCI）的调查，在新冠疫情背景下，APEC 成员经济体约79%的投资者已"显著"或"适度"增加 ESG 投资。同时亚太地区 57%的投资者计划在 2022 年将"完全"或"在很大程度上"将 ESG 问题纳入其投资分析和决策过程。①

此外，亚太地区对 ESG 投资产品的需求也在逐步攀升。2019 年特许金融分析师（CFA）协会向专业投资者进行一项调查，以了解 APEC 当前的 ESG 进展状况。该协会的研究显示出亚太地区对 ESG 投资的认识日益提高，但一体化仍有限。② 2020 年亚洲开发银行研究院（ABDI）的研究也表明，ESG 是亚太地区央行越来越关注的主题，特别是考虑到许多经济体正受到气候事件的严重影响。③绝大多数央行受访者表示，应该通过修订监管框架、鼓励绿色贷款和产品，或在货币和金融政策操作中引入气候变化考虑因素，在促进绿色金融和可持续融资方案方面发挥关键作用。

（一）APEC 成员经济体 ESG 发展的监管驱动因素

投资者和监管机构越来越关注改善并整合国际 ESG 标准，因为不同的标准正在将 ESG 的市场实践异化割裂。因此许多 APEC 成员经济体正在推进 ESG 披露监管。这类监管政策的变化为多个 APEC 成员经济体的 ESG 强劲增长做出重要贡献，有力提振了投资者信心，进而引导资本流入可持续投资产品。

例如，在日本，金融厅（JFSA），经济、贸易和工业部（METI）和环境部于 2021 年联合发布了《气候转型融资基本准则》，该准则与国际资本市场协会（ICMA）的《气候转型融资手册》一致，旨在加强气候过渡融资的地位。此外，日本金融厅成立社会纽带工作组，以发布符合 ICMA 社会纽带原则的社会纽带准则。2021 年 6 月，金融服务局（FSA）和东京证券交易所修订了《公司治理准则》，要求主要市场上市公司披露基于气候相关财务信息披露工作组（TCFD）（或等效披露框架）的信息。

在韩国，国民年金公团（NPS）于 2018 年通过《管理守则》，旨在建立企业治理框架，并已将 ESG 另两个原则扩充进其组成部分。此外，金融服务委员会（FSC）发布一系列改善公司披露规则的措施，对上市公司实施强制性的 ESG 披露受托责任。

---

① MSCI. MSCI Investment Insights, 2021.

② CFA Institute. CFA Institute, ESG Integration and Analysis in Asia Pacific: Markets, Practices and Data. 2019.

③ ABD Institute. The Role of Central Banks in Scaling Up Sustainable Finance: What Do Monetary Authorities in Asia and the Pacific Think?. 2020.

　　在新加坡，新加坡金融管理局（MAS）于 2020 年发布一套咨询文件，为银行、保险公司和资产管理公司的环境风险管理提供准则。该准则旨在提高对环境风险的抵御能力，并支持金融部为环境保护和可持续经济过渡发挥作用。

　　在俄罗斯，俄罗斯银行于 2020 年发布《负责任投资建议（管理规范）》，以吸引机构投资者对负责任投资和 ESG 风险分析的关注。2021 年，俄罗斯银行根据全球报告倡议组织（GRI）标准和 TCFD 建议，发布上市股份公司非财务披露建议。目前，俄罗斯银行正在为公司董事会起草关于 ESG 风险和机会，以及可持续发展目标议程的指导意见。

　　APEC 成员经济体的可持续投资市场继续强劲增长，对环境相关可持续投资的需求导致对可再生能源、低碳、环保和绿色运输相关产品的日益关注。因此各经济体的证券交易所列出信息披露指南，以方便采用国际化、标准化的方式报告 ESG 信息。来自 16 个 APEC 成员经济体的证券交易所的 ESG 信息披露规则汇总在表 2 中。

表 2　APEC 成员经济体的证券交易所的 ESG 信息披露规则

经济体	交易所	ESG 指南
中国	上海和深圳证券交易所	《关于加强上市公司环境保护监督管理工作的指导意见（2008）》《上市公司社会责任指引（2006）》
澳大利亚	澳大利亚证券交易所	《澳大利亚公司 ESG 报告指南（2015）》
加拿大	多伦多证交所集团公司	《环境与社会信息披露指引（2020）》
智利	圣地亚哥商业银行	《如何纳入 ESG 因素：可持续发展报告的设计与构建（2017）》
印度尼西亚	印尼证券交易所	《金融服务机构、发行人和公众公司可持续金融应用（2017）》
日本	日本交易所集团	《ESG 披露实用手册（2020）》《公司治理准则（2021）》
马来西亚	马来西亚股票交易所	《可持续发展报告指南（2020）》
墨西哥	墨西哥证券交易所	《可持续发展指南：墨西哥公司迈向可持续发展（2017）》
新西兰	新西兰证券交易所	《环境、社会及治理：NZX 指引（2017）》
秘鲁	利马证券交易所	《企业可持续发展报告的用户指南（2017）》
菲律宾	菲律宾交易所	《上市公司可持续发展报告指引（2019）》
俄罗斯	莫斯科交易所	《发行人指南：如何遵守最佳可持续发展实践（2021）》
新加坡	泰国证券交易所	《可持续发展报告指南（2018）》
美国	纳斯达克	《可持续发展报告编制指引（2012）》
越南	河内和胡志明证券交易所	《环境与社会信息披露指南（2016）》

　　资料来源：根据证券交易所可持续发展倡议（Sustainable Stock Exchanges Initiative）整理。

（二）APEC 成员经济体 ESG 发展的机遇

首先，APEC 成员经济体对 ESG 投资日益关注，并创造出相应的投资机会，包括 ESG 整合、气候投资、更广泛的可持续性和社会主题。ESG 整合帮助投资者考虑潜在的可持续性风险，这些风险会对投资组合价值产生实质性影响，包括气候过渡或物理风险。

其次，全球气候议程将为 ESG 发展继续创造机会。APEC 成员经济体具有紧迫的脱碳目标，而实施脱碳将增加对气候技术的需求，包括可再生能源、电气化和储能。这也意味着在气候解决方案的相关供应链中存在机会，如太阳能和风能元件制造商，或者电池电芯制造、半导体技术的创新。还有机会投资于在高排放行业中率先进行脱碳的气候转型领导者。国际因素也会影响脱碳进程，例如，欧洲即将推出的跨境调整机制将对成本竞争造成压力，因此我们要推动中国钢铁等出口导向行业更快地实现脱碳以保持竞争力。

最后，自然资源和生物多样性等更广泛的可持续性主题将引起越来越多的关注。世界经济论坛在 2020 年将生物多样性损失列为未来十年五大全球风险之一，联合国环境署等机构也在 2022 年联合推出 TCFD 框架。对自然资源特别是水资源、农业和食品等领域将引发更大关注，实现经济增长与可持续性的平衡也日益成为优先事项。

（三）APEC 成员经济体 ESG 发展的挑战与风险

虽然对 ESG 的接受度提升为投资者提供了机会，但与此同时，也存在一些可能对 ESG 战略实施构成挑战和风险的因素。

APEC 各成员经济体对 ESG 态度的不一致，导致亚太地区的 ESG 监管、治理和衡量呈现出复杂的格局。据麦肯锡 2021 年的调查，59% 的澳大利亚投资机构表示愈发重视可持续性，而只有 22% 的泰国投资机构持相同意见。因此在亚太地区，尽管 ESG 数据披露程度有一定跃升，但由于该地区发展模式的多样性，各经济体的监管成熟度不同。如表 2 列出的各经济体 ESG 信息披露规则，不同经济体的标准差异很大，地区范围内缺乏统一的规则，由此造成的数据披露不一致可能使投资者难以进行类比。因此在对企业面临的 ESG 与气候风险进行横向对比时，亚太市场的投资者应注意潜在的信息不对称和数据不一致。

APEC 成员经济体在 ESG 发展目标与实际水平间的差距也值得关注。根据法国巴黎银行针对亚太地区投资者的调查，35% 的受访者试图将其投资与可持续发展目标保持同步，但只有 14%的受访者采取行动以遵守可持续发展目标，远低于全球 24%的数字。[①]
尽管亚太地区的机构投资者正在可持续投资的道路上昂首前进，但从现状来看仍有许多
工作要做。

例如，目前亚太地区的绿色分类法主要基于欧盟框架，并用于可持续融资。许多现
行的（甚至正在制定中的）分类法仅为自愿披露，而强制性的过渡措施可以弥补不同经
济体间的差距。在理想情况下，绿色分类法将定义什么是可持续的，并为公司提供参考
指标。统一的非自愿披露不仅对于一致性至关重要，也有助于防止企业绿色洗白。此外，
亚太地区在绿色分类法应用于股权投资方面也有扩展的空间。

此外，ESG 数据收集中的问题不仅存在于亚太地区，更广泛影响全球 ESG 发展进
程。无论是对投资者的投资决策过程，还是对评估 ESG 绩效的外部研究机构来说，收集
ESG 数据以评估资产和公司的 ESG 投资实践很重要[②]。而收集高质量数据仍然很困难，
主要是由 ESG 概念的定性和主观性质决定的。从根本上而言，数据往往是非结构化和主
观的。例如，在经合组织调查的 2019 年 ESG 附录中，基金针对如何在投资的最终决定
中对环境、社会及治理参数进行加权的问题进行上报，因为环境、社会及治理参数被认
为是一个定性因素。而在实践中，E、S 和 G 因素有很大的重叠。例如，气候变化可能同
时具有 E 和 S 两种含义，因此一些实践者可能无法将特定指标划分为单独的 ESG 类别。
以上情况广泛发生在 ESG 数据的采集过程中，并产生对于一致性数据的急迫需求。

四、通过 ESG 国际合作推进 APEC 可持续发展的意义

ESG 理念正逐渐成为国际责任投资的共识，这其中离不开国际社会各方的积极推动。
首先，气候变化、资源短缺、人权和社会公正等 ESG 问题是国际社会所共同面对的，是
具有普遍性的共生问题，因而其解决方案也必然是交叉的，需要通过跨越国界的通力协
作、无隔阂的深层次合作共同实现。

其次，深化 ESG 国际合作有助于打破壁垒，制定和推动实施全球性通行的 ESG 标
准和政策。国际社会应加强合作，加强信息交流和数据披露，提供具有可比性的 ESG 指
标和评估方法，分享最佳实践和经验，推动实现 ESG 标准的全球一致性。基于国际性

---

① BNP Paribas. Rising Importance of ESG in Asia-Pacific, 2023. https://www.asifma.org/wp-content/uploads/2023/06/esg-brochure-2022.pdf.

② Alexander Chan et al. ESG Opportunities and Challenges in Asia, 2022. https://www.invesco.com/apac/en/institutional/insights/esg/esg-opportunities-and-challenges-in-asia.html.

ESG 体系，能够为企业建立可信的可持续性绩效标准，同时也为投资机构和组织提供了更多的机会和选择，并进一步推动可持续发展领域的投资和创新。

最后，国际 ESG 投资的实践可以对全球社会和环境产生积极影响，推动全球可持续发展。ESG 的国际推广可以通过资本引导的方式，鼓励企业在 ESG 方面进行改善和创新。投资者的需求和影响力可以促使企业更加重视 ESG 问题，并将其融入远期战略和近期决策中。企业自身也需积极参与行业组织的 ESG 活动，与其他企业分享最佳实践和经验，加强 ESG 领域的合作并加强伙伴关系，共同推动 ESG 能力建设的进步，减少跨国经营方面的漏洞和风险。

五、APEC 通过 ESG 国际合作推进可持续发展的实践

（一）公正能源转型与 ESG

美国主办 2023 年 APEC 会议的优先议题之一就是推进公正能源转型。公正转型的核心是确保处于能源生产、碳密集型行业和气候危机一线的个人、团体和社区在向清洁能源经济的转型中获益。通过优先考虑社会公平，公正转型旨在解决可持续性的经济、社会和环境层面的问题。APEC 政策支持小组在 2022 年发布了一份题为"在确保包容的同时向可持续经济过渡"的报告，将公正转型描述为一个框架，该框架有利于最大限度地挖掘向低碳经济过渡的优势，同时促进公平和包容性。[①]该报告指出了气候变化对 APEC 地区和全球的自然环境、民众和经济的破坏性影响，呼吁的重点是受到严重影响的弱势群体，包括妇女、经济弱势群体、工人、残疾人和土著人。报告还呼吁 APEC 各经济体在推进清洁能源转型时充分考虑这些弱势群体，并确保他们获得体面的工作、教育、职业培训、再培训、提高技能和职业发展的机会。报告还指出，结构性改革对成功实现公正转型至关重要，改革尤其需要注重促进可持续做法、支持弱势群体、刺激企业创新和促进绿色产业增长。

当前，13 个 APEC 成员经济体已经在其法律、政策文件或其他公告中纳入了在特定日期前实现温室气体净零排放的目标。APEC 各成员经济体还开展了包括社会对话和利益相关方参与在内的各种支持公正转型的行动，建立了专门的政府机构支持转型，确保公平和社会包容，并在政府、国际管理机构和非政府组织之间建立密切的伙伴关系。[②]

---

① APEC. The Path to a Just Energy Transition: Ensuring a Fairer and More Resilient World, 2023. https://www.apec.org/press/blogs/2023/the-path-to-a-just-energy-transition-ensuring-a-fairer-and-more-resilient-world.

② Pacific Northwest National Laboratory. Just Transition Principles, 2023.

公正转型不仅是道德上的当务之急，也是应对气候变化和实现可持续发展的实际方法，接受公正转型的原则需要集体行动、利益攸关方之间的合作和政治意愿。APEC 实施的公正能源转型符合 ESG 的三项基本原则。在环境方面，公正能源转型有利于提升能源效率，减少能源浪费，改进能源输送与使用效率，促进绿色可持续发展；在社会方面，公正能源转型有助于资源向少数弱势群体倾斜，促进社会公平，缩小贫富差距；在治理方面，公正能源转型呼吁企业提升社会责任感，激发企业绿色创新能力并推动转型为可持续性经营模式。

（二）绿色协同解决方案与 ESG

过去几十年，由于气候变化问题，APEC 各成员的公共和私营部门都重视发展可替代的环保绿色能源。绿色协同解决方案利用农业废弃物中的生物质资源生产生物能源，通过这一过程，生物精炼厂将生物质转化为生物氢和相关产品，可以减少因不当处理农业废弃物而产生的二氧化碳，并通过建立生物循环经济促进经济发展。绿色协同解决方案包括两个主题——"生物废物到绿色甲烷"和"生物循环经济"，旨在利用玉米秸秆、稻草、甘蔗渣、棕榈油渣等丰富的生物废弃物，建设生态社区。这些生物废弃物富含碳、氮、磷等营养物质，可通过协同生物精馏工艺生产绿色乙烷和生物肥料。项目活动提供了一个创造、分享创新和负担得起的技术的平台，同时最大限度地减少对环境的影响，提高 APEC 地区发展的可持续性。[①]

APEC 推动的绿色协同解决方案同样符合 ESG 的三项基本原则。在环境方面，该方案利用生物循环经济的原理，实现资源的有效利用和循环利用，有助于减少对传统能源的依赖，提高能源可持续性。在社会方面，该方案通过建设生态社区，创造就业机会，促进经济发展和社会包容，提高社会福利水平。此外，生产绿色能源和生物肥料还能够改善农村地区的农业生产条件，提高农民收入和生活品质。在治理方面，建立生物循环经济需要政府、公共部门和私营部门的合作协调，形成有效的治理机制和政策支持。通过项目活动，亚太地区可以分享、交流创新和可持续发展的经验和技术，提高地区内各成员的可持续发展能力。

（三）亚太金融论坛 ESG 金融工作组

亚太金融论坛（APFF）是公共部门、私营部门和多边机构之间的区域合作平台，旨

---

① APEC SCE and PPSTI. Green Synergy Solutions for Sustainable Community on Agriculture Residue-Based Energy and Circular, 2023. https://www.apec.org/publications/2023/06/green-synergy-solutions-for-sustainable-community-on-agriculture-residue-based-energy-and-circular-economy.

在促进 APEC 地区金融市场和服务的发展和整合，是 APEC 财长会议机制下的官方政策倡议。APFF 于 2020 年 3 月设立了 ESG 金融工作组，以加深 ESG 及责任投资在发展中经济体的推广进程。ESG 金融工作组的主要职责包括：向亚太经合组织工商咨询理事会（ABAC）、决策者和利益攸关方提供 ESG 框架和标准指南，为与全球规范保持一致提供一条渐进路径；结合 APEC 的相关场景，预测和披露气候相关风险；确定将商业实践与 ESG 目标保持一致的实际方法；为政府和监管机构制定政策、法规和开展行动提供建议；举办论坛活动，促进政府、监管机构、私营部门和民间社会与其他国际和区域机构之间的合作。

以 2020 年 8 月 ESG 金融工作组会议为例，会议向 APEC 领导人提出建立可持续金融发展网络（SFDN）的建议。其中 SFDN 的重点是解决碎片化的可持续金融格局，以及缺乏适用、实用的共同标准的问题，以激励公司和组织逐步过渡到净零排放，并使其做法与可持续发展目标保持一致。SFDN 作为一个专家论坛，旨在构建一个共同的工作框架，以从整体和务实的角度看待可持续金融，并将所需行动拆解为一系列构建单元和重点领域。

在发展 ESG 融资方面，ESG 金融工作组的一个实践是开展社会债券、医疗债券和海水淡化项目的投资，从而提高医疗保健的可及性，延长人均寿命，提供安全的水源。该项目具体投资的债券及其 ESG 贡献包括：日本国际协力事业团的社会债券，致力于解决发展中国家的社会问题（减少贫穷、实现可持续经济增长等）；BPCE 公司的医疗债券，通过为区域医疗机构、卫生设施和社会住宿提供金融服务，为改善法国的医疗服务作出贡献；投资澳大利亚海水淡化厂，以应对墨尔本周边区域的干旱问题。该项目通过引导资金流入 ESG 领域，切实推动亚太地区的 ESG 发展，并创造性地将健康投资纳入 ESG 金融的内涵中。

六、中国开展 ESG 实践与推广的意义

近年来，中国政府对 ESG 方面越来越重视，相关的政策制度体系也在不断发展完善。2018 年，中国证监会修订《上市公司治理准则》，规定上市公司有披露 ESG 信息的责任。中国证券投资基金业协会发布首部《绿色投资指引（试行）》和《中国上市公司 ESG 评价体系研究报告（2018）》，指导基金管理人开展绿色投资活动，促使上市公司完善信息披露和公司治理。2021 年，中国人民银行发布《金融机构环境信息披露指南》，明确金融机构环境信息披露的原则和内容。2021 年 3 月，深圳市开始实施《深圳经济特区绿色

金融条例》，该条例对环境信息披露的主体、依据、时间、形式等做出具体要求。同年 6 月，中国证监会修订《上市公司年度报告和半年度报告格式准则》，将环境保护和社会责任的相关规定分开作为独立章节，突出上市公司的环境保护和社会责任。2022 年 1 月，沪深交易所修订股票上市规则，新增对上市公司社会责任报告披露范围的要求。2022 年 4 月，证监会发布《上市公司投资者关系管理工作指引》，提出将上市公司 ESG 信息纳入与投资者的沟通内容。①

在政府的鼓励和监管下，中国许多公司已自愿报告与 ESG 有关的信息。截至 2022 年，已有 1455 家中国 A 股上市公司发布 ESG 年度报告，较 2009 年的 371 家成倍增长。根据中央财经大学发布的《中国上市公司 ESG 行动报告》，截至 2022 年，ESG 公募基金共有 971 只，管理的总资产规模跃升至 5182 亿元人民，接近 2021 年同期的两倍。②

当前，中国正在逐渐建立起具有中国特色的 ESG 政策体系，未来更有望建立专门的法律法规及官方标准。下文将列举中国推进 ESG 体系的四个典型试点项目，并总结中国模式对 APEC 推进 ESG 体系的借鉴意义。

（一）气候投融资试点工作

当前，中国气候投融资试点工作正在稳步开展。2021 年以来，生态环境部与国家开发银行、中国银行、中国农业银行等多家金融机构签署了合作开发生态环境导向的开发模式试点协议。2022 年 8 月，中国确定了 23 个地方入选气候投融资试点，截至 2022 年年底共征集或储备项目超 1500 个，涉及资金约 2 万亿元。国家首批气候投融资试点——国家（深圳）气候投融资项目库正式发布，这是我国深入推动气候投融资工作的重要举措。截至 2021 年 12 月，筛选确定的 70 个首批入库项目对应融资需求达到 248 亿元，涵盖低碳能源、低碳工业、低碳交通等六大领域。③气候投融资试点工作要求试点地方通过政策协同和机制创新，有效识别阻碍气候投融资发展的关键问题和市场障碍，推动形成地方政策与实现国家应对气候变化和碳达峰碳中和目标间的系统性响应，通过出台地方性配套激励措施，引导各类投资和社会资本精准配置气候投融资标的。

此外，2023 年 4 月 6 日，第二届中国气候投融资国际研讨会主论坛发布了 7 项中国

---

① 昝秀丽. "中国版" ESG 披露标准制定提速[N]. 中国证券报，2023-07-05.
② 中央财经大学绿色金融国际研究院. 中国上市公司 ESG 行动报告（2022—2023）[R]. [2023-08-16]. http://iigf.cufe.edu.cn/info/1014/7437.htm.
③ 第一财经. 气候投融资试点开启，引导促进更多资金投向这一领域[EB/OL]. [2021-12-25]. https://new.qq.com/rain/a/20211225A02O9700.

环境科学学会气候投融资专业委员会成员单位与合作伙伴的最新成果。①这些成果包括标准体系、专业报告、工作机制等，都将为现实工作提供有效路径，成为气候投融资发展的关键支撑力量。

综上所述，当前中国气候投融资试点工作展示出建立 ESG 体系的一些有益做法。通过订立合作机制、开展地方试点、建立项目库和多领域涵盖等方式，可以促进 APEC 成员经济体在 ESG 领域的投融资合作，共同努力推动实现绿色可持续发展。

（二）提高央企控股上市公司质量工作方案

2023 年 5 月 27 日，国务院国资委制定印发《提高央企控股上市公司质量工作方案》。其中强调要探索建立健全 ESG 体系，中央企业集团公司要统筹推动上市公司完整、准确、全面贯彻新发展理念，进一步完善环境、社会责任和公司治理（ESG）工作机制，提升 ESG 绩效，在资本市场中发挥带头示范作用；立足国有企业实际，积极参与构建具有中国特色的 ESG 信息披露规则、ESG 绩效评级和 ESG 投资指引，为中国 ESG 发展贡献力量。推动央企控股上市公司 ESG 专业治理能力、风险管理能力不断提高；推动更多央企控股上市公司披露 ESG 专项报告，力争到 2023 年实现相关专项报告披露"全覆盖"。

该文件有助于明晰央企在推动上市公司完整、准确、全面贯彻新发展理念方面的责任，强调建立健全 ESG 工作机制的重要性，这将有助于加强企业在 ESG 方面的管理和执行能力。此外，文件还提出构建中国特色的 ESG 信息披露规则、ESG 绩效评级和 ESG 投资指引的目标，这将为中国的 ESG 发展提供指导和规范。

对于 APEC 加强 ESG 领域的国际合作，这份文件也具有借鉴价值。文件着重强调央企在 ESG 领域的作用和责任，可以为其他成员的国有企业提供参考，鼓励它们在 ESG 领域承担更多的责任。此外，文件提出建立 ESG 信息披露规则、绩效评级和投资指引的目标，这可以为 APEC 成员经济体提供一个共同的框架和标准，促进 ESG 数据的可比性增强。

（三）绿色建筑前置信贷认定项目

2022 年 4 月，中国人民银行雄安新区营业管理部联合雄安新区管理委员会规划建设局、改革发展局，根据相关政策制度要求，出台《雄安新区银行业金融机构支持绿色建筑发展前置绿色信贷认定管理办法（试行）》，以解决绿色建筑项目投资在前、认定在后

---

① 分别为《气候友好型金融机构评价导则》《气候投融资项目分类指南（国际版）》《2022 中国气候融资报告》《气候资金追踪框架报告》《气候友好型企业评价体系框架研究》《绿色金融支持林业碳汇机制和模式创新研究》《高级自愿减排标准》。

的期限错配问题，使项目及时享受绿色信贷差异化的优惠政策，撬动更多金融资源向绿色低碳产业倾斜。2022 年 5 月，雄安新区首批绿色建筑前置信贷认定项目落地，涉及 13 个项目，授信 1948 亿元，投放 133 亿元。发布仪式上，5 家银行业金融机构分别与参与新区建设的市场主体进行现场签约。本次签约的首批项目是在该办法出台后的第一批绿色受益者。截至 2022 年第一季度末，雄安新区绿色贷款余额达 233 亿元，同比增长 395%，河北省累计发放符合要求的碳减排贷款 425 笔，共计 156.35 亿元，累计支持 102 个绿色环保项目，带动年度碳减排 329.93 万吨二氧化碳当量。

通过前置绿色信贷认定，绿色建筑项目能够在投资阶段就获得相应的认定和优惠政策支持，这有助于提高绿色建筑项目的投资吸引力，推动金融机构将资金投向符合 ESG 标准的项目，进一步推动绿色低碳产业的发展。通过制定相关政策制度要求和管理办法，雄安新区为中国其他区域建立 ESG 体系树立了榜样，这一举措有助于推动中国各地区和行业在 ESG 方面的探索和实践，推动 ESG 理念的广泛应用。

（四）中国在推进亚太地区绿色可持续目标层面的努力

截至 2023 年年初，习近平主席连续九次出席 APEC 领导人非正式会议并发表重要讲话。以近三年为例，习近平主席在包容性可持续发展方面提出过如下观点：2020 年 11 月，习近平主席提出，我们要深化命运共同体意识，持续推进区域经济一体化，加快创新发展步伐，促进区域互联互通，实现包容性可持续发展，把愿景一步步转变为现实，为亚太人民造福。2021 年 11 月，习近平主席提出要坚持绿色低碳发展，打造绿色产业和绿色金融，加快构建亚太绿色合作格局，让亚太地区经济发展走在世界前列。习近平主席还强调，希望各方加强合作，在绿色低碳转型的道路上坚定走下去，共同构建人与自然生命共同体。2022 年 11 月，习近平主席发表题为"团结合作勇担责任 构建亚太命运共同体"的重要讲话，并提出要坚持绿色低碳发展，建设清洁美丽的亚太。

2022 年 11 月 3 日，2022 年 APEC 工商领导人中国论坛举办，与会嘉宾围绕"走向绿色经济"主题，探讨合作新方向新空间。①论坛上，APEC 中国工商理事会与波士顿咨询公司（BCG）联合发布了《可持续中国企业发展实践指南（2022）》。②指南内容包括全球可持续发展的历史与全球企业参与可持续发展的趋势，梳理了中国可持续发展的历史、最新成果，并对中国可持续发展的政策进行解读。指南基于 ESG 框架对十大重点行业可

---

① 王文博，郭倩. 聚焦绿色产业 APEC 开启更大合作空间[N]. 经济参考报，2022-11-04.
② Forbes China. 绿色消费持续升温，BCG 发布《可持续中国企业发展实践指南（2022）》聚焦高质量发展[EB/OL]. [2023-01-03]. https://www.forbeschina.com/business/62782.

持续发展水平进行评估，选取包括安踏、海信、中国联影等企业在内的不同行业优秀企业案例进行剖析，并为中国企业可持续发展提供主要框架和十条共性举措建议。

2022 年 11 月 12 日，由中国人民大学和香港理工大学联合主办的"APEC 能源智库论坛 2022"以线上线下会议结合的形式举行。①论坛通过智库交流与合作的方式，旨在推进 APEC 能源智库合作及学术研究，深化 APEC 地区的学术研讨互鉴和人文交流，对能源转型、科技创新、气候金融和生物多样性等议题进行广泛交流；从政府、国际组织、企业和高校等视角，深入探讨当前能源转型与可持续发展的机遇和挑战。

中国通过高层领导的参与、分享最佳实践经验和加强学术交流，为 ESG 在 APEC 的广泛合作发展提供启发。APEC 成员经济体可以通过加强政策对话、经验分享和技术合作，共同推动绿色低碳发展，实现包容性可持续发展。

七、通过加强 ESG 投资推进 APEC 绿色可持续发展的建议

ESG 投资是 APEC 区域经济社会全面绿色转型的重要力量。发展 ESG 投资，有助于实现"双碳"目标。首先，应完善能源绿色低碳转型的金融支持政策，引导金融机构加大对碳减排效益项目的支持，推动传统产业的优化升级。其次，需要加强碳市场的建设，拓展金融创新领域，促进碳排放交易的不断扩容和提质。再次，应支持符合条件的企业发行碳中和债等绿色债券，通过资本市场进行融资和再融资。最后，为了支持实现"双碳"目标，应调整完善信贷政策和投资政策，创新绿色金融产品。

引导 ESG 相关制度的完善也能反哺 APEC 绿色可持续发展路径。加强 ESG 信息披露能够引导资本市场规范健康发展。资本的利益追求和野蛮生长往往导致垄断和无序扩张，ESG 信息披露的重要意义在于发挥资本作为生产要素的积极作用，防止这些问题的发生。一些企业经营者和大股东往往将上市套现作为个人财富快速积累的手段，忽视了上市公司的可持续发展。在一些中小银行的风险处置案例中，企业股东将机构视为自己的"提款机"，动机不纯。此外，ESG 信息披露的更好地结合资本自身收益需求和社会发展需要，引导资本流向可持续发展领域，支持履行社会责任的企业，巩固市场的信用基础。

培养 ESG 理念一方面，有助于预防金融风险。通过践行 ESG 理念，引导金融机构建立与社会、客户和员工之间的良好关系，有利于防范社会风险的发生。另一方面，环

---

① 中国人民大学国家发展与战略研究院."APEC 能源智库论坛 2022"成功举办"共商能源低碳转型，共绘绿色发展蓝图"[EB/OL]. [2022-11-15]. https://new.qq.com/rain/a/20221114A07XCY00.

境和气候变化等因素已成为推动经济高质量发展的硬约束。通过完善 ESG 投资策略，将环境和气候风险管理纳入全面的风险管理体系，有助于规避气候变化和绿色发展所带来的风险，降低由碳减排和环保政策形成的风险敞口。

为畅通 ESG 体系推进 APEC 实现绿色可持续发展的路径，可以考虑采取以下措施：一是加强 ESG 领域的合作交流，鼓励 APEC 各成员经济体的相关机构与企业分享经验和最佳实践，共同推动绿色可持续发展，尤其是在标准制定方面，通过对目前纷繁的 ESG 框架进行统一，尝试构建标准化的 ESG 指南，为企业提供规范和指导，激励其采取可持续发展行动；二是提供培训和教育，APEC 相关工作组可以提供 ESG 专题培训，提高企业和投资者对 ESG 的认知和理解，推动其在决策中的应用；三是引导 APEC 成员经济体建立 ESG 信息披露与投资激励机制，鼓励企业在 ESG 方面的表现，推动企业积极参与绿色可持续发展。[①]

要把 ESG 理念变为有效的管理工具，衡量 ESG 投资的综合效益，仍需要立足 APEC 不同成员的实际情况，不断在实践中丰富完善 ESG 理论，细化指标和评价标准，研究具有兼容性、可比性的标准化信息披露和评价制度，为企业经营、投资决策提供依据和指引，接受社会公众的监督。

参考文献

[1] Li T T, Wang K, Sueyoshi T, et al. ESG: Research Progress and Future Prospects[J]. Sustainability, 2021, 13(21): 11663.

[2] EBA. EBA Report on Management and Supervision of ESG Risks for Credit Institutions and Investment Firms[EB/OL]. 2021. https://www.eba.europa.eu/sites/default/documents/fifiles/document_library/Publications/Reports/2021/1015656/EBA%20Report%20on%20ESG%20risks%20management%20and%20supervision.pdf.

[3] 周宏春. ESG 内涵演进、国际推动与我国发展的促进建议[J]. 金融理论探索，2023（4）：1-12.

[4] APEC. Sustainable Development[EB/OL]. 2023. https://www.apec.org/groups/other-groups/ sustainable-development

[5] APEC 2022 Priorities-inclusive. 2023. https://www.apec.org/2023-us-priorities/

[①] 尚福林. 构建中国特色 ESG 体系 助力经济高质量发展[EB/OL]. 光明网，[2022-06-28]. https://economy.gmw.cn/2022-06/28/content_35842629.htm.

inclusive

[6]　APEC Prioritizes Clean Energy Transition, on Track to Doubling Renewable Energy Mix. 2023. https://www.apec.org/press/news-releases/2023/apec-prioritizes-clean-energy-transition-on-track-to-doubling-renewable-energy-mix.

[7]　UN Principles of Responsible Investment. Signatories, 2021. https://www.unpri.org/signatories MSCI, MSCI Investment Insights, 2021.

[8]　CFA Institute. CFA Institute, ESG Integration and Analysis in Asia Pacific: Markets, Practices and Data. 2019.

[9]　ABD Institute. The Role of Central Banks in Scaling Up Sustainable Finance: What Do Monetary Authorities in Asia and the Pacific Think?. 2020.

[10]　BNP Paribas. Rising Importance of ESG in Asia-Pacific. 2023. https://www.asifma.org/wp-content/uploads/2023/06/esg-brochure-2022.pdf.

[11]　Alexander Chan et al. ESG Opportunities and Challenges in Asia, 2022. https://www.invesco.com/apac/en/institutional/insights/esg/esg-opportunities-and-challenges-in-asia.html.

[12]　APEC. The Path to a Just Energy Transition: Ensuring a Fairer and More Resilient World, 2023. https://www.apec.org/press/blogs/2023/the-path-to-a-just-energy-transition-ensuring-a-fairer-and-more-resilient-world Pacific Northwest National Laboratory, Just Transition Principles, 2023.

[13]　APEC SCE and PPSTI. Green Synergy Solutions for Sustainable Community on Agriculture Residue-Based Energy and Circular. 2023. https://www.apec.org/publications/2023/06/green-synergy-solutions-for-sustainable-community-on-agriculture-residue-based-energy-and-circular-economy.

[14]　昝秀丽. "中国版" ESG 披露标准制定提速[N]. 中国证券报，2023-07-05.

[15]　中央财经大学绿色金融国际研究院. 中国上市公司 ESG 行动报告（2022—2023）[EB/OL]. [2023-08-16]. http://iigf.cufe.edu.cn/info/1014/7437.htm.

[16]　第一财经. 气候投融资试点开启，引导促进更多资金投向这一领域[EB/OL]. [2021-12-25]. https://new.qq.com/rain/a/20211225A02O9700.

[17]　王文博，郭倩. 聚焦绿色产业 APEC 开启更大合作空间[N]. 经济参考报，2022-11-04.

[18] Forbes China. 绿色消费持续升温，BCG 发布《可持续中国企业发展实践指南（2022）》聚焦高质量发展[EB/OL]. [2023-01-03]. https://www.forbeschina.com/business/62782.

[19] 中国人民大学国家发展与战略研究院."APEC 能源智库论坛 2022"成功举办"共商能源低碳转型，共绘绿色发展蓝图"[EB/OL]. [2022-11-15]. https://new.qq.com/rain/a/20221114A07XCY00.

[20] 尚福林. 构建中国特色 ESG 体系 助力经济高质量发展[EB/OL]. 光明网，[2022-06-28]. https://economy.gmw.cn/2022-06-28/content_35842629.htm.

APEC 公正能源转型研究及策略选择

朱　丽　于冠一　王薇琳*

摘　要：2023 年，APEC 重回美国，东道主经济体在 APEC 各个层级推动公正能源转型，通过设立八大原则，继续关注经济社会发展的韧性、可持续性及包容性，助力 APEC 能源合作目标的实现，推动亚太区域实现共同繁荣。本文对 APEC 公正能源转型提出的背景、内涵、具体举措进行分析，并结合中方成果与贡献、公正转型问题的重要意义，对中国参与 APEC 公正能源转型提出合作策略。

关键词：APEC；公正转型；性别平等；能源合作

2023 年亚太经合组织（APEC）领导人非正式会议于 11 月在美国旧金山举行。作为东道主经济体，美国将"为所有人创造一个具有可持续和有韧性的未来"作为本年度的主题。

目前，全球依然面临重重考验，亚太地区同样面临着城市化、工业发展和资源消耗等带来的挑战。APEC 继初步实现"茂物目标"后，已陆续通过了《2040 年 APEC 布特拉加亚愿景》和"曼谷目标"，充分体现了 APEC 对于亚太实现包容性、可持续发展的高度重视。

2023 年，APEC"美国年"将继续关注经济社会发展的韧性、可持续性及包容性，推动亚太区域实现共同繁荣。APEC 重回美国，东道主经济体也举办了自 2015 年后首次召开的 APEC 能源部长会议，并在各个层级推进"公正能源转型倡议"。

---

* 朱丽，天津大学国家储能技术产教融合创新平台副主任、APEC 可持续能源中心主任，教授、博士生导师；于冠一，天津大学副教授，APEC 可持续能源中心研究员；王薇琳，APEC 可持续能源中心国际事务秘书。

一、公正能源转型的由来和发展

（一）公正转型的提出与定义

公正转型（Just Transition）概念源于 1993 年美国劳工和环境活动家托尼·马佐奇在关注就业和劳动力领域的公正性问题上，针对由于环境保护政策而失业的劳动者提供经济援助的主张。1997 年《联合国气候变化框架公约》京都会议上，公正转型概念被首次引入国际气候治理进程。2015 年巴黎气候大会明确将"公正转型"写入《巴黎协定》，提出在应对气候变化过程中要高度关注劳动力公正转型，创造体面和高质量就业岗位。同年，国际劳工组织发布《关于向人人享有环境上可持续的经济和社会公正过渡的指导方针》，明确提出公正转型旨在解决环境、社会和经济问题，包括减少失业、行业淘汰对工人和社区的影响，以及创造新的、绿色的岗位、部门和社区。2018 年，卡托维兹气候变化大会通过了《团结和公正转型西里西亚宣言》，国际社会对公正转型问题的认知达到一个新的高度。

由于对公正转型的覆盖领域、内涵、涉及对象的理解尚有不同，目前公正转型并没有一个比较统一的界定。从覆盖领域来看，最开始公正转型主要针对那些工作机会受到石油、化学和核工业环境监管威胁的工人。从内涵来看，公正转型既要关注由于气候环境变化导致的直接就业损失，如气候变化导致景区关键景观破坏和基础设施损毁，景区无法继续经营造成的就业岗位减少；更要关注气候政策实施所导致的部分传统产业萎缩和全产业链就业机会减少，以及转型期由于部分资源、能源价格上涨，增加的脆弱人群的生活负担。从涉及对象来看，有的研究认为公正转型特指人的转型、劳动力市场的转型，也有观点认为公正转型还包括区域经济或者城市经济的整体转型，它是一个更加宏观的概念，不仅包括就业转型也包括经济发展方式的转型。

由于不同的研究从不同的角度切入公正转型问题，所以公正转型概念一直缺乏统一认识，但总体来看，公正转型研究的关注对象都是在环境治理进程中或者转型发展进程中可能受到影响的群体和地区，这些人群和地区没有能力实现自主的大规模转型，需要依靠政策和外界的帮助使其走出困境并寻求新的发展机遇。

（二）公正能源转型的由来

随着各国对气候问题的关注度不断提高和公正转型议题的升温，各界也开始关注与气候变化相关的研究和气候治理中与公正转型有关的概念，如公正能源转型、公正气候转型等。

2017 年经济合作与发展组织（OECD）的一份报告《公正转型》（*Just Transition*）中正式使用了"公正转型"这一概念，并提出了公正能源转型这一关键概念。

2019 年，在马德里缔约方大会上，气候公约框架下对于公正能源转型问题系统化、机制化讨论的安排得以延续。从实践来看，欧盟积极推动能源转型，并形成了相应的制度框架，德国等国家、地区采取行之有效的举措在公正转型领域取得了显著效果。

（三）公正能源转型的发展

公正能源转型问题一直是国际气候谈判的重要议题之一。在国际气候治理进程中，关注全球和各国应对气候变化进程中面临的挑战、矛盾和困境，对于减排政策的平稳实施和推动经济社会转型发展具有重要意义。

2015 年，联合国可持续发展峰会将"全民普及可负担得起、可靠、可持续的现代能源服务"列为 2030 年可持续发展的目标之一（SDG7），是第一次有了确保人人享有可负担得起、可靠、可持续的现代能源服务的联合国发展目标。

《巴黎协定》序言、《联合国气候变化框架公约》第二十六、二十七次缔约方大会等都强调了公正能源转型对推进和实现净零目标的重要性。《联合国气候变化框架公约》第二十六次缔约方大会（COP26）期间宣布建立了公正能源转型伙伴关系（Just Energy Transition Partnerships，JETP），目标是帮助一些严重依赖煤炭的新兴经济体实现公正能源转型，并在支持这些国家摆脱煤炭生产和消费的同时，解决所涉及的社会后果，如确保为受影响的工人提供培训和就业机会、为受影响的社区提供新的经济发展机会。2022 年 11 月，《联合国气候变化框架公约》第二十七次缔约方大会（COP27）将公平公正的能源转型作为重要主题之一。公平公正的能源转型必须以国家发展优先事项为基础，包括社会保障和团结措施。

2022 年 11 月，在巴厘岛举行的二十国集团领导人峰会（G20）上，印度尼西亚的 JETP 协议得到了批准，并宣布在三至五年内提供 200 亿美元资金，一半来自捐助者，一半来自私营部门。JETP 规划了该国的排放轨迹，以及如何排放来实现这一目标——到 2030 年达到电力行业排放峰值，而不是之前的 2037 年二氧化碳排放上限在同一时间比之前预期的低四分之一左右。

2023 年 1 月，在国际可再生能源署第十三届全体大会上，联合国秘书长古特雷斯对发达国家同越南、印度尼西亚和南非已经建立的公正能源转型伙伴关系表示欢迎。他还继续呼吁达成一项"气候团结协定"，促使所有排放大国在这个十年的减排问题上做出更大努力，并确保为有需要的国家提供资金和技术支持。

二、APEC 框架下的公正能源转型

（一）提出背景

APEC 领导人宣言中曾多次提到公正能源转型的重要性。其中 2021 年 APEC 领导人宣言指出，"亚太经济合作组织经济体重申将团结合作应对疫情，确保区域以更加创新、包容和可持续方式恢复增长"①。此外，该 APEC 领导人宣言呼吁 APEC 各经济体"支持全体人民的福祉和安全，支持他们公平参与经济，不让任何人掉队"②。

同时公正能源转型为落实《2040 年 APEC 布特拉加亚愿景》第三支柱"强劲、平衡、安全、可持续和包容性增长"提供了机会。③《2040 年 APEC 布特拉加亚愿景》呼吁所有亚太经济体通过"采取经济政策，加强经济合作，促进经济增长，以支持全球合作，应对气候变化、极端天气、自然灾害等各类环境挑战，为人类带来实实在在的好处和更多健康福祉，惠及地区人民"。公正能源转型为《2040 年 APEC 布特拉加亚愿景》的实施计划——"奥特奥罗亚行动计划"的三个目标中的两个提供了解决方案，即促进清洁能源转型，同时支持中小微企业、妇女、适当的原住民、残疾人及来自偏远和农村社区的人。

APEC 机制下的公正能源转型符合《2030 年可持续发展议程》，包括联合国可持续发展目标 7（确保所有人都能获得负担得起、可靠、可持续的现代能源服务），目标 8（促进持续、包容和可持续的经济增长，充分、生产性就业，以及所有人的体面工作），目标 15（保护、恢复和促进陆地生态系统的可持续利用，可持续管理森林，防治荒漠化，制止和扭转土地退化，防止生物多样性丧失）和目标 16（促进和平和包容的社会、可持续发展，为所有人提供诉诸司法的机会，并在各级建立有效、负责和包容的机构）。公正能源转型的概念也符合可持续发展目标中的四个目标，即目标 9 至目标 12。

因此 APEC 机制下的公正能源转型支持 APEC 发展计划，同时契合联合国可持续发展目标。作为 2023 年 APEC 年会的东道主经济体，美国将"为所有人创造一个具有可持续和有韧性的未来"作为本年度的主题，并将公正能源转型作为 APEC 能源工作组政策对话主题，旨在推动亚太实现高质量、可持续、包容性发展。

---

① APEC. 2021 Leaders' Declaration. https://www.apec.org/meeting-papers/leaders-declarations/2021/2021-leaders-declaration.

② APEC. 2021 Leaders' Declaration. https://www.apec.org/meeting-papers/leaders-declarations/2021/2021-leaders-declaration.

③ APEC. APEC Putrajaya Vision 2040. https://www.apec.org/Meeting-Papers/Leaders-Declarations/2020/2020_aelm/Annex-A.

（二）具体内容

在 APEC 能源工作组层面，美国编写了《公正能源转型原则》报告，并计划将其作为成果写入 2023 年 APEC 能源部长会联合声明，主要内容为"铭记 APEC 领导人促进强劲、平衡、安全、可持续和包容性增长的承诺，2002 年 APEC 经济体承诺制定《公正能源转型倡议》，以加快经济体清洁能源转型，让劳工、私营企业和投资人，以及各类群体以公平和包容的方式参与转型。APEC 经济体认识到体面的工作和优质的岗位在任何能源转型议程中都至关重要，并支持包括妇女、中小微企业、在历史上未得到足够支持和代表性不足的人群等此类具有未开发经济潜力的劳动力和群体广泛地共享繁荣。我们强调，《公正能源转型倡议》将支持并以《拉塞雷纳妇女与包容性增长路线图》的实施为基础"。

作为研究成果文件，美国《公正能源转型原则》中将公正转型定义为："公正转型是一个反复、持续的过程，旨在实现可持续、有韧性、公平的经济形式。这种经济形式能够提供体面、具有生产力、对生态负责的谋生手段，培育社会对话，同时公平分配能源系统的成本和收益。"

围绕上述定义，为平衡 APEC 区域各经济体的共性及特性，美国提出了 8 条公正转型原则，具体包括：

1. 追求积极的环境、社会和经济成果

该原则要求将能源转型视为可持续"再发展"的机遇，并通过生态修复工作为居民和环境带来积极成效。一方面，淘汰化石能源、推动清洁能源转型能够带动新的投资，从而创造新的就业岗位，带动环境、社会、经济的可持续发展。各经济体可开展相关规划确保这些新的机遇能够惠及受能源转型影响的群体。另一方面，加大环境修复力度，可以在短期内促进经济活动和就业，长期来看也可以促进当地生态和经济的再发展。

2. 保障公平的利益

该原则要求确保平均分配能源转型的收益和成本，评估在能源转型过程中各类群体受影响的程度。APEC 各经济体可以通过实施计划确保人人都能享受能源转型带来的经济、社会、环境效益，例如，提供清洁可靠的能源，保证人人均可公平参与能源领域的决策过程等。

3. 支持包容和性别平等

该原则要求在劳动力市场和决策流程方面促进对边缘化群体的包容，并且推动性别平等。优先考虑能够保证性别平等的转型计划，防止性别歧视现象的发生。APEC 各经济体可以实施具有针对性的政策和计划，加快女性和其他群体参与清洁能源领域发展进程，解决在收入、技能、岗位和机会上的性别不平等问题，实现具有包容性的、性别平等的能源转型。

4. 启用参与决策，与当地利益攸关方协商，领导过渡举措

该原则要求，在制定能源转型计划时，应优先采用自下而上的决策方式，强调社会对话，并与当地利益相关者协商。同时，公正能源转型的决策应综合考虑整体能源系统的规划，以及所有政府部门的相关政策。例如，加拿大在推动电力退煤的过程中成立了"煤电工人和社区公正转型工作组"，来自公共部门、私营部门、劳工群体、政府部门、研究机构、当地社区等多个群体代表共商转型问题。

5. 创建有韧性的公司、机构和社区

韧性是指应对冲击和从冲击中复原的能力。该原则要求在气候变化工作实施过程中应考虑韧性问题，在开展国际合作的同时提高本国企业的韧性。建议加快实施能源多样化，推动供应链和贸易的分散，支持具有气候韧性的商品和服务，推动知识和经验共享等。

6. 为劳动力发展提供支持，培养劳工良好的生存技能

该原则要求推动创造良好的谋生手段，提高劳动力技能以匹配市场需求，保护和增加劳工的权利。包括利用当地教育机构开展劳工技能提升与培训，提供在职进修机会，激励企业在受转型影响地区投资，为受影响的劳动力提供再就业机会，通过区域政策推动资产再开发和再利用等。

7. 保障社区健康

该原则要求将相关群体的健康纳入气候政策和计划，支持当地的清洁能源可及性。可通过提高能效，为脆弱群体提供可替代的供能形式（分布式能源、微电网等），制定职业健康保护和安全标准等，在气候和能源转型政策中优先考虑改善群体健康。

8. 保护受影响社区的人权

该原则要求保护能源转型供应链中所有劳工的人权和安全，支持当地居民等受影响群体的独特需求，维护该群体的自决权。公正转型中的人权保护包括健全生产和制造供应链中的安全法规、环境保护和废物管理方法，保障劳工权利，以及实施从供应链早期到成品全过程的尽职调查。同时应考虑当地居民的需求，确保该群体参与到决策、规划、设计和实施的过程中。

三、各国公正能源转型的最新举措

随着各国对气候风险认识的不断深入，公正能源转型与净零目标的关系日益受到重视，但是各方侧重点有所不同。发达经济体主要强调如何创造更高质量的就业机会及分享转型发展的经验，发展中经济体则更关注资金、技术等方面的国际合作与援助及转型发展的能力建设。

总体而言，各国在公正能源转型问题上合作大于分歧，积极推动公正能源转型已成为各方共识。努力实现以人为本、更加包容公平的公正转型，已成为世界各国低碳转型的重点。不同国家、地区和行业在实施公正转型过程中结合历史因素、社会因素和结构性因素，重点在以下五个方面进行了探索。

（一）建立公正转型的政策支持框架

一是为重点地区和行业低碳转型提供法律依据。德国制定了《加强煤炭地区结构调整法案》，明确 2038 年以前逐步淘汰煤炭，同时为受影响的煤炭地区提供财政援助，支持其结构性改革并创造新的就业机会。美国《清洁未来法案》提出在白宫设立能源和经济转型办公室，为所有受低碳转型影响的工人和社区制定公正转型政策；科罗拉多州制定的"煤电经济转型法案"兼顾受经济和环境影响的社区利益，起草了专门针对煤炭行业转型工人的公正转型规划；伊利诺伊州制定的《气候和公平就业法案》明确逐步淘汰化石燃料供电，为弱势社区创造经济机会和清洁能源就业机会。

二是从法律层面保护工人权益。加拿大完善《公司债权人安排法》《加拿大环境保护法》等法规，要求企业在宣布破产时应保护工人利益，保证工人的工资、养老金和福利得到支付，并将公民享有健康环境的权利纳入法律，解决加拿大当前环境政策中存在的公平差距。美国制定的"能源工人机会法案"针对受低碳转型影响的能源工人出台了一系列支持条款，如工资补贴、工人教育和培训、下岗职工子女教育等。

三是将公正转型纳入气候项目投资框架。美国 2022 年出台的"通胀削减法案"中，承诺未来 10 年在气候和能源领域投入约 3690 亿美元，重点向环境公正优先项目投资，推动对弱势社区的建设投资，维护社区和环境公平。在该法案出台之前，美国制定了"基础设施投资和就业法案""重建更好法案"等，明确对气候变化进行重大投资，以创造就业机会。欧盟建立了公正转型机制，设立公正转型基金、投资计划和公共部门贷款支持公正转型的三大支柱。

四是制定公正转型评价标准。2021 年"气候行动 100+"①推出了最新版本的"净零"公司标准，其中针对公正转型构建专门指标，具体体现在公司对公正转型的了解程度、为支持公正转型所作的承诺、股东参与度，以及采取的具体行动等。同年，世界基准联盟（WBA）制定了一套评估企业公正转型的方法，采用现有的低碳和社会指标，并辅以新制定的公正转型指标，涵盖人权、社会对话、公正转型规划、就业创造、保留和再培训、社会保护和政策倡导等方面。

（二）设立专门机构或组织负责公正转型

多数国家都设立了专门负责公正转型的机构或组织，明确其角色、任务、成员和性质，授权其参与制定和实施全面的公正转型战略。为产生广泛影响力，政府通常赋予该类机构一定的谈判和问责权力。主要从以下三个方面推动公正转型：

一是加强顶层规划设计。西班牙公正转型研究所（ITJ）负责协调并监督《公正转型战略》的起草和实施。苏格兰公正转型委员会为政府实现气候行动计划目标提供建议，聚焦于最大化低碳转型的经济和社会效益，降低区域贫困和失业风险，解决转型过程中的不平等问题。南非成立总统气候变化协调委员会，主要负责协调和监督公正转型，关注弱势群体的利益诉求。

二是识别脆弱地区与群体。西班牙 ITJ 对不同地区和群体在低碳转型过程中的脆弱性进行评估，中央政府基于评估结果直接与脆弱地区企业合作并进行投资，避免因向地方政府拨款而导致资金被用于无法实现转型目标的传统基础设施建设。新西兰商业、创新与就业部（Ministry of Business, Innovation and Employment, MBIE）在严重依赖化石燃料的塔拉纳基地区成立转型领导小组，该领导小组由企业、劳工和社区代表组成，负责制定 2050 年向低碳经济公正转型的路线图和具体行动计划，涵盖能源、食品和纺织、旅游、艺术、健康和福利、土著经济、基础设计和交通等部门。

三是针对煤炭及发电部门制定转型战略。德国、美国和加拿大分别成立煤炭委员会、煤炭和电厂社区经济部门白宫工作组、煤炭电力工人和社区公正转型工作组，确定转型优先地区，制定逐步淘汰燃煤发电的战略。将依赖煤炭的地区定为"模范区"，试点发展低碳产业，并引导工人支持与当地居民参与，向政府提出包括资金使用方面的建议，确保转型资金合理分配。

---

① CTI_Climate-Accounting-Audit-Methodology_SC.pdf (climateaction100.org).

（三）开展健全、持续的社会对话过程

透明、包容和具有持续性的社会对话进程可以加强三方关系（政府、企业和工人），发挥"三方+"伙伴（三方伙伴之外的重要利益相关方和民间社会团体等）在公正转型政策制定和实施中的重要作用。

一是推动政策制定者采取行动。2021 年，在《投资者议程》行动框架下，管理 46 万亿美元资产的 587 家国际投资机构代表签署了敦促世界各国政府制定公正转型计划的声明。其中部分国家政府主动给予了支持，如加拿大政府支持金融机构和其他利益相关方提出相关立法建议。

二是促进形成公正转型的社会共识。2020 年英国格兰瑟姆研究所协调汇丰银行等 40 余家金融机构成立"公正转型融资联盟"，为金融机构与工会和学术界的代表提供交流机会。2021 年法国 12 家主要金融机构成立"公正转型投资者联盟"，投资机构可通过该联盟与不同的利益相关者（公司、工会等）进行合作对话，确定符合公正转型要求的共同战略和具体目标。

三是开展公正转型的国际合作。2021 年南非政府宣布与英、美、法、德等发达国家达成"国际公正能源转型伙伴关系"。在 2022 年召开的联合国气候变化大会第二十七次缔约方会议（COP27）上，欧盟委员会和国际劳工组织共同主办了联合国年度气候大会上的首个"公正转型"边会，设立了"公正转型工作计划"（Just Transition Work Programme），并同意每年召开部长圆桌会议专门就公正转型议题进行讨论。

（四）多渠道为公正转型提供资金支持

一是开展化石燃料补贴改革（FFSR）。印尼于 2014—2015 年在电力和运输燃料等多个领域开展 FFSR，减少（或取消）对化石燃料领域的补贴并将节约的补贴资金投资于减贫、医疗和基础设施建设。受益于 FFSR，2015 年印尼国家预算草案中拨给基层地区和村庄的资金（19 亿欧元）、促进增长和减少贫困的项目（82 亿欧元），以及用于基础设施投资（35 亿欧元）的预算数额大幅增加。

二是设立公正转型基金。欧盟于 2019 年推出的《欧盟绿色政纲》（*European Green Deal*）中，专门为公正转型基金配置 400 亿欧元资金，重点提供技能培训等服务以帮助受转型影响的工人再就业。法国东方汇理银行（Amundi）气候公正转型基金规定在制定固定收益投资组合策略时优先考虑公正转型，一方面鼓励低碳商业模式，实现投资项目的碳排放（比基准指数至少低 20%），并监测和报告投资组合的减碳效益；另一方面开展公正转型评估，将就业保障和培训、与利益相关方对话等内容考虑进投资项目。

三是为脆弱地区和群体直接提供资金补贴。加拿大为受影响地区提供转型资金，用于工人再培训和经济多样化发展，其中为阿尔伯塔省、萨斯喀彻温省、纽芬兰与拉布拉多省提供 20 亿加元的未来发展基金。根据《能源转型与绿色增长法案》，法国将直接向低收入家庭提供补助以保障其能源费用支出、支持房屋能效改造等。

（五）妥善处理就业问题

一是多形式创造就业转岗机会。南非拟开展国家就业脆弱性评估（NEVA）和部门就业弹性计划（SJRP），以评估和应对低碳转型背景下关键经济部门的就业变化。与此同时，南非还通过实施扩大公共工程项目计划，雇用失业工人从事政府、承包商或非政府组织的短期和长期项目，在基础设施、文化、环境和社会项目等领域创造就业机会，降低社会失业率。

二是为失业工人提供再就业技能培训服务。加拿大就业和社会发展部成立清洁能源就业培训中心。哥伦比亚政府通过国家教育培训服务（SENA）进一步发展职业技术教育与培训项目，扩大社会保障安全网，将煤炭的碳税收入用于保护面临失业或收入减少风险的煤炭工人。印度依据《圣雄甘地全国农村就业保障法》为失业工人提供保障，通过再培训和提前退休计划来保护受影响最大的煤炭工人。

四、中方成果与 APEC 贡献

中国是全球最大的煤炭生产国和消费国。目前，煤炭是国内电力供应的最主要来源。国家统计局数据显示，2022 年中国一次能源生产总量为 46.6 亿吨标准煤，其中原煤产量达到 45.6 亿吨，能源消费总量达到 54.1 亿吨标准煤，煤炭占 56.2%。全国规模以上工业企业发电量 8.4 万亿千瓦时，煤电占比高达 58.4%。在碳排放方面，2022 年全球与能源相关的碳排放总量为 368 亿吨（IEA，2023），中国排放量约为 121 亿吨，占比高达 32.9%，其中煤炭开发利用是最主要的碳排放源。

（一）中方成果

2020 年 9 月，习近平总书记在第七十五届联合国大会一般性辩论上正式宣布："中国将提高国家自主贡献力度，采取更加有力的政策和措施，二氧化碳排放力争于 2030 年前达到峰值，努力争取到 2060 年前实现碳中和。"①继宣布碳达峰和碳中和目标之后，习近平总书记在第七十六届联合国大会一般性辩论上发表重要讲话，宣布中国将大力支持

---

① 寇江泽，丁怡婷. 积极稳妥推进碳达峰碳中和[N]. 人民日报，2023-04-06（02）.

发展中国家能源绿色低碳发展，不再新建境外煤电项目。这一承诺引发全球关注和热烈反响，这是中国为积极推动能源绿色低碳发展采取的又一重大举措，说明中国为完善全球环境治理做出新的贡献。

随着经济社会不断发展，许多成员经济体的用能结构已经并且将继续从以化石能源为主转变为以清洁能源为主，中国也不例外。近年来，中国立足能源资源禀赋，在不断加强能源供应保障能力的基础上，加快构建新型能源体系，推动清洁能源消费占比大幅提升，能源结构绿色低碳转型成效显著。

第一，在追求积极的环境、社会和经济成果方面。截至 2021 年年底，中国清洁能源消费比重由 2012 年的 14.5% 升至 25.5%，煤炭消费比重由 2012 年的 68.5% 降至 56.0%；可再生能源发电装机突破 10 亿千瓦，占总发电装机容量的 44.8%，其中水电、风电、光伏发电装机均超 3 亿千瓦，均居世界第一。在煤炭逐步退出的过程中，中国政府一直高度重视并致力于解决煤矿关闭所带来的经济、社会和环境问题，在发展多元产业、做好人员安置和改善环境治理等方面取得了积极成效。

第二，在公平的利益分配方面。中国始终坚持以人民为中心的发展思想，通过落实乡村振兴战略，提高农村生活用能保障水平，于 2015 年年底全面解决了无电人口用电问题，通过精准实施能源扶贫工程，为贫困地区经济发展增添新动能。

第三，在支持包容和性别平等方面。中国作为 1979 年联合国《消除对妇女一切形式歧视公约》的签署国之一，制定了包括《妇女权益保障法》在内的一系列措施、法律框架及项目，旨在提高女性的社会地位，促进女性拥有同等权利与机会。习近平主席近年来已多次在国际场合上提到，要重视妇女发展，关心妇女的特别需求，并强调中方已倡议在 2025 年再次召开全球妇女峰会，为推动后疫情时代妇女事业发展贡献力量。

第四，在提高决策的各方参与度方面。一直以来，中国积极参与全球能源治理，切实落实《巴黎协定》，引领世界清洁能源发展与治理，在全球气候治理中践行大国担当和使命责任，为解决人类可持续发展问题贡献中国智慧和中国方案。作为全球第二大经济体、最大的温室气体排放国和应对气候变化重要的全球引领者，应对气候变化不仅是我国贯彻新发展理念和生态文明建设的内在要求，也体现了我国推动构建人类命运共同体的责任担当。我国在应对气候变化方面的努力，从积极参与者、贡献者到引领者的转变，也越来越成为国际形象的一个重要亮点，有助于我国在气候行动方面发挥全球领导力。

（二）APEC 贡献

1. 落实 APEC 领导人会议精神，牵头提出"能源可及"倡议

能源可及是 APEC 的重要议题之一。2015 年第十二届 APEC 能源部长会议提议，向偏远社区人民提供能源，作为发展弹性 APEC 社区的优先目标。2016 年和 2017 年，APEC 领导人会议强调了能源可及在支持亚太地区区域经济发展和繁荣方面的关键作用。领导人会议提出"决心加强能源安全以维持经济增长"，包括"增加获得负担得起的可靠能源"[1]。

在亚太地区，仍有 4.8 亿人无法获得电力供应，19.5 亿人仍依靠传统固体燃料进行烹饪和取暖。[2]APEC 能源工作组可以通过提供可负担得起、可靠、可持续的能源，为增强能源供应作出贡献。

2017 年 11 月，在新西兰召开的第五十四届 APEC 能源工作组会议中，中国获得"能源可及"倡议主导权，随后就倡议相关问题与 APEC 相关经济体多次交换意见，该意见于 2020 年召开的第五十九届 APEC 能源工作组会议上正式通过。

2. 下设国际组织，作为研究实体，助力能源转型

国家能源局倡议设立的亚太经合组织可持续能源中心（APSEC）作为 APEC 能源工作组下实体研究中心，从 2020 年开始实施亚太地区能源转型方案（ETS）支柱项目，助力实现 2014 年 APEC 领导人宣言提出"到 2030 年 APEC 地区可再生能源及其发电量在地区能源结构中的比重比 2010 年翻一番"的目标，其研究成果在能源工作组得到了高度认可。

同时为加快推进 APEC 区域清洁能源转型和可持续发展，助力构建清洁低碳、安全高效的能源体系，APSEC 将成立之初的"亚太地区清洁煤技术转移项目"升级为"未来清洁能源技术支柱项目"，2019 年主办的清洁煤技术培训受到 APEC 能源工作组主席称赞并获 APEC 官方报道。

五、公正转型问题的重要性

第一，体现人文关怀，关注弱势群体。社会进步总是伴随着新兴势力的增长和传统势力的减弱甚至消亡，如果将这种新旧势力的此消彼长放在大时间尺度的人类社会进化历程来看，并不需要进行政策干预，因为这是人类社会自然进化的过程。但如果是政策

---

① APEC 官方网站. https://www.apec.org/Meeting-Papers/Leaders-Declarations/2015/2015_aelm.
② 国际能源署. Energy Access Outlook 2017 - From Poverty to Prosperity. 2017.

推动下产生的变动在短期内集中释放，在经济和社会系统还没有充分准备好适应这些政策变动的情况下，则必然需要考虑相应的保护措施，对冲政策变动可能带来的福利损失。气候变暖是工业革命以来数百年的环境演化过程，而人类社会希望在几十年的时间框架内，减缓乃至扭转气候增温过程，必然会导致经济和社会系统的巨幅震动，经济结构、能源结构、产业发展、生活方式都将面临短期内的强烈调整，新兴势力快速增长，传统势力因转型乏力而面临困境，部分传统行业还可能在最后的繁荣中寻求进一步扩张来抵抗新兴势力的崛起，因而导致投资低效、资源浪费。要实现公正转型，不仅需要帮助传统行业识别发展前景、突破困境与挑战，更需要为传统行业提供实现转型发展的政策与资金支持，让这些为社会进步做出牺牲的劳动力、地区和行业，有机会在新的赛道上重新出发，实现行业和人的可持续发展。

第二，为政策实施减少阻力，有利于提高政策执行效率。公正转型问题往往是与积极的气候或者环境治理措施相伴提出的，目的是抵消气候或者环境治理措施可能导致的社会福利损失。事实上，任何政策的实施都有积极影响和消极影响两面，同样的政策对于不同地区、不同人群的影响也有差异。有些气候政策的波及面较广、涉及全行业数百万人，如何处理好其负面影响，是政策制定与政策实施中需要高度关注的问题。不能因为要增加治理成本和时间，就忽略政策负面影响的存在，由此导致的政策不稳定和实施过程中引起的负面情绪，可能让政策无法顺利、持续地执行。因此，需要考虑通过公正转型等机制性安排，提前预估和识别积极的环境治理政策的实施可能带来的经济社会发展问题，充分调动社会资源对环境管制政策等可能造成的负面影响进行干预，排除环境治理政策实施阻碍，赢得最大的社会支持，这样才有助于政策的高质量实施。

第三，促进人和社会可持续发展。保障个体的发展权益是文明和进步社会的基本特征。经济社会的发展是由个体的贡献汇聚而成的。一些煤炭主产区或者煤电生产区长期以来形成了以煤为主的产业体系，一个社区或者一个城市基本都是以煤为生，围绕煤炭生产、消费的产业链条构建经济体系。受气候和环境治理政策措施的影响，煤炭行业和以煤为主的城市、地区发展将面临严峻挑战，不仅煤炭行业从业者的工作机会可能丧失，整个城市的内生发展动力和经济竞争力都将受到影响。公正转型是全面的、整体的转型发展计划，有利于调动各种社会资源（包括政策、技术、资金等）帮助相关行业和城市实现转型发展和创新发展，帮助转型就业人群提升就业能力和寻找就业机会，促进地区和人的可持续发展。

六、中国参与 APEC 公正能源转型的合作策略

当今世界正处于百年未有之大变局，气候变化加剧、能源价格飙升、经济增长乏力等多重危机叠加对联合国 2030 年可持续发展目标的实现造成严重影响。以风能、光能、生物质能、绿色氢能为代表的清洁能源作为下一代能源经济体系的主导因素为复合型危机提供了一种综合性的应对路径。由于化石能源消耗达到全球温室气体排放的七成以上，因此能源转型的核心是用清洁能源替代化石能源，提升能效和电力化水平，追求经济发展与碳排放"脱钩"，即 21 世纪中叶碳中和目标的实现主要依靠能源结构的重大转变。在大国竞争加剧的背景下，全球清洁能源转型呈现新的发展态势，也面临多重挑战。

APEC 机制下的公正能源转型对应 APEC 领导人会议精神，契合 APEC 发展计划，同时支持 APEC 能源目标的实现，进而围绕该主题开展相关研究、活动，有助于推动实现"到 2030 年 APEC 地区可再生能源及其发电量在地区能源结构中的比重比 2010 年翻一番"及"2035 年将 APEC 地区的总能源强度水平较 2005 年的降低 45%"的能源目标。

中国在全球清洁能源转型中发挥着重要作用，日益成为全球清洁能源转型的中流砥柱。因此针对中国参与 APEC 公正能源转型的合作策略，建议如下：

（一）在 APEC 区域建立专业、广泛的参与机制

能源转型是大势，我们需要接受且顺势而为。大多数 APEC 经济体都在考虑如何在 21 世纪中叶实现碳中和，但只有 13 个 APEC 经济体的城市明确承诺实现这一目标。我们需纠偏国际舆论对发展中经济体公正转型的要求和指责，提出适合自身的转型目标和路线图，重申发展中经济体需求和发达经济体历史责任，主导发展中经济体能源转型话语权；建立 APEC 区域的广泛参与机制，推动政策信息公开化、公众参与机制设计畅通化，提升 APEC 区域对于低碳转型工作的知情权，保障具体政策和措施的落地和执行效果符合社会公正要求；推动建立区域内各经济体跨部门协调机制，实现就业政策、产业政策、财税金融政策、技能培训和再教育政策、社会保障政策、职业安全和健康政策协同配合；加强"一带一路"政策沟通和规划、规则标准国际对接，坚持基于可持续发展目标（SDGs）提出新概念，与国际组织与现有多边开发银行开展合作。

（二）宣传推动能源发展理念和推动 APEC 能源可及倡议实施

开展亚太经合组织地区各经济体能源公正转型交流，分享能源准入经验和最佳做法，促进互利合作、共享共赢，建设绿色包容的亚太地区。探索研究亚太经合组织能源准入项目，注入亚太经合组织品牌形象，提升项目影响力，支持推动联合国实现 2030 年可持

续发展议程。

（三）关注妇女等能源转型过程中受影响较大的弱势群体

在全球疫情变幻、经济寻求重建的当下，应认识到妇女在这一绿色转型过程中的贡献潜力、赋权和支持妇女在能源行业的参与的重要性。在 APEC 机制下，聚焦 APEC 绿色能源转型过程中的女性视角和力量，通过开展能力建设，培育 APEC 能源领域未来女性人才。召开系列论坛，搭建 APEC 能源妇女交流平台，定期发布研究报告，从理论和实践角度推动妇女参与 APEC 能源转型等方式剖析能源领域女性从业现状及其所面临的问题和挑战，探讨如何通过加强区域内外交流与合作，发挥妇女优势，支持妇女参与和推动区域能源绿色低碳转型。

（四）加大绿色岗位技能培训及人才引进

就业问题关乎职工群体的命运，也事关社会稳定。能源结构的调整对相关行业的劳动技能结构提出新的要求。要充分考虑高碳行业就业人群的就业技能和能力水平与新兴绿色行业岗位要求的不匹配性，完善培训制度，加快技能培训、产业和教育政策的配套推进，引入人才资源来帮助有潜力转型的企业向高质量产业转型。同时应加大对具有就业创造潜力的可再生能源和低碳行业的扶持力度。

在 APEC 区域内开展主题培训有助于为相关经济体提供学术观点和技术援助。通过培训班、研讨会、视频会等形式开展能力建设和技术交流活动，打造中国能源品牌，同时实现研究成果的完善和发布、市场资源的拓展，不断提升影响力，有助于更好地实现公正转型。

（五）在 APEC 区域经济体能源绿色低碳发展中发出中国声音

一直以来，中国积极参与全球能源治理，切实落实《巴黎协定》，为解决人类可持续发展问题贡献中国智慧和中国方案。中国有践行自己承诺的实力和能力，这一点得到国际社会的普遍认可，中国将进一步大力支持发展中经济体能源绿色低碳发展，帮助发展中经济体跨越化石能源陷阱，推动全球能源绿色低碳转型，积极有效应对气候变化。自共建"一带一路"提出以来，对亚太地区的经贸、区域一体化作出了重要贡献。共建"一带一路"始终与 APEC 相互促进，共同发展。我国正在绿色"一带一路"建设中全方位加强清洁能源国际合作，积极推动全球能源绿色低碳转型，切实支持发展中经济体实现绿色低碳发展。

中国已成为全球可再生能源生产和利用第一大经济体和全球最大的可再生能源市场，在光伏、风电等新能源领域具备较强竞争力。中国要为 APEC 区域内经济体提供煤电之外的系统能源解决之道，研究推进在核电、风电、光伏、智能电网、智慧能源、互联互通等方面的合作，共同推动可再生能源规模化发展，务实践行中国将大力支持发展中经济体能源绿色低碳发展的承诺。

参考文献

[1] APEC. 2021 Leaders' Declaration. https://www.apec.org/meeting-papers/leaders-declarations/2021/2021-leaders-declaration.

[2] APEC. 2021 Leaders' Declaration. https://www.apec.org/meeting-papers/leaders-declarations/2021/2021-leaders-declaration.

[3] APEC. APEC Putrajaya Vision 2040. https://www.apec.org/Meeting-Papers/Leaders-Declarations/2020/2020_aelm/Annex-A.

[4] CTI_Climate-Accounting-Audit-Methodology_SC.pdf (climateaction100.org).

[5] APEC 官方网站. https://www.apec.org/Meeting-Papers/Leaders-Declarations/2015/2015_aelm.

[6] 国际能源署. Energy Access Outlook 2017 - From Poverty to Prosperity. 2017.

亚太区域合作中碳关税政策的博弈分析

孟 猛 郑昭阳[*]

摘 要： 旨在解决全球气候问题的《巴黎协定》并不能够解决发达国家和发展中国家在碳排放强度方面的差异，成为发达国家实施碳关税的借口。在亚太区域，美国借举办 2023 年 APEC 峰会的机会试图引入碳关税议题，必然会引起各经济体在这个问题上的博弈。从总体看，美国、日本、加拿大是 APEC 成员中积极支持碳关税的国家，并可能在未来与欧盟形成碳关税联盟。中国、俄罗斯和澳大利亚等经济体反对碳关税，在博弈中处于守势。中国对外要联合其他反对碳关税的国家运用多边贸易体制规则反对碳关税中的不合理做法，支持应对气候变化的多边机制，并在"一带一路"范围内加强气候合作；对内要提高化石能源利用效率，增加清洁能源的使用。

关键词： 碳关税；博弈；APEC

美国在 2023 年 APEC 峰会的优先议题中强调为可持续的未来创造一个新的环境，并且提出讨论提高贸易政策在应对环境挑战中的作用。实际上，国际上关于降低碳排放的合作机制主要是《巴黎协定》中确立的以各成员自主贡献形式的减排，而贸易政策并非减排的主要手段。美国试图在 APEC 议题中提出使用贸易政策作为应对环境挑战的手段，其目的明显是为将来实行碳关税做铺垫，也势必会引起 APEC 成员的反应。本文从博弈论的视角分析 APEC 合作中的碳关税问题，为中国应对碳关税政策提供建议。

---

* 孟猛，天津师范大学经济学院副教授；郑昭阳，南开大学经济学院副教授。

一、国际气候合作与碳关税的提出

1992 年，里约联合国环境与发展大会的重要成果之一就是通过了《联合国气候变化框架公约》（*United Nations Framework Convention on Climate Change*，UNFCCC），拉开了全球应对气候变化合作的序幕。从 1995—2022 年，缔约方气候变化大会先后举行了 27 届，目前已拥有 198 个缔约方，是国际气候合作的重要基础。

UNFCCC 中明确提出"共同但有区别的责任"，要求缔约方为降低温室气体排放承担相应义务。1995 年开始的谈判主要围绕发达经济体降低温室气体排放的目标，并于 1997 年第三次缔约方大会上达成了具有里程碑意义的《京都议定书》，要求发达经济体在 2008—2012 年将温室气体排放量减少 5.2%。在 2012 年的第十八次缔约方大会上就《京都议定书》达成的《多哈修正案》要求发达经济体在 2013—2020 年实现温室气体排放量比 1990 年下降 18%。由于美国和加拿大先后退出《京都议定书》，日本、新西兰和俄罗斯也没有针对《多哈修正案》提出新的减排目标，《京都议定书》的实际作用大打折扣，各方关于气候变化的博弈和斗争日趋激烈。在 2015 年第二十一次缔约方大会上通过的《巴黎协定》成为《京都议定书》后具有法律约束力的气候协议，为 2020 年之后全球应对气候变化行动做出了安排。《巴黎协定》扩展了缔约方减排义务的适用范围，要求缔约方通过国家自主贡献（Nationally Determined Contributions，NDC）的方式设定减排目标，并接受集体评估。2021 年第二十六次缔约方大会是《巴黎协定》实施后的首次缔约方大会，各方就更新国家自主贡献、建立国际气候合作机制等深入交流，并就建立国际碳市场机制的相关原则和规则达成一致，但没有拟定具体实施方式的协议。

尽管《巴黎协定》将多边合作机制作为全球气候治理的方向，但各缔约方在许多具体操作问题上仍存在较大分歧。其中最为明显的是一些发达经济体不仅不愿意承担多边气候框架中对发展中国家的资金援助，而且故意忽视发展中经济体在减排方面的努力，只是单纯强调发展中经济体排放水平较高。在这个背景下，一些发达经济体提出使用碳关税这种国际贸易调节机制来促使发展中经济体降低碳排放。

所谓碳关税是指一国或地区在进口商品时，针对出口方未采取碳减排措施或者减排不力而根据商品中所包含的碳排放量征收的一种关税。①从表面作用机制看，征收碳关税的目的是解决国际减排合作机制可能存在的失灵问题，要求国内外的产品生产者在碳排

---

① 尽管欧盟的碳边境调节机制没有直接命名为碳关税，但实际作用等同于碳关税，在后面的分析中也作为碳关税分析。

放问题上遵循一致的强度标准或成本标准，从而在国际碳减排中承担相同的责任。然而从实际操作来看，积极推行碳关税的主要为发达经济体。自《京都议定书》生效以来，发达经济体在实施碳减排措施后认为其国内产品的竞争力随着减排带来的碳排放成本增加而下降，发达经济体中部分高排放企业通过国际投资等方式将产能转移到碳排放成本较低的发展中经济体，形成了"碳泄漏"现象。同时发达经济体认为发展中经济体在减排中行动相对迟滞，在不支付或少支付减排成本的条件下享受全球应对气候变化合作的收益，"免费搭车"的现象严重。于是发展中经济体和发达经济体在对待降低温室气体排放问题上形成了鲜明的对立，发达经济体认为发展中经济体没有充分履行减排义务，发展中经济体认为发达经济体利用先发技术优势限制发展中经济体的工业化。在双方无法就减排问题达成充分一致的背景下，发达经济体率先使用碳关税作为工具来影响发展中经济体。

在碳关税概念提出后，学者们从碳关税的本质、法律基础、国家间的政策互动及经济效果等方面进行了大量研究。

关于碳关税的本质，学者们多认为其具有明显的贸易保护特征。例如，徐昕和吴金昌（2023）指出欧盟的碳关税制度实际上具有双重目标，欧盟既希望防止"碳泄漏"又希望维护自身产品竞争力。在防止"碳泄漏"方面，欧盟的碳关税制度单方面推行市场的调节方案，无视"碳泄漏"发生责任的公平分配，不符合 UNFCCC 的基础原则，属于典型的气候单边主义；而且欧盟通过碳关税制度主导碳定价权，通过在欧盟内部免费分配碳排放配额的方式提高境外企业出口成本，具有明显的贸易保护主义性质。王一鸣（2022）认为西方国家实行碳关税主要为了实现掌控国际碳定价主导权，施压中国碳核算标准体系，提升中国碳市场运行成本，构建碳交易壁垒削弱中国高碳产业竞争力的目的。

关于碳关税的法律基础，学者们认为发达国家在现行的国际规则下实施碳关税只能找到部分法理支持，发展中国家可以在博弈中应用现有国际规则进行反对。例如，郑玲丽（2017）认为《巴黎协定》并未给碳关税的合理性做出明确的界定，从而在执行中会引发争议。其中强调的国家自主贡献缺乏明确的法律约束力；"共同但有区别责任原则"中更多强调共同责任，弱化了发展中国家区别待遇；区域性减排合作机制可能会导致区域间气候和贸易争端等。董京波（2022）认为欧美国家的碳关税政策在 WTO 框架下引用第 20 条例外作为法理依据时无法做到充分满足第 20 条序言，以及（b）款下的必需性和（g）款下的环保相关性的要求。类似的研究还包括曹慧（2021）、陈红彦（2021）、刘晓豹（2022）认为欧盟的碳关税政策违反 WTO 的国民待遇和非歧视原则。

关于碳关税国家间的互动，学者们认为美欧等发达经济体会通过建立"碳关税俱乐部"或"碳关税联盟"的方式抢夺国际规则话语权。例如，肖兰兰（2022）指出美欧在气候问题上具有强烈合作意愿，并且试图通过合作主导《巴黎协定》后的国际气候谈判议程，维护美欧在清洁能源发展和低碳技术创新中的地位，以及重塑国际贸易机制。赵斌、谢淑敏（2022）认为尽管美国和欧盟在国际气候问题的政治立场上存在认知分歧、行动差异和目标差异，但拜登政府上台以来欧盟和美国在气候政治上的共识明显增多，双方仍可能在扩大清洁能源技术部署、推进绿色技术开发和创新方面进行合作。严舒旸、周晓明（2023）指出随着欧盟碳关税法案即将落地实施，美欧为了掌控全球气候治理和国际贸易规则的制定权、挤压新兴国家的发展空间，在碳关税问题上频繁互动，协调立场以求建立西方主导的碳关税联盟。孟国碧（2017）认为在发展中国家和发达国家碳关税的博弈中，只要发达国家认为国内产业需要保护，就会试图通过碳关税等手段来限制进口，发达国家始终在与发展中国家的碳关税的博弈中处于攻势地位。

关于碳关税的经济效果，学者普遍认为其贸易保护效果要大于减排效果。例如，拉克尔和温纳（Larch and Wanner，2017）通过结构引力模型分析认为碳关税仅可以使全球碳排放额外下降 0.5%，但要以世界各国的贸易量和国民福利下降为代价，而且发展中国家在其中会面临更大的损失。布兰格和奎里昂（Branger and Quirion，2014）认为碳关税只能使碳泄漏率降低 6%左右，并不是降低碳排放的有效手段。杨曦和彭水军（2017）认为碳关税不仅没有解决"碳泄漏"的问题，反而增加了各国的碳排放量，没有实现气候保护的目的，而且碳关税还会降低发达国家和发展中国家的贸易竞争力，恶化各国福利。许明（2022）的研究表明，如果美国和欧盟共同征收碳关税，则美国和欧盟的经济增长、贸易条件和社会福利均有明显上升，但中国等 RCEP 国家会受到明显损失。而且如果在中国碳达峰的过程中美欧征收碳关税的话，中国所受影响将显著高于日韩和东盟国家。

从上面的文献可以看出，碳关税实际上是发达国家凭借其在国际政治、经济、技术上的优势，将国际环境合作问题演变成国际政治经济问题，从而引发其与发展中国家之间关于碳关税的博弈。这场博弈中，发达国家无论在博弈目的、主动性还是博弈结果方面都处于有利的攻势位置，而发展中国家则始终处于被动的守势地位。即使《巴黎协定》达成后，这种不对称的博弈将继续存在，而且无论是在全球层面还是区域层面都会继续。

二、主要各方对碳关税的态度

由于碳关税政策一旦实施必然会在国际大范围内产生影响，即使是 APEC 区域外的经济体实行各种形式的碳关税政策都会对 APEC 成员产生影响。而且 APEC 成员在决定各自在碳关税问题上的立场时也不可避免会受到区域外经济体的影响。为此这里对 APEC 区域内外重要碳关税政策参与方的态度进行汇总。

（一）美国的态度

美国在应对气候变化的环境政策上呈现出明显的政治周期性。在民主党克林顿政府时期，美国认同过度排放温室气体会导致全球气候变化，强调需要采取措施减少温室气体排放。共和党小布什在 2001 年上任不久便宣布退出《京都议定书》。民主党的奥巴马积极返回多边和双边气候合作谈判，签署并推动《巴黎协定》的生效和实施。共和党特朗普政府否认人类活动排放的温室气体导致全球气候变化，并宣布退出《巴黎协定》。民主党的拜登在 2021 年 1 月 20 日宣誓就任美国总统的当日就宣布重返《巴黎协定》，试图成为全球应对气候变化合作进程的领导者和规则制定者。

美国国内两党政治斗争也让美国在对待碳关税问题的态度上不断变化，相应机制建设也发展缓慢。在美国国内至今仍未建立起联邦层面的碳交易和碳定价市场。美国国内影响较大的碳交易市场包括加利福尼亚州建立的碳排放总量管制和交易系统，以及东北部 11 州的区域温室气体减排行动（Regional Greenhouse Gas Initiative，RGGI）。

美国在没有联邦层面碳交易市场的条件下，仍在积极寻求对进口商品征收碳关税的政策。在奥巴马政府时期，美国积极推动碳关税立法，并促使《美国清洁能源和安全法案》在国会众议院通过，授权美国政府自 2020 年起可对未实施碳减排政策的国家征收碳关税，然而该法案在参议院被否决。拜登上台以来，民主党政府继续在多个方面积极推动碳税立法。不仅如此，共和党对待气候变化问题的态度也发生了一定转变。共和党部分成员提出"美国优先气候政策"，在应对气候变化时更多考虑美国的贸易利益，将碳关税视为遏制打压中国和俄罗斯、保障地缘利益的新型贸易保护工具。美国贸易代表办公室在 2023 年年报中强调："应对气候危机和促进环境可持续实践仍是拜登政府的首要任务，贸易是实现这些目标一个不可或缺的工具。"①美国两党在气候变化议题上合作趋势的增强及欧盟推出碳边境调节机制大大提高了美国碳关税立法的意愿。

2021—2022 年，美国国会就相继提出了《拯救我们的未来法案》（*Save Our Future Act*）、《市场选择法案》（*Market Choice Act*）、《美国清洁未来基金法案》（*America's Clean*

---

① The Office of the United States Trade Representative. 2023 Trade Policy Agenda And 2022 Annual Report. March 2023，p.5. https://ustr.gov/sites/default/files/2023-05/2023%20Trade%20Policy%20Agenda%20and%202022%20Annual%20Report%20FINAL.pdf.

Future Fund Act）等议案。2022 年 6 月，美国怀特豪斯等参议员向国会提交了《清洁竞争法案》（*Clean Competition Act*），可谓美国版碳关税的雏形。2023 年 6 月，民主党议员库恩斯和共和党议员克雷默联名提出了《2023 年提供可靠、客观、可核查的排放强度和透明度的法案》（*Providing Reliable, Objective, Verifiable Emissions Intensity and Transparency Act*，简称 PROVE IT 法案），要求美国能源部核实美国和其他国家特定产品的碳排放强度，为征收碳关税建立基础。

综合分析上述法案，可以发现美国拟议中的碳关税政策具有如下特点：首先，美国在没有覆盖全国碳定价交易市场的情况下，采取了将国内产品包含的碳排放量作为基准水平，对超过基准水平的国内外产品都征收碳税。其次，碳关税的征收范围也较广。在《清洁竞争法案》下包括化石燃料、精炼石油产品、石化产品、肥料、氢、己二酸、水泥、铁和钢、铝、玻璃、纸浆和造纸、乙醇等产品，在 PROVEIT 法案下还包括锂电池、太阳能电池和面板、风力发电机等中国具有较强出口优势产品的碳排放核算。再次，美国对进口产品中超过基准水平的碳含量计划按照 55 美元/吨的标准征收碳关税，并且这一税率水平还要参照美国国内的通货膨胀率每年上浮。最后，对进口产品的碳含量默认采用原产国的整体经济的碳排放强度，但同时允许"透明的市场经济国家"的企业使用本企业的实际碳排放强度，这相当于为其部分盟友国家设定"单独税率"，减少与盟友国家在碳关税问题上的冲突。

（二）其他主要 APEC 成员的态度

加拿大尽管没有像美国一样有明确的议案和碳关税实施计划的具体细则，但在其相应的政府文件中可以看到对碳关税也明显持支持态度。加拿大的碳交易市场是在各个地区单独建立的，没有全国统一性的碳交易市场，但在其政府 2022 年发布的《加拿大 2030 年减排计划》（*Canada's 2030 Emissions Reduction Plan*）[①]中，加拿大政府强调对碳交易制定国家最低严格标准（基准）。该"基准"规定，加拿大的碳交易价格在 2022 年为 50 加元/吨，并按照每年 15 加元/吨的速率逐年增长，直到 2030 年增长到 170 加元/吨。而且加拿大政府规定如果某个省份没有设立碳交易系统或者碳交易系统的价格达不到上述"基准"，联邦政府将强制应用该"基准"。加拿大政府为 2030 年前设立碳交易价格明确的基准水平是为了提高政策预期的确定性，提高私人部门在减排方面的投资激励。在设立碳交易价格基准的基础上，加拿大还对高强度碳排放企业及贸易型企业设立"基于产

---

① https://www.canada.ca/en/services/environment/weather/climatechange/climate-plan/climate-plan-overview.html.

出的定价系统"（Output-Based Pricing System），激励这些企业降低碳排放的同时避免国际竞争力下降和"碳泄漏"风险。加拿大在碳关税问题上的态度是使用边境碳调节，并通过对进口收税和出口退税来防止国内企业竞争力下降。这一点与欧盟的碳边境调节机制很相似。加拿大政府正在探索将边境碳调整作为一种潜在的政策工具补充国内的碳污染定价。①

日本对碳税和碳关税也持支持态度，并已经在机制建设上做了一些准备。首先，日本在 2012 年引入地球温暖化对策税作为国内的碳税，②但直到 2016 年执行的税率仍只为 289 日元/吨二氧化碳，属于很低的水平。其次，日本在部分地区建立碳排放权交易制度，③鼓励企业间和行业间积极碳减排。最后，建立信用交易制度。目前日本国内使用的信用交易制度主要包括适用于电力行业的非化石电源认证制度和适用于所有行业的 J 信用制度，④对电力企业来源于可再生能源的电力进行认证，以及其他企业提高技术减少的碳排放量或者增加的碳吸收量进行认证来降低国内碳排放。在国内机制建设的基础上，日本产业经济省于 2021 年公布的《2050 年碳中和绿色增长战略》⑤中，明确表示在关注其他国家碳边境调整措施的基础上，积极参与领导制定和应用相应的国际规则，并与防止"碳泄漏"和确保与公平竞争方面立场相同的国家合作。

墨西哥不仅对碳关税持支持态度，而且较为罕见地在向 UNFCCC 提交的国家自主贡献中强调这一点。2020 年，墨西哥在《巴黎协定》框架下更新了其国家自主贡献目标，提出在满足相应条件时，可将温室气体排放削减幅度从 22% 提高至 36%，这些条件包括国际碳交易价格及碳边境调节税的实际情况。

澳大利亚是发达经济体，在 2021 年作为嘉宾国被邀请参加 2021 年的七国集团峰会，也是英国"碳俱乐部"计划的拉拢对象。然而由于澳大利亚经济对化石能源存在严重依赖，澳大利亚认为碳关税属于贸易保护政策，明确表示反对碳关税。俄罗斯也对碳关税持明确反对态度，认为碳关税政策违反 WTO 规则。事实上，俄罗斯早在 2020 年 7 月参加金砖会议时就指出，欧盟的碳边境调节措施是借气候议程之名建立实际的贸易壁垒。

---

① https://www.canada.ca/en/department-finance/programs/consultations/2021/border-carbon-adjustments/exploring-border-carbon-adjustments-canada.html.

② https://www.env.go.jp/policy/tax/about.html.

③ https://www.env.go.jp/earth/ondanka/det/capandtrade/about1003.pdf.

④ https://www.meti.go.jp/shingikai/energy_environment/carbon_neutral_jitsugen/pdf/005_02_00.pdf.

⑤ https://www.meti.go.jp/press/2021/06/20210618005/20210618005-4.pdf.

（三）欧盟的态度

欧盟是推行碳关税最积极的地区，而且已经完成相应的内部立法程序。2021 年 7 月，欧盟委员会对外正式公布了建立碳边境调节机制（Carbon Border Adjustment Mechanism，CBAM）的立法提案。2022 年 6 月，欧洲议会通过了 CBAM 的修正案。2022 年 12 月，欧洲议会和欧盟理事会最终就法案文本达成协议，将 CBAM 征税范围最终锁定为钢铁、铝、电力、水泥、化肥和氢六大行业，并于 2026 年正式开始征收，2026—2034 年逐步取消欧盟内的免费排放配额。

欧盟尽管在 APEC 区域外，但其碳关税政策会对 APEC 成员产生巨大影响。尤其是 2021 年以来，欧盟和美国在碳关税问题上互动频繁，需要引起密切注意。美欧于 2021 年 6 月在英国举办的 G7 峰会发布的领导人声明中共同承诺在气候变化问题上采取更加积极的行动，集体承诺不迟于 2050 年实现净零排放，2030 年集体排放量减少一半。2021 年 6 月，美欧峰会发布了《迈向新的跨大西洋伙伴关系》，该宣言中将应对气候变化作为新的跨大西洋伙伴关系的重要支柱和核心内容，并决定建立一个美国-欧盟高级别气候行动小组（U.S.-EU High-Level Climate Action Group）来协调双方的气候合作。欧盟为了和美国合作推进碳关税，还在 CBAM 中为美国留有"后门"。原本 CBAM 规定如果商品在出口国已经支付碳价，则在欧盟的进口中可以抵扣。然而美国国内没有统一的碳交易体系和碳价，无法享受欧盟的抵扣。针对这一问题，2021 年 11 月欧洲议会国际贸易委员会专门提出了修正意见：即使一国没有碳定价，但只要采取"同样有效的减碳措施"，就可与该国达成抵扣原产国已支付碳价的协议，实际上就是为了打消美国与欧盟碳关税合作中的顾虑。在 2022 年 3 月欧盟理事会决议前，欧盟碳关税立法报告起草人穆罕默德·查希姆就曾专程访问美国国会，会见了美国碳关税法案的立法议员，鼓励美国基于隐性碳价而非显性碳价构建碳关税机制；同时他提议美国、加拿大等国合作制定国际碳核算标准体系，以西方国家认定的碳定价标准为基础构建碳关税联盟。2022 年 6 月，在德国举办的 G7 峰会的领导人声明提出，要在 2022 年年底前建立"国际气候俱乐部"，由发达国家主导协调各国，特别是发展中国家的碳定价政策。

综合各方对待碳关税的态度可以看出，APEC 区域未来碳关税的博弈中会出现美国、日本和加拿大处于攻势地位，并联合欧盟通过"碳关税联盟"或"碳俱乐部"的形式对其他成员构成冲击。而俄罗斯、澳大利亚等国与中国和多数发展中国家会处于守势。

三、碳关税的影响

（一）对国际贸易秩序的影响

自中美贸易摩擦以来，受新冠疫情和全球价值链调整的影响，多边贸易体系已经受到冲击，碳关税的推出会进一步挑战多边贸易体系。无论是欧盟的 CBAM 还是美国《清洁竞争法案》中涉及的碳关税机制，都会面临着对来自不同出口来源国产品征收的碳关税存在差异，严重背离了 WTO 最惠国待遇原则和非歧视原则。当然，美国等支持碳关税的成员会以保护环境为理由引用关税及贸易总协定（GATT）第 20 条的"一般例外"条款来为碳关税寻求多边贸易体系内的合法性解释。该条款允许成员经济体实施"保护人类、动物或植物的生命或健康所必需的措施"，但引用该条款为碳关税背书的合法性仍值得怀疑。最为明显的是碳关税将进一步加强贸易保护主义趋势。在美国的干预下，WTO上诉机构多年停摆，多边贸易体制已经受到严重挑战。在这个背景下，发达国家对进口产品征收碳关税，对发展中国家出口极其不利。在忽视发展阶段不同的条件下强制发展中国家接受美国版碳关税中的排放标准或欧盟版碳关税中的碳价标准有悖公平竞争。在贸易保护主义盛行的情况下，碳关税会成为一个新的消极因素。

（二）对全球气候合作机制的影响

气候变化问题具有全球外部性，需要全球性的解决方案才可以从根本上解决问题。在最新的《巴黎协定》中仍然强调"共同但有区别的责任"原则并通过"国家自主贡献"的方式来解决问题。然而美欧推行的碳关税政策并不符合作为《巴黎协定》基础的"共同但有区别的责任"原则。美国《清洁竞争法案》中规定排放强度超过美国平均水平的国家出口的产品要被征收碳关税，并不考虑这些国家在减排中所做的努力，给初始排放水平较高的国家带来沉重负担。这种做法与《巴黎协定》的原则不一致，而且会加剧各国在资金、技术等问题上的分歧，扰乱全球合作应对气候变化的规则。同时即便中国等发展中国家努力通过国家自主贡献实现碳减排，仍然会被征收碳关税，大大降低发展中国家在执行《巴黎协定》中的积极性，使全球气候合作机制受损。

（三）碳关税会扩大发展中国家与发达国家的矛盾

碳关税是国际贸易规则制定权的竞争，也是新一轮国际政治经济博弈的关键领域。首先，碳关税的实质是给发展中国家的发展加上额外的负担，并将发达国家在履行《巴黎协定》减排目标中的部分成本转嫁给发展中国家。其次，如果要求发展中国家出口商提供温室气体排放量或国内缴纳碳税的数据，还会给发展中国家带来额外的行政管理成本。再次，发达国家在多数已经实现"碳达峰"的背景下推出碳关税政策，不仅会通过增加发展中国家产品成本的方式削弱出口优势，而且会剥夺发展中国家在减排过程中的缓冲期，加重发展中国家的负担。最后，碳关税还将对国际贸易中多年来业已形成的发达国家和发展中国家优势互补、资源互补的国际分工造成一定的冲击。

四、对策选择

在美国碳关税立法加快，以及可能与欧盟等建立碳关税联盟影响未来国际贸易规制的情况下，中国及在碳关税问题上处于守势的国家可以采取以下对策。

（一）运用多边贸易体系的相关规则反对碳关税中不合理的做法

美国等在碳关税问题上处于攻势的国家需要运用 GATT 第 20 条一般例外条款中（b）"为保护人类、动植物的生命健康所必需的措施"以及（g）"与环境保护有关的措施"为碳关税进行合法性论证，发展中国家可以针对这一条款进行法理的抵制。在法理方面要重点讨论碳关税政策与减排的相关性，对碳关税究竟是为了防止"碳泄露"来实现减排还是保护实施国内部竞争力进行重点分析。

具体来看，可以从如下四个方面质疑美国版碳关税方案的合法性。首先是对征收碳关税的产品界定。美国主要针对两类产品征收碳关税，一类是生产中碳排放较高的产品，另一类是美国国内产业受损的产品。很显然，第二类产品明显不符合减排目标，要坚决反对。其次是碳关税征收中对部分国家的豁免。如果在碳关税方案中只针对美国定义的部分市场经济国家或部分已采取了相同措施的国家实施豁免措施，则明显形成对中国等发展中国家的歧视，需要引用非歧视原则反对碳关税。再次，碳关税实施中的歧视性。美国相关法案建议碳关税以同类产品的国别作为计算基础，这样就会造成对来自中国的钢铁产品和对来自墨西哥的同类钢铁产品按照不同的税率征收。这种以国别作为计算基础的做法明显是具有歧视性的做法，不符合最惠国待遇。最后，美国版碳关税中国内产品承担的减排责任明显低于进口产品，而且对美国国内部分行业有豁免的规定，部分行业有免费的贷款等优惠措施，也存在明显的歧视。

针对上述四点违反多边贸易体系规则的做法，我们应该联合相关国家共同抵制。

（二）坚持"共同但有区别的责任"，支持多边气候治理机制发展

在全球气候合作层面，碳关税是美国和欧盟等通过向其他国家施压提升减排目标，以及增加在全球气候协议谈判的筹码。无论碳关税背后的动机是减排还是贸易保护，全球气候治理进程仍需推进，降低全球碳排放的目标仍需多国努力。在这个过程中，必须

要充分重视发展中国家的能力与现实需要。

中国可以联合发展中国家继续坚持"共同但有区别的责任"原则与美国和欧盟进行对话，推进全球气候治理体系改革。坚持国际气候合作要遵循《联合国气候变化框架公约》及《巴黎协定》的目标和原则，坚持以国际法为基础、以共同有效减排为导向。在多边气候治理中，要始终坚持从各国的实际情况和发展水平出发，推动构建公平合理的全球气候治理体系，反对以碳关税和碳边境措施为名义的单边主义和贸易保护主义。即使全球范围需要的碳税和碳交易制度，也不能简单以发达国家和发展中国家的碳排放水平差异或碳价差异作为碳关税的评估标准，而应充分考虑各国在减排过程中的实际成本。《巴黎协定》第六条提到了利用国际碳交易市场来减少各国的碳排放，将碳定价视为实现"全球控温"目标的关键。按照世界银行的报告[1]，截至 2023 年 4 月，全球有 73 个地区、国家建立了碳税或碳排放交易机制。这些独立运行的制度不利于全球统一的气候治理，需要通过多边谈判来实现碳市场在不同国家和地区间的整合，要在多边范围内解决一系列复杂的法律、制度、政策、标准、技术等问题。

（三）依托共建"一带一路"和"金砖"合作机制，加强与发展中国家的技术合作

应对碳关税不能仅限于 APEC 成员内部，要在更广泛的范围强化应对气候变化中的科技和产业合作，促进发展中经济体加速实现低碳转型。要注重同俄罗斯、印度、巴西、南非等交流合作，重点依托"一带一路"绿色发展国际联盟及《金砖国家应对气候变化高级别会议联合声明》推动发展中经济体技术合作。具体而言，要在"一带一路"和"金砖"范围内开展清洁能源、低碳技术等领域的交流合作，为各方沿着绿色低碳方向发展提供指引。要与相关经济体拓展绿色产能、绿色资本等方面的合作，支持在绿色技术领域开展人文交流、联合研究、平台建设等合作，提高应对气候变化的区位性和联动性。在共建"一带一路"和"金砖"范围内大力发展国际绿色投资，将资本引向节能减排、生态环境、可再生能源等产业，进一步提升对外投资合作项目的可持续发展水平。

（四）大力发展新能源产业，促进国内产业升级

实现"碳达峰"和"碳中和"的目标不仅是中国应对全球气候变化问题上的自主贡献，也是中国未来能源安全的重要组成部分。鉴于我国目前使用的能源结构中仍以高碳的化石能源为主，其中煤炭消费在总能源中的比重仍然超过 55%。为实现"碳达峰"和"碳中和"的目标，需要大力降低化石能源占比，同时提高化石能源的使用效率。在实际

---

[1] Worldbank. State and Trends of Carbon Pricing 2023. https://openknowledge.worldbank.org/entities/publication/58f2a409-9bb7-4ee6-899d-be47835c838f.

政策操作中，要加快实现煤炭清洁高效利用。针对我国在较长时间内仍要以煤炭作为化石能源的主要来源，对煤炭的清洁高效利用对于减少碳排放和提高能源效率十分重要。尤其是在使用煤炭资源生产电力的过程中，要加快淘汰落后燃煤发电技术，转化为使用高效、低碳锅炉及发电设备，并在发电厂中逐步推广将二氧化碳进行捕集、压缩后封存或进行工业应用的技术，降低电能生产中的二氧化碳排放。在能源来源结构上，要加快发展非化石能源，构建多元化清洁能源供应体系。在电能的生产中，要综合发展核电、绿色水电、太阳能发电、风电等可再生能源的利用，并在电力基础设施方面提高对可再生能源发电量随气候或季节波动的适应能力。在高耗能的工业部门，尤其是钢铁、化工和水泥等行业要加快产业结构转型升级，促进高碳排放产业脱碳化升级。在金融领域，一方面要加快发展绿色信贷和绿色债券，为绿色低碳技术开发和产业发展提供有力支持；另一方面要通过差别化的金融支持引导高耗能行业低碳化转型。

参考文献

[1] Branger Frédéric, Quirion Philippe. Would Border Carbon Adjustments Prevent Carbon Leakage and Heavy Industry Competitiveness Losses? Insights from A Meta-Analysis of Recent Economic Studies[J]. Ecological Economics, 2014, 99(C): 29-39.

[2] Mario Larch, Joschka Wanner. Carbon Tariffs: An Analysis of the Trade, Welfare, and Emission Effects[J]. Journal of International Economics, 2017, 109(11): 195-213.

[3] 曹慧. 欧盟碳边境调节机制：合法性争议及影响[J]. 欧洲研究，2021（6）：75-94.

[4] 陈红彦. 欧盟碳边境调整机制的合法性考辨及因应[J]. 法学，2021（12）：177-192.

[5] 董京波. WTO 框架下碳关税合法性探析——以 GATT 20 条一般例外条款为中心[J]. 宏观经济研究，2022（6）：126-136.

[6] 刘晓豹. 欧盟碳边境调整机制的 WTO 合规性问题分析[J]. 上海对外经贸大学学报，2022（5）：5-22，37.

[7] 孟国碧. 碳泄漏：发达国家与发展中国家的规则博弈与战略思考[J]. 当代法学，2017（4）：35-49.

[8] 孙永平，张欣宇. 气候俱乐部的理论内涵、运行逻辑和实践困境[J]. 环境经济研究，2022（1）：1-10.

[9] 屠年松，余维珩. 碳关税对制造业全球价值链嵌入的影响研究——基于 WTO 改革背景[J]. 生态经济，2020（9）：25-31.

[10] 王一鸣. 碳关税建构国际贸易规则新议题探析[J]. 国际石油经济，2022（6）：1-8.

[11] 肖兰兰.美欧跨大西洋气候合作对中国的影响及应对策略[J]. 中国地质大学学报（社会科学版），2022（11）：45-56.

[12] 徐昕，吴金昌. 欧盟碳边境调节机制的实质、影响及中国因应——基于全球气候治理与国际贸易双重视角[J]. 国际贸易，2023（4）：51-59.

[13] 严舒旸，周晓明. 美欧碳关税合作动向、动因与影响[J]. 现代国际关系，2023（2）：115-135，147.

[14] 杨曦，彭水军. 碳关税可以有效解决碳泄漏和竞争力问题吗?——基于异质性企业贸易模型的分析[J]. 经济研究，2017（5）：60-74.

[15] 许明.RCEP 生效的出口贸易红利及美欧征收碳关税的应对[J]. 亚太经济，2022（4）：54-61.

[16] 赵斌，谢淑敏.跨大西洋气候政治分歧：表征、动因与前景[J]. 中国地质大学学报（社会科学版），2022（9）：60-69.

[17] 郑玲丽.《巴黎协定》生效后碳关税法律制度设计及对策[J]. 国际商务研究,2017（6）：55-63.

APEC 绿色金融发展与合作：进展、趋势与挑战

涂　红　曹予凝　孙云鹏*

摘　要： 作为世界最大的碳排放源与经济支柱，APEC 在促进实现全球净零排放目标和可持续发展的进程中扮演着重要角色。APEC 通过成员磋商、提供气候信息服务、制定可持续发展框架等多种渠道实践绿色相关目标，以平衡经济增长与可持续性之间的关系。APEC 经济体通过绿色信贷、绿色债券、绿色基金、绿色保险、碳金融等方式，持续进行绿色金融实践。本文总结分析了 APEC 及其经济体在绿色金融发展与国际合作方面的进展、未来新趋势及面临的可能挑战。

关键词： APEC；绿色金融；气候应对

一、绿色金融国际发展新趋势

20 世纪 50 年代以来，部分国家的金融行业就开始了在气候与环境相关领域的实践。例如，1952 年由于伦敦爆发严重的烟雾事件，英国政府开始"重典治霾"，通过制定和实施《清洁空气法》（1956）、《污染控制法》（1974）、《环境保护法》（1990）、《污染预防和控制法》（1999）等对环境问题进行控制，涉及金融的具体措施包含企业获取绿色融资的方式及生产过程中需要注意的环境事项。1971 年，帕斯全球基金（Pax World Fund）在美国推出了第一个社会责任共同基金，该基金由希望避免直接投资于破坏环境的化学制剂的投资者设立，被认为是社会责任基金的首批范例之一。1974 年德国成立第一家政策性环保银行，为难以获得融资的环境项目提供贷款。美国在 1980 年颁布的《超级基金法

* 涂红，南开大学 APEC 研究中心教授、博士生导师；曹予凝，南开大学经济学院博士研究生；孙云鹏，天津商业大学经济学院副教授。

案》要求商业银行对其发放的信贷资金项目所产生的环境污染负责。加拿大则通过要求企业提交污染预防计划，并将其作为获得贷款的重要依据进行绿色金融实践。

世界银行与其下属的国际金融公司（IFC）、联合国环境规划署（UNEP）等超国家机构也积极倡议，为将各类金融机构承担社会责任纳入决策过程提供了基础。1992 年，联合国环境规划署金融倡议（UNEP FI）通过发布《银行界关于环境可持续的声明》，希望金融机构能把环境、社会和公司治理因素（ESG）纳入决策过程，发挥金融投资的力量，促进可持续发展。该倡议促成了 2006 年负责任投资原则（PRI）、2012 年可持续保险原则（Principle SI）及 2019 年负责任银行原则（PRB）的发布，从而联合动员各类金融机构将 ESG 问题纳入投资决策以符合可持续发展目标（SDGs）。依照世界银行的环境和社会框架（ESF）与 IFC 建立的既存规范，荷兰银行、巴克莱银行、花旗银行等 10 家国际领先银行共同起草了一套在融资过程中用以确定、评估和管理项目所涉及的环境和社会风险的金融行业基准，即"赤道原则"（The Equator Principles，EPs）。截至 2023 年 7 月，已有来自 39 个国家的 139 家金融机构采纳赤道原则进行决策，覆盖新兴市场与成熟市场中绝大多数融资项目。

在相关金融实践不断深化的背景下，世界各国对金融支持经济社会达成多种环境与社会目标的需求不断提升。气候金融、绿色金融、可持续金融、转型金融、生物多样性金融的概念被逐一提出。

气候金融作为世界各国推进净零排放目标的工具，脱胎于《联合国气候变化框架公约》（UNFCCC）下的资金机制，通过利用多种来源的国家或跨国资金在减缓和适应两方面采取行动，支持应对气候变化，在绿色融资中占有重要地位。根据国际开发性金融俱乐部（IDFC）的统计，2021 年其 27 个开发银行成员的气候融资额占绿色融资总额的比重约 96%，对气候变化做出应对是绿色金融的主要目标之一。

UNEP 认为绿色金融是在气候金融基础上附加其余针对环境问题的投融资活动，但其概念至今尚未统一，不同机构与组织对其解读与实践存在差异。在理论中，目前影响较为广泛的定义来自 G20 绿色金融研究小组（现为可持续金融工作组），指能够产生环境效益以支持可持续发展的投融资活动。在实践中，绿色金融概念的边界表现出一定的弹性，虽然存在不同的表达，但本质均为金融支持绿色转型。

转型金融作为更宽泛的概念，由经济合作与发展组织（OECD）于 2019 年提出，是指为实现可持续发展目标过程中进行的融资活动，与对化石能源清洁生产与使用进行严格限制的气候金融相比，其在支持碳密集经济活动方面更具灵活性。根据 2021 年通过的

《2021 年 G20 可持续金融路线图》，G20 可持续金融研究小组提出建立转型金融框架、使可持续金融范围覆盖生物多样性等 19 项行动。

由于生物多样性的丧失可能会导致遗传信息的缺失或生物链的断裂从而对经济和环境造成影响，与保护生物多样性相关的金融活动也被认为与绿色金融相关，并逐渐引起业界的重视，转型金融与生物多样性金融有望成为绿色金融的未来发展方向。

考虑到全球可持续发展目标在环境和社会问题上的综合性，为绿色转型提供资金的活动有时也被放在更大的框架下考虑，即为可持续发展目标进行融资。

随着绿色金融的发展，世界各国在国内与国际市场中进一步增加了相关的实践合作。目前，通过专门的绿色金融合作平台与区域性合作网络，绿色金融正逐渐打破国家间的壁垒，各国分享经验、加强政策协调，并推动绿色金融实践的创新和可持续发展。这种合作和协调将有助于推动绿色金融规模和影响力的提升，为实现可持续发展和应对气候变化等全球性挑战提供重要支持。

二、APEC 绿色金融的发展现状

作为世界最大的碳排放源与经济支柱，APEC 经济体的气候变化应对行动在实现全球净零排放目标的进程中扮演着重要角色。APEC 于 1993 年发布的第一份领导人声明中就包含了此方面的雄心。三十年间，APEC 各经济体通过绿色信贷、绿色债券、绿色基金、绿色保险、碳金融等方式，持续进行绿色金融实践。

（一）主要经济体的绿色金融发展概况

美国是全球绿色债券市场的领头羊。2014—2022 年间，美国的绿色债券累计发行总额达 3800 亿美元，是全球最大的绿色债券发行国。除绿色债券外，美国在绿色基金、绿色信贷与绿色保险方面的发展也较为迅速。根据晨星（Morning Star）的数据，截至 2021年年底，美国已成为全球第二大可持续基金市场，其中包含的 534 只可持续基金拥有超过 3570 亿美元的资产，全年资金流入 692 亿美元，占美国资金流入总量的近四分之一。绿色信贷与绿色保险则呈现品类齐全、标准清晰、市场完善的特点。相对于以上的绿色金融工具，美国在碳市场方面的发展并不突出，政府并未在全国范围内推动建立统一的碳市场体系，仅通过区域温室气体倡议（RGGI）与西部气候倡议（WCI）进行区域性碳配额交易。总体而言，美国的绿色金融发展呈现出自下而上、单项突出、缺乏体系建设的特点。

日本环境省于 2017 年和 2020 年分别发布了《绿色债券指南》和《绿色信贷和可持

续挂钩信贷指南》。相关文件出台后，日本绿色债券的规模增加超过 3 倍，2021 年，日本绿色债券发行量达 114 亿美元，日本已经发展成为亚洲第二大绿色债券发行国。日本的绿色保险发展同样突出。在地震、海啸、台风等自然灾害的威胁下，日本的地震保险、火灾保险和巨灾保险发展完善。根据地震再保险株式会社与日本损害保险协会的统计，2021 年地震保险支付超 1.5 兆日元，因暴风雨与洪水支付的保险超过 0.5 兆日元。特别是作为世界上最大的公共退休金基金，日本政府养老金投资基金（Government Pension Investment Fund，GPIF）在 2021 财年对绿色债券、社会债券和可持续发展债券的投资达到 1.6 万亿日元，并重仓 ESG 相关指数。截至 2021 年年底，基于 ESG 指数的投资价值约为 12.1 兆日元，这对企业选择披露 ESG 信息形成了激励。

中国绿色金融的发展起步于绿色信贷。2007 年，国家环保部、中国人民银行、银监会三部门为遏制高耗能、高污染产业的盲目扩张，共同发文要求各大银行对不符合环保要求的产业进行限制，通过金融杠杆实现环保调控，引导资金流向有利于可持续发展的行业。2012 年银监会推出《绿色信贷指引》，并于次年发布《绿色信贷统计制度》，进一步丰富绿色信贷的相关规定。绿色信贷已成为中国最重要的绿色金融工具。2022 年年末，本外币绿色贷款余额同比增长 38.5%，高于上年年末 5.5 个百分点，高于各项贷款增速 28.1 个百分点。资金流向主要包括基础设施绿色升级产业、清洁能源产业和节能环保产业。2015 年国务院发布了《生态文明体制改革总体方案》，首次提出建立绿色金融体系，并鼓励对绿色信贷进行债券化尝试。2022 年中国境内绿色债券新增发行规模为 8746.58 亿元，中资机构境外新增发行规模约 1092.41 亿元。中国在绿色债券发行方面已经处于世界领先地位，并逐步与国际接轨。在碳金融方面，中国的碳交易市场主要由七个地方市场与全国市场组成，其中全国碳交易市场处于起步阶段，仅包含电力相关产业，且交易呈现潮汐性特点。

中国香港在绿色金融方面的发展主要由香港金融管理局负责，在绿色产业分类、企业气候信息披露、绿色债券发展方面均取得了良好进展。2022 年，中国香港发行的绿色与可持续债务总额（包括债券与贷款）达 805 亿美元，相比上一年增长 42%，其中内地及海外机构的发行人占比超过 80%，香港本地发行主体为市政，资金主要流向为绿色建筑、水与废水管理。中国香港在 ESG 发展方面的实践也走在世界前列。2012 年，港交所首次发布"ESG 指引"，并于 2016 年开始强制要求所有上市公司根据指引披露 ESG 指标，对于无法披露的项目则需要按照"不遵守就解释"的原则进行说明。

澳大利亚的绿色金融发展多年仅通过在环境保护、能源使用等单一方面制定政策推进解决气候变化带来的问题。比如澳大利亚于 2000 年推出改善环境一揽子措施，拨款 8 亿澳元用于减排与可再生能源利用；2022 年提出了澳大利亚的气候解决方案包，为多项气候解决方案和可再生能源提供资金。

（二）APEC 经济体绿色金融发展的特点

总体来看，APEC 经济体绿色金融的发展存在以下特点：

第一，各经济体均对应对气候变化表现出积极态度，但部分经济体缺乏发展的顶层设计与路线规划，这可能导致其在推动建立国家层面的碳交易市场方面表现不佳。

第二，绿色债券目前为各经济体实践绿色金融的主要政策工具，且对解决气候环境问题最具针对性，但各经济体绿色债券市场存在标准不统一、发展水平差异大、国内国际市场发展不平衡、针对行业单一的特点。中国、美国、日本、加拿大、韩国、新加坡的绿色债券发展相对较快，该六国在 2022 年的绿色债券发行量均位居世界前 20，而印度尼西亚、泰国、越南、菲律宾的绿色债券发行量则相对其余的主要 APEC 经济体靠后（见表 1）。

表 1　APEC 主要经济体绿色债券发行量　　　　　　单位：十亿美元

经济体名称	2014	2015	2016	2017	2018	2019	2020	2021	2022	2022 年世界排名
中国大陆	0.16	1.29	21.21	22.10	31.06	31.71	23.75	70.24	85.38	1
美国	5.98	11.53	20.27	44.35	34.63	55.16	51.42	91.33	64.43	2
日本	0.32	0.50	0.60	2.24	4.17	7.22	9.49	15.00	12.56	9
加拿大	1.42	1.28	0.54	4.38	4.29	7.56	10.05	12.54	12.15	10
韩国	—	—	0.90	0.65	2.08	3.27	1.78	13.16	7.86	15
澳大利亚	0.62	0.47	0.62	2.52	3.65	3.44	2.01	5.22	5.45	17
新加坡	—	—	—	0.57	1.19	4.77	4.9	12.67	4.36	19
中国香港	—	—	1.21	0.86	2.69	2.55	2.08	10.78	3.43	22
新西兰	0.19	0.19	0.1	0.85	0.27	0.3	0.64	1.28	3.04	23
印度尼西亚	—	—	—	1.55	0.85	1.63	0.85	1.50	29
智利	—	—	—	0.50	0.10	2.50	5.36	4.19	0.98	33
泰国	—	—	—	—	0.21	0.74	0.76	0.93	0.39	38
越南	—	—	0.03	—	—	0.20	0.30	1.03	0.21	43
菲律宾	—	—	0.23	0.15	0.15	1.50	0.42	0.50	0.17	44

资料来源：Climate Bonds Initiative.

第三，绿色信贷、绿色基金、绿色保险的使用虽在各经济体中均有体现，但无统一标准与整合数据，缺乏对比条件。

第四，各经济体对上市公司 ESG 信息披露要求仍处于起步阶段。

三、APEC 绿色金融合作进展

考虑到目前气候环境变化应对状况与绿色金融发展过程中存在的投融资缺口，通过国际合作推进绿色金融发展有助于解决世界范围内转型进程中存在的不均衡问题。在成立的 30 多年间，APEC 将推动本区域贸易投资自由化、便利化及区域经济技术合作作为主要发展方向，并希望兼顾可持续发展目标。APEC 通过成员磋商、提供气候信息服务、制定可持续发展框架等多种渠道实践绿色相关目标，以平衡经济增长与可持续性之间的关系，促进二者共同进步，并具体落实于资金支持、项目合作等方面。2006—2022 年，在历年领导人会议提出的合作倡议下，APEC 通过 39 个分论坛在支持基金、贸易投资自由化与便利化（TILF）特别账户、经营账户及自筹经费等资金来源支持下共批准项目 2751项，其中包含"可持续""绿色""气候""环境""污染""可再生""低碳"七项关键词的项目共 390 个，总体呈上升趋势，2022 年相关项目相比上一年增长超过 79%，议题提出最活跃的成员为美国、中国、日本与加拿大。2023 年在泰国任东道主年间，引入生物循环绿色（BCG）经济模式作为公共卫生突发事件后的增长战略和解决长期经济问题的框架。BCG 经济模式鼓励成员高效利用资源、维护和恢复生态系统并减少浪费。具体来看有提高适应气候变化能力、能源转型、低碳技术研发与国际合作、ESG 实践举措交流、鼓励制定最新的 APEC 绿色、可持续和创新中小微企业战略等内容。

（一）APEC 绿色金融合作的框架与重点领域

APEC 绿色金融合作在不同倡议下具有一致性，均以与能源相关议题为主，以海洋资源保护、林业、矿业为辅，在能源工作组（EWG）、海洋与渔业工作组（OFWG）、制止非法砍伐及交易专家组（EGILAT）和多个附属机构的支持下实施其工作计划中的研究和倡议。同时贸易和投资委员会（CTI）与经济技术合作高官指导委员会（SCE）及其下属小组、工商咨询理事会（ABAC）为能源重点议题提供资金与标准化相关建议，科技与创新政策伙伴关系机制（PPSTI）则提供技术政策交流平台。此外，通过与国际能源署（IEA）、国际能源论坛（IEF）、东盟能源中心（ACE）、东盟与东亚经济研究所（ERIA）和国际可再生能源机构（IRENA）等组织合作，为制定与实施 APEC 可持续增长战略作出了重要贡献。APEC 绿色金融合作框架见图 1。

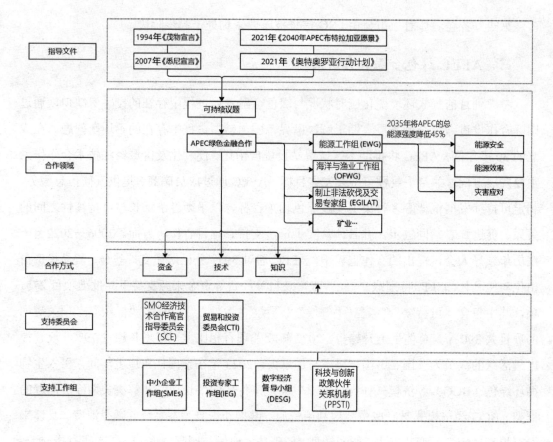

图 1 APEC 绿色金融合作框架

对于能源安全、能源效率、灾害应对及其他可能的国际合作事项，APEC 经济体所需融资巨大。2011 年，为应对气候变化下的环境问题，APEC 领导人会议设定了到 2035 年将 APEC 的总能源强度降低 45%的目标，这更加催生了对使用绿色金融工具增加能源部门投资的需要。各经济体利用 APEC 提供的平台在能源领域积极开展项目合作，交流探讨绿色金融工具在其中的有效利用。同时 APEC 也寻求与其余经济组织、公共机构达成共识，通过与二十国集团（G20）、OECD、世界银行、多边开发银行等的合作，为成员经济体扩展合作边界提供政策建议，以解决各成员绿色金融发展中的投融资问题。

（二）APEC 框架内部的绿色金融合作实践

2010 年，APEC 首次就绿色金融开展明确合作，六个 APEC 成员经济体（包括澳大利亚、中国、印度尼西亚、日本、韩国、新加坡）与亚洲开发银行研究所（ADBI）和世界银行一起成立促进绿色增长专家组，进行"绿色金融促进绿色增长"的联合研究和绿色融资，建议经济体尝试通过引入绿色证书、信用评级机构、环境股票指数等缩小信息差距，建立绿色融资基础设施，以有效调动私人资金，促进绿色增长。2017 年，APEC 通过绿色能源金融能力建设计划项目，为跨论坛的知识、数据和经验交流方面的联合工作提供基础，并为与国际组织和非 APEC 专家在绿色能源金融方面建立伙伴关系提供助力。

在绿色金融国际合作中，中国、美国、日本的国际合作主要以项目建设形式展开，通过资金与技术支持建设合作经济体绿色能源基础设施，提高能源安全与能源效率并得到投资收益。例如，中俄以能源贸易为基础，在维护化石能源供应安全方面的合作十分深入，并由此逐步将合作扩展至可再生能源领域。2019 年中俄东线天然气管道作为俄罗斯目前最大的基础设施建设工程投入使用，通过稳定的煤炭与天然气贸易，两国预计将在构建良好营商环境、畅通国际能源产业链供应链、构建清洁能源伙伴关系方面开展进一步合作。2022 年，中国商务部与俄罗斯经济发展部签署《关于推动可持续（绿色）发展领域投资合作的谅解备忘录》，绿色贷款、绿色债券、可持续投融资等新兴金融工具将为中国与俄罗斯绿色低碳项目提供坚实的融资保障与广阔的合作机遇。此外，中国在共建"一带一路"支持下与印度尼西亚、马来西亚、泰国、韩国、巴布亚新几内亚、新西兰、秘鲁、智利等 APEC 经济体积极进行能源基础设施建设，通过兴建基础设施发展国际绿色信贷，有效降低了合作经济体的系统性金融风险，提升了自身的能源安全水平，并且推动了其他金融领域的合作。2018 年，中国提出"一带一路"绿色投资原则（GIP），呼吁企业在发展战略制定、运营与创新等过程中考虑绿色金融工具的使用与绿色供应链的建立。2021 年，针对可持续城市发展问题，中国和其他 APEC 经济体针对能源融资缺口展开讨论，对通过绿色债券、绿色信贷、绿色债券进行融资的优秀范例进行了总结。

此外，新加坡于 2023 年与中国成立了中新绿色金融工作组（GFTF），以加强中新之间的可持续发展债券市场互联互通，包括在中国和新加坡发行与相互获取绿色和转型债券产品，这为国家或地区间建立绿色金融市场联系提供了重要经验。

日本在绿色金融国际合作方面积累了丰富的经验。自 21 世纪初，日本通过日本国际协力机构（JICA），以赠款、技术合作、投融资三种方式对世界范围内的发展中国家进行援助，是当前全球最大的双边援助机构。国际协力银行（JBIC）与双边信用机制（JCM）是日本开展绿色金融合作的重要渠道。加拿大是接收日本国际协作银行绿色信贷最多的国家之一。2010 年以来，日本与印度尼西亚、越南、泰国在签署环境相关备忘录的基础上，通过双边信用机制支持环境可持续城市发展，并开展水污染领域的合作。日本与新加坡的合作则在 3R（减少、再利用、回收）方面进行。日本与韩国、中国自 20 世纪 90

年代以来，通过三边协商持续在共同利益、气候变化、生物多样性、沙尘暴、海洋垃圾等方面开展了多次合作。此外，日本利用其在灾害应对方面的经验，曾于 2018 年与世界银行合作，在东南亚建立灾难风险保险设施，以帮助东盟成员经济体使用一系列气候金融和气候风险工具。

美国于 2021 年与日本、澳大利亚等推出"蓝点网络"计划，帮助发展中成员进行高质量基础设施建设。2022 年 6 月，美国与日本、加拿大等 G7 国家启动"全球基础设施与投资伙伴关系"（PGII），承诺在未来 5 年内筹集 6000 亿美元的公共和私人资金，在卫生和健康保障、数字连接、性别平等和公平、气候和能源安全四个方面进行战略投资。东南亚是其建设计划的重点对象。2022 年，在"全球基础设施与投资伙伴关系"与"公正能源转型伙伴关系"多边合作下，美国与印尼签署了 6.89 亿美元的基建和融资项目包，用以支持印尼向清洁能源未来过渡。

澳大利亚通过太平洋基础设施融资机构（AIFFP）支持当地港口建设与温室气体减排活动，帮助巴布亚新几内亚及众多太平洋小国提升应对气候风险和抗灾的能力。2022年，澳大利亚和新西兰两国通过澳大利亚-东盟电力连接项目建立了太阳能基础设施网络。此外，澳大利亚还与日本、韩国、美国、新加坡等建立了清洁能源伙伴关系，在海内外公私部门广泛募集资金进行可再生能源供应链建设与相关技术研发。

位于东南亚的 APEC 经济体急需在能源、环境保护、灾害应对方面持续加强能力建设，在国际市场上主要作为绿色金融合作项目的输出方与被援助方。印尼作为东南亚地区最大的经济体，快速的经济发展与迁都使其面临投资缺口与环境保护问题，通过积极与中国、韩国、澳大利亚、美国、日本、新加坡、泰国等进行合作，印尼在净零排放目标的实现上取得了进步。例如，从 2021 年开始，印尼提出举办清洁能源初创企业论坛，以帮助企业扩大市场范围、实现业务增长。同时印尼凭借新能源电池的重要矿产镍，吸引了诸如现代、特斯拉等大型车企的投资，从而布局构建电动汽车生态系统。2022 年，韩国与印尼签署关于可持续绿色投资的谅解备忘录以促进电动汽车、可再生能源领域的投资活动。

除能源领域外，APEC 各经济体在诸如废物管理、海洋保护与林业保护等方面也积极开展金融合作。2017 年，美国建议发展公私伙伴关系以支持废物管理基础设施建设和减少海洋垃圾，并在中国、日本、韩国、俄罗斯、泰国等的支持下加快实施 APEC 部长们批准的政策和实践建议，以克服为废物管理系统融资的障碍。韩国在 2020 年组织召开气候研讨会以提高各方使用气候信息和服务的能力，促进基于预测的融资，从而向公众有效传达气候风险。

自 2020 年始，在《2040 年亚太经合组织布特拉加亚愿景》的指导下，APEC 对绿色金融的关注范围逐渐扩大，开始向可持续金融进一步扩展。2021 年，新西兰召开了亚洲可持续金融与优质基础设施投资高级别研讨会，讨论可持续金融如何改变或能够改变 APEC 经济体的基础设施融资现状。2023 年，美国围绕融资战略、政策制定、能源获取和可负担性三大主题召开研讨会，动员 APEC 经济体就公正能源转型融资方面交流经验。其中针对绿色金融多年实践中存在的融资缺口问题，如何调动私人部门资金积极参与转型进程是项目研讨中的一大重点。澳大利亚通过举办能源转型中的绿色外国直接投资研讨会，对 APEC 经济体就吸引高质量投资以资助可持续基础设施建设和应对环境挑战交换意见。中国于 2021 年发起迈向数字与绿色发展的协调转型项目，通过讨论数字技术如何赋能碳减排工作交流经验和观点，实现共同推动亚太地区的数字和绿色发展。此外，APEC 还对帮助中小企业融入环境产品和服务全球及区域市场、以数字化的方式增进中小企业融资渠道、号召其参与节能与可再生能源利用活动方面提供了交流与实践平台。

（三）APEC 经济体参与的其他绿色金融合作

除框架内的合作外，APEC 各经济体也通过国际与区域协调组织、多边开发银行（MBDs）等平台开展绿色金融多边合作。

APEC 经济体主要通过联合国及其下属机构、国际货币基金组织、财政部长气候行动联盟等国际组织进行绿色金融标准制定，为世界金融机构和政策制定者搭建合作平台，为发展中国家与中低收入国家提供援助。通过央行与监管机构绿色金融网络（NGFS）、金融稳定委员会（FSB）、G20 推动绿色金融主流化，进行可持续金融市场知识分享与数据弥合，为经济体金融发展提供政策建议。通过国际金融公司（IFC）、可持续银行网络（SBFN）、国际开发性金融俱乐部（IDFC）、多边开发银行、多边气候基金进行国际市场的绿色债券和绿色信贷建设。其中美国、日本、澳大利亚、加拿大、中国表现最为突出。例如，2017—2021 年间，中国是 APEC 经济体中借由多边开发银行渠道进行气候融资最大的成员，美国、日本、加拿大则是多边气候基金中最多的三个出资方，截至 2021 年年底，三国合计出资超过 139 亿美元。多边气候基金中 APEC 出资与受资助经济体情况见表 2。

表 2　多边气候基金中 APEC 出资与受资助经济体　　　单位：百万美元

出资经济体	金额	受资助经济体	金额
澳大利亚	539.74	越南	435.92
加拿大	2002.80	泰国	160.71

续表

出资经济体	金额	受资助经济体	金额
智利	0.30	俄罗斯	129.49
中国	25.28	菲律宾	182.64
印度尼西亚	0.77	秘鲁	146.62
日本	4978.45	巴布亚新几内亚	66.95
韩国	321.51	墨西哥	561.72
墨西哥	26.40	马来西亚	43.63
新西兰	31.47	印度尼西亚	956.17
俄罗斯	21.81	中国	531.75
美国	6971.25	智利	294.50
越南	1.00	多边国家：泰国与越南	7.00
秘鲁	6.00	多边国家：印度尼西亚与菲律宾	30.00

资料来源：https://climatefundsupdate.org/data-dashboard/#1541245745457-d3cda887-f010.

四、APEC 绿色金融合作的新趋势与挑战

APEC 绿色金融合作未来将在《2040 年亚太经合组织布特拉加亚愿景》的指导下进一步推进。为实现强劲、平衡、安全、可持续和包容增长，通过制定相应的经济政策以加强经济合作，促进经济绿色增长，进而支持全球合作，应对气候变化、极端天气、自然灾害等各类气候环境挑战，共建可持续世界。为解决 APEC 绿色金融发展在资金调动和满足各类投资者需求方面的不足，APEC 将进一步提升私人部门实践参与和创新融资方式，降低气候应对风险。

（一）提升中小微企业绿色参与，促进绿色金融市场结构合理化

为确保所有不同规模的企业和其他具有未开发经济潜力的群体能够公平参与到可持续发展进程中，APEC 范围内的绿色金融合作日益重视中小微企业的作用。这一选择是因为在应对包括气候变化在内的所有环境挑战的过程中，同时调动公共与私人利益相关者的参与对保证绿色金融市场结构合理化至关重要。

例如，在绿色债券发展中，中国存在国有企业占据市场主导的现象，而其余 APEC 经济体的市政发行绿色债券占比巨大，这在一定程度上体现了当前各地区绿色债券的国内市场与国际市场发展的共同僵局，将导致绿色金融市场出现结构失衡。在后疫情背景下，各经济体面临高政府借贷成本，以公共财政为基础的绿色金融发展并不具备可持续性，调动更广泛的经济主体与资金来源参与到绿色融资中将成为绿色金融发展的关键。

作为 APEC 地区增长的重要组成部分，如何激励中小微企业积极参与绿色融资是一个广泛的话题，其中不仅涉及从资金角度创造更为流动的绿色金融国际市场，还包括探索从具体项目周期中促进技术创新、实施改进和提高管理效率的范式形成。通过区域性组织与多边开发银行，各经济体的中小微企业可以寻求更多的合作机会、交流参与绿色金融国际实践经验、参与披露 ESG 信息。此外，APEC 中小企业工作组也在此方面进行了持续的努力，包括与泰国合作，主办部长会议讨论加快采用生物循环绿色经济模式以推动中小微企业增长，举办研讨会，分享鼓励中小微企业创新以实现可持续、包容性发展的做法等。

中小微企业不仅能够成为绿色金融市场投融资的潜在力量，通过拓宽绿色金融的参与范围，平衡市场结构，刺激整个市场健康、良性、活跃发展，中小微企业也能为绿色金融产品与服务的创新注入新动力。但在国际合作层面，中小微企业的参与有赖于本国或本地区的合理引导与平台搭建，在重视监管的同时合理激励中小微企业的绿色金融实践是未来 APEC 需要重点应对的问题。

（二）重视灾害风险应对，强化经济体抵御气候环境风险韧性

基于不同的自然地理条件，APEC 经济体一直饱受极端天气事件、地震、洪水等自然灾害的威胁。根据世界银行的估计，APEC 经济体每年遭受的灾害损失超过 1000 亿美元，气候变化增加了极端天气事件的频率和强度。

为顺利推进 APEC 地区能源转型、维护供应链安全、推动可持续发展，强大的基础设施建设、预警系统设计、应急行动计划、对策制定与金融机制的建立对于降低环境气候灾害带来的风险和影响至关重要。多年来，APEC 提出通过建立数据平台统计村庄、城镇和城市的基础设施，以及家庭和企业在气候环境风险中的脆弱性，采用有针对性的金融工具，包括多边机构赠款形式的国际援助、巨灾债券和其他保险相关证券、在政府年度预算中增加应急拨款等风险保留与风险转移措施来增强经济体在面对此类风险时的韧性。相关工作主要由 APEC 应急准备工作组（EPWG）联合 APEC 气候中心（APCC）承担进行。目前，APCC 在气候信息服务提供、状态监测与预测方面有所建树，但其在搭建 APEC 内部经济体交流方面的作用并不显著。2022 年，APEC 财长会议考虑进一步将灾害风险融资纳入政府预算和可持续融资框架，这可能为 APEC 绿色金融合作在继能源转型之外指明了新的方向。

通过将气候变化因素纳入宏观审慎政策框架或在货币政策框架中考虑气候环境相关因素，APEC 经济体能够在国家和地区层面开展更为丰富的经贸合作。基于 APEC 气候中心的研究成果，通过及时识别、量化气候变化可能造成的投资风险，金融机构可以及时规避经济损失并获得收益。同时在灾害风险应对迅速加强的背景下，积极开展保险业务的跨境交流与合作，可以为 APEC 各经济体更广泛地进行绿色金融实践提供经验。

（三）结合数字技术，创新绿色融资方式，促进可持续金融生态系统发展

自 2020 年新冠疫情以来，数字化的优势为 APEC 各经济体所认识。通过在绿色金融国际合作中应用数字技术，金融机构与企业可以从更透明、开放与更具连通性的环境中受益。2022 年 APEC 领导人宣言中强调了数字工具对促进经济活动和公共服务的提供、推动金融包容性发展的作用。同年，APEC 开展构建资本市场可持续金融生态系统研讨会，讨论利用数字技术发行可持续债券、构建可持续金融生态系统等事项，监管机构应担负起增加可持续发展融资渠道和为资本市场可持续金融发展创造有利环境的责任，如在能源、生产和运输领域利用数字解决方案帮助减少温室气体排放等。

需要意识到，通过数字化的筹款方式固然能为私营部门增加绿色融资渠道，帮助中小企业更方便、更迅速地获得资金，但对其中高风险的应对方式需要被提前明确。首先，普通民众、中小企业对于众筹和首次代币发行项目中的风险可能缺乏正确的预估和判断，投资者可能面临资金损失或低回报率的风险。其次，众筹和首次代币发行市场可能缺乏流动性，使得投资者难以在需要时出售或转让其持有的代币。最后，作为一种较新的融资方式，各经济体在众筹和首次代币发行的发展方面缺乏经验，这对政府在法律及监管方面提出了挑战。但作为一种将数字化与可持续发展相结合的新兴方式，众筹和首次代币发行在绿色金融国际合作方面的创新应用无疑可以对绿色融资产生助益，各经济体可通过强化监管与风险披露对此进行尝试。

（四）部分经济体的绿色金融政策受国内政治格局影响出现反复

美国是其中最典型的代表。由于不同政党间政治斗争激烈，美国在国家层面一度缺乏具有连贯性的官方立场，政府的摇摆态度导致美国绿色金融发展不稳定。民主党相较共和党对气候变化的态度和政策更为积极，特朗普政府与拜登政府对履行《巴黎协定》责任时的差异态度，在国家层面影响了应对气候行动的规划。而具有较大自主权的州政府的表现则具有一致性，加利福尼亚州和纽约州的可再生能源政策在美国甚至全球都处于领先地位。纽约州通过制定地区社区再投资法案（CRA），鼓励地方金融机构尽量满足美国社区各类信贷需求，范围包括能效提升、绿色技术设施建设、防洪防灾。2021 年纽约金融服务局（DFS）将纽约的 CRA 范围拓展到非存款类的贷款机构，包括抵押贷款银行、持牌贷款机构，这些工作被包含在金融局对其续期的评估标准中。

拜登政府在应对气候变化的态度上表现强硬,除制定了具有雄心的气候政策目标外,还把气候危机放在外交政策和国家安全的中心位置,将气候变化应对与外交政策和国家安全战略相结合,在每一项双边和多边接触与政策决定中均考虑气候危机的影响。具体表现为在资金、技术、政策上给予中低收入国家支持,为美国制造的产品和服务提供平等的全球竞争环境,对以煤炭为本国大部分能源的国家"发出声音"等。美国已从多方面进行了实践,例如,通过"印太战略"在美日印澳四边机制下增强绿色航运、能源供应链方面的合作。

澳大利亚与美国类似,国内的政治竞争导致其绿色金融发展不健全且存在反复。例如,2012 年开始实施的碳税政策仅在两年后就被废除;2014 年推出的《国家温室气体能源报告（保障机制）规则》虽然对多个行业的碳排放进行了限制,但并未产生实质性的作用;2016—2021 年在政策控制下,澳大利亚的碳排放量甚至增加了 4.3%;2020 年,澳大利亚非官方组织可持续金融组织（ASFI）制定并发布了可持续金融发展路线图,旨在为金融服务机构提供发展建议、政策、框架等,帮助其向更具可持续性的方向转型。随着 2022 年大选后执政党的变化,澳大利亚在应对气候变化方面重新展现出积极态度,通过《气候变化法案》首次将减排目标写入法律,从而保证其行动不会受政党变化的影响。在碳交易市场方面,澳大利亚政府于 2006 年初步接受建立全国统一碳市场的提议,并于 2011 年以《清洁能源法案》的通过为标志开始实施。但由于国内气候变化控制政治工具化与相对频繁的总统大选,希望能以自由基金的形式促进可再生能源及相关技术的发展实现事前治理的右翼党派与坚持以设计 ETS、征收碳税来实现事后治理的左翼党派矛盾突出,并最终导致 2014 年碳价格机制的废除。

参考文献

[1] 国家应对气候变化战略研究和国际合作中心. 国际社会适应气候变化政策机制设计的经验、启示及建议[R/OL]. [2019-03-27]. http://www.ncsc.org.cn/yjcg/dybg/201904/W020190424560175281806.pdf.

[2] Climate Bonds Initiative. 转型金融工具指南：可持续发展挂钩债券（SLBs）[EB/OL]. [2023-03-24]. https://www.climatebonds.net/2023/03/转型金融工具指南：可持续发展挂钩债券 slbs.

[3] 曹慧. 特朗普时期美欧能源和气候政策比较[J]. 国外理论动态, 2019, 521（7）：117-127.